beck'sche reihe

b'sr

Albert Schweitzer war nicht nur ein tatkräftiger Arzt im westafrikanischen Lambarene und ein virtuoser Orgelspieler, sondern zugleich auch ein wortmächtiger Schriftsteller und Prediger, der zu grundlegenden Fragen des Lebens, der Ethik, der Religion und der Kultur treffende, zugespitzte und teils überraschende Formulierungen gefunden hat. Dieses Buch versammelt in 50 thematischen Kapiteln seine schönsten Zitate, darunter die klassischen Formulierungen wie «Ich bin Leben, das leben will, inmitten von Leben, das leben will», aber auch Sätze aus den nachgelassenen Werken, die neu zu entdecken sind. Insgesamt bietet das Buch, das auch fortlaufend gelesen werden kann, einen eindrucksvollen Einblick in Albert Schweitzers bis heute aktuelle Gedankenwelt.

Albert Schweitzer, 1875–1965, ist als Theologe, Philosoph, Tropenarzt und Organist weltweit bekannt. Vor allem seine Ethik der Ehrfurcht vor dem Leben gilt bis heute als Maßstab. Viele seiner bei C. H. Beck erschienenen autobiographischen und ethischen Schriften sind zu Bestsellern geworden, etwa «Aus meiner Kindheit und Jugendzeit» (165. Tsd.), «Kultur und Ethik» (85. Tsd.) und «Zwischen Wasser und Urwald» (230. Tsd.).

Einhard Weber ist Arzt und seit 2007 Vorsitzender des Deutschen Hilfsvereins für das Albert-Schweitzer-Spital in Lambarene.

Das Buch der Albert-Schweitzer-Zitate

*Herausgegeben von Einhard Weber
im Auftrag des Deutschen Albert-Schweitzer-Zentrums
und der Internationalen Albert-Schweitzer-Vereinigung (AISL)*

Verlag C.H.Beck

Gedruckt mit freundlicher Unterstützung des
Deutschen Albert-Schweitzer-Zentrums
und der Internationalen Albert-Schweitzer-Vereinigung (AISL)

Originalausgabe

© Verlag C. H. Beck oHG, München 2013
Satz: Janß GmbH, Pfungstadt
Druck und Bindung: Druckerei C. H. Beck, Nördlingen
Umschlagentwurf: malsyteufel, Willich
Umschlagbild: Albert Schweitzer. Photo: Erica Anderson
Printed in Germany
ISBN 978 3 406 64516 7

www.beck.de

Inhalt

Vorwort: Albert Schweitzers Gedankenwelt in Zitaten . . 9

Erster Teil:
Philosophie und Leben

1.	Leben	15
2.	Tod	22
3.	Ehrfurcht vor dem Leben	24
4.	Lebens- und Weltbejahung	39
5.	Lebens- und Weltverneinung	46
6.	Resignation	48
7.	Lebensanschauung	49
8.	Weltanschauung	55
9.	Optimismus und Pessimismus	65
10.	Glück	67
11.	Recht und Rechttun	71
12.	Vernunft und Glaube	72
13.	Philosophie	76
14.	Naturphilosophie	82
15.	Rationalismus	84

Zweiter Teil:
Kultur und Kulturkritik

16.	Kultur	89
17.	Kulturkritik	100
18.	Afrika und die Afrikaner	114
19.	Staat und Gesellschaft	123
20.	Kampf gegen die Atomwaffen	132

Inhalt

Dritter Teil:
Ethik

21. Grundlegendes zur Ethik 143
22. Denken und Ethik 162
23. Wahrheit und Wahrhaftigkeit 179
24. Ideen und Ideale 187
25. Tätigkeit und Handeln 192
26. Liebe und Menschlichkeit 197
27. Freiheit, Verantwortung, Toleranz 211
28. Besitz und Besitzlosigkeit 215
29. Dienen und Helfen 218
30. Vertrauen und Mitleid 222
31. Pflicht 224
32. Dankbarkeit 226
33. Verhältnis zu den Tieren 228

Vierter Teil:
Religion und Theologie

34. Jesus, der Mensch und Lehrer 241
35. Jesu Taufe 251
36. Jesu Leiden, Tod und Auferstehung 253
37. Der historische Jesus heute 255
38. Christentum 259
39. Kirche 272
40. Das Reich Gottes 278
41. Das Christentum und die Weltreligionen 287
42. Sammlung und Gebet 298
43. Mystik 301
44. Theologie und religiöses Leben 311
45. Unterweisung und Predigt 319

Inhalt

Fünfter Teil:
Musik

46. Orgelmusik und Orgelbau 323
47. Johann Sebastian Bach 325

Sechster Teil:
Autobiographisches

48. Jugend und Alter 337
49. Der eigene Weg 342
50. Lambarene 355

Dank 363
Zeittafel zum Leben Albert Schweitzers 365
Zitierte Werke von Albert Schweitzer 369
Textnachweis 371
Weiterführende Literatur 373
Register 377

«Was man auch gegen solche Sammlungen sagen kann, welche die Autoren zerstückelt mitteilen, sie bringen doch manche gute Wirkung hervor. Sind wir doch nicht immer so gefaßt und so geistreich, dass wir ein ganzes Werk nach seinem Wert in uns aufzunehmen vermöchten. Streichen wir nicht in einem Buche Stellen an, die sich unmittelbar auf uns beziehen?» *Johann Wolfgang von Goethe, Dichtung und Wahrheit*

Vorwort:
Albert Schweitzers Gedankenwelt in Zitaten

«In dieses Buch aber lege ich auch meine Überzeugung hinein, dass die Menschheit sich in einer neuen Gesinnung erneuern muss, wenn sie nicht zugrunde gehen will. Ich vertraue ihm auch meinen Glauben an, dass diese Umwälzung sich ereignen wird, wenn wir uns entschließen, denkende Menschen zu werden. Eine neue Renaissance muss kommen, viel größer als die Renaissance, in der wir aus dem Mittelalter herausschritten: die große Renaissance, in der die Menschheit entdeckt, dass das Ethische die höchste Wahrheit und die höchste Zweckmäßigkeit ist, und damit die Befreiung aus dem armseligen Wirklichkeitssinn erlebt, in dem sie sich dahinschleppte. Ein schlichter Wegbereiter dieser Renaissance möchte ich sein und den Glauben an eine Menschheit als einen Feuerbrand in unsere dunkle Zeit hineinschleudern. Ich habe den Mut dazu, weil ich glaube, die Gesinnung der Humanität, die bisher nur als ein edles Gefühl galt, in einer aus elementarem Denken kommenden, allgemein mitteilbaren Weltanschauung begründet zu haben. Damit besitzt sie eine Überzeugungskraft, über die sie bisher nicht verfügte, und ist fähig, sich in energischer und konsequenter Weise mit der Wirklichkeit auseinanderzusetzen und in ihr zur Geltung zu kommen.» (Kulturphilosophie I und II, S. 87 f.)

Vorwort

So formulierte Albert Schweitzer 1923 sein hoffnungsfrohes Glaubensbekenntnis. Die weltweiten Herausforderungen haben sich seitdem vervielfacht, man denke nur an die ökologischen Probleme, die zu Albert Schweitzers Zeiten noch gar nicht im allgemeinen Bewusstsein waren. Der von ihm geforderte Schritt zu einer Gesinnung der Humanität ist daher dringlicher denn je zuvor. In diesem Bewusstsein wurden die Zitate von Albert Schweitzer zusammengestellt, auf dass dieser Wegbereiter einer neuen Renaissance auch heute Gehör finde.

Die letzte umfassende Zusammenstellung von Zitaten Albert Schweitzers stammt aus der Feder von Richard Brüllmann. Sein Lexikon «Treffende Albert-Schweitzer-Zitate» erschien 1986 und ist seit längerer Zeit vergriffen.

Inzwischen sind eine Reihe weiterer Bücher mit Zitaten Schweitzers erschienen, die sich auf bestimmte Themen seines Denkens konzentrieren und die vor allem nicht sehr zuverlässig sind: Kaum einem anderen Denker werden so viele Zitate zugeschrieben, die gar nicht von ihm stammen. Hinzu kommt, dass inzwischen Albert Schweitzers «Werke aus dem Nachlaß» in zehn umfangreichen Bänden erschienen sind, die Richard Brüllmann noch nicht auswerten konnte. Es war also an der Zeit, noch einmal ganz neu Zitate von Albert Schweitzer zusammenzustellen. Das einhundertste Jubiläum des Albert-Schweitzer-Hospitals in Lambarene (Gabun) Anfang 2013 und der fünfzigste Jahrestag der Gründung des Deutschen Hilfsvereins für das Albert-Schweitzer-Spital in Lambarene e. V. und des Albert-Schweitzer-Komitees in Weimar sind willkommene Anlässe für die Publikation dieses Buches.

Ziel dieser Zusammenstellung ist es einerseits, den Leser durch eine systematische Gliederung möglichst schnell zu den einschlägigen Zitaten zu bestimmten Fragen und Themen zu führen. Ein Stichwortregister am Ende des Buches erschließt die Zitate zusätzlich, denn oft war die Entscheidung für eine bestimmte thematische Zuordnung nicht einfach, und kein Zitat sollte doppelt genannt werden. Das Buch ist aber nicht nur ein Nachschlagewerk, sondern soll auch fortlaufend lesbar sein; wer will, kann sich hier durch die Lektüre der Kernsätze über die

Albert Schweitzers Gedankenwelt in Zitaten

zentralen Themen Albert Schweitzers und über seine Gedankenwelt informieren.

Es versteht sich von selbst, dass eine Zusammenstellung von Zitaten nicht die Lektüre der Werke ersetzen kann. Auch der Entwicklung von Schweitzers Denken vom Ende des 19. Jahrhunderts bis zu seinem Tod im Jahr 1965 kann ein solches Buch allenfalls ansatzweise gerecht werden. Aber wenn es möglichst viele Leser zu den Werken selbst hinführt und den Kennern von Schweitzers Werken als willkommene Erinnerungsstütze dient, ist ein wichtiges Ziel erreicht.

Die Auswahl der Zitate kann letztlich nur subjektiv sein. Oft ist es nicht leicht zu entscheiden, welcher Satz aufgenommen werden soll und welcher nicht. Um mich dabei nicht nur auf mein eigenes Urteil zu verlassen, hat mehr als ein Dutzend Helfer mit mir zusammen die Werke Schweitzers erneut gelesen und treffende Zitate vorgeschlagen. Die endgültige Auswahl wurde dann von mir getroffen, und so habe ich auch alle Lücken alleine zu verantworten. Dass gerade die Kenner von Schweitzers Werken das eine oder andere Zitat vermissen werden, ist in einer relativ knappen Auswahl nicht zu vermeiden. Für Hinweise auf Sätze Albert Schweitzers (mit genauer Quellenangabe), die in einer Neuauflage berücksichtigt werden sollten, sind der Verlag und ich jederzeit dankbar.

Albert Schweitzers Rechtschreibung ist relativ uneinheitlich. In vielen Ausgaben wurde sie der «alten» Rechtschreibung angepasst. Offensichtliche Versehen wurden auch in den «Werken aus dem Nachlaß» stillschweigend korrigiert. Um angesichts der ganz unterschiedlichen Ausgaben seiner Werke Einheitlichkeit zu schaffen, wurden in diesem Buch alle Zitate so behutsam wie möglich auf die neue Rechtschreibung umgestellt.

Auslassungen in den Zitaten sind mit drei Punkten gekennzeichnet. In eckigen Klammern stehen Ergänzungen einzelner Wörter oder Buchstaben, die Schweitzer offensichtlich versehentlich ausgelassen hat, oder in Ausnahmefällen ganz kurze Erläuterungen. Solche Ergänzungen stammen in den meisten Fällen von den Herausgebern der zitierten Werke, teilweise auch von mir.

Vorwort

Der Friedensnobelpreisträger Albert Schweitzer war weder ein Heiliger noch unfehlbar, aber er hat die Köpfe und die Herzen der Menschen bewegt und bei vielen den Drang zu mitmenschlicher Hilfe gefördert. Mögen die in diesem Buch ausgewählten Zitate die wegweisenden Gedanken Albert Schweitzers für unsere Zeit neu zur Geltung kommen lassen.

Creußen, im Oktober 2012 *Einhard Weber*

Erster Teil:
Philosophie und Leben

1. Leben

Alles Leben ist Geheimnis; alles Leben ist Wert. 1
Kultur und Ethik in den Weltreligionen, S. 180

Auch das, was wir als Materie bezeichnen, bleibt uns etwas Rätsel- 2
haftes. Wir wissen nur, dass es etwas in Raum und Zeit Gegebenes
und eine Äußerung von Kräften ist. Aber das Wesen der Kräfte zu
ergründen und zu entwirren, inwieweit Raum und Zeit reale Ge-
gebenheiten und inwieweit sie in unserem Erkenntnisvermögen
gegebene Formen der Anschauung sind, mit denen wir aus unseren sinnlichen Wahrnehmungen Vorstellungen schaffen, will uns
nicht gelingen. Je weiter wir in dem Erforschen des Seins gelangen,
desto geheimnisvoller wird es für uns.
Kulturphilosophie III, 3. und 4. Teil, S. 38

Das Sein ist. Es ist nicht auf etwas hin. Es verfolgt kein Ziel, sondern 3
lebt sich aus nach Zielen und Gesetzen und Gestaltungskräften, die
rätselhaft bleiben. Jeder Fortschritt der Naturerkenntnis führt nur
tiefer in das Rätselhafte hinein. Unser Wissen ist noch ganz ober-
flächliches Wissen. *Kulturphilosophie III, 1. und 2. Teil, S. 210*

Jedenfalls darf unser Denken nicht so naiv sein, mit dem stetigen 4
Fortbestehen der Erde in der Welt und der Menschen auf der Erde
als mit etwas Selbstverständlichem zu rechnen.
    Eine ethische Weltanschauung, die den Gedanken erträgt, dass
der Mensch in der Welt etwas Vorübergehendes sein könne: Nur
dies ist wahrhaft fest. *Kulturphilosophie III, 1. und 2. Teil, S. 312*

Nicht einmal das Leben auf Erden ist auf die Menschheit hin. 5
Diese ist möglicherweise nur eine vorübergehende Erscheinung

desselben. Wie durch die Veränderungen der auf der Erdoberfläche bestehenden Daseinsbedingungen wird das Bestehen der Menschheit durch in dem Leben selbst sich vollziehende Entwicklungen gefährdet. Ständig haben wir uns eines Heeres kleinster Lebewesen, die zerstörend auf unser Dasein einwirken, zu erwehren. Der Ausgang dieses hin- und herwogenden Kampfes ist nicht zu übersehen. Einige Schlachten gegen sie haben wir durch erlangtes Wissen über ihre Lebensbedingungen und die sie schädigenden Stoffe, andere durch Abwehrstoffe, die sich im Laufe der Zeit gegen sie bildeten, mehr oder weniger zu gewinnen vermocht.
Kulturphilosophie III, 1. und 2. Teil, S. 236

6 Unsere Erde ist ein unendlich Kleines in dem unendlich Großen der Welt. Sie ist ein vorübergehend im All umhergewirbeltes Stäubchen. In einer kosmischen Katastrophe entstanden, wird sie einmal in einer solchen ihr Ende finden. Wie soll da vorstellbar und begründbar sein, dass das auf ihr vorhandene Leben eine Bedeutung für die Endvollendung des gesamten Seins haben soll.
Kulturphilosophie III, 1. und 2. Teil, S. 311

7 Schon allein also dadurch, dass uns das Geschehen etwas Unvorstellbares [ist], ist uns die Welt etwas Rätselhaftes.
Völlig unbegreiflich wird sie uns durch das, was in dem Geschehen vor sich geht. Sinnvolles in Sinnlosem, Herrlichstes in Grausigstem, Schöpferisches, das sich zerstörend, und Zerstörerisches, das sich schöpferisch auswirkt: Also stellt sich uns die Welt dar.
Das Sein, soweit wir es in unserem Erschauen von außen festzustellen vermögen, ist nicht auf etwas hin und verfolgt kein Ziel, sondern lebt sich aus. *Kulturphilosophie III, 3. und 4. Teil, S. 42*

8 Auch ich bin der Selbstentzweiung des Willens zum Leben unterworfen. Auf tausend Arten steht meine Existenz mit anderen in Konflikt. Die Notwendigkeit, Leben zu vernichten und Leben zu schädigen, ist mir auferlegt. *Kulturphilosophie I und II, S. 315*

1. Leben

Das Leben und alles was damit zusammenhängt, ist unergründlich. Was in das Gebiet des Alltäglichen zu gehören scheint, nimmt seinen ungeahnt tiefen und folgenreichen Charakter an, sobald wir es zu Ende überdenken. Das Wissen vom Leben ist das Erkennen des Geheimnisvollen. *Straßburger Predigten, S. 161*

Alles Leben bedeutet einen Wert. Von dem Geheimnis des Lebens erfüllt sein und es in allen Wesen zu erschauen und zu verehren, ist das höchste Wissen.

Nur durch grenzenloses Heraustreten aus seinem Für-Sich-Sein kommt der Mensch mit seinem Denken ins Reine.
Kulturphilosophie III, 1. und 2. Teil, S. 219

Was aber Leben ist, vermag keine Wissenschaft zu sagen.
Kulturphilosophie I und II, S. 307

Leben ist ein Geheimnis, das nur erlebt werden kann. Alle unsere Gefühle gehen auf ein primäres gefühlsmäßiges Innewerden der Wahrheit, dass ich Wille zum Leben bin, zurück.
Vorträge, Vorlesungen, Aufsätze, S. 148

Durch das sich erweiternde Wissen werden wir zu immer größerem Staunen über das uns allenthalben umgebende Geheimnis des Lebens angeregt. *Kulturphilosophie I und II, S. 331*

Erst bei Goethe hat das Leben an sich einen Wert. «Sich ins Einfache retten.» *Kulturphilosophie III, 3. und 4. Teil, S. 372*

Alles Tiefe ist zugleich ein Einfaches und lässt sich als solches wiedergeben, wenn nur die Beziehung auf die ganze Wirklichkeit gewahrt ist. *Kulturphilosophie I und II, S. 20*

Zweimal beginnt der Mensch sein Leben: wenn er den ersten Schritt tut und wenn ihm sein Dasein zu einem Geheimnis wird, das er lösen muss. *Kulturphilosophie III, 1. und 2. Teil, S. 39*

Erster Teil: Philosophie und Leben

17 Mancher erwacht zum neuen Leben wie aus dem physischen Schlaf, ohne zu wissen, wie es zuging. Fragen über ihn selbst, die ihn nie beschäftigten, stehen plötzlich vor ihm. Gedanken über das Leben, die er gelesen oder gehört hatte, die aber an ihm vorbeigeklungen waren, werden auf einmal in ihm laut. Ein unscheinbares, von ihm kaum beachtetes Erlebnis gibt den Anstoß. Vielleicht weiß er zunächst nicht einmal, was es für ihn bedeutet.
Kulturphilosophie III, 1. und 2. Teil, S. 41 f.

18 Beim Heranwachsen widerfuhr uns allen, dass wir aus dem kindlichen Dahinleben erwachten und die Welt und unser Dasein in ihr mit anderen Augen und mit anderen Sinnen zu betrachten anfingen als vordem.
Kulturphilosophie III, 1. und 2. Teil, S. 39

19 Aber der Wille zum Leben entwickelt sich nicht nur in Selbsterweiterung, sondern auch in Selbstvervollkommnung.

Auch in Bezug auf das Verhältnis zu sich selber erwacht der Mensch aus dem einfachen Dahinleben. In fortschreitender Selbstbesinnung gelangt er dazu, sich den Geschehnissen, die sein Dasein betreffen, nicht mehr durchaus unterworfen zu fühlen. Er begegnet ihnen nicht mehr nur in der Weise, dass er sich ihnen in der für die materielle Selbsterhaltung vorteilhaftesten Weise anpasst oder sie abwehrt, sondern ist auch auf die geistige Selbsterhaltung bedacht. Durch ein sich verfeinerndes Empfinden geleitet, erkennt er, dass alles in Verstellung, Lüge, Trug und Unlauterkeit geschehende Verhalten zu den Geschehnissen eine Entstellung und innerliche Schädigung seines Willens zum Leben ist. In derselben Weise beurteilt er die in ihm aufsteigenden Regungen des Hasses, der Rache und des Neides.
Kulturphilosophie III, 1. und 2. Teil, S. 233 f.

20 Die Fundamentalerkenntnis, die jedem in der Betrachtung der Natur aufgeht, ist, dass in ihr Naturhaftes und Geistiges, beides miteinander gegeben, vorhanden sind. Das Geistige wirkt auf das Naturhafte als eine gestaltende, ordnende und vollendende Kraft ein. Es führt aus dem Chaos und dem Primitiven heraus. Es tut sich

1. Leben

kund in der Höherentwicklung der Naturgebilde, die wir erschauen. *Goethe. Vier Reden, S. 82*

Der Wille zum Leben gibt mir Trieb zum Wirken ein. 21
Kulturphilosophie I und II, S. 278

Das Klare und Wahre ist, die Ideen, die in dem Willen zum Leben 22
gegeben sind, als die höhere und ausschlaggebende Erkenntnis gelten zu lassen. *Kulturphilosophie I und II, S. 280*

Das höchste Wissen ist also, zu wissen, dass ich dem Willen zum 23
Leben treu sein muss. Dieses reicht mir den Kompass für die Fahrt dar, die ich in der Nacht ohne Karte unternehmen muss. Das Leben in der Richtung seines Laufes auszuleben, zu steigern, zu veredeln, ist natürlich. Jede Herabminderung des Willens zum Leben ist eine Tat der Unwahrhaftigkeit mit sich selbst oder eine Erscheinung von Krankhaftigkeit. *Kulturphilosophie I und II, S. 280 f.*

Das Wesen des Willens zum Leben ist, dass er sich ausleben will. 24
Er trägt den Drang in sich, sich in höchstmöglicher Vollkommenheit zu verwirklichen. *Kulturphilosophie I und II, S. 281*

Manche Kämpfe, wie der gegen den Erreger der afrikanischen 25
Schlafkrankheit, die des gelben Fiebers und andere, bleiben bis auf Weiteres auf bestimmte Gebiete der Erde beschränkt. Aber die mehr oder weniger gelungene Abwehr der bisherigen Feinde besagt noch nichts über den Endausgang. Die bisherigen [Feinde] können uns, wie wir es in der Aufeinanderfolge von Grippeepidemien zu erfahren bekamen, gefährlicher werden, als sie vordem waren. Oder es ereignet sich, wie wir dies auch schon festzustellen hatten, dass neue auftreten. Und ob es dann gelingen wird, uns aller der noch kommenden zu erwehren, bleibt im Dunkel. Das Aussterben der ganzen Menschheit liegt kaum minder im Bereich des Möglichen als das von Tier- und Menschenrassen, das bereits Tatsache geworden oder im Gange ist.
Kulturphilosophie III, 1. und 2. Teil, S. 236

Erster Teil: Philosophie und Leben

26 Im Naturgeschehen bezieht sich das auf Erhaltung und Förderung von Leben gehende Bestreben, soweit es sich bemerkbar macht, stets auf eine Gesamtheit von Existenzen. Es ist generell, nicht individuell.

Die Natur will den Triumph des Lebens allgemein. Das Individuum als solches gilt ihr nichts. Sein Schicksal liegt ihr nicht an. Sie kennt kein Mitgefühl mit ihm. «Nicht Liebe nach Menschenart hat die Natur» heißt es bei Lao-Tse und «Unfühlend ist die Natur» bei Goethe.

Der Mensch aber hat ein Verhältnis zum anderen Wesen als solchem. Erhaltung und Förderung von Leben kann er sich nur in der Art vornehmen, dass er aus Mitempfinden mit jedem Individuum, das sich im Bereich seines Handelns befindet, ihm beisteht, soweit es seines Helfens bedarf, und es nach Möglichkeit vermeidet, seine Existenz zu schädigen. *Kulturphilosophie III, 1. und 2. Teil, S. 314*

27 Die Welt ist das grausige Schauspiel der Selbstentzweiung des Willens zum Leben. Ein Dasein setzt sich auf Kosten des anderen durch, eines zerstört das andere. Ein Wille zum Leben ist nur wollend gegen den anderen, nicht wissend von ihm. In mir aber ist der Wille zum Leben wissend von anderm Willen zum Leben geworden. Sehnen, zur Einheit mit sich selbst einzugehen, universal zu werden, ist in ihm. *Kulturphilosophie I und II, S. 311*

28 Und das Unfasslichste: Nach den in dem Geschehen waltenden Gesetzen ist alles Leben bestimmt, dass es sich auf Kosten von anderen Leben erhalte. Bei jedem Blick, den wir in die Natur tun, bietet sich uns das traurige Schauspiel des mit sich selbst entzweiten Willens zum Leben. Das Huhn, das in der Furche des Ackers geht, die Schwalbe, die in der Luft hin- und hersegelt, die Ameise, die in dem Grase ihren Weg sucht, die Spinne, die ihr kunstvolles Netz erschafft: Alle betreiben sie das Werk der Erhaltung des eigenen Lebens durch Vernichtung von anderem. Mit raffinierter Grausamkeit, die sie als Erbgut in ihrem Instinkt vorfinden, legen Insekten Eier in bestimmte Lebewesen ab, dass diese nachher ihrer Brut als Nahrung dienen. Ein Gräuel unter unzähligen anderen.

1. Leben

In dem Weltgeschehen ist also nichts zu entdecken, das unserem Willen des Wirkens zur Erhaltung anderen Lebens entspricht. Es spielt sich in der Nacht des Nicht-Ethischen ab. Nur in den uns nahestehenden Wesen beginnt etwas von der Helligkeit des Besorgtseins um anderes Leben aufzuleuchten.
Kulturphilosophie III, 1. und 2. Teil, S. 238

Die Natur ist schön und großartig, von außen betrachtet, aber in ihrem Buche zu lesen, ist schaurig. *Straßburger Predigten, S. 136* 29

Sie [die Natur] ist wunderbar schöpferische und zugleich sinnlos zerstörende Kraft. Ratlos stehen wir ihr gegenüber. Sinnvolles im Sinnlosen, Sinnvolles in Sinnvollem: dies ist das Wesen des Universums. *Kulturphilosophie I und II, S. 273* 30

Die Aussichtslosigkeit des Unternehmens, den Sinn des Lebens in dem Sinn der Welt zu begreifen, ist zunächst damit gegeben, dass in dem Weltgeschehen keine Zweckmäßigkeit offenbar wird, in die das Wirken der Menschen und der Menschheit irgendwie eingreifen könnte. *Kulturphilosophie I und II, S. 272* 31

Die einzige Möglichkeit [des Menschen], seinem Dasein einen Sinn zu geben, besteht darin, dass er sein natürliches Verhältnis zur Welt zu einem geistigen erhebt. *Ehrfurcht vor den Tieren, S. 24* 32

Im Anschauen der sinnlosen und grausamen Zerstörung von Leben, wie sie im Weltgeschehen stattfindet, werden wir manchmal an uns selber irre. Wir kommen dazu, uns zu fragen, ob wir berechtigt sind, das Weltgeschehen mit menschlichem Maßstab zu messen. Machen wir es uns nicht selber zu dem Unbegreiflichen, an dem wir Anstoß nehmen, indem wir ihm einen Verlauf zumuten, als wäre es nach menschlichem Vorstellen und Empfinden gewirkt? *Kulturphilosophie III, 1. und 2. Teil, S. 212* 33

Ich kann nicht anders, als mich an die Tatsache halten, dass der Wille zum Leben in mir als Wille zum Leben auftritt, der mit an- 34 derm Willen zum Leben eins werden will. Sie ist mir das Licht, das in der Finsternis scheint. Die Unwissenheit, unter die die Welt getan ist, ist von mir genommen. Ich bin aus der Welt erlöst. In Unruhe, wie sie die Welt nicht kennt, bin ich durch die Ehrfurcht vor dem Leben geworfen. Seligkeit, die die Welt nicht geben kann, empfange ich aus ihr. Wenn in der Sanftmut des Anderssein als die Welt ein anderer und ich uns in Verstehen und Verzeihen helfen, wo sonst Wille andern Willen quälen würde, ist die Selbstentzweiung des Willens zum Leben aufgehoben. *Kulturphilosophie I und II, S. 311*

35 Dem wahrhaft ethischen Menschen ist alles Leben heilig, auch das, das uns vom Menschenstandpunkt aus als tiefer stehend vorkommt. *Ehrfurcht vor den Tieren, S. 25*

36 Nicht die Ereignisse, sondern wir bestimmen unser Dasein, je nachdem, wie wir den Weg durch sie hindurch finden. *Predigten, S. 893*

37 Nicht was sich an uns und für uns ereignet, sondern was sich zugleich in uns ereignet, bestimmt über unser Dasein.
Predigten, S. 892

38 Wissen Sie, dass wir beide reich sind und dass wir wissen, was «leben» ist!! Ist das nicht das Größte, was man vom Leben verlangen kann, zu wissen, was das ist: leben.
Die Jahre vor Lambarene, Brief an Helene Bresslau, S. 7

2. Tod

1 Der Tod ist das größte Rätsel. *Straßburger Vorlesungen, S. 698*

2 Das ist das Urgeheimnis alles Daseins, dass aus dem Tod wieder Leben kommt und jedes Leben, um zu dauern, sich immer wieder im Tod erneuern muss. *Predigten, S. 821*

2. Tod

Für die historischen Religionen ist der Tod ein Problem des Glaubens. Sie erklären ihn aus dem Sündenfall, sie suchen ihn zu überwinden durch die Annahme einer Auferstehung unseres Wesens, einer Verklärung, durch die Annahme eines rein geistigen Wesens, das den Anstoß des Todes überwindet, während in den Naturreligionen der Anstoß des Todes tödlich wird; in den indischen Religionen ist das ganze Sehnen jedes Wesens nur die Erlangung des wirklichen endlichen Todes. *Straßburger Vorlesungen, S. 699*

Mit dem Aufhören des Lebens nach seinem Erfülltsein würden wir uns für uns und die Kreatur als mit einem uns bestimmten Schicksal abfinden. Aber dass tausendfach Leben entsteht, um tausendfach irgendeinem blinden Geschehen zum Opfer zu fallen, damit werden wir nicht fertig, wie wir auch nie das unergründliche Rätsel des über alles Leben verhängten Leidens hinnehmen können. *Kulturphilosophie III, 3. und 4. Teil, S. 43*

Habt ihr schon einmal bedacht, wie schrecklich es wäre, wenn unserm Leben kein Ziel gesetzt wäre, und es immer fortdauerte? Es braucht ein Mensch im Leben nicht besonders vom Unglück betroffen worden zu sein, um bei dem Gedanken, dass es niemals endigen könnte, zu erbeben. *Straßburger Predigten, S. 79*

Wenn ihr es schon einmal bedacht habt, wie schwer wir am Leben tragen würden ohne die Gewissheit, dass ihm ein Ziel gesetzt ist, so wisst ihr, dass der Tod für alle, auch die Glücklichsten, nicht ein Feind, sondern eine Erlösung ist. *Straßburger Predigten, S. 79*

Wo Furcht und Schrecken vor dem Tode ist, da herrscht er.
Straßburger Predigten, S. 75

Wenn wir in Gedanken mit dem Tode vertraut sind, nehmen wir jede Woche, jeden Tag als ein Geschenk an, und erst wenn man sich das Leben so stückweise schenken lässt, wird es kostbar.
Straßburger Predigten, S. 80

9 Es liegt etwas Tiefes und Heiligendes darin, wenn Menschen, die zusammengehören, es miteinander bedenken, dass jeder Tag, jede kommende Stunde sie auseinanderreißen kann.
Straßburger Predigten, S. 80

3. Ehrfurcht vor dem Leben

1 Ich rufe die Menschheit auf zur Ethik der Ehrfurcht vor dem Leben. Diese Ethik macht keinen Unterschied zwischen wertvollerem und weniger wertvollem, höherem und niederem Leben. Sie lehnt eine solche Unterscheidung ab. Denn der Versuch, allgemeingültige Wertunterschiede zwischen den Lebewesen anzunehmen, läuft im Grunde darauf hinaus, sie danach zu beurteilen, ob sie uns Menschen nach unserem Empfinden näher oder ferner zu stehen scheinen. Das aber ist ein ganz subjektiver Maßstab. Wer von uns weiß denn, welche Bedeutung das andere Lebewesen an sich und im Weltganzen hat? Die Konsequenz dieser Unterscheidung ist dann die Ansicht, dass es wertloses Leben gebe, dessen Vernichtung oder Beeinträchtigung erlaubt sei. Je nach den Umständen werden dann unter wertlosem Leben Insekten oder primitive Völker verstanden.

Die unmittelbarste Tatsache im Bewusstsein des Menschen lautet: «Ich bin Leben, das leben will, inmitten von Leben, das leben will.»
Vorträge, Vorlesungen, Aufsätze, S. 398

2 Als die letzte Erkenntnis, die mir die Richtung meines Lebens weist, betrachte ich das, was ich als «Ehrfurcht vor dem Leben» bezeichne. Ich verstehe darunter, dass alles Leben etwas Geheimnisvolles und an sich Wertvolles ist, zu dem wir uns mitfühlend und miterlebend verhalten in dem Maße, als wir denkend werden. Wer von dieser denkenden Ehrfurcht vor dem Leben erfasst ist, weiß, dass das Gute in der Erhaltung und Förderung von Leben und das Böse in der Schädigung und Vernichtung von Leben besteht, des physischen wie des geistigen. *Vorträge, Vorlesungen, Aufsätze, S. 382*

3. Ehrfurcht vor dem Leben

Die Ehrfurcht vor dem Leben ist die Grund- und Anfangstatsache der Sittlichkeit.
Wir Epigonen, S. 191

3

Die wahre persönliche Sittlichkeit geht auf absolute Grundsätze zurück, die sich aus der Ehrfurcht vor dem Leben ergeben. Sie sollen unsere Gesinnung beherrschen.
Wir Epigonen, S. 210

4

Soeben sprach ich noch von der Notwendigkeit, Vorsicht vor philosophischen Stichworten zu üben. Nun, es ist wahr, dass kein einziger Satz aus meiner Gedankenwelt meine ganze Philosophie so klar ausdrückt wie das Wort «Ehrfurcht vor dem Leben». Aber diese Worte sind mit einer langen Gedankenkette verknüpft. Jedenfalls wäre es mir lieber, wenn die Menschen Einblick in den Sinn meines Werks als Ganzes gewönnen, so wie es wirklich ist, als dass sie überlegen, ob mich dieses Wort mit dieser oder jener Philosophie in Zusammenhang bringt.
Norman Cousins, Albert Schweitzer und sein Lambarene, S. 65 f.

5

Die Ehrfurcht vor dem Leben ist die Grund- und Anfangstatsache der Sittlichkeit.
Wir Epigonen, S. 191

6

Als gut gilt ihm [dem Menschen] Leben erhalten, Leben fördern, entwickelbares Leben auf seinen höchsten Wert bringen; als böse: Leben vernichten, Leben schädigen, entwickelbares Leben niederhalten. Dies ist das denknotwendige, absolute Grundprinzip des Sittlichen.
Aus meinem Leben und Denken, S. 139

7

In unmittelbarer und absolut zwingender Weise führt das Denkendwerden über Leben und Welt zur Ehrfurcht vor dem Leben.
Aus meinem Leben und Denken, S. 199

8

Die elementare, uns in jedem Augenblick unseres Daseins zum Bewusstsein kommende Tatsache ist: Ich bin Leben, das leben will, inmitten von Leben, das leben will. Das Geheimnisvolle meines Willens zum Leben ist, dass ich mich genötigt fühle, mich gegen allen Willen zum Leben, der neben dem meinen im Dasein ist, teilnahms-

9

voll zu verhalten. Das Wesen des Guten ist: Leben erhalten, Leben fördern, Leben auf seinen höchsten Wert bringen. Das Wesen des Bösen ist: Leben vernichten, Leben schädigen, Leben in seiner Entwicklung hemmen. Das Grundprinzip der Ethik ist also Ehrfurcht vor dem Leben. *Das Christentum und die Weltreligionen, S. 86 f.*

10 In der Hauptsache gebietet die Ehrfurcht vor dem Leben dasselbe wie der ethische Grundsatz der Liebe. Nur trägt die Ehrfurcht vor dem Leben die Begründung des Gebotes der Liebe in sich und verlangt Mitleid mit aller Kreatur. Durch ethisches Verhalten zu aller Kreatur gelangen wir in ein geistiges Verhältnis zum Universum.
Das Christentum und die Weltreligionen, S. 88

11 Ich kann nicht anders, als Ehrfurcht haben vor allem, was Leben heißt, ich kann nicht anders, als empfinden mit allem, was Leben heißt: Das ist der Anfang und das Fundament aller Sittlichkeit.
Predigten, S. 1238

12 Wenn wir nur die Ehrfurcht vor der Heiligkeit unseres Daseins bewahren, denn das ist die wahre Gesinnung, in der dieses Leben gelebt sein will. *Predigten, S. 502*

13 Die Ehrfurcht ist das tiefste und größte Gefühl, dessen ein Mensch einem andern Wesen gegenüber fähig ist. *Predigten, S. 978*

14 Ehrfurcht vor dem Leben ist Ergriffensein von dem unendlichen, unergründlichen, vorwärtstreibenden Willen, in dem alles Sein begründet ist. Sie hebt uns über alle Erkenntnis der Dinge hinaus.
Kulturphilosophie I und II, S. 282

15 Alle lebendige Frömmigkeit fließt aus Ehrfurcht vor dem Leben und der in ihr gegebenen Nötigung zu Idealen.
Kulturphilosophie I und II, S. 282

16 Ein unerbittlicher Gläubiger ist die Ehrfurcht vor dem Leben! Findet sie bei einem Menschen nichts anderes zu pfänden als ein

3. Ehrfurcht vor dem Leben

bisschen Zeit und ein bisschen Muße, so legt sie auf dieses Beschlag. *Kulturphilosophie I und II, S. 320*

Denen, die sich im Beruf nicht als Mensch an Menschen ausgeben können und sonst nichts haben, um es dahinzugeben, mutet sie zu, etwas von ihrer Zeit und Muße, auch wenn sie ihnen kärglich zugemessen sind, zu opfern. Schafft euch ein Nebenamt, sagt sie zu ihnen, ein unscheinbares, vielleicht ein geheimes Nebenamt. Tut die Augen auf und suchet, wo ein Mensch oder ein Menschen gewidmetes Werk ein bisschen Zeit, ein bisschen Freundlichkeit, ein bisschen Teilnahme, ein bisschen Gesellschaft, ein bisschen Arbeit eines Menschen braucht. Vielleicht ist es ein Einsamer, oder ein Verbitterter, oder ein Kranker, oder ein Ungeschickter, dem du etwas sein kannst. Vielleicht ist es ein Greis oder ein Kind. Oder ein gutes Werk braucht Freiwillige, die einen freien Abend opfern oder Gänge tun können. Wer kann die Verwendungen alle aufzählen, die das kostbare Betriebskapital, Mensch genannt, haben kann! An ihm fehlt es an allen Ecken und Enden! Darum suche, ob sich nicht eine Anlage für dein Menschentum findet. Lass dich nicht abschrecken, wenn du warten oder experimentieren musst. Auch auf Enttäuschungen sei gefasst. Aber lass dir ein Nebenamt, in dem du dich als Mensch an Menschen ausgibst, nicht entgehen. Es ist dir eines bestimmt, wenn du nur richtig willst.

So redet die wahre Ethik von denen, die nur etwas Zeit und etwas Menschentum herzugeben haben. Wohl ihnen, wenn sie auf sie hören und davor bewahrt bleiben, wegen versäumter Hingabe verkümmerte Menschen zu werden.

Kulturphilosophie I und II, S. 321

Keiner maße sich ein Urteil über den anderen an. In tausend Arten hat sich die Bestimmung der Menschen zu erfüllen, damit sich das Gute verwirkliche. Was er als Opfer zu bringen hat, ist das Geheimnis jedes Einzelnen. *Kulturphilosophie I und II, S. 322*

Die ethischen Konflikte zwischen der Gesellschaft und dem Einzelnen rühren daher, dass dieser nicht nur persönliche, sondern

Erster Teil: Philosophie und Leben

auch überpersönliche Verantwortung trägt. Wo nur meine Person in Frage steht, darf ich immer geduldig sein, immer verzeihen, immer Nachsicht üben, immer barmherzig sein. Jeder von uns kommt aber in die Lage, dass er nicht nur für sich, sondern auch für eine Sache verantwortlich ist und dann zu Entscheidungen genötigt wird, die gegen die persönliche Sittlichkeit gehen.

Kulturphilosophie I und II, S. 322

20   Unterwerfe ich mich, unter dem Druck der überpersönlichen Verantwortung, dem Zweckmäßigen, so werde ich irgendwie schuldig durch Verfehlung gegen die Ehrfurcht vor dem Leben.

Kulturphilosophie I und II, S. 323

21   In keiner Weise erlaubt die Ehrfurcht vor dem Leben dem Einzelnen, das Interesse an der Welt aufzugeben. Fort und fort zwingt sie ihn, mit allem Leben um ihn herum beschäftigt zu sein und sich ihm verantwortlich zu fühlen.   *Kulturphilosophie I und II, S. 329*

22   Mag das Wort Ehrfurcht vor dem Leben als sehr allgemein etwas unlebendig klingen, so ist doch das, was damit bezeichnet wird, etwas, das den Menschen, in dessen Gedanken es einmal aufgetreten ist, nicht mehr loslässt. Mitleid, Liebe und überhaupt alles wertvoll Enthusiastische sind in ihm gegeben.

Kulturphilosophie I und II, S. 310

23   Schmerzvolles Rätsel bleibt es für mich, mit Ehrfurcht vor dem Leben in einer Welt zu leben, in der Schöpferwille zugleich als Zerstörungswille und Zerstörungswille zugleich als Schöpferwille waltet.   *Kulturphilosophie I und II, S. 311*

24   Alles Wissen ist zuletzt Wissen vom Leben und alles Erkennen Staunen über das Rätsel des Lebens – Ehrfurcht vor dem Leben in seinen unendlichen, immer neuen Gestaltungen.

Straßburger Predigten, S. 128

3. Ehrfurcht vor dem Leben

Du sollst Leben miterleben und Leben erhalten – das ist das größte Gebot in seiner elementarsten Form. *Straßburger Predigten, S. 130*

Die Ehrfurcht vor dem Leben und das Miterleben des andern Lebens ist das große Ereignis für die Welt. Die Natur kennt keine Ehrfurcht vor dem Leben. *Straßburger Predigten, S. 135*

Man redet viel in unserer Zeit vom Aufbau einer neuen Menschheit. Was ist der Aufbau der neuen Menschheit? Nichts anderes, als die Menschen zur wahren, eigenen, unverlierbaren, entwickelbaren Sittlichkeit führen.

Aber sie kommt nicht dazu, wenn die vielen Einzelnen nicht in sich gehen, aus Blinden Sehende werden und anfangen, das große Gebot zu buchstabieren, das große, einfache Gebot: Ehrfurcht vor dem Leben, in dem mehr hängt als das Gesetz und die Propheten, in dem hängt die ganze Sittlichkeit der Liebe, in ihrem tiefsten und höchsten Sinn, und aus dem sie sich für den Einzelnen und die Menschheit immer wieder erneuert. *Predigten, S. 1239*

Die Ethik der Ehrfurcht vor dem Leben erkennt keine relative Ethik an. Als gut lässt sie nur Erhaltung und Förderung von Leben gelten. Alles Vernichten und Schädigen von Leben, unter welchen Umständen es auch erfolgen mag, bezeichnet sie als böse. Gebrauchsfertig zu beziehende Ausgleiche von Ethik und Notwendigkeit hält sie nicht auf Lager. Immer von Neuem und und in immer originaler Weise setzt die absolute Ethik der Ehrfurcht vor dem Leben sich im Menschen mit der Wirklichkeit auseinander. Sie tut die Konflikte nicht für ihn ab, sondern zwingt ihn, sich in jedem Falle selber zu entscheiden, inwieweit er ethisch bleiben kann und inwieweit er sich der Notwendigkeit von Vernichtung und Schädigung von Leben unterwerfen und damit Schuld auf sich nehmen muss. *Kulturphilosophie I und II, S. 316*

Nur die Ethik der Ehrfurcht vor dem Leben ist vollständig.
Ehrfurcht vor den Tieren, S. 82

Erster Teil: Philosophie und Leben

30 Ehrfurcht vor dem Leben, veneratio vitae, ist die unmittelbarste und zugleich tiefste Leistung meines Willens zum Leben.
Kulturphilosophie I und II, S. 82

31 Die Ehrfurcht vor dem Leben gibt mir das Grundprinzip des Sittlichen ein, dass das Gute in dem Erhalten, Fördern und Steigern von Leben besteht und dass Vernichten, Schädigen und Hemmen von Leben böse ist.
Kulturphilosophie I und II, S. 83

32 Als Wille zum Leben inmitten von Willen zum Leben erfasst sich der Mensch in jedem Augenblick, in dem er über sich selbst und über die Welt um ihn herum nachdenkt.
Aus meinem Leben und Denken, S. 139

33 Wie in meinem Willen zum Leben Sehnsucht ist nach Weiterleben und nach der geheimnisvollen Geborgenheit des Willens zum Leben, die man Lust nennt, und Angst vor der Vernichtung und der geheimnisvollen Beeinträchtigung des Willens zum Leben, die man Schmerz nennt: also auch in dem Willen zum Leben um mich herum, ob er sich mir gegenüber äußern kann oder stumm bleibt.
Aus meinem Leben und Denken, S. 139

34 In der Gesinnung der Ehrfurcht vor dem Leben liegt ein elementarer Begriff von Verantwortung beschlossen, dem wir uns ergeben müssen; in ihr sind Kräfte tätig, die uns zu einer Revision und Veredelung unserer individuellen, sozialen und politischen Gesinnung zwingen.
Kulturphilosophie I und II, S. 85

35 Auch hinsichtlich des Verhaltens zu Menschen wirft uns die Ethik der Ehrfurcht von dem Leben in erschreckend unbegrenzte Verantwortung.

Wieder bietet sich keine Lehre über den Umfang der erlaubten Selbsterhaltung; wieder heißt sie uns, uns in jedem Falle mit der absoluten Ethik der Hingebung auseinanderzusetzen. Nach der Verantwortung, die ich in mir erlebe, muss ich entscheiden, was ich von meinem Leben, meinem Besitze, meinem Rechte, meinem

3. Ehrfurcht vor dem Leben

Glück, meiner Zeit, meiner Ruhe hingeben muss und was ich davon behalten darf. *Kulturphilosophie I und II, S. 318 f.*

Auch mein Glück gönnt mir die Ehrfurcht vor dem Leben nicht. In den Augenblicken, wo ich mich unbefangen freuen möchte, weckt sie Gedanken an gesehenes und geahntes Elend in mir. Sie erlaubt mir nicht, die Störung zu verscheuchen. Wie die Welle nicht für sich sein kann, sondern stetig an dem Wogen des Ozeans teilhat, also soll ich mein Leben nie für sich erleben, sondern immer in dem Erleben, das um mich her stattfindet.
Kulturphilosophie I und II, S. 320 36

Die Gesinnung der Ehrfurcht vor dem Leben ist es auch, die allein fähig ist, ein neues Bewusstsein des Rechts zu schaffen.
Kulturphilosophie I und II, S. 85 37

Eine trostlose Entkräftung, Entseelung und Entsittlichung des Rechtsbewusstseins ist eingetreten. Wir leben in einer Periode der Rechtlosigkeit. Leichtfertig produzieren die Parlamente rechtswidrige Gesetze. *Kulturphilosophie I und II, S. 85* 38

Der auf diese Weise denkend gewordene Mensch erlebt zugleich die Notwendigkeit, allem Willen zum Leben die gleiche Ehrfurcht vor dem Leben entgegenzubringen wie dem eigenen. So erlebt er das andere Leben in dem seinen. Als gut gilt ihm alsdann: Leben auf seinen höchsten Wert bringen. Als böse gilt ihm nun: Leben schädigen oder vernichten, entwickelbares Leben an der Entwicklung hindern. *Vorträge, Vorlesungen, Aufsätze, S. 398* 39

Die Idee der Ehrfurcht vor dem Leben ergibt sich als die sachliche Lösung der sachlich gestellten Frage, wie der Mensch und die Welt zusammengehören. Von der Welt weiß der Mensch nur, dass alles, was ist, Erscheinung vom Willen zum Leben ist, wie er selbst. Mit dieser Welt steht er im Verhältnis sowohl der Passivität wie der Aktivität. Einerseits ist er dem Geschehen unterworfen, das in dieser Gesamtheit von Leben gegeben ist; andererseits ist er fähig, 40

Erster Teil: Philosophie und Leben

hemmend oder fördernd, vernichtend oder erhaltend auf Leben, das in seinen Bereich kommt, einzuwirken.

Aus meinem Leben und Denken, S. 198

41 Ethik, die uns Ehrfurcht vor allem Leben und Liebe zu allem Leben lehren will, muss uns zugleich in schonungsloser Weise die Augen darüber öffnen, in wie vielfacher Weise wir uns in der Notwendigkeit befinden, Leben zu vernichten und zu schädigen, und in welch' schweren Konflikten wir uns ständig bewegen, wenn wir wagen, uns nicht durch Gedankenlosigkeit zu betäuben.

Ehrfurcht vor den Tieren, S. 88

42 Durch die Ehrfurcht vor dem Leben gelangen wir in ein geistiges Verhältnis zum Universum. *Ehrfurcht vor den Tieren, S. 22*

43 Reiß keine Blume, kein Blatt ab! Siehst du ein Pflänzchen, auch das gewöhnlichste, vor dir auf einem Pfade, tritt so, dass du es nicht zertrittst, wenn du es vermeiden kannst! Gehst du mit Kindern in die Natur, lass sie nicht gedankenlos Blumen brechen in der ersten Stunde, die dann in den heißen Händchen welken und die sie dann, weil sie ihnen unbequem werden, achtlos wegwerfen, sondern wage, sie von den ersten Jahren an zur Ehrfurcht vor dem Leben zu erziehen. *Predigten, S. 1248 f.*

44 So wird einst die Zeit kommen, wo die Kinder in den Schulbüchern lesen werden, bis zu welchem Jahrhundert sich die Menschen in naiver Rohheit mit sterbenden Blumen erfreuten.

Predigten, S. 1249

45 Die Ehrfurcht vor dem Leben ist ethische Mystik. Die wahre Gotteserkenntnis ist die, dass wir Gott, der uns in der Natur als Schöpferwille voller Rätsel entgegentritt, in uns als Wille zur Liebe erleben. Dadurch, dass wir mit dem Lebendigen, das in unseren Bereich kommt, eins werden und uns ihm helfend hingeben, erleben wir das wahre Einswerden mit dem Unendlichen und gelangen zum Frieden. *Vorträge, Vorlesungen, Aufsätze, S. 382*

3. Ehrfurcht vor dem Leben

Aus der Ehrfurcht vor dem Leben kommt die wahre Verinnerlichung und das wahre Geistigwerden des Menschen.

Vorträge, Vorlesungen, Aufsätze, S. 382

46

Die Ehrfurcht vor dem Leben bezieht sich auf das Physische und auf das Geistige des Lebens. Wo das Leben geistiger Entwicklung fähig ist, wie es bei den Menschen der Fall ist, haben wir darauf bedacht zu sein, dass wir durch unser Verhalten dieses Geistige nicht hemmen, sondern fördern. Unser Ethisch-Sein hat schon an sich eine geistige Bedeutung für den anderen.

Vorträge, Vorlesungen, Aufsätze, S. 138

47

Solange die Ethik nicht zu dem absoluten Prinzip der Ehrfurcht vor dem Leben vorgedrungen ist, ist sie unvollständig. Das zeigt sich in unserer Zeit [1934] mit erschreckender Deutlichkeit. Unsere Zeit ist an ethischen Werken sicherlich nicht arm. Aber zugleich wird in ihr die Gewalt verherrlicht und vieles, was zur Ethik gehört, als Sentimentalität angesehen. So ist Ethisches und Unethisches nebeneinander im Geiste unserer Zeit. So erklärt sich, dass unsere Zivilisation noch nicht mit der Idee des Krieges fertig geworden ist.

Vorträge, Vorlesungen, Aufsätze, S. 138f.

48

Ehrfurcht vor dem Leben – Nun war ich zu der Idee vorgedrungen, in der Welt- und Lebensbejahung und Ethik miteinander enthalten sind! Nun wusste ich, dass die Weltanschauung ethischer Welt- und Lebensbejahung samt ihren Kulturidealen im Denken begründet ist.

[...] Will der Mensch über sich selber und sein Verhältnis zur Welt ins Klare kommen, so muss er immer aufs Neue von dem Vielen, was sein Denken und Wissen ausmacht, absehen und sich auf die erste, unmittelbarste und stetig gegebene Tatsache seines Bewusstseins besinnen. Nur von dieser aus kann er zu denkender Weltanschauung gelangen.

Aus meinem Leben und Denken, S. 138

49

Vertiefte Welt- und Lebensbejahung besteht darin, dass wir den Willen haben, unser Leben und alles durch uns irgendwie be-

50

einflussbare Sein zu erhalten und auf seinen höchsten Wert zu bringen.
Kulturphilosophie I und II, S. 277

51 Von dem, was gut und böse ist, und von den Erwägungen, in welchen wir die Kraft finden, das eine zu tun und das andere zu meiden, kann keiner zum anderen als ein Gelehrter reden. Immer vermag er davon nur so viel mitzuteilen, als er von dem, was alle bewegen soll, in sich selber findet, vielleicht überdachter, stärker und klarer als sie, so dass das Geräusch in Ton übergeht.
Kulturphilosophie I und II, S. 106 f.

52 Ethisch ist er [der Mensch] nur, wenn ihm das Leben als solches, das der Pflanze und des Tieres wie das des Menschen, heilig ist und er sich dem Leben, das in Not ist, helfend hingibt.
Aus meinem Leben und Denken, S. 140

53 Wo ich irgendwelches Leben schädige, muss ich mir darüber klar sein, ob es notwendig ist. Über das Unvermeidliche darf ich in nichts hinausgehen, auch nicht in scheinbar Unbedeutendem. Der Landmann, der auf seiner Wiese tausend Blumen zur Nahrung für seine Kühe hingemäht hat, soll sich hüten, auf dem Heimweg in geistlosem Zeitvertreib eine Blume am Rande der Landstraße zu köpfen, denn damit vergeht er sich an Leben, ohne unter der Gewalt der Notwendigkeit zu stehen.
Kulturphilosophie I und II, S. 317

54 Die Ethik der Ehrfurcht vor dem Leben erlaubt uns also nicht, zu fragen, ob diese oder jene Existenz einen Wert besitze und also auf unser Interesse und unsere Rücksicht Anspruch habe. Wohl können wir in die Lage [kommen], Unterscheidung zwischen höherem und niederem, wertvollerem und weniger wertvollem (wertlosem) Leben praktisch machen zu müssen. Aber immer müssen wir uns dabei bewusst bleiben, dass sie sich nicht auf ein Wissen gründet, sondern subjektiv ist.
Vorträge, Vorlesungen, Aufsätze, S. 144 f.

3. Ehrfurcht vor dem Leben

Nur subjektive Entscheide kann der Mensch in den ethischen Konflikten treffen. Niemand kann für ihn bestimmen, wo jedes Mal die äußerste Grenze der Möglichkeit des Verharrens in der Erhaltung und Förderung von Leben liegt. Er allein hat es zu beurteilen, indem er sich dabei von der aufs Höchste gesteigerten Verantwortung gegen das andere Leben leiten lässt.
Kulturphilosophie I und II, S. 316

55

Nie dürfen wir abgestumpft werden. In der Wahrheit sind wir, wenn wir die Konflikte immer tiefer erleben. Das gute Gewissen ist eine Erfindung des Teufels. *Kulturphilosophie I und II, S. 317*

56

Die Ethik der Ehrfurcht vor dem Leben begreift also alles in sich, was als Liebe, Hingebung, Mitleiden, Mitfreude und Mitstreben bezeichnet werden kann. *Aus meinem Leben und Denken, S. 140*

57

Die in dem denkend gewordenen Willen zum Leben entstandene Ehrfurcht vor dem Leben enthält also Welt- und Lebensbejahung und Ethik ineinander und miteinander. Sie geht darauf aus, Werte zu schaffen und Fortschritte zu verwirklichen, die der materiellen, geistigen und ethischen Höherentwicklung des Menschen und der Menschheit dienen. *Aus meinem Leben und Denken, S. 140*

58

Die Weltanschauung der Ehrfurcht vor dem Leben ergibt sich darein, die Welt so zu nehmen, wie sie ist. Die Welt ist Grausiges in Herrlichem, Sinnloses in Sinnvollem, Leidvolles in Freudvollem.
Aus meinem Leben und Denken, S. 175

59

Die Ehrfurcht vor dem Leben bringt uns in ein geistiges Verhältnis zur Welt, das von allem Erkennen des Weltganzen unabhängig ist. Durch das dunkle Tal der Resignation hindurch führt sie uns auf die lichten Höhen ethischer Welt- und Lebensbejahung aus innerer Notwendigkeit. *Aus meinem Leben und Denken, S. 175*

60

In der Gesinnung der Ehrfurcht vor dem Leben besitzen wir eine in sich begründete Lebensanschauung, in der uns ethische Welt-

61

anschauung unmittelbar feststeht. In jedem Augenblick, in dem wir über uns selber und das Leben um uns herum denkend werden, erneuert sie sich in uns.... Nicht durch das Erkennen, sondern durch ein Erleben der Welt kommen wir in ein Verhältnis zu ihr [der Ehrfurcht vor dem Leben].

Aus meinem Leben und Denken, S. 175

62 Die ethische Mystik der Ehrfurcht vor dem Leben ist zu Ende gedachter Rationalismus. *Aus meinem Leben und Denken, S. 175*

63 Wer unter den Einfluss der Ethik der Ehrfurcht vor dem Leben gerät, wird durch das, was sie von ihm verlangt, alsbald zu spüren bekommen, welches Feuer in dem unlebendigen Ausdruck glüht.

Aus meinem Leben und Denken, S. 199

64 Die Ethik der Ehrfurcht vor dem Leben ist die ins Universelle erweiterte Ethik der Liebe. *Aus meinem Leben und Denken, S. 200*

65 Die Ehrfurcht vor dem Leben gilt also dem natürlichen und dem geistigen Leben miteinander. *Aus meinem Leben und Denken, S. 200*

66 Mit der Stärke der Ehrfurcht vor dem natürlichen Leben wächst die vor dem geistigen. *Aus meinem Leben und Denken, S. 200*

67 Ist er [der Mensch] von der Ethik der Ehrfurcht vor dem Leben berührt, so schädigt und vernichtet er Leben nur aus Notwendigkeit, der er nicht entrinnen kann, niemals aus Gedankenlosigkeit. Wo er ein Freier ist, sucht er nach Gelegenheit, die Seligkeit zu kosten, Leben beistehen zu können und Leid und Vernichtung von ihm abzuwenden. *Aus meinem Leben und Denken, S. 201*

68 Wir aber dürfen sagen: ethisch beginnt das Recht der Vernichtung da, wo die Erhaltung des höheren Wesens in Frage kommt. Auch hier besteht eine Spannung, ein Dualismus: auf der einen Seite das Gefühl von der Heiligkeit alles Lebendigen – auf der anderen die Notwendigkeit, die Verantwortung auf uns zu nehmen, dass wir

3. Ehrfurcht vor dem Leben

als höhere Wesen gegebenenfalls über andere Wesen hinwegschreiten; das höhere Leben erweist sich darin als höher, dass es über den blinden Drang der Selbsterhaltung hinauskommt und Leben nur zerstört mit dem Gefühl der Verantwortung gegen das Ganze.

Straßburger Vorlesungen, S. 693 f.

Die Weltanschauung der Ehrfurcht vor dem Leben hat also religiösen Charakter. Der Mensch, der sich zu ihr bekennt und sie betätigt, ist in elementarer Weise fromm.

Aus meinem Leben und Denken, S. 202

69

Durch die religiös geartete tätige Ethik der Liebe und durch ihre Innerlichkeit ist die Weltanschauung der Ehrfurcht vor dem Leben der des Christentums wesensverwandt.

Aus meinem Leben und Denken, S. 202

70

Was wir Liebe nennen, ist seinem Wesen nach Ehrfurcht vor dem Leben. Alle materiellen und geistigen Werte sind Werte nur insofern, als sie der höchsten Erhaltung und Förderung von Leben dienen. *Die Weltanschauung der indischen Denker, S. 225*

71

So ist der letzte Gedanke, den das auf das Universum gerichtete Wissen und Kennen in uns weckt, die Ehrfurcht vor dem Leben in allen seinen Gestalten und Werten. Sie ist die Grundstimmung unseres Verhältnisses zum All. *Wir Epigonen, S. 141*

72

In der Ehrfurcht vor dem Leben kommt unser Wollen zur Klarheit über sich selbst. Es erhebt sich in ihm zu einem Wollen des Lebens, das von allen Erklärungen, die die bisherigen Weltanschauungen stützten, absehen kann. Das Sein wird ihm an sich wertvoll, zum Werte aller schaffenden Werte.

Wir Epigonen, S. 142

73

Die Ehrfurcht vor dem Leben nötigt unseren Willen zur Bejahung unseres Daseins. In ihr liegt die Wurzel aller Sittlichkeit.

Wir Epigonen, S. 142

74

Erster Teil: Philosophie und Leben

75 Die Ehrfurcht vor dem Leben, die das Höchste ist, was wir dem Universum entgegenbringen können, wird im Bereich von Mensch und Menschheit zur Ehrfurcht vor Mensch und Menschheit.
Wir Epigonen, S. 170

76 Die Ehrfurcht vor dem Leben gilt allem Leben. Auch das Verhalten der Kreatur gegenüber gehört zur Sittlichkeit.
Wir Epigonen, S. 194

77 Jede Zerstörung von Leben ist unsittlich, jede Förderung desselben sittlich. *Wir Epigonen, S. 194*

78 Gehört die Ehrfurcht vor dem Leben zum wahren Menschsein, so müssen wir uns unserer Verantwortung gegen alles lebende Wesen, das in unserem Bereich ist, bewusst sein. Unser Beruf ist Leben erhalten. Leben zerstören ist Sünde, von der Schuld, die wir mit bereiteter oder angesehener Qual auf uns laden, nicht zu reden.
Wir Epigonen, S. 194

79 Mit der Notwendigkeit gibt uns die Natur das Recht, niederes Leben dem höheren zu opfern. Aber indem wir davon Gebrauch machen, haben wir uns unsere Verantwortung immer gegenwärtig zu halten. Nur da, wo es durch einen ausreichenden Zweck gerechtfertigt ist, dürfen wir eingreifen. *Wir Epigonen, S. 195*

80 Es passiert mir öfters, dass ich in einem Buch oder einer Zeitschrift den Ausdruck «Ehrfurcht vor dem Leben» finde, ohne dass sich der Autor darüber klar ist, dass er eine Neuschöpfung ist und von mir stammt. Also hat das Wort schon Kurs. Das ergreift mich immer wieder aufs Neue.
Existenzphilosophie und Christentum, Brief an Fritz Buri, S. 106

4. Lebens- und Weltbejahung

Welt- und Lebensbejahung und Ethik sind in unserem Willen zum Leben gegeben. Sie kommen in ihm zur Klarheit in dem Maße, als er denkend über sich selbst und sein Verhältnis zur Welt wird. Das vormalige Vernunftdenken wollte über die Welt wissend werden und in der Erkenntnis der Welt die höchsten Regungen unseres Willens zum Leben als im Hinblick auf das Weltganze und die Weltevolution zielvoll begreifen. Dies ließ sich nicht durchführen. Es ist uns nicht bestimmt, die Welt und uns selber in solcher Harmonie miteinander zu erfassen. Naiverweise nahmen wir an, dass die Lebensanschauung in der Weltanschauung enthalten sein müsse. Die Tatsachen rechtfertigen diese Ansicht nicht. Daran liegt es, dass unser Denken bei einem Dualismus anlangt, mit dem es nie fertig werden kann. Es ist der Dualismus von Weltanschauung und Lebensanschauung, von Erkennen und Wollen.

Kulturphilosophie I und II, S. 80 f.

Wird der Mensch denkend über das Geheimnisvolle seines Lebens und der Beziehungen, die zwischen ihm und dem die Welt erfüllenden Leben bestehen, so kann er nicht anders, als daraufhin seinem eigenen Leben und allem Leben, das in seinen Bereich tritt, Ehrfurcht vor dem Leben entgegenzubringen und diese in ethischer Welt- und Lebensbejahung zu bestätigen.

Aus meinem Leben und Denken, S. 198

Die höhere Lebensbejahung, die wir Ethik nennen, besteht also wohl darin, dass der Mensch aus seinem Für-Sich-Sein heraustritt, indem er anderes Dasein mit dem seinen zugleich bejaht, als auch darin, dass er bestrebt ist, seinen Willen zum Leben in reinster Flamme brennen zu lassen. Ethik der Hingebung und Ethik des Vollkommenerwerdens machen in ihrer Verbundenheit die vollständige Ethik aus.

Erster Teil: Philosophie und Leben

Die Lebensanschauung hat also zwei Brennpunkte: den Gedanken des Wirkens und den des Vollkommenerwerdens. Je stärker jeder ausgebildet ist und je enger sie miteinander verbunden sind, desto höher steht die Lebensanschauung. Ihre ideale Formel lautet: vollendetes Wirken aus vollendeter Gesinnung.
Kulturphilosophie III, 1. und 2. Teil, S. 200

4 «Jenseits von Gut und Böse» – diesen großen, schönen Aufruf zum Leben, Bejahung des Lebens.
Die Jahre vor Lambarene, Brief an Helene Bresslau, S. 42

5 Das Wesen der Neuzeit besteht darin, dass sie im Geiste einer in dieser Stärke vorher nicht aufgetretenen Welt- und Lebensbejahung denkt und handelt. *Kulturphilosophie I und II, S. 143*

6 Welt- und Lebensbejahung und Ethik sind irrational. Sie sind in keinem entsprechenden Erkennen des Wesens der Welt gerechtfertigt, sondern sind die Gesinnung, in der wir unser Verhältnis zur Welt aus der inneren Notwendigkeit unseres Willens zum Leben bestimmen. *Kulturphilosophie I und II, S. 85*

7 Die Lebens- und Weltbejahung, ganz allgemein gesagt, besteht darin, dass wir das Leben, wie wir es in uns erleben und wie es sich um uns herum in der Welt entfaltet, als etwas an sich Wertvolles ansehen und dementsprechend bestrebt sind, es in uns sich ausleben und vollenden zu lassen und es um uns her, soweit es sich im Bereiche unseres Handelns befindet, nach Möglichkeit zu erhalten und zu fördern.

Die Lebensbejahung ist naturhaft in uns gegeben. Wir sind nicht nur Leben, sondern Wille zum Leben. Der Trieb, unser Leben zu erleben und auszuleben, gehört zu unserem Wesen. Aus unserer Lebensbejahung kommt unsere Weltbejahung. Von unserem Lebenwollen aus verstehen wir das Leben um uns herum als Lebenwollen und das Sein der Welt als Seinwollen.

Unsere Weltbejahung ist eine Erweiterung unserer Lebensbejahung. *Kulturphilosophie III, 1. und 2. Teil, S. 301*

4. Lebens- und Weltbejahung

Weil wir unser Leben und anderes Leben als etwas Wertvolles ansehen, vermögen wir nicht dabei zu verbleiben, nur so für uns dahinzuleben, sondern wir empfinden die Nötigung, die besten Daseinsmöglichkeiten für uns und das andere Leben, das sich in dem Bereiche unserer Betätigung befindet, zu schaffen. In dem Maße, als die Lebens- und Weltbejahung tief und stark wird, hält sie den Menschen dazu an, dem Nebenmenschen, dem Volke, der Menschheit und überhaupt allem Leben in höchstem Wollen und Hoffen zu dienen. *Kulturphilosophie III, 3. und 4. Teil, S. 127*

8

Als erste große Frage tut sich die des Entscheidens zwischen Welt- und Lebensbejahung und Welt- und Lebensverneinung auf.

9

Welt- und Lebensbejahung bedeutet, dass wir das Sein, wie wir es in uns erleben und wie es sich in der Welt entfaltet, als etwas an sich Wertvolles ansehen und dementsprechend bestrebt sind, es in uns zu vollenden und um uns her, soweit unser Wirken reicht, zu erhalten und zu fördern.

Welt- und Lebensverneinung bedeutet, dass wir das Sein, wie wir es in uns erleben und wie es sich in der Welt entfaltet, als etwas Sinnloses und Leidvolles betrachten und dementsprechend entschlossen sind, jedes auf seine Erhaltung und Förderung gehende Wirken abzulehnen und es in uns durch Ertötung des Willens zum Leben zum Aufhören zu bringen.

Welt- und Lebensbejahung hält den Menschen an, dem Menschen, der menschlichen Gesellschaft, dem Volke, der Menschheit, allem Leben in höchstem Wollen und Hoffen zu dienen. Welt- und Lebensverneinung lässt ihn das Sein für ein Spiel halten, in dem er in keiner Weise mitzumachen brauche.
Kulturphilosophie III, 1. und 2. Teil, S. 239 f.

Die Welt- und Lebensbejahung, ganz allgemein gesagt, besteht darin, dass wir unser Sein und das Sein der Welt, in dem es gegeben ist, als etwas an sich Wertvolles ansehen und uns bestreben, es, soweit wir es vermögen, zu erhalten und zu fördern. Sie bestimmt uns, in der Welt etwas wirken zu wollen statt einfach dahinzuleben. *Kulturphilosophie III, 1. und 2. Teil, S. 285*

10

Erster Teil: Philosophie und Leben

11 Nur in einer völligen und tiefen Welt- und Lebensbejahung können wir das Einswerden mit dem unendlichen Willen zum Leben erleben. *Kulturphilosophie III, 3. und 4. Teil, S. 32*

12 Auf die in der vertieften Lebens- und Weltbejahung und in der höheren Ethik enthaltenen Ideen und Ideale gehen alle materiellen, sozialen und geistigen Fortschritte zurück, die in der Menschheit verwirklicht worden sind.
Kulturphilosophie III, 3. und 4. Teil, S. 54

13 Naturhaft vorhanden ist die Welt- und Lebensbejahung in uns dadurch, dass wir Wille zum Leben sind. Die Fundamentaltatsache unseres Bewusstseins ist nicht nur, dass wir Leben sind, sondern dass wir Leben sind, das leben will. Von diesem unserem Lebenwollen aus verstehen wir das Leben um uns herum als Lebenwollen und das Sein der Welt als Seinwollen.
Kulturphilosophie III, 1. und 2. Teil, S. 285

14 Voll entwickelte, ethische Lebens- und Weltbejahung hält den Menschen dazu an, dem Nebenmenschen, der Gesellschaft, dem Volke, der Menschheit und überhaupt allem Leben in höchstem Wollen und Hoffen zu dienen.
Kulturphilosophie III, 1. und 2. Teil, S. 286

15 Weil wir Europäer es unterließen, uns von der Entschiedenheit und Wertigkeit unserer Welt- und Lebensbejahung Rechenschaft zu geben, sind wir unversehens dahin gekommen, an einer herabgesetzten und getrübten Genüge zu finden, wie dies in unseren so niedrig eingestellten Idealen zum Ausdruck kommt.
Kulturphilosophie III, 1. und 2. Teil, S. 240

16 Das in die Tiefe gehende Denken gelangt also zu unerschütterlicher Welt- und Lebensbejahung. *Kulturphilosophie I und II, S. 285*

17 Mit dem Trost, der uns aus dem fließt, was wir als ihre Schönheit empfinden, hilft uns die Natur aus vieler Verzagtheit auf.

4. Lebens- und Weltbejahung

Wie erhebend in Zeiten wie der unseren der Gedanke, dass die menschliche Torheit, die so namenloses Elend über die Menschheit bringt, nichts dagegen vermag, dass die Sonne immer wieder aufgeht, das Land immer wieder grünt, blüht und Frucht bringt, der Mond und die Sterne immer wieder ihren Glanz behalten.
Kulturphilosophie III, 1. und 2. Teil, S. 242

Welt- und Lebensbejahung besteht darin, dass der Mensch das Sein, wie er es in sich erlebt und wie es sich in der Welt entfaltet, als etwas an sich Wertvolles ansieht und dementsprechend bestrebt ist, es in sich zur Vollendung kommen zu lassen und es um sich her, soweit sein Wirken reicht, zu erhalten und zu fördern.
Die Weltanschauung der indischen Denker, S. 29

18

Lebensbejahung ist die geistige Tat, in der er [der Mensch] aufhört dahinzuleben und anfängt, sich seinem Leben mit Ehrfurcht hinzugeben, um es auf seinen wahren Wert zu bringen.
Aus meinem Leben und Denken, S. 139

19

Lebensbejahung ist Vertiefung, Verinnerlichung und Steigerung des Willens zum Leben. *Aus meinem Leben und Denken, S. 139*

20

Indem unser Wille zum Leben denkend wird, gelangt er zunächst zur Welt- und Lebensbejahung und sodann zur Ethik der Ehrfurcht vor dem Leben. *Vorträge, Vorlesungen, Aufsätze, S. 149*

21

Dem neuzeitlichen europäischen Denken stellt sich dieselbe Aufgabe wie einst dem griechischen: die als natürlich empfundene ethische Welt- und Lebensbejahung in einer entsprechenden Weltanschauung zu begründen und zu vertiefen.
Kulturphilosophie III, 1. und 2. Teil, S. 131

22

Weil sie sich nicht in wirklichem Denken über das Verhältnis des menschlichen Seins zum unendlichen Sein klärt und begründet, erlebt die neuzeitliche Welt- und Lebensbejahung auch nicht die erforderliche Vertiefung. Darum ist sie, wie der Fortschritts-

23

glaube, mit dem sie zusammenhängt, in Gefahr, die Beziehung zur Ethik zu verlieren und zu veräußerlichen, was sich im Verlauf des 19. Jahrhunderts dann tatsächlich ereignet.
Kulturphilosophie III, 1. und 2. Teil, S. 132

24 Welcher Art aber ist die Weltanschauung, in der der universelle und der ethische Fortschrittswille miteinander begründet und miteinander verbunden sind? Sie besteht in ethischer Welt- und Lebensbejahung. *Aus meinem Leben und Denken, S. 132*

25 Welt- und Lebensbejahung an sich kann nur eine unvollständige und unvollkommene Kultur hervorbringen. Erst wenn sie sich verinnerlicht und ethisch wird, besitzt der sich aus ihr ergebende Fortschrittswille die zur Unterscheidung zwischen dem Wertvollen und dem weniger Wertvollen erforderliche Einsicht und erstrebte Kultur, die nicht nur aus Errungenschaften des Wissens und Könnens besteht, sondern vor allem den Menschen und die Menschheit geistig und ethisch voranbringen will.
Aus meinem Leben und Denken, S. 135

26 Ethisch wird diese neuzeitliche Lebens- und Weltbejahung dadurch, dass sie die christliche Ethik der tätigen Liebe und die spätstoische Ethik der allgemeinen Menschenliebe übernimmt.
Vorträge, Vorlesungen, Aufsätze, S. 149

27 Zugleich aber zeigt in dem neueren Denken die Welt- und Lebensbejahung auch die Tendenz, sich ganz von der Ethik zu emanzipieren. Dieses ereignet sich erstmalig im Denken Nietzsches.
Vorträge, Vorlesungen, Aufsätze, S. 150

28 Jedes Mal aber, wenn die ethische Lebens- und Weltbejahung aufgegeben wird und irgendeine andere Lebensanschauung Geltung erhält, äußert sich dieses Abgleiten aus dem wertvolleren Geistigen in das weniger wertvolle darin, dass der Einzelne und die Gesellschaft an innerer Tüchtigkeit verlieren und die erreichte Kultur nicht mehr aufrechterhalten werden kann.

4. Lebens- und Weltbejahung

Ihrem eigentlichen und inneren Wesen nach ist Kultur von einer Gesinnung vertiefter ethischer Lebens- und Weltbejahung abhängig. Solange das Denken nicht in der Lage ist, höchste und tiefste ethische Lebens- und Weltbejahung als eine unerschütterliche Überzeugung zu besitzen, ist das Bestehen der Kultur gefährdet. Das Schicksal der Menschheit hängt also davon ab, dass es uns gelingt, das Werk des Denkens weiter und zu Ende zu führen.

Kulturphilosophie III, 1. und 2. Teil, S. 381

Ethik und Welt- und Lebensbejahung sind aufeinander angewiesen. Sie gehören von Natur aus zusammen und können nur miteinander verbunden bestehen.

Vorträge, Vorlesungen, Aufsätze, S. 157

Bleibt in der Weltanschauung der Lebens- und Weltverneinung das Motiv der Hingebung unentwickelt, so herrscht es in der ethischen Lebens- und Weltbejahung [so] stark vor, dass das des innerlichen Vollkommenerwerdens neben ihm nicht aufkommt. Die Ethik der Lebens- und Weltbejahung ist vor allem Nützlichkeitsethik. Sie lässt den Menschen sich zur Beförderung des Wohlergehens der anderen Wesen betätigen. Das Handeln ist vor allem durch die Erwägung bestimmt, was damit für die Verwirklichung des Guten ausgerichtet werden soll und kann. So natürlich und berechtigt dies ist, so bedeutet es aber dennoch eine Veräußerlichung und Verarmung der Ethik, wenn sie, wie es unsere moderne europäische vielfach tut, den Menschen zum ethischen Tun antreibt, ohne ihn über sich selbst zur Besinnung kommen zu lassen und ohne ihn dazu anzuhalten, mit der Frage, was geistig aus ihm wird, beschäftigt zu sein.

Kulturphilosophie III, 1. und 2. Teil, S. 306 f.

Gemeinsam sind allem Denken die zwei großen, fundamentalen Probleme: das der Welt- und Lebensbejahung und Welt- und Lebensverneinung und das der Ethik mit ihrer Beziehung zu diesen beiden Arten des geistigen Verhaltens zum Sein.

Die Weltanschauung der indischen Denker, S. 16

32 Die tiefste Lebens- und Weltbejahung ist die, die der illusionslosen Beurteilung der Dinge und dem Unglück abgerungen wird, die tiefste Lebens- und Weltverneinung die, die sich trotz heiterer Sinnesart und glücklicher äußerer Umstände ausbildet.
Kulturphilosophie III, 3. und 4. Teil, S. 255

5. Lebens- und Weltverneinung

1 Solange wir uns nicht darein ergeben, das Sinnlose und Leidvolle des Weltgeschehens als etwas Unbegreifliches hinzunehmen, suchen wir durch eine relativistische Betrachtungsweise mit ihm erkenntnismäßig fertig zu werden. Wir lassen uns darauf ein, zwischen dem Sein an sich und seiner materiellen Erscheinung zu unterscheiden, und möchten alles Unerklärliche nur für diese gelten lassen. Bei solchem Beginnen kommen wir in Versuchung, uns eine Vorstellung von einem absoluten reinen, unbewegten, unveränderlichen, eigenschaftslosen Sein zu schaffen. Damit ist die Grundvoraussetzung der Weltanschauung der Welt- und Lebensverneinung gegeben. Sie entsteht in dem Augenblicke, wo wir aus unserer Unterscheidung die Folgerung ziehen, dass wir es nur mit dem reinen Sein zu tun haben. *Kulturphilosophie III, 1. und 2. Teil, S. 255*

2 Welt- und Lebensverneinung hingegen besteht darin, dass der Mensch das Sein, wie er es in sich erlebt und wie es sich in der Welt entfaltet, als etwas Sinnloses und Leidvolles ansieht und sich dementsprechend entschließt, das Leben in sich durch Ertötung des Willens zum Leben zum Aufhören zu bringen und auf alles Wirken, das die Erhaltung und Förderung anderen Lebens bezweckt, zu verzichten. *Die Weltanschauung der indischen Denker, S. 29*

3 Welt- und Lebensverneinung: aus der Ferne ein herrliches Schloss, aus der Nähe eine großartige Ruine, in die armselige Wohnungen eingebaut sind. *Kulturphilosophie III, 3. und 4. Teil, S. 378*

5. Lebens- und Weltverneinung

Tatsächlich läuft jede Geltendmachung von Welt- und Lebensbejahung – auch die, die sich auf die Rechtfertigung eines bestimmten Tuns beschränkt – auf eine Außerkraftsetzung der Welt- und Lebensverneinung hinaus.
Die Weltanschauung der indischen Denker, S. 164

4

Insoweit als die Lebens- und Weltverneinung Ethik in sich aufnimmt, gibt sie sich selber auf. Jedes Eingehen auf Ethik bedeutet für sie ein der Lebens- und Weltbejahung gemachtes Zugeständnis.

Nicht erst die Ethik des Tuns in Hingebung an andere Wesen, sondern bereits die des innerlichen Vollkommenerwerdens gehört der Lebens- und Weltbejahung an.

Überall, wo ein Ideal vorhanden ist, ist der Geist der Lebens- und Weltbejahung am Werk. Ein Ideal besteht ja in dem Wollen der Besser- und Höhergestaltung einer vorgefundenen Wirklichkeit. Es setzt ein Interessenehmen an der Wirklichkeit voraus, das mit dem Geiste der Lebens- und Weltverneinung nicht vereinbar ist.

Das Streben nach innerlichem Vollkommenerwerden bedeutet, dass der Mensch an sich selber Interesse nimmt und etwas Edleres werden will als er ist. Es kommt aus einer höheren Lebensbejahung und ist also etwas ganz anderes als die völlige Gleichgültigkeit der Welt gegenüber, wie sie sich aus der Lebens- und Weltverneinung ergibt.
Kulturphilosophie III, 1. und 2. Teil, S. 349

5

Auch das Christentum bringt das europäische Denken mit der Welt- und Lebensverneinung in Berührung. Welt- und Lebensverneinung findet sich im Denken Jesu insofern, als er nicht annimmt, dass sich das Reich Gottes in der natürlichen Welt verwirklichen wird.
Die Weltanschauung der indischen Denker, S. 31

6

Vermöge des in seiner Ethik enthaltenen Grundsatzes vom Tätigsein kann sich das Christentum trotz der ursprünglich in ihm vorhandenen Welt- und Lebensverneinung mit der neuzeitlichen abendländischen Welt- und Lebensbejahung verbinden
Die Weltanschauung der indischen Denker, S. 32

7

6. Resignation

1 Resignation in Bezug auf das Erkennen der Welt ist für mich nicht der rettungslose Fall in einen Skeptizismus, der uns wie ein steuerloses Wrack in dem Leben dahintreiben lässt. Ich sehe darin die Wahrhaftigkeitsleistung, die wir wagen müssen, um von da aus zu der wertvollen Weltanschauung, die uns vorschwebt, zu gelangen. Alle Weltanschauung, die nicht von der Resignation des Erkennens ausgeht, ist gekünstelt und erdichtet, denn sie beruht auf einer unzulässigen Deutung der Welt. *Kulturphilosophie I und II, S. 80*

2 Wahre Resignation besteht darin, dass der Mensch in seinem Unterworfensein unter das Weltgeschehen zur innerlichen Freiheit von den Schicksalen, die das Äußere seines Daseins ausmachen, hindurchdringt. *Ehrfurcht vor den Tieren, S. 24*

3 Zur Resignation gelangen will heißen, in allem Schweren, was uns begegnet, mag es an sich noch so sinnlos sein, einen Sinn für uns zu entdecken. Keiner kann ihn dem anderen deuten. Nur der Mensch selbst, dem sie gelten, vermag aus den unzusammenhängenden Tönen, die in dem Schicksal angeschlagen werden, die Melodie seines Lebens zu schaffen. Immer aber, wenn er nur den Willen hat, auf sie hinzuhorchen und sie zu vereinigen, werden sie zuletzt in Harmonie für ihn erklingen. *Wir Epigonen, S. 184*

4 Wahre Resignation ist nicht ein Müdewerden von der Welt, sondern der stille Triumph, den der Wille zum Leben in schwerster Not über die Lebensumstände feiert. Sie gedeiht nur auf dem Boden tiefer Welt- und Lebensbejahung.
Kulturphilosophie I und II, S. 283

5 In der Resignation treten wir aus dem naiven Dahinleben in das wahre Erleben des Lebens ein. Sie ist die Vorhalle der Sittlichkeit.

7. Lebensanschauung

Wer von den Dingen, die das Äußere des Lebens und des Glückes ausmachen, innerlich unabhängig wird, erreicht das reine Wollen, das zum Sittlichen fähig macht. *Wir Epigonen, S. 184 f.*

Resignation ist also die geistige und ethische Bejahung des eigenen Daseins. Nur der Mensch, der durch Resignation hindurchgegangen ist, ist der Weltbejahung fähig.
Aus meinem Leben und Denken, S. 198 6

Resignation ist die Halle, durch die wir in die Ethik eintreten. Nur der, der in vertiefter Hingebung an den eigenen Willen zum Leben innerliche Freiheit von den Ereignissen erfährt, ist fähig, sich in tiefer und stetiger Weise anderm Leben hinzugeben.
Kulturphilosophie I und II, S. 312 f. 7

Es gibt kein Mittelding zwischen der Ethik des Enthusiasmus und der Resignation. Resignationsethik aber vermag keine wirklichen Kulturverhältnisse zu erdenken, geschweige denn zu schaffen.
Kulturphilosophie I und II, S. 134 8

7. Lebensanschauung

Die Frage, was wir aus unserem Leben machen sollen, ist nicht damit gelöst, dass man uns mit Tätigkeitsdrang in die Welt hinausjagt und uns nicht mehr zur Besinnung kommen lässt. Wirklich beantwortet werden kann sie nur durch eine Welt- und Lebensanschauung, die den Menschen in ein geistiges, innerliches Verhältnis zum Sein bringt, aus dem sich leidende und tätige Ethik mit Naturnotwendigkeit ergeben. *Kulturphilosophie I und II, S. 302* 1

Das Entscheidende für unsere Lebensanschauung ist nicht unsere Erkenntnis der Welt, sondern die Bestimmtheit des Wollens, das in unserem Willen zum Leben gegeben ist. In der Natur tritt uns der 2 unendliche Geist als rätselhaft schöpferische Kraft entgegen. In unserem Willen zum Leben erlebt er sich in uns als welt- und lebensbejahendes und als ethisches Wollen.

Unser Verhältnis zur Welt, wie es in der Bestimmtheit unseres Willens zum Leben gegeben ist, wenn dieser sich im Denken zu begreifen sucht: dies ist Weltanschauung. Die Weltanschauung kommt aus der Lebensanschauung, nicht die Lebensanschauung aus der Weltanschauung. *Kulturphilosophie I und II, S. 82*

3 Einer sachlichen Betrachtung der Welt und des Weltgeschehens ist es aber durchaus unmöglich, die Bestimmung des gesamten Seins in der Existenz und der Höherentwicklung einer ethischen Menschheit erfüllt zu sehen. *Kulturphilosophie III, 1. und 2. Teil, S. 235*

4 Weil die Lebensanschauung des europäischen Denkens optimistisch-ethisch war, verlieh man der Weltanschauung, den Tatsachen zum Trotz, denselben Charakter. Der Wille, ohne es sich einzugestehen, vergewaltigte die Erkenntnis ... Dass die Lebensanschauung aus der Weltanschauung komme, war also nur eine Fiktion.
Kulturphilosophie I und II, S. 274

5 Bemühen wir uns aber nur einigermaßen um Klarheit über das, was in unserem Denken vor sich geht, so kommen wir notwendig zu der Einsicht, dass unsere Lebensanschauung sich nicht einfach aus der Anschauung von der Welt ergibt, sondern dass sie etwas für sich ist und sich in ständiger, nie völlig vollendeter Auseinandersetzung mit ihr befindet, dass wir unsere Lebensanschauung in die Weltanschauung hineinzustellen suchen.
Kulturphilosophie III, 1. und 2. Teil, S. 204

6 Das Problem der Weltanschauung, auf die Tatsachen zurückgeführt und in voraussetzungslosem Vernunftdenken erfasst, lautet also: «Wie verhält sich mein Wille zum Leben, wenn er denkend wird, zu sich selber und zur Welt?» Die Antwort heißt: «Aus innerer Nötigung, um sich selber treu zu sein und mit sich selber konsequent zu bleiben, tritt unser Wille zum Leben zu unserem eige-

7. Lebensanschauung

nen Sein und zu allen Erscheinungen des Willens zum Leben, die ihn umgeben, in ein Verhältnis, das durch die Gesinnung vor dem Leben bestimmt ist.» *Kulturphilosophie I und II, S. 82*

Dass von uns ein anderes Geschehen ausgehen will als das, das sich in der Welt abspielt, ist ein Problem, neben dem alle anderen unbedeutend sind. Die Nötigung, die wir in uns tragen, anders zu sein als die Welt, ist das entscheidende Hindernis, das sich der Vereinigung unserer Lebensanschauung mit der Anschauung von der Welt und damit unserem geistigen Einssein mit dem unendlichen Sein entgegenstellt. *Kulturphilosophie III, 1. und 2. Teil, S. 213*

7

Nimmt der Mensch aber einmal von der Ganzheit des Seins Kenntnis, so ist damit eine absolute Größe zur Beurteilung seiner Lebensanschauung gegeben. Nunmehr steht er vor der Frage, inwieweit sein Wille und sein Wirken sich in Übereinstimmung mit dem Weltgeschehen befinden. Seine Lebensanschauung gerät in Auseinandersetzung mit der Anschauung, die er sich von der Welt bildet. Er empfindet die Nötigung, das Sein, wie er es in sich erlebt, und das Sein, wie er es außerhalb seiner selbst erschaut, als miteinander in Einklang stehend zu erfassen. Er will sich als ein im Sinne des Weltgeschehens seiendes und wirkendes Wesen verstehen. Auf dieses Ziel geht letzten Endes alle Tätigkeit des Geistes, die wir als Denken bezeichnen.

Kulturphilosophie III, 1. und 2. Teil, S. 234 f.

8

Nicht dürfen wir weiter in naiver Weise meinen, Lebensanschauung aus Anschauung von der Welt zu empfangen ... Wir müssen uns entschließen, der Lebensanschauung und der Anschauung von der Welt ihre gegenseitige Freiheit zu geben und es daraufhin zu einer aufrichtigen Auseinandersetzung zwischen beiden kommen zu lassen. *Kulturphilosophie I und II, S. 276*

9

Es ist uns aber bestimmt, von Überzeugungen, die wir aus innerer Notwendigkeit denken, zu leben.

Kulturphilosophie I und II, S. 276

10

Erster Teil: Philosophie und Leben

11 Kein Wissen und kein Hoffen kann unserem Leben Halt und Richtung geben. Nur in der Tatsache, dass wir uns von dem ethischen, sich in uns offenbarenden Gott ergreifen lassen und unser Wollen in seines dahingeben, empfängt es seine Bestimmtheit.
Das Christentum und die Weltreligionen, S. 60

12 Was wir für die Erde bedeuten, wissen wir nicht. Wie viel weniger dürfen wir uns dann anmaßen, dem unendlichen Universum einen auf uns zielenden oder durch unsere Existenz erklärbaren Sinn beilegen zu wollen.
Kulturphilosophie I und II, S. 273

13 Es gibt ein kleines Sätzchen, das ein Licht im Dasein ist. Es heißt: «Für etwas da sein!» Für jeden Menschen bedeutet es etwas anderes. Jeder muss suchen, was es für ihn besagt. Aber wer diese drei Worte kennt, findet den Weg.
Predigten, S. 1032

14 Es kann sein, dass wir uns darein schicken müssen, den Sinn der Welt dahingestellt sein zu lassen und unserm Leben aus dem Willen zu leben, wie er in uns ist, einen Sinn zu geben.
Kulturphilosophie I und II, S. 72

15 Miteinander haben wir über den Sinn des Lebens denkend zu werden, miteinander darum zu ringen, zu einer welt- und lebensbejahenden Weltanschauung zu gelangen, in der unser von uns als notwendig und wertvoll erlebter Trieb zu wirken Rechtfertigung, Orientierung, Klärung, Vertiefung, Versittlichung und Stählung findet und daraufhin fähig wird, definitive und vom Geist wahrer Humanität eingegebene Kulturideale aufzustellen und zu verwirklichen.
Kulturphilosophie I und II, S. 72

16 Zweck des Daseins ist, dass durch die Erfahrungen des Lebens unsere Seele erfüllt werde von göttlicher Wahrheit und ihrer göttlichen Bestimmung, dass sie schon jetzt in diesem Leben das Leben der Unsterblichkeit in sich trägt.
Predigten, S. 383 f.

7. Lebensanschauung

Wenn ihr nun euren Hausstand gründet, so tut das nicht mit der Gesinnung der Menschen, die das Glück darin zu erkennen und zu halten meinen, dass sie sagen: «Wir wollen füreinander leben», sondern habt den Gedanken: «Wir wollen miteinander für etwas leben.»
Predigten, S. 938

17

Vergesst es nicht. Zuletzt beruht die wahre Liebe zweier Menschen auf der Ehrfurcht, die sie voreinander haben. *Predigten, S. 938 f.*

18

Je mehr man im Leben vorwärts kommt, desto mehr versteht man, wie die wahre Kraft und das wahre Glück uns von denjenigen Menschen herkommen, die uns geistig etwas sind. Ob sie nah oder fern sind, ob sie noch leben oder gestorben sind, wir brauchen sie, um den Weg durchs Leben zu finden, und das Gute, das wir in uns tragen, das wird erst durch ihre geistige Nähe Leben und Tätigkeit.
Straßburger Predigten, S. 30

19

Nun vollzieht sich aber die ethische Entwicklung der Lebensanschauung nicht nur in der Weise, dass der Gedanke des Wirkens in Hingebung an anderes Leben in ihr an Stärke und Bedeutung gewinnt, sondern auch noch so, dass sich neben ihm der der Veredelung des Lebens ausbildet. Der Mensch kann nämlich nicht dabei stehenbleiben, sich um die Schaffung besserer Lebensbedingungen für sich und andere nur in der Absicht zu bemühen, dadurch eine bessere Entfaltung von Leben möglich zu machen. Durch die Erfahrung und ganz natürliche Überlegungen geleitet kommt er dahin, seinem Wirken auch den Sinn zu geben, dass es zugleich der Höherentwicklung des Lebens dienen soll.
Kulturphilosophie III, 1. und 2. Teil, S. 199

20

Seinerseits verfällt der Gedanke des Wirkens, wenn er zur Alleinherrschaft in der Lebensanschauung gelangt, einer unaufhaltsamen Veräußerlichung. Wie weit diese gehen kann, wird aus der niedrig eingestellten Vorstellung vom Fortschritt ersichtlich, wie sie dem heutigen Europäer und dem Europäerabkömmling in der Welt, soweit sie sich nicht gegen den Geist und den Nicht-Geist der Zeit

21

zur Wehr setzen, im Laufe der letzten Jahrzehnte geläufig geworden ist. Ihr entsprechend bewerten sie es als eine großartige Höherentwicklung des Menschen, dass er durch die Errungenschaften des Wissens und Könnens in seinem Dasein so außerordentlich bereichert wird und in einer bisher ungeahnten Weise Herrschaft über die in der Natur wirkenden Kräfte erlangt.
Kulturphilosophie III, 1. und 2. Teil, S. 202

22 Dass diese materielle Höherentwicklung von keiner geistig-ethischen begleitet ist, sondern dass gleichzeitig mit ihr ein Niedergang in dieser Hinsicht stattfindet: Diese furchtbare Tatsache kommt ihnen nicht zum Bewusstsein oder wird von ihnen nicht in ihrer Tragweite begriffen. Das Empfinden für die überragende Bedeutung des Geistig-Ethischen ist ihnen abhanden gekommen. In blindem Fortschrittsglauben sind sie blindem Wirken ergeben.
Kulturphilosophie III, 1. und 2. Teil, S. 202 f.

23 Mit der Idee des Weltganzen stellt sich die der Menschheit ein. Aus ihrem Vorhandensein oder Nichtvorhandensein ergibt sich mit Sicherheit, ob das Denken auf das Universelle hin orientiert ist oder nicht. *Kulturphilosophie III, 1. und 2. Teil, S. 204*

24 Zur ausgebildeten Weltanschauung gehört aber nicht nur, dass die Idee der Totalität des Seins erreicht ist, sondern auch noch, dass die Lebensanschauung sich mit dieser Anschauung von dem Weltganzen auseinandersetzt und sich in ihr zu begreifen sucht.
Kulturphilosophie III, 1. und 2. Teil, S. 205

25 So enthält die Lebensanschauung, wenn sie eine gewisse Entwicklung erreicht hat, die Idee des Wirkens und die des Vollkommenerwerdens miteinander. Beide stehen in äußerer und innerer Beziehung zueinander. Eine äußere ist insoweit vorhanden, als der Gedanke des Vollkommenerwerdens das Wirken zur Verbesserung der materiellen Lebensbedingungen zur Voraussetzung hat. Er kann erst aufkommen, wenn durch solches Wirken erreicht ist, dass der Mensch aus dem materiellen Primitivismus etwas heraus

ist und nicht mehr ganz von dem Kampfe um die Erhaltung der Existenz in Anspruch genommen wird.
Kulturphilosophie III, 1. und 2. Teil, S. 199

Die innere Beziehung zwischen der Idee des Vollkommenerwerdens und der des Wirkens ist darin gegeben, dass von dem vollendeteren Menschen wertvolleres, vollendeteres Wirken ausgeht als von dem weniger vollendeten.

Zugleich aber ist das Streben nach dem Vollkommenerwerden etwas für sich. Um der Bedeutung willen, die es für ihn selbst hat, gibt sich der Mensch ihm hin. Das Vollkommenerwerden besteht für ihn darin, dass er in ein ethisches Verhältnis zu sich selber gelangt. Vor allem will dies heißen, dass er die Unwahrhaftigkeit und alles, was mit ihr zusammenhängt, nicht mehr ertragen kann und dass er mit den Gedanken des Neides, des Hasses und der Vergeltung, die ihn erfüllen, aufräumt. Er empfindet dieses Unlautere und Unedle als eine Entstellung seines Willens zum Leben.
Kulturphilosophie III, 1. und 2. Teil, S. 199 f.

8. Weltanschauung

Die große Aufgabe des Geistes ist, Weltanschauung zu schaffen.

In ihrer Weltanschauung sind die Ideen, Gesinnungen und Taten einer Zeit begründet. Nur wenn wir zu einer Kulturweltanschauung gelangen, sind wir der zu einer Kultur erforderten Ideen, Gesinnungen und Taten fähig.

Was ist Weltanschauung? Der Inbegriff der Gedanken, die die Gesellschaft und der Einzelne über Wesen und Zweck der Welt und über Stellung und Bestimmung der Menschheit und des Menschen in ihr in sich bewegen. *Kulturphilosophie I und II, S. 59*

Die Idee des wahren Menschentums ist nicht etwas für sich selber, sondern fließt aus der Weltanschauung. Alle Ideen, zu denen ein

Mensch in seinem Denken gelangt und die sein Denken ausmachen, sind letzten Endes Ausdruck seiner Weltanschauung.
Kulturphilosophie III, 1. und 2. Teil, S. 47

3 Aber dass die Existentialisten mit ihrem Kauderwelsch und ihrem Analysieren nicht dazu kamen, den Unterschied von Lebensanschauung und Weltanschauung herauszuarbeiten und die klare Frage zu stellen, wie sich beide zueinander verhalten: das hat mich mehr aufgeregt, als ich dir sagen kann. Das Lesen ihrer Bücher, wo sie so wissenschaftlich um die Sache herumreden, hat mich so krank gemacht wie die übelste moderne Musik, in der auch kein klarer Plan vorhanden ist.
Existenzphilosophie und Christentum, Brief an Fritz Buri, S. 135

4 In der Anerkennung und der Betätigung unserer Verbundenheit mit allen Wesen gehen wir auf die uns einzig mögliche Weise Verbindung tätiger Art mit dem unendlichen Sein ein. Nur in der grenzenlosen Ethik hat unser Tun die Richtung auf die Unendlichkeit hin. Nur in ihr ist es als Auswirkung und stete Erneuerung des Erlebnisses des geistigen Einsseins mit dem unendlichen Sein begreiflich.

Die grenzenlose Ethik allein kann in Weltanschauung begründet und enthalten sein. Weltanschauung, die begrenzte Ethik vertritt, ist nicht ethische Weltanschauung, sondern eine Anschauung von der Welt, mit etwas mehr oder weniger Ethik daneben.

Das Problem der Weltanschauung enthält also das der vollständigen Ethik mit all ihren Schwierigkeiten in sich.

Ethische Weltanschauung ist nur so möglich, dass wir die unvollständige Ethik aufgeben und uns der vollständigen unterwerfen.
Kulturphilosophie III, 1. und 2. Teil, S. 252

5 Befriedigen kann nur die Weltanschauung, in [der] der Mensch als eine Persönlichkeit, die sich in das Weltgeschehen ergibt und in höherer, ethischer Lebensführung in der Welt wirken will, in ein harmonisches Verhältnis zum Weltgeiste gelangt.
Kulturphilosophie III, 1. und 2. Teil, S. 282

8. Weltanschauung

Nicht als ein unbestimmtes, rein erkennendes und seine Ideen der Erkenntnis entnehmendes Ich bemüht sich der Mensch um Weltanschauung. Wir sind nicht einfach Seiendes in dem unendlichen Sein der Welt, sondern lebendige Individuen. Unser Ich, diese geheimnisvolle Einheit von Wollen, Fühlen und Erkennen, sucht sich in dem geheimnisvollen Sein der Welt, in das es hineingestellt ist, zu begreifen. *Kulturphilosophie III, 1. und 2. Teil, S. 284*

6

Auch wenn unsere Fürsten und Staatsmänner weniger kurzsichtig gewesen wären, als sie waren, hätten sie auf die Dauer die Katastrophe, die über uns hereinbrach, nicht aufhalten können. Der innere und der äußere Zusammenbruch der Kultur waren in dem Zustande der Weltanschauung gegeben.
Kulturphilosophie I und II, S. 61

7

Der Wiederaufbau unserer Zeit muss also mit dem Wiederaufbau der Weltanschauung beginnen *Kulturphilosophie I und II, S. 62*

8

Die Weltanschauungsideen, die sie [die Vernunft] hervorbringt, schließen alles, was wir über den Sinn unserer und der Menschheit Bestimmung denken, empfinden und ahnen können, in sich ein und geben unserm Dasein seine Richtung und seinen Wert.
Kulturphilosophie I und II, S. 63

9

Die denkende Weltanschauung zu Ende denken …, dies ist die einzige Möglichkeit, uns aus der Verirrung wieder zurückzufinden.
Kulturphilosophie I und II, S. 64

10

Überhaupt ist der Unterschied zwischen religiöser und philosophischer Weltanschauung ein ganz fließender. Die sich im Denken zu erfassen suchende religiöse Weltanschauung wird philosophisch. Dies ereignet sich bei den Chinesen und Indern. Eine philosophische Weltanschauung aber, die in die Tiefe geht, nimmt religiösen Charakter an. *Kulturphilosophie I und II, S. 114*

11

Erster Teil: Philosophie und Leben

12 Die dualistische, ethische Weltanschauung gehört also einem seinem Wesen nach naiven Denken an. Fort und fort wird sie durch die Tatsache der Weltwirklichkeit widerlegt. Auch ihrer ganzen Art nach ist sie beanstandbar. Aber trotz dieser Mängel und Schwächen behält sie einen unbestreitbaren Anspruch auf Geltung durch den inneren Wahrheitsgehalt, der ihr dadurch eignet, dass sie der in unserem Willen gegebenen ethischen Lebens- und Weltbejahung, der Fundamentaltatsache des Seins von innen heraus, entspricht. Darum ist sie wohl zu widerlegen, aber nicht zu beseitigen, außer Geltung zu setzen. Aus unheilbaren Wunden blutend bleibt sie dennoch am Leben. Sie ist die Weltdeutung, die uns Kraft zum Leben gibt. *Kulturphilosophie III, 1. und 2. Teil, S. 323*

13 Die Lösung des Dualismus ist, dass wir ihn nicht aus der Welt schaffen wollen, sondern ihn in uns erleben als etwas, das uns nichts mehr anhaben kann. Dahin gelangen wir, wenn wir alle Künste und alle Unwahrhaftigkeiten des Denkens hinter uns liegen lassen und uns unter die Tatsache beugen, dass wir die Lebensanschauung und die Weltanschauung nicht miteinander in Einklang bringen können und uns darum entschließen müssen, die Lebensanschauung über die Weltanschauung zu stellen.
Kulturphilosophie I und II, S. 81

14 Darum nimmt das Christentum alle Schwierigkeiten des Dualismus auf sich, ist ethischer Theismus und erfasst Gott als einen Willen, der anders ist als die Welt und der mich zwingt, anders zu sein als die Welt. *Das Christentum und die Weltreligionen, S. 57*

15 Zwar will es uns nicht in den Sinn, dass wir die klare Vorstellung des Guten und den zureichenden Willen zum Guten nur in dem Maße besitzen können, als unser endliches Sein seine Bestimmtheit in dem geistigen Verhältnis zum unendlichen Sein gefunden hat. Wir meinen, dies müsse sich aus viel einfacherem Überlegen als dem über Woher und Wohin unseres Daseins ergeben. Aber alle Gesinnungen des Guten, auf die wir auf andere Weise kommen, sind unvollständig und unzulänglich. Nur insoweit, als ich

8. Weltanschauung

eine Grundanschauung davon besitze, was mir mein Leben bedeutet und was ich damit anfangen will, weiß ich auch, wie mich in allen Entscheiden, die das Leben von mir verlangt, verhalten. Nur in einer Weltanschauung kann eine universell und überzeugende Idee des Guten gegeben sein.

Kulturphilosophie III, 1. und 2. Teil, S. 185

Immer aufs Neue macht das Denken (wie die Geschichte der Philosophie zur Genüge zeigt) den Versuch, bei einer gemäßigten Weltanschauung Halt zu machen. Es möchte unter Weltanschauung eine Anschauung von der Welt verstehen, die sich der Mensch als rein erkennendes Subjekt bildet und damit in seinem Leben anwendet. Aber Weltanschauung ist etwas viel Schwereres. Sie ist Anschauung von der Welt, durch die der Mensch zu einer Anschauung von seinem geistigen Verhältnis zu ihr zu gelangen sucht. In Worten ist der Unterschied klein, in der Sache ungeheuer. Denn sobald ich mir eingestehe, dass ich Weltanschauung erst besitze, wenn mein Sein wirklich ein geistiges Verhältnis zum unendlichen Sein gefunden hat, weiß ich, dass Weltanschauung im letzten Grunde nicht eine Erkenntnis, sondern ein Erlebnis ist.

Kulturphilosophie III, 1. und 2. Teil, S. 193

16

Nicht aus Erkenntnis der Welt, sondern aus der des Wesens und der Tragweite der Ethik kommt wahre und wertvolle Weltanschauung. *Die Weltanschauung der indischen Denker, S. 226*

17

In allem, was die Weltanschauung angeht, handelt es sich darum, empfundene Wahrheit zu erkannter zu erheben.

Kulturphilosophie III, 1. und 2. Teil, S. 240

18

Hat es die Ethik mit meinem Verhältnis zu allem Lebendigen zu tun, das in meinen Bereich tritt, so ist sie nicht etwas neben der Weltanschauung, sondern das Ergebnis derselben. Es gibt keinen anderen Weg des Begründens und Ergründens des Guten, als dass ich mein Sein in dem unendlichen Sein zu begreifen suche. In

19

meinem geistigen Verhältnis zum Sein überhaupt ist mein Verhältnis zu den kreatürlichen Wesen bestimmt.

Kulturphilosophie III, 1. und 2. Teil, S. 58

20 Die elementarste Ethik, wie sie sich nicht nur beim Menschen, sondern auch bei höher entwickelten Geschöpfen findet, ist also Betätigung der Solidarität mit dem uns in unmittelbarer Weise zugehörigen anderen Leben.

Die Weltanschauung der indischen Denker, S. 226

21 Weltanschauung ist nicht ein Wissen vom Universum, sondern eine Deutung dieses Wissens aus dem Willen.

Wir Epigonen, S. 133

22 Nur Wissen und Denken zusammen können zu einer wissenschaftlichen Weltanschauung gelangen. *Wir Epigonen, S. 140*

23 Weltanschauung ist Religion und Religion ist Weltanschauung. Alle Versuche, Grenzen zwischen ihnen aufzurichten und jeder eine eigene Provinz anzuweisen, in der sie von der anderen ungestört ihr Eigendasein führen können, sind verfehlt.

Wir Epigonen, S. 144

24 Eine Weltanschauung, die nicht religiösen Charakter annimmt, bekundet damit, dass sie auf ein äußerliches Zusammenstellen und Ordnen der Erkenntnisse beschränkt bleibt, in dem keine innerliche Bestimmtheit des eigenen Daseins gesucht wird. Sie ist dementsprechend unvollkommen. *Wir Epigonen, S. 145*

25 Die natürliche Religion ist die im Erleben vollendete und im Leben bewährte denkende Weltanschauung. *Wir Epigonen, S. 145*

26 Der Konflikt, der mit der Entzweiung von Religion und Weltanschauung gegeben ist, beherrscht die Geschichte der Kultur in unheilvoller Weise. *Wir Epigonen, S. 147*

8. Weltanschauung

Wie allein die vernunftgemäße Weltanschauung dem modernen Menschen das optimistische Wollen und die Wahrhaftigkeit zurückgeben kann, so ist auch nur sie imstande, ihm wieder geistige Selbständigkeit zu verleihen. *Wir Epigonen, S. 152*

27

Durch schöpferisches Vermögen oder gebieterische Fähigkeit in der Masse der Vielen als Persönlichkeit hervorzuragen, ist nur Wenigen verliehen. Als ein durch wertvolle Weltanschauung in sich selbst bestimmtes Menschenwesen in unscheinbarer Weise Persönlichkeit zu sein, ist allen erreichbar, die danach streben.
Kulturphilosophie III, 1. und 2. Teil, S. 51

28

Auf jede Weise sucht man heute die Anschauung, dass das Denken der Weg zum wahren Menschentum ist, als längst überholten Intellektualismus und Idealismus abzutun. Unauflösbar zusammengehörig werden Intellektualismus und Idealismus aber, so gering sie heute eingeschätzt werden, die Strömung der Ungeistigkeit überdauern und die einfache Wahrheit, dass jeder Mensch bestimmt ist, ein in sich wertvolles Wesen zu werden, fort und fort vertreten. *Kulturphilosophie III, 1. und 2. Teil, S. 52*

29

Es gibt keine andere Veredelung des Menschen als die, dass wir uns alle miteinander in einer aus dem Denken kommenden Weltanschauung, das heißt im Denken über uns und die Welt, der wir angehören, über unser Sein und das unendliche Sein zu wahrem Menschentum erheben werden.
Kulturphilosophie III, 1. und 2. Teil, S. 53

30

Das Wesentliche ist die sittlich bestimmte Weltanschauung. Sie allein verleiht inneren Reichtum. Wo sie vorhanden ist, ist auch Kultur. Fehlt sie, herrscht Armut und Leere, bei allem Reichtum sonstiger Fortschritte. *Wir Epigonen, S. 36*

31

In der aus der Ethik kommenden Mystik besitzt der Mensch unmittelbar und unverlierbar eine Weltanschauung, in der ihm alle Ideale wahren Menschentums feststehen und aus der er mit-

32

Erster Teil: Philosophie und Leben

einander tiefste Geistigkeit und stärksten Antrieb zum Wirken empfängt. *Die Weltanschauung der indischen Denker, S. 228*

33 Aufgabe unseres Geschlechts ist es, in vertieftem Denken nach wahrhaftiger und wertvoller Weltanschauung zu streben und dem Dahinleben in Weltanschauungslosigkeit ein Ende zu setzen.
Kulturphilosophie I und II, S. 271

34 So bleibt uns nichts übrig, als uns einzugestehen, dass wir nichts an der Welt verstehen, sondern von lauter Rätseln umgeben sind.
Kulturphilosophie I und II, S. 273

35 Mystik ist die vollendete Art der Weltanschauung. In der Weltanschauung sucht der Mensch zu dem unendlichen Sein, dem er in natürlicher Weise angehört, auch in ein geistiges Verhältnis zu gelangen. Er setzt sich mit der Welt auseinander, ob er den geheimnisvollen Willen, der in ihr waltet, erfassen und mit ihm eins werden könne. Nur im geistigen Eins-Werden mit dem unendlichen Sein kann er seinem Leben einen Sinn geben und Kraft zum Erleiden und zum Wirken finden.
Die Weltanschauung der indischen Denker, S. 36

36 Aber weder die vorsichtige akademische noch die anspruchsvolle phantastische Metaphysik kann uns wirklich Weltanschauung geben. Dass der Weg zur Weltanschauung über die Metaphysik führen müsse, ist ein verhängnisvoller Irrtum, der sich in unserem abendländischen Denken schon genugsam ausgelebt hat. Es wäre tragisch, ihn jetzt wieder zu erneuern, wo wir vor der Notwendigkeit stehen, uns aus der Weltanschauungslosigkeit, in der unser geistiges und materielles Elend begründet liegt, herauszuarbeiten.
Kulturphilosophie I und II, S. 72

37 Meine Lösung des Problems ist die, dass wir uns entschließen müssen, auf die optimistisch-ethische Deutung der Welt in jeder Weise zu verzichten. Nimmt man die Welt, wie sie ist, so ist es unmöglich, ihr einen Sinn beizulegen, in dem die Zwecke und Ziele

8. Weltanschauung

des Wirkens des Menschen und der Menschheit sinnvoll sind. Auch Ethisches tritt in keiner Weise in dem Weltgeschehen zutage.

Kulturphilosophie I und II, S. 79

Beim Menschen aber entwickelt sich diese Solidarität mit anderen Wesen zu etwas viel Umfassenderem als beim Tiere. Nicht nur die in unmittelbarer Weise naturhaft vorhandene Zusammengehörigkeit hat für ihn Geltung, sondern auch die entferntere, die ihm nur durch Überlegung feststeht. Die Vorstellung der naturhaften Zusammengehörigkeit erweitert sich ihm zu der der Verbundenheit aufgrund von Gleichartigkeit. Er gelangt dahin, nicht nur für sich und seine Familie, sondern für sich und seine Sippe, für sich und seinen Stamm, für sich und sein Volk zu leben. 38

Kulturphilosophie III, 1. und 2. Teil, S. 198

Zwei Arten von Weltanschauung heben sich in der Geschichte des Denkens der Menschen ab: die unausgebildete und die ausgebildete. 39

Erste Voraussetzung der ausgebildeten [Weltanschauung] ist, dass die Idee der Totalität des Seins an sich oder in der Form des Glaubens an einen die ganze Welt beherrschenden Gott erreicht ist. In der unausgebildeten Weltanschauung besteht die Anschauung von der Welt in der Annahme übernatürlicher Mächte, die es nicht mit der Welt in ihrer Ganzheit, sondern nur mit ihnen zugehörigen Völkern und deren Ländern zu tun haben. Dass die Ausdrücke, in denen solche Gottheiten gepriesen werden, manchmal so lauten, als wären sie als Weltenherrscher gedacht, hat nichts zu bedeuten. Nur darauf kommt es an, ob die Idee der Totalität des Seins wirklich erreicht ist oder nicht.

Kulturphilosophie III, 1. und 2. Teil, S. 204

Der neuzeitlichen Astronomie nach ist die Erde nur ein Stäubchen im Weltall. Sie hat als ein kleiner unter unzähligen Weltkörpern zu gelten. Ihr jetziger Zustand, der die Voraussetzung der Existenz der sie bewohnenden Lebewesen ist, ist kein ständiger, sondern ein vorübergehender. Es muss also mit der Möglichkeit gerechnet 40

Erster Teil: Philosophie und Leben

werden, dass sie, wie sie aus einer kosmischen Katastrophe entstanden [ist], so in einer solchen ihr Ende finden werde. Die Geologie ihrerseits gibt uns zu bedenken, dass der Mensch, wie er erst seit gestern auf der Erde ist, morgen infolge irgendeiner Veränderung ihres Zustandes von ihr verschwunden sein kann.

Kulturphilosophie III, 1. und 2. Teil, S. 208

41 Irgendeine Herabsetzung oder Steigerung der Temperatur der Erde, eine Achsenschwankung des Gestirnes, eine Hebung des Meeresspiegels oder eine Änderung in der Zusammensetzung der Atmosphäre kann ihrem [der Menschen] Dasein ein Ende setzen.

Kulturphilosophie I und II, S. 273

42 Der Mensch, der den Blick zum gestirnten Himmel richtet und sich dabei vergegenwärtigt, dass die Welten, die er als leuchtende Punkte erschaut, nur ein kleiner Teil der für unser Auge nicht erkennbaren, dahinterliegenden Welten sind, empfängt einen solchen Eindruck seiner Nichtigkeit, dass er an dem Unternehmen, in dem unendlichen Sein einen auf den Menschen und die Menschheit gehenden Sinn festzustellen, irre wird.

Kulturphilosophie III, 1. und 2. Teil, S. 208

43 Freilich wissen wir nicht, in welcher Weise und in welcher Klarheit sich das Sein in Seinserscheinungen erlebt, die uns wesensfremd sind und die wir nur von außen anschauen, ohne uns eine Vorstellung von dem, was sie sind und was in ihnen vorgeht, machen zu können. Warum soll es sich in ihnen nicht in gleich vollendeter, wenn auch anderer Weise seiner selbst bewusst werden wie in uns?

Es kann auch sein, dass dies, und vielleicht in noch vollendeterer Weise als in uns, in Seinserscheinungen stattfindet, von deren Existenz wir nichts wissen und deren Wesen wir nicht ausdenken können, weil sie anderen Weltkörpern angehören als wir.

Kulturphilosophie III, 1. und 2. Teil, S. 208

44 In dem Ringen um die wahre Weltanschauung, wie es sich im Denken der Menschheit abspielt, handelt es sich letzten Endes immer

um dies eine, wie der Mensch nicht nur im Denken und im Erleiden, sondern auch im Wirken mit dem unendlichen Sein eins werde. *Die Weltanschauung der indischen Denker, S. 176*

Aus Welterkenntnis lässt sich keine Ethik gewinnen. Ethik lässt sich auch nicht mit Welterkenntnis in Übereinstimmung bringen.
Die Weltanschauung der indischen Denker, S. 37

Regeneration bedeutet für uns dem Einzelindividuum wieder seinen Wert zurückgeben. Darum muss denkende Weltanschauung zur großen überwertigen Idee unserer Zeit werden.
Wir Epigonen, S. 158

In jeder Weltanschauung ist Lebensanschauung. Unter Weltanschauung verstehen wir eine Anschauung von der Welt, mit der eine Lebensanschauung verbunden ist.
Kulturphilosophie III, 1. und 2. Teil, S. 203

9. Optimismus und Pessimismus

Die Geschichte der abendländischen Philosophie ist die Geschichte des Kampfes um die optimistische Weltanschauung.
Kulturphilosophie I und II, S. 99

Optimistisch ist diejenige Weltanschauung, die das Sein höher als das Nichts stellt und so die Welt und das Leben als etwas an sich Wertvolles bejaht. *Kulturphilosophie I und II, S. 66*

Pessimismus ist herabgesetzter Wille zum Leben.
Kulturphilosophie I und II, S. 101

Da aller Pessimismus auf unvollständigem Denken beruht, zeigt sich darin, dass er, konsequent zu Ende gedacht, sich aufhebt. Er kann auf die Probleme der wirklichen Welt nicht eingehen, sondern muss folgerecht von einer Verneinung zur anderen fortschreiten und zuletzt bei der Verneinung der Existenz des Subjekts, in dem er sich erlebt, angelangen. An sich ist er also Weltanschauung in Form einer Todesanzeige. Was vorgebracht worden ist, um diese Folgerichtigkeit zu entkräften, hält nicht stand. Er ist Lebensverneinung, wie sein Gegenteil Lebensbejahung ist.

Wir Epigonen, S. 133 f.

5 In der konsequent pessimistischen Weltanschauung, wie sie in dem Denken der Brahmanen und in dem Schopenhauers vorliegt, hat die Ethik keine Absichten auf die Welt. Sie will nur die Selbstvervollkommnung des Einzelnen, wie sie in dem innerlichen Freiwerden von der Welt und dem Geiste der Welt zustande kommt.

Kulturphilosophie I und II, S. 66 f.

6 Die höheren Kräfte des Wollens und Gestaltens gehen in uns zugrunde, weil der Optimismus, aus dem sie ihre Stärke nehmen sollten, sich unvermerkt mit Pessimismus durchsetzt hat.

Kulturphilosophie I und II, S. 102

7 Optimismus und Pessimismus bestehen also nicht darin, dass sie mit größerer oder geringerer Zuversichtlichkeit dem gegenwärtigen Zustand der Dinge eine Zukunft zutrauen, sondern in dem, was der Wille als Zukunft will. Sie sind nicht Urteils-, sondern Willensqualitäten.

Kulturphilosophie I und II, S. 103

8 In ihrem Zusammenwirken bringen optimistische Weltanschauung und Ethik also Kultur hervor.

Kulturphilosophie I und II, S. 67

9 Der neuzeitliche Mensch wird also optimistisch, nicht weil er die Welt in vertieftem Denken im Sinne der Welt- und Lebensbejahung verstanden hat, sondern weil er durch Wissen und Können Macht über die Welt erhält. Diese Gehobenheit des Selbstgefühls und die damit gegebene Steigerung des Wollens und Hoffens be-

10. Glück

stimmt seinen Willen zum Leben in so ausgesprochen positivem Sinne. *Kulturphilosophie I und II, S. 145*

Dabei legt das abendländische Denken den Hauptnachdruck auf die Rechtfertigung einer lebensbejahenden, das heißt tätigen Ethik, und meint, den Optimismus der Weltanschauung eben damit erwiesen zu haben. *Kulturphilosophie I und II, S. 103 f.*

Der Optimismus liefert die Zuversicht, dass der Weltverlauf irgendwie ein geistig-sinnvolles Ziel hat und dass die Besserung der Verhältnisse der Welt und der Gesellschaft die geistig-sittliche Vollendung des Einzelnen fördert. *Kulturphilosophie I und II, S. 67*

Sie (Friedrich Curtius) und ich können nie pessimistisch werden, weil wir fühlen, dass wir den Menschen geistig etwas geben müssen und können. Aber immer werden wir mit dem tagtäglichen ungeistigen Optimismus der Masse in Widerspruch sein und als Pessimisten angesehen werden, obwohl wir in Wirklichkeit zu den wenigen wahren Optimisten gehören, das heißt zu denen, die für die Welt ein «höchstes Gut» im alten und tiefen Sinne wollen und erhoffen.
Theologischer und philosophischer Briefwechsel, Brief an Friedrich Curtius, S. 192

10. Glück

Am Anfang der Auseinandersetzung mit seinem Leben [und] allem Denken stehen zwei Fragen: die des Glücklichwerdens und die des Rechttuns. *Kulturphilosophie III, 1. und 2. Teil, S. 54*

Die Frage des Glücklichseins und die des Rechttuns sind nicht jede etwas für sich, sondern stehen in geheimnisvoller Verbindung miteinander. *Kulturphilosophie III, 3. und 4. Teil, S. 26*

Erster Teil: Philosophie und Leben

3   Aus dem ethisch gerichteten Willen zum Wirken empfangen die Vorstellung vom Glücklichsein und die vom Rechttun ihre Bestimmtheit. Befriedigung im Wirken wird als Glücklichsein, Hingabe an Wirken als Rechttun erlebt.

Von der fundamentalen Tatsache aus, dass sein Wille zum Leben nicht nur das eigene, sondern auch anderes Dasein bejaht, gelangt der Mensch also zur Lebensanschauung des Wirkens. In dem Maße, als sich das Ethisch-Geistige in der Lebensanschauung des Wirkens entfaltet, schreitet der Mensch vom primitiveren zum höheren Menschentum fort.

Kulturphilosophie III, 1. und 2. Teil, S. 199

4   Glücklichsein und Nicht-Glücklichsein, dies lehrt uns die so befremdliche tägliche Erfahrung, ist also nicht einfach die Auswirkung eines entsprechenden Wohlergehens oder Nicht-Wohlergehens. Auch die Fähigkeit, für das Freudvolle in bester Weise empfänglich zu sein und über das Leidvolle in bester Weise hinwegzukommen, ob wir sie von Natur besitzen oder sie uns erworben haben, vermag nicht mehr, als uns das Dasein in diesem und jenem leichter zu machen. Selbst wenn wir dieses besondere Verhalten den Geschehnissen gegenüber in einem Maße besitzen, dass uns die anderen beneiden, wissen wir von uns, dass wir durch es nicht wirklich glücklich werden.

Kulturphilosophie III, 1. und 2. Teil, S. 183

5   Und der Weg zu diesem innerlichen Glücklichsein? Es gibt keinen andern, als dass wir aus dem alltäglichen Überlegen heraustreten und uns auf das Woher und Wohin unseres Daseins besinnen. Wie finde ich mich mit mir selber zurecht? Wie begreife ich mein Sein in dem unendlichen Sein?

Kulturphilosophie III, 1. und 2. Teil, S. 184

6   Wie wir zum wahren Glücklichsein nur dadurch gelangen können, dass unser Leben Halt und Richtung in einer Weltanschauung findet, so auch zum wahren Rechttun. Das wahre Glücklichsein ist ein Erlebnis aus dem Innersten unseres Wesens heraus, das wahre

10. Glück

Rechttun ist die Betätigung einer Gesinnung aus dem Innersten unseres Wesens heraus. *Kulturphilosophie III, 1. und 2. Teil, S. 300*

Über uns selber hinausgehoben und von uns selbst losgelöst konnten wir uns unser Glücklichsein nicht anders als ein Teilnehmen an dem Wohlergehen der Wesen um uns herum vorstellen. Wir hatten das Bedürfnis zu beglücken. Die Sorge um den Fortschritt der Menschheit erfüllte uns. *Kulturphilosophie III, 1. und 2. Teil, S. 40*

Auf jede Weise bekommen wir es also zu erfahren, dass Glück und Unglück nicht einfach Auswirkung dessen sind, das uns widerfährt, sondern auch dessen, was wir in uns selber und mit uns selber erleben. So kommen wir dazu, über das Glücklichwerden nachdenklich zu werden. *Kulturphilosophie III, 1. und 2. Teil, S. 55*

So werden wir, soweit wir uns denkend zu verhalten wagen, durch das, was wir erleben, immer tiefer in die Frage des Glücklichseins und Nicht-Glücklichseins hineingeführt. Die naive Vorstellung des Glücklichseins als des höchstmöglichen und bestgenossenen Wohlergehens versinkt hinter uns. Eine höhere geht uns auf: die eines Ruhigseins und Befriedigtseins aus dem Innersten unseres Wesens heraus.

Nur wenn wir diese geistige Fähigkeit, glücklich zu sein, erlangt haben, können wir das Gute, das uns im Leben begegnet, wirklich als Glück erleben und mit dem Schweren, das uns beschieden ist, fertig werden.

Zu diesem Glücklichsein von innen heraus gibt es aber keinen anderen Weg, als dass wir aus dem alltäglichen Überlegen heraustreten und in einem auf das Letzte gehenden Denken zu einer Auffassung unseres Daseins in der Welt zu gelangen suchen, in der wir Kraft und Mut und Freudigkeit zum Leben besitzen.

Mit dem wahrhaft Glücklichwerden können wir nicht genug beschäftigt sein. *Kulturphilosophie III, 1. und 2. Teil, S. 298*

Das Bedürfnis nach Glücklichwerden, das wir in uns tragen, findet im Leben nur ganz unvollständige Erfüllung. Und zwar liegt dies nicht nur daran, dass die uns betreffenden Geschehnisse nicht durchweg unser Wohlergehen fördern, sondern auch darin, dass Glücklichsein nicht einfach die Auswirkung von Wohlergehen ist.

Kulturphilosophie III, 3. und 4. Teil, S. 250

11 Noch mehr: Es kommt auch vor, dass wir in einer Lage, in der wir den anderen bedauernswert erscheinen, nicht unglücklich sind, sondern von der Seligkeit eines geheimnisvollen Freigewordenseins von uns selbst und den Ereignissen erfüllt sind.

Kulturphilosophie III, 3. und 4. Teil, S. 251

12 Wirken in der Welt als solche, die von ihr und den Menschen nichts verlangen, nicht einmal Anerkennung, das ist das wahre Glück.

Predigten, S. 678

13 Wir haben alle die Sehnsucht, Gutes zu tun, denn wir wissen, dass das allein unser Leben innerlich glücklich macht.

Predigten 1898–1948 S. 1164

14 Man sage nicht, dass die Frage nach dem Glücklichwerden zu niedrig eingestellt sei, um den Ausgangspunkt des Denkens abgeben zu können. Nicht darauf kommt es an, von wo das Denken ausgeht, sondern nur darauf, dass es von da, wo es ausgeht, in die Tiefe gehe. Jede Bohrung, von wo aus sie auch immer unternommen wird, hat die Richtung auf den Mittelpunkt der Erde zu. So führt auch jede mein Leben betreffende Frage, wenn sie nur zu Ende verfolgt wird, zu den letzten Problemen des Denkens.

Kulturphilosophie III, 1. und 2. Teil, S. 182

15 Die Frage nach dem Glücklichwerden, die in dem Denken des gesunden Menschenverstandes anhebt, endet also, wenn ich ihr nachgehe, bis wohin sie mich führt, in der Frage der Weltanschauung. Glück ist, Halt in einer Weltanschauung besitzen, in der mein Sein sich in dem unendlichen Sein so zurechtfindet, dass es die Freudigkeit zum Wirken und die Kraft zum Erleiden aufbringt.

Um in der Frage des Glücklichwerdens voranzukommen, muss ich mich also in das Alleinsein mit der Welt und mir selber begeben. *Kulturphilosophie III, 1. und 2. Teil, S. 55*

11. Recht und Rechttun

Unter dem Rechten möchte das gewöhnliche Überlegen verstehen, was jeder von uns von dem Seinen dazu beitragen muss, damit den unerlässlichen Forderungen des Gemeinwohls Genüge getan werde und eine Gesellschaft möglich sei, deren Mitglieder in den bestmöglichen Verhältnissen leben und Achtung voreinander haben können.

Und wirklich, wie viel wäre gewonnen, wenn wir an Lauterkeit, Wahrhaftigkeit, Ehrlichkeit und Gerechtigkeit das betätigen wollten, was gemeinhin als das Rechte gilt!

Aber wenn wir mit dem Rechttun wirklich Ernst machen wollen, machen wir die Erfahrung, dass es nicht etwas so Selbstverständliches und einfach Anwendbares ist, wie es uns vorkommt.
Kulturphilosophie III, 1. und 2. Teil, S. 299

Inwieweit dürfen wir auf unseren Vorteil bedacht sein und inwieweit müssen wir ihn den Bedürfnissen der anderen unterordnen? Inwieweit dürfen wir unser Recht verteidigen und inwieweit müssen wir um des Friedens willen gesonnen sein, Unrecht zu leiden? Wie weit geht unsere Pflicht der Hingabe an die, die unserer bedürfen, und wo fängt unser Recht der Selbsterhaltung an? Was müssen wir an Verantwortung übernehmen und wo dürfen wir uns von Verantwortung frei halten?
Kulturphilosophie III, 1. und 2. Teil, S. 299

Die Vorstellung des Rechttuns ist wie ein Tuch, das über die Vorstellung des Guten gelegt ist. Wer den Sinn auf das Rechttun gerichtet hält, nimmt unter dem Tuch die Umrisse des Guten wahr,

die sich darin abzeichnen. Nach und nach wird das Tuch für ihn durchsichtig und es erscheint das Gute in seiner ganzen Ausdehnung und in allen Einzelheiten.
Kulturphilosophie III, 1. und 2. Teil, S. 57

4 Das Rechttun ist also etwas, bei dem ich nicht stehenbleiben kann, wenn ich es im Ernst versuche, sondern von dem aus ich mit Notwendigkeit zum Guttun komme.
Kulturphilosophie III, 1. und 2. Teil, S. 57

5 Das Rechttun lässt sich nämlich nicht als solches durchführen. Ohne deutliche Grenze, wie eine Farbe des Regenbogens in die andere, geht es in das Guttun über. Mit Notwendigkeit führt das Überlegen über das Rechttun zum Denken über das ethisch Gute.
Kulturphilosophie III, 1. und 2. Teil, S. 185

12. Vernunft und Glaube

1 Bruder Mensch: Halte nicht das Absonderliche für eine höhere Weisheit als das Selbstverständliche und das Ungeistige für tiefer als das Geistige. *Kulturphilosophie III, 3. und 4. Teil, S. 382*

2 Niemals dürfen wir das Hoffen auf den Geist und den Glauben an ihn aufgeben. *Vorträge, Vorlesungen, Aufsätze, S. 389*

3 Je mehr Denken in einer Religion vorhanden ist, desto tiefer und lebendiger ist sie. Ganz vermag sich auch die weitgehend erstarrte Religion dem Denken nicht zu verschließen.
   Wie das wahre Denken religiös, so ist die wahre Religion denkend. *Kulturphilosophie III, 1. und 2. Teil, S. 280*

4 Alles tiefe Denken wird religiös, und alle tiefe Religion ist in Denken entstanden und steht mit Denken in Beziehung.
Kulturphilosophie III, 1. und 2. Teil, S. 266

12. Vernunft und Glaube

Worin besteht die Herrschaft der Vernunft über die Gesinnungen? Darin, dass die Einzelnen und die Kollektivitäten ihr Wollen durch das materielle und geistige Wohl des Ganzen und der Vielen bestimmt sein lassen, das heißt ethisch sind.
Kulturphilosophie I und II, S. 34

Der ewige Geist, der mit der Welt im Kampf liegt, der Geist, der für sich selbst die Klarheit sucht und der nur in den Einzelwesen seiner selbst bewusst werden kann ... der Geist braucht uns.
Die Jahre vor Lambarene, Brief an Helene Bresslau, S. 139

Warum nicht wie die Vögel und Lilien leben? Weil wir's nicht können! Weil der Geist in uns zur tieferen Klarheit seiner selbst gekommen, und wie der Strom ist, der, um zum Urgrund des Ozeans zu gelangen, über die Felsen herabstürzt ...
Die Jahre vor Lambarene, Brief an Helene Bresslau, S. 142

Wenn das Denken sich auf den Weg macht, muss es auf alles gefasst sein, auch darauf, dass es beim Nichterkennen anlangt. Aber selbst wenn es unserem Willen zum Wirken beschieden sein sollte, endlos und erfolglos mit der Nichterkenntnis des Sinnes der Welt und des Lebens ringen zu müssen, so ist diese schmerzliche Ernüchterung für ihn dennoch besser als das Verharren in Gedankenlosigkeit. Denn schon diese Ernüchterung bedeutet Läuterung.
Kulturphilosophie I und II, S. 72

Kant ist es nämlich gewesen, der den einzigen wahrhaftigen Weg eingeschlagen hat, um Glauben und Wissen miteinander in Einklang zu bringen. Er hat die Grenzen des menschlichen Wissens dargetan und gezeigt, dass es sich nicht über die Dinge der natürlichen Welt erhebt; das Wissen von den geistigen Dingen aber, von Gott, sittlicher Freiheit und Unsterblichkeit, beruht auf dem höheren sittlichen Bewusstsein des Menschen, das seinem Ursprung nach göttlich ist und den Menschen mit einer höheren geistigen Welt verbindet. «Darum kann man den Glauben weder beweisen

Erster Teil: Philosophie und Leben

noch widerlegen, denn er ist lebendig gegeben mit dem Bewusstsein von einer höheren sittlichen Pflicht.»

Vorträge, Vorlesungen, Aufsätze, S. 30

10 Um aus dem Sinnlosen, das uns gefangen hält, wieder zum Sinnvollen zu gelangen, gibt es keinen anderen Weg, als dass ein jeder wieder auf sich selbst zurückkehrt und dass wir alle miteinander darüber nachdenkend werden, in welcher Weise sich unser Wille zum Wirken und zum Fortschritt aus einem Sinn, den wir unserm Leben und dem Leben um uns herum geben, herleitet.

Kulturphilosophie I und II, S. 69

11 Wenn im Frühjahr das welke Grau der Wiesen dem Grün Platz macht, so geschieht dies dadurch, dass Millionen von Trieben aus den Wurzeln neu sprossen. Also auch kann die Gedankenerneuerung, die für unsere Zeit kommen muss, auf keine andere Weise zustande kommen, als dass die Vielen ihre Gesinnungen und Ideale aus dem Nachdenken über den Sinn des Lebens und den Sinn der Welt neu gestalten.   *Kulturphilosophie I und II, S. 70*

12 Unsere Vernunft trägt uns aus der kleinen Existenz unseres täglichen Lebens heraus und zwingt uns, uns mit allem, was ist und vorgeht, und allen Fragen, die unsere Zeit bewegen, zu beschäftigen und an der Welt teilzunehmen, innerlich zu erleben, was in ihr vorgeht.

Straßburger Predigten, S. 101

13 Das wahre Herz überlegt, und die wahre Vernunft empfindet.

Straßburger Predigten, S. 134

14 Religion ist Privatsache: diesen Satz würde er sicher aufstellen, nicht als eine Forderung der Gleichgültigkeit, sondern der Frömmigkeit.   *Gespräche über das NT, S. 150*

15 Nicht durch das Denken und Nachsinnen erfasst man das große Geheimnis, das über der Welt und unserm Dasein schwebt, son-

12. Vernunft und Glaube

dern die höhere Erkenntnis, die geht erst auf in dem Wirken, in dem Arbeiten. *Straßburger Predigten, S. 22*

Das Schicksal des Glaubens [ist] an das des Denkens gebunden. Der Glaube, der das Denken vollständig besiegt hat, [ist] starr und inhaltslos geworden. Arterienverkalkung. Wo Denken, da ist wertvolles Glauben. *Kulturphilosophie III, 3. und 4. Teil, S. 374* 16

Wenn im Herzen kein Glaube und keine Frömmigkeit ist, nützt alles Wissen nichts, denn der Glaube kommt nicht aus dem Verstand; dann werden die Menschen nur eitel und aufgeblasen über ihr Wissen. *Gespräche über das NT, S. 10 f.* 17

Jede Sittlichkeit bedarf des Glaubens an den Sieg des Vernünftigen und Guten. *Wir Epigonen, S. 62* 18

Wenn wir es wieder wagen werden, Vernunftmenschen zu sein, können wir nicht zu einem Geschlechte verkümmern, das keines Enthusiasmus mehr fähig ist, sondern gelangen zu der großen und tiefen Leidenschaft der großen und tiefen Ideale. 19

Wir Epigonen, S. 125

Der Kampf zwischen Glauben und Wissen ist bei uns zu Ende gekommen, weil das zahm gewordene Wissen seine Denk- und Wahrhaftigkeitsforderungen zurückgestellt hat. Es lässt uns ohne Weltanschauung dahinleben. Den freien Platz nimmt Meinen in seiner äußerlichsten Form immer mehr in Besitz. *Wir Epigonen, S. 139* 20

Ein Glauben, das nur Glauben, und ein Wissen, das nur Wissen ist, können sich nicht verstehen und sich nichts anhaben. Nur das denkende Glauben und das denkende Wissen, wie sie sich in der natürlichen Religion begegnen, sind fähig, sich zu verständigen. 21

Wir Epigonen, S. 148 f.

Nur wo Glaube und Frömmigkeit schon sind, da nützt auch das Wissen um diese Dinge etwas. *Gespräche über das NT, S. 11* 22

Erster Teil: Philosophie und Leben

23 Der Glaube ist wie ein herrliches altes Bild, das wir von unseren Eltern erben. *Gespräche über das NT, S. 11*

24 Wie man mit der Wissenschaft dem Glauben dienen kann, das haben fromme Männer schon in den Anfangszeiten des Christentums gezeigt. *Gespräche über das NT, S. 11 f.*

25 So ist die Wissenschaft nicht nur mit dem Glauben vereinbar, sondern sie klärt und belebt ihn. *Gespräche über das NT, S. 12*

26 Diese Unwissenheit in der Bibel ist einer der schlimmsten Schäden unserer Zeit. Es ist ein Hohn auf die Reformation.
Gespräche über das NT, S. 12

27 Aber es kommt die Zeit und vielleicht ist sie nicht so fern, wo sie in der Wüste des irdischen Getriebes von einem Durst nach der Quelle der Weisheit erfasst wird, der sie zur Bibel zurückführt.
Gespräche über das NT, S. 12 f.

13. Philosophie

1 Wir stehen in einer Zeit [Ende des 19. Jahrhunderts] völliger philosophischer Unbildung. *Vorträge, Vorlesungen, Aufsätze, S. 29*

2 Ziel aller Philosophie ist, uns als Denkenden begreiflich zu machen, wie wir in einem begreifenden und innerlichen Verhältnis zum Universum zu stehen und in den Anregungen, die sich für uns daraus ergeben, zu wirken haben. *Goethe Vier Reden, S. 10*

3 Bildung besteht darin, dass das gesamte Gebiet menschlichen Wissens in seinen Grundzügen erfasst wird, sich zu einer einheitlichen Weltanschauung ausbildet, welche dem einzelnen seine Stellung zu der ihn umgebenden Welt zu Bewusstsein bringt und sein Urteil

13. Philosophie

und sein Handeln bestimmt. Dieser Zug nach einer Weltauffassung liegt tief im menschlichen Gemüte. Die Wissenschaften als solche können ihn nie befriedigen; nur die Philosophie kommt diesem Zug entgegen.
Vorträge, Vorlesungen, Aufsätze, S. 29

Bisher war es mein Prinzip, in Philosophie nicht mehr zu sagen, als was absolut logisches Erleben des Denkens ist. Darum rede ich in Philosophie nie von «Gott», sondern von dem «universellen Willen zum Leben», der mir in doppelter Weise als Schöpferwille außer mir, als ethischer Wille in mir zum Bewusstsein kommt.
Theologischer und philosophischer Briefwechsel,
Brief an Oskar Kraus, S. 431

4

Die ethischen Vernunftideale hatten angefangen, sich in der Philosophie und in der öffentlichen Meinung mit der Wirklichkeit auseinanderzusetzen und die Verhältnisse umzugestalten. Im Laufe von drei oder vier Generationen waren Fortschritte sowohl an Kulturgesinnung wie an Kulturzuständen in einem Maße verwirklicht worden, dass die Zeit der Kultur definitiv angebrochen und in unaufhaltbarem Weitergehen begriffen schien.
Kulturphilosophie I und II, S. 16

5

Das Entscheidende war das Versagen der Philosophie. Im 18. und im beginnenden 19. Jahrhundert war die Philosophie die Anführerin der öffentlichen Meinung gewesen. Sie hatte sich mit den Fragen, die sich den Menschen und der Zeit stellten, beschäftigt und ein Nachdenken darüber im Sinne der Kultur lebendig erhalten.
Kulturphilosophie I und II, S. 16

6

Aus einem Arbeiter am Werden einer allgemeinen Kulturgesinnung war die Philosophie nach dem Zusammenbruch in der Mitte des 19. Jahrhunderts ein Rentner geworden, der sich fern von der Welt mit dem, was er sich gerettet hatte, beschäftigte ...
  Weil sie sich mit den elementaren Problemen nicht beschäftigte, unterhielt sie keine Elementarphilosophie, die zur Popularphilosophie werden konnte.
Kulturphilosophie I und II, S. 19 f.

7

Erster Teil: Philosophie und Leben

8   Ihrer letzten Bestimmung nach ist die Philosophie Anführerin und Wächterin der allgemeinen Vernunft. Ihre Pflicht wäre es gewesen, unserer Welt einzugestehen, dass die ethischen Vernunftideale nicht mehr wie früher in einer Totalweltanschauung Halt fänden, sondern bis auf Weiteres auf sich selbst gestellt seien und sich allein durch ihre innere Kraft in der Welt behaupten müssten. Sie hätte uns zeigen müssen, dass wir um die Ideale, auf denen unsere Kultur beruht, zu kämpfen haben.   *Kulturphilosophie I und II, S. 21*

9   Aber die Philosophie philosophierte über alles, nur nicht über Kultur. Sie arbeitete unentwegt an der Aufstellung einer theoretischen Totalweltanschauung weiter, als ob sie damit alles wiederherstellen könnte, und überlegte nicht, dass diese Weltanschauung, selbst wenn sie fertig würde, weil nur aus Geschichte und Naturwissenschaft erbaut und dementsprechend unoptimistisch und unethisch, immer «kraftlose Weltanschauung» bleiben würde und nie die zur Begründung und Aufrechterhaltung von Kulturidealen notwendigen Energien hervorbringen könnte. So wenig philosophierte die Philosophie über Kultur, dass sie nicht einmal merkte, wie sie selber, und die Zeit mit ihr, immer mehr kulturlos wurde.
Kulturphilosophie I und II, S. 21

10   Die ganze neuzeitliche europäische Philosophie besteht in der Hauptsache aus stets erneuerten und niemals dauernd erfolgreichen Versuchen, die ethische Weltanschauung und die sachliche Welterkenntnis, wie sie von der sich immer weiter ausbildenden und immer größere Ansprüche erhebenden Naturwissenschaft vertreten wird, miteinander in Einklang zu bringen.

Da dies sachlich unmöglich ist, kann es sich nur um Versöhnungen handeln, die mit mehr oder weniger Geschick unternommen werden und sich mehr oder weniger gut ausnehmen.
Kulturphilosophie III, 1. und 2. Teil, S. 327 f.

11   Die Philosophie will sich die Ethik als ein wohlgeordnetes System von wohl durchführbaren Pflichten und Geboten vorstellen. Sobald wir aber den Grundsatz der Liebe irgendwie anerkennen,

13. Philosophie

langen wir, auch wenn wir ihn nur auf den Menschen beschränken, tatsächlich bei einer Ethik grenzenloser Verantwortung und Pflichten an. Liebe lässt sich nicht reglementieren. Sie gebietet in absoluter Weise.
Ehrfurcht vor den Tieren, S. 87

Darum bleibe ich lieber beim Beschreiben des Erlebens des Denkens stehen und lasse Pantheismus und Theismus im unentschiedenen Konflikt in mir sein. Denn das ist die Tatsache, auf die ich immer zurückgeworfen werde. ... Um den Verzicht auf das Welterkennen komme ich nicht herum. Über den Konflikt: Pantheismus – Theismus nicht hinaus. Dieses sage ich, sowohl in der philosophischen wie in der überlieferten theologischen Sprache.
Theologischer und philosophischer Briefwechsel,
Brief an Oskar Kraus, S. 431

12

Trotz der verschiedenen Art des Verfahrens gehören Philosophie und Religion doch insoweit zusammen, als sie den Gegenstand gemeinsam haben. Beide wollen Weltanschauung bieten. Da nun aber die Grundlage der Weltanschauung die des geistigen Einswerdens mit dem unendlichen Sein ist, hat alle auf sie eingehende Weltanschauung religiösen Charakter. Die Weisheit, zu der die Philosophie (Philosophie bedeutet Streben nach Weisheit) zu gelangen sucht, hat es wie die höchste Lehre der Religion (das Wort Religion leitet sich von religare, verbinden, her) mit dem Erkennen und Erleben unserer geistigen Verbundenheit mit dem unendlichen Sein zu tun.
Kulturphilosophie III, 1. und 2. Teil, S. 266

13

Was nicht unter den Begriff dieser Wissenschaft, sondern unter den des Lebens fällt, wird als Philosophie zweiter Ordnung angesehen. Zu ihr herabzusteigen und sich mit ihr zu befassen, erfordert für die, die in der Gelehrsamkeit Sitz und Stimme haben, Mut und Überwindung.
Wir Epigonen, S. 32

14

Unsere Philosophie ist also nicht darauf angelegt, eine Denkbewegung in unserer Menschheit anzuregen. Mehr noch: Sie hat,

15

was davon ohne ihr Zutun vorhanden war, nicht einmal unterstützt.
Wir Epigonen, S. 32

16 Eben muss ich mich, für meine Vorlesungen in England, ganz in die neueste Philosophie (Heidegger, Jaspers) vertiefen. Es ist dieselbe Sache wie in der Theologie: befangenes Denken, das ganz unnatürlich geworden ist und in geistreichen Wortgefechten seine Armseligkeit verdeckt. Aber die Wahrheit wird nicht aufzuhalten sein.
Existenzphilosophie und Christentum, Brief an Fritz Buri, S. 75

17 Jetzt zum Existenzialismus. Das ist schon eine andere Sache. Das ist eine aufgekommene Denkweise, die von bedeutenden Denkern vertreten wird. Eine verfeinerte Denkweise. Glaub es mir, ich habe ernstlich versucht, mich in sie einzuleben. Ich habe ihre Anfänge erlebt. Innsbrucker Freunden von mir stand er nahe. Anständigerweise sollte ich aus Familienrücksichten [Jean-Paul Sartre war Schweitzers Vetter zweiten Grades] wenigstens etwas Existenzialismus heucheln können. Aber ich bring es nicht fertig.
Existenzphilosophie und Christentum, Brief an Fritz Buri, S. 152

18 Also ich kann mich nicht in den Existenzialismus schicken. Er ist mir dasselbe wie atonale Musik. Verzeih diese blöde Ideenassoziation, in der ich gefangen bin.
Existenzphilosophie und Christentum, Brief an Fritz Buri, S. 152

19 Es fehlt ihnen allen [den Existentialphilosophen], auch Jaspers, das Ergriffensein und Erfülltsein von dem Geheimnisvollen des Seins.
Existenzphilosophie und Christentum, Brief an Fritz Buri, S. 99

20 Jaspers Bücher stehen bei mir auf dem Schaft. Wie viel ich mich mit ihm abgegeben habe, könnten dir die Randbemerkungen zeigen. Aber das Resultat war immer die Wut, dass er sich in einer so abstrakten, gekünstelten Ausdrucksweise ergeht, anstatt auch nur einmal zu versuchen, es mit einfachen Worten zu sagen. Das verzeih ich ihm und der ganzen Gesellschaft nie. Und dazu dieses Nichtbegreifen des Wesens des Ethischen, was das Unelementare

13. Philosophie

ihres Philosophierens ausmacht. Jaspers will mit einer historischen Auffassung vom Ethischen auskommen. Er hat keine eigene.
Existenzphilosophie und Christentum, Brief an Fritz Buri, S. 133

Denn das tiefere Empfinden für das Ethische gehört zum Philosophen. Das lass ich mir nicht nehmen. Das ist das Klarste an seiner Leistung ...
    Darum kann ich Descartes nicht ausstehen. Er ist in Ethik nicht interessiert und tut damit noch groß.
Existenzphilosophie und Christentum, Brief an Fritz Buri, S. 133

21

Nimmt aber das wissenschaftliche Philosophieren das natürliche nicht in sich auf, um es zu klären, zu vertiefen und sich selber an ihm zu beleben und in Beziehung zur Gegenwart zu erhalten, so ist es nicht viel mehr als eine gelehrte Übung des Geistes. Es versäumt, das große Feuer der Kultur zu erhalten.   *Wir Epigonen, S. 34*

22

Ich wusste, dass die Fachphilosophie mich abseits liegen ließ, und verstand es. Aber ich wusste auch, dass wenn sie einmal das ethische Problem ergründen will und wieder zur Erkenntnis kommt, dass die Ethik das Innerste und Wesentliche der Philosophie ist, dass sie dann auch die Ethik der Ehrfurcht vor dem Leben und den Verzicht auf Welterkenntnis als berechtigte Philosophie anerkennen muss.
Existenzphilosophie und Christentum, Brief an Fritz Buri, S. 134

23

Aber dass klar ist, dass nun ein einheitliches philosophisches Streben wieder auf Humanität als Ziel ausgeht ... wie im Rationalismus des 18. Jahrhunderts, der bis weit ins 19. nachwirkte! Dass das Streben von damals wieder aufgenommen worden ist, als die Aufgabe der Philosophie, des Denkens erkannt ist ...
Existenzphilosophie und Christentum, Brief an Fritz Buri, S. 136

24

Denn wir brauchen eine Philosophie, die tiefer und lebendiger ist und von größerer geistiger und ethischer Kraft getragen wird als unsere bisherige.   *Die Weltanschauung der indischen Denker, S. 23*

25

26 Eine Gesellschaft und eine Menschheit, die sich vor solche Probleme und Gefahren gestellt sieht, wie es für die heutige der Fall ist, geht zugrunde, wenn sie dem Geiste des Skeptizismus verfällt.
Vorträge, Vorlesungen, Aufsätze, S. 120

27 Rede einfach, dass eine Wäscherin, der Straßenkehrer und der Trambahnfahrer dich in allem einigermaßen verstehen können.
Existenzphilosophie und Christentum, Brief an Fritz Buri, S. 13

14. Naturphilosophie

1 Naturphilosophie ist Philosophie, die Ehrfurcht vor der Wirklichkeit hat und entschlossen ist, die Natur, so wie sie ist, um Weltanschauung zu befragen. Auch ist sie von der Idee des geistigen Einswerdens mit dem unendlichen Sein beherrscht. Sie ist also Mystik in sachlichem Denken versucht. Einfachheit, Innerlichkeit und Wahrhaftigkeit machen ihre Größe aus.
Kulturphilosophie III, 1. und 2. Teil, S. 271

2 Weil sie ein solches Wahrhaftigkeitsbedürfnis und einen solchen Wahrhaftigkeitsmut hat, ist die Naturphilosophie so vornehm und so tief. Als etwas, das sich in den Grundzügen gleich bleibt, kehrt sie in allen Zeiten wieder. Wie ein großer, einheitlicher Gebirgszug geht sie durch das Denken der Menschheit hindurch.

Entschlossen, alles Naive abzulegen und nichts zur Wirklichkeit hinzuzudenken, hält sich die Naturphilosophie von jedem Dualismus frei. Es gibt für sie nur ein der Welt immanentes Prinzip des Geschehens. Von dem Monismus kann sie nicht abgehen, ohne sich selber aufzugeben. *Kulturphilosophie III, 1. und 2. Teil, S. 324*

3 Da uns die zielbewusste Absicht auf ein zu verwirklichendes Ganzes fehlt, fällt unsere Aktivität unter den Begriff des Naturgeschehens. *Kulturphilosophie I und II, S. 38*

14. Naturphilosophie

Die andere, die unscheinbare Naturphilosophie, lässt Welt und Natur, wie sie sind, und zwingt den Menschen, sich in sie hineinzufinden und sich in ihnen als ein geistig Triumphierender und auf sie Wirkender zu behaupten. *Goethe, Vier Reden, S. 10*

4

Ein ethisches Prinzip in der Natur zu entdecken ist nicht möglich, weil sie nichts dergleichen in sich enthält. Da es den Vertretern der Naturphilosophie aber unmöglich erscheint, bei einer überethischen Lebensanschauung stehen zu bleiben, legen sie dem geheimnisvollen Weltgeschehen zuletzt doch irgendetwas Ethisches bei und gelangen so zu einer Lebensanschauung, die eine allgemeinste Idee des Ethischen in sich trägt. Lao-Tse und Tschuang-Tse finden in der Natur ein gütiges Geschehenlassen; für die Stoiker, Spinoza und Goethe waltet in ihr eine unser Verstehen überragende, im letzten Grunde aber doch irgendwie ethische Vernünftigkeit. Diese Vertreter der Naturphilosophie beginnen also schon, das Naturgeschehen im Sinne des Ethischen zu deuten. Aber sie tun nur einen kleinen, zaghaften Schritt auf der gefährlichen Bahn. Grundsätzlich verbleiben sie dabei, die Lebensanschauung in voraussetzungslosem Ergründen der Natur gewinnen zu wollen. Das Sein bleibt für sie das große, unlösbare Geheimnis, das sie in Demut hinnehmen.

5

Kulturphilosophie III, 1. und 2. Teil, S. 271 f.

Darum stellt die Naturphilosophie als das Erste und Wichtigste dies hin, dass der Mensch dahin gelange, sich in das Weltgeschehen als in eine über all unser Verstehen erhabene Notwendigkeit zu ergeben. In diesem Nicht-Irrewerden und friedvollen Stillewerden habe sich, als in dem schwersten, was von ihr verlangt werde, seine ethische Lebens- und Weltbejahung zu erweisen.

6

Kulturphilosophie III, 1. und 2. Teil, S. 325

Volkstümlich konnte die Naturphilosophie ihrer Art nach nie werden. Sie hat nicht wie das dualistische ethische Denken in der Welt geherrscht und etwas in ihr unternommen und vollbracht. Aber in allen Zeiten hat sie Menschen zum Wahrhaftigsein, zum

7

Ernstwerden, zum Edelwerden und zum Tieferwerden erzogen und damit eine große Mission erfüllt.
Kulturphilosophie III, 1. und 2. Teil, S. 327

8   Wie Laotse und Dschuang Dsi, wie die Inder, die Stoiker und überhaupt alle mit sich selber konsequenten naturphilosophischen Denker vor ihm, kann Spinoza nicht leisten, was die Ethik verlangt: das Verhältnis des Menschen zum Universum nicht nur als geistige, sondern zugleich als sinnvoll tätige Hingabe an dasselbe zu begreifen.
Kulturphilosophie I und II, S. 196

15. Rationalismus

1   Ich liebe den Rationalismus wie ich Jesus liebe ... Ich will sein der, der den Rationalismus zu Ende denkt.
Theologischer und philosophischer Briefwechsel,
Brief an Oskar Kraus, S. 440

2   Die Aufklärungszeit und der Rationalismus hatten ethische Vernunftideale über die Entwicklung des Einzelnen zum wahren Menschentum, über seine Stellung in der Gesellschaft, über deren materielle und geistige Aufgaben, über das Verhalten der Völker zueinander und ihr Aufgehen in einer durch die höchsten geistigen Ziele geeinten Menschheit aufgestellt.
Kulturphilosophie I und II, S. 16

3   Aber in der Geschichte stehe ich da als einer, der das Werk des Rationalismus, der Ehrfurcht vor dem sachlichen Denken nach dem romantischen Intermezzo, weiterzuführen und zu vertiefen unternahm, als der, der aus der naturwissenschaftlichen Erkenntnis den Schluss zog, dass wir unsere Lebensanschauung nicht auf eine befriedigende Welterkenntnis gründen können, sondern auf ein Erleben von uns selbst und der Welt in uns.
Existenzphilosophie und Christentum, Brief an Fritz Buri, S. 153

15. Rationalismus

Bei den Rationalisten, die alles aus der Vernunft begreifen und alles nach Vernunftüberlegungen regeln wollen, finden wir in elementarer Stärke die Überzeugung ausgeprägt, dass die Gesinnung das Wesentliche der Kultur ausmacht. ... Noch aber gilt ihnen als selbstverständlich, dass das Wesentliche und Wertvolle der Kultur das Geistige sei. *Kulturphilosophie I und II, S. 93*

4

Ihren Elementen nach deckt sich die Weltanschauung des Rationalismus mit der des optimistisch-ethischen Monismus des Kungtse (Confuzius) und der späteren Stoa. Aber der Enthusiasmus, von dem sie getragen wird, ist ungleich stärker als bei den andern.
Kulturphilosophie I und II, S. 168

5

Nur eine Weltanschauung, die dasselbe leistet wie der Rationalismus, hat das Recht, ihn zu richten. Die Größe jener Philosophie ist, dass sie Schwielen an den Händen hat.
Kulturphilosophie I und II, S. 176

6

Die Zuversichtlichkeit des Rationalismus beruht darauf, dass er die optimistisch-ethische Weltanschauung als erwiesen ansieht. Sie ist es aber nicht, sondern beruht, wie die Kungtses und der Spätstoiker, auf naiver Interpretation der Welt.
Kulturphilosophie I und II, S. 180

7

Die Weltanschauung des Rationalismus ist optimistisch und ethisch. *Kulturphilosophie I und II, S. 94*

8

Humanitätsgesinnung ist für die Rationalisten ein Ideal, von dem sie sich durch keine Erwägung abbringen lassen wollen.
Kulturphilosophie I und II, S. 94

9

Da spielt für mich die Einsicht mit, dass jeder Mensch etwas an sich Einzigartiges und Rätselhaftes ist ... Es ist ja für mein Philosophieren eigentlich belanglos, dass ich der Mystik eingegliedert bin. Aber ich fühle dieses Enden in Mystik so sehr als Hindurch-Gegangensein durch Rationalismus, und nur durch diesen Weg

10

scheint mir das Ende berechtigt, dass ich nie genug den Zusammenhang mit dem Rationalismus betonen zu können glaube, auch wo ich damit Anstoß errege und Vorurteile gegen mich schaffe.
Theologischer und philosophischer Briefwechsel,
Brief an Oskar Kraus, S. 439

11 In vielem was sie [die Romantik] gegen den Rationalismus vorgebracht hat, ist die Reaktion des beginnenden neunzehnten Jahrhunderts im Rechte gewesen. Trotzdem bleibt wahr, dass sie etwas verhöhnt und zerstört hat, das bei allen Unvollkommenheiten die größte und wertvollste Allgemeinerscheinung im Geistesleben der Menschheit war. Vom Gebildeten bis zum Ungebildeten herrschte damals Glaube an das Denken und Ehrfurcht vor der Wahrheit. Schon darum steht jene Zeit höher als jede vor ihr und viel höher als die unsrige. *Kulturphilosophie I und II, S. 63*

12 In keinem Falle dürfen romantische Gefühle und Phrasen unser Geschlecht abhalten, sich vorzustellen, was Vernunft eigentlich sei. Sie ist nicht dürrer Verstand, der die vielgestaltigen Regungen unseres Seelenlebens nicht aufkommen lässt, sondern der Inbegriff aller Funktionen unseres Geistes in ihrem lebendigen Zusammenwirken. In ihr halten unser Erkennen und unser Wille die geheimnisvolle Zwiesprache miteinander, die unser geistiges Wesen bestimmt. *Kulturphilosophie I und II, S. 63*

13 Der Rationalismus ist mehr als eine zu Ausgang des achtzehnten und zu Beginn des neunzehnten Jahrhunderts erledigte Denkbewegung. Er ist eine notwendige Erscheinung jeglichen normalen Geisteslebens. Aller wirklicher Fortschritt in der Welt ist im letzten Grunde durch Rationalismus gewirkt.
Kulturphilosophie I und II, S. 63

14 Das Erkennen aber, das sich, wie der vergangene Rationalismus, nicht eingestehen will, dass es, um das Leben zu begreifen, zuletzt in denkendes Erleben übergehen muss, verzichtet auf tiefe und elementar begründete Weltanschauung *Kulturphilosophie I und II, S. 65*

Zweiter Teil:
Kultur und Kulturkritik

16. Kultur

Etwas Geistiges muss sich ereignen, sollen wir nicht alle miteinander ins Elend kommen. *Vorträge, Vorlesungen, Aufsätze, S. 205*

Kultur definiere ich ganz allgemein als geistigen und materiellen Fortschritt auf allen Gebieten, mit dem eine ethische Entwicklung der Menschen und der Menschheit einhergeht.
Aus meinem Leben und Denken, S. 173

Kultur bedeutet Pflege des geistigen Lebens des einzelnen und der Gesamtheit und Schaffung äußerer Verhältnisse, die dem so entwickelten Stande desselben entsprechen. *Wir Epigonen, S. 27*

Was ist Kultur? Eine optimistische ethische Weltanschauung. Das Verhältnis des Optimistischen zum Ethischen. Durch das Nachlassen der ethischen Energie ist die Kultur in ihrem Bestande bedroht und geht notwendig den schwersten Katastrophen entgegen.
Vorträge, Vorlesungen, Aufsätze, S. 36

Kultur ist nicht Literatur und Kunstgeschichte, sondern der Wille zu geistiger und ethischer Vollendung der Einzelnen und der Gesellschaft, aller Einzelnen. Alle andere Kultur [ist] unvollständig, auch die griechische. *Kulturphilosophie III, 3. und 4. Teil, S. 379*

Alle wahre Kultur besteht darin, dass wir tiefste Einfalt, die die höchste Weisheit ist, erlangen. *Afrikanische Geschichten, S. 38 f.*

Die höchste Kultur ist nicht diejenige, in der die größten materiellen Fortschritte verwirklicht werden, sondern diejenige, in der wir

Zweiter Teil: Kultur und Kulturkritik

das edelste Menschentum erlangen und betätigen. Geistige und ethische Ideale machen das Wesen der Kultur aus.
Kulturphilosophie III, 3. und 4. Teil, S. 130

8   Alle Probleme der Kultur sind in letzter Linie nur durch Gesinnung zu lösen. *Vorträge, Vorlesungen, Aufsätze, S. 39*

9   Die materiellen Errungenschaften sind also nicht Kultur, sondern werden Kultur nur in dem Maße, als Kulturgesinnung fähig ist, sie im Sinne der Vervollkommnung des Einzelnen und der Gesamtheit wirken zu lassen. *Kulturphilosophie I und II, S. 92 f.*

10 Technische Fortschritte, Wissenschaft, Kunst und Verfeinerung der Lebensführung sind nur Beiwerk der Kultur, das für die Entwicklung der Menschheit so gut wie nichts bedeutet, wenn nicht jedes Geschlecht immer auch in dem Geistigen und dem Ideal-Menschlichen der innerlichen Kultur gewurzelt ist.
Vorträge, Vorlesungen, Aufsätze, S. 355

11 Wenn die Erzieher und die Helfer, die draußen nötig sind, nicht unter uns erstehen und von uns hinausgesandt werden, haben wir keine wahre Kultur. Denn eine Kultur, die ihre großen sittlichen Weltaufgaben nicht erkennt, ist keine. Wie wenig bleibt da von unserer vielgerühmten modernen Kultur übrig.
Vorträge, Vorlesungen, Aufsätze, S. 356

12 Der Fortschritt, an dem die Zukunft der Welt hängt, ist mit der geistigen und sittlichen Erneuerung der Menschheit gleichbedeutend. *Predigten, S. 1089*

13 Kultur ist das Ergebnis optimistisch-ethischer Weltanschauung. Nur in dem Maße, als welt- und lebensbejahende und zugleich ethische Weltanschauung in Kraft ist, werden Kulturideale vorgestellt und in der Gesinnung der Einzelnen und der Gesellschaft in Geltung gehalten. *Kulturphilosophie I und II, S. 94 f.*

16. Kultur

Kultur ist der Inbegriff aller Fortschritte des Menschen und der Menschheit auf allen Gebieten und in jeder Hinsicht, sofern dieselben der geistigen Vollendung des Einzelindividuums als dem Fortschritt der Fortschritte dienstbar sind.

Kulturphilosophie I und II, S. 95

14

Das durch uns in seiner Entwicklung beeinflussbare Wesen ist der Mensch. Die Ehrfurcht vor dem Leben nötigt uns also zum Vorstellen und Wollen aller Fortschritte, deren der Mensch und die Menschheit fähig sind. Sie wirft uns in rastloses Vorstellen und Wollen von Kultur hinein, aber als ethische Menschen.

Kulturphilosophie I und II, S. 329

15

Von außen, rein empirisch definiert, besteht vollständige Kultur darin, dass alle an sich möglichen Fortschritte des Wissens und Könnens und der Vergesellschaftung der Menschen verwirklicht werden und auf die innerliche Vollendung des Einzelnen, als auf das eigentliche und letzte Ziel der Kultur, zusammenwirken.

Kulturphilosophie I und II, S. 330

16

Das Wesen der Kultur besteht darin, dass die in unserem Willen zum Leben nach Geltung ringende Ehrfurcht vor dem Leben sich in den einzelnen Menschen und in der Menschheit immer mehr durchsetzt. *Kulturphilosophie I und II, S. 330*

17

Das Ideal des Kulturmenschen ist kein anderes als das des Menschen, der in allen Verhältnissen wahres Menschentum bewährt. Für uns bedeutet Kulturmenschen sein beinahe, dass wir trotz der Zustände der modernen Kultur Menschen bleiben.

Kulturphilosophie I und II, S. 333

18

Erst wenn die Sehnsucht, wieder wahrhaft Mensch zu werden, in dem modernen Menschen entzündet wird, kann er aus der Verirrung heimfinden, in der er jetzt, von Wissensdünkel und Könnensstolz geblendet, herumwandelt.

Kulturphilosophie I und II, S. 333

19

Zweiter Teil: Kultur und Kulturkritik

20   Ist als Ziel der Kultur anerkannt, dass jeder Mensch in einem möglichst menschenwürdigen Dasein zu wahrem Menschentum gelangen soll, so kann die kritiklose Überschätzung des Äußerlichen der Kultur, wie wir sie von dem ausgehenden neunzehnten Jahrhundert übernommen haben, unter uns nicht weiterbestehen.
Kulturphilosophie I und II, S. 333 f.

21   Miteinander wissend, dass die Erhaltung der Kultur vor allem von dem Aufbrechen der Quellen geistigen Lebens in uns abhängig ist, nehmen wir dennoch die wirtschaftlichen und sozialen Probleme mit Eifer in Angriff. Möglichst hohe materielle Freiheit für möglichst viele ist uns eine Forderung der Kultur.
Kulturphilosophie I und II, S. 335

22   Die aufgrund wirtschaftlicher Theorien und Utopien geführten Machtkämpfe waren in jeder Hinsicht unzweckmäßig und haben uns in eine grauenvolle Lage gebracht. Es bleibt uns nur die radikale Umkehr, die Lösung der Probleme auf zweckmäßige Art, durch zweckmäßiges Verstehen und Vertrauen zu versuchen. Allein die Ehrfurcht vor dem Leben ist imstande, die hierzu notwendige Gesinnung zu schaffen.
Kulturphilosophie I und II, S. 335

23   Alle Fortschritte des Wissens und Könnens wirken sich zuletzt verhängnisvoll aus, wenn wir nicht durch entsprechenden Fortschritt unserer Geistigkeit Gewalt über sie behalten.
Kulturphilosophie I und II, S. 336

24   O, diese vornehme Kultur, die so erbaulich von Menschenwürde und Menschenrechten zu reden weiß und die diese Menschenrechte und Menschenwürde an Millionen und Millionen missachtet und mit Füßen tritt, nur weil sie über dem Meere wohnen, eine andere Hautfarbe haben, sich nicht helfen können.
Straßburger Predigten, S. 56

25   Es ist an der Zeit, Größeres zu tun, als Pietät zu üben!
Straßburger Predigten, S. 47

16. Kultur

Untereinander verbunden, denken Welt- und Lebensbejahung und Ethik also miteinander die Ideale wahrer, vollständiger Kultur und nehmen ihre Verwirklichung in Angriff. Bleibt Kultur unvollständig oder nimmt sie ab, so beruht dies in letzter Linie darauf, dass entweder die Welt- und Lebensbejahung der Weltanschauung oder ihre Ethik oder beide zusammen unausgebildet blieben oder zurückgingen. Dies trifft bei uns zu. Offenbar ist, dass uns die zur Kultur erforderliche Ethik abhanden gekommen ist.

Kulturphilosophie I und II, S. 95 f.

26

Den Verzicht auf die konsequente ethische Beurteilung der Dinge empfinden wir als einen Fortschritt in Sachlichkeit.

Kulturphilosophie I und II, S. 96

27

Gelingt es uns, wieder Weltanschauung aufzustellen, in der ethische Welt- und Lebensbejahung in überzeugender Weise gegeben ist, so werden wir des Kulturniedergangs, der im Gange ist, Herr und gelangen wieder zu wahrer und lebendiger Kultur. Andernfalls sind wir dazu verurteilt, alle Versuche, die Degeneration der Kultur aufzuhalten, scheitern zu sehen. *Kulturphilosophie I und II, S. 96*

28

Für uns Abendländer besteht Kultur darin, dass wir zugleich an unserer Vollendung und an der der Welt arbeiten.

Kulturphilosophie I und II, S. 98

29

In letzter Linie liegt die Größe der Kulturen, die in der Vergangenheit aufgetreten sind, doch immer auf dem Gebiete des sittlich bestimmten geistigen Lebens. *Wir Epigonen, S. 37*

30

Wahre Kultur setzt Freie voraus. Da die modernen Verhältnisse die Verminderung wirtschaftlicher Unabhängigkeit und geistiger Selbständigkeit im Gefolge haben, hemmen sie die Kultur.

Kulturphilosophie III, 3. und 4. Teil, S. 339

31

Der wahre Kulturmensch ist der in geistiger und ethischer Hinsicht vorangekommene und veredelte Mensch, der sich in dieser seinem

32

Zweiter Teil: Kultur und Kulturkritik

Wesen entsprechenden Höherentwicklung seine Natürlichkeit bewahrt hat. *Kulturphilosophie III, 3. und 4. Teil, S. 338*

33 Aus dem Ethischen kommt das Vermögen, die zu dem Wirken auf die Welt und die Gesellschaft notwendigen zweckmäßigen Gesinnungen aufzubringen und alle Errungenschaften auf die geistige und sittliche Vollendung des Einzelnen, welche das letzte Ziel der Kultur ist, zusammenwirken zu lassen.
Kulturphilosophie I und II, S. 67

34 Unsere Kultur macht eine schwere Krise durch. Gewöhnlich meint man, diese Krise sei durch den Krieg herbeigeführt worden. Dies ist falsch. Der Krieg mit allem, was mit ihm zusammenhängt, ist selber nur eine Erscheinung der Kulturlosigkeit, in der wir uns befinden. *Kulturphilosophie I und II, S. 89*

35 Das Verhängnis unserer Kultur ist, dass sie sich materiell viel stärker entwickelt hat als geistig. Ihr Gleichgewicht ist gestört.
Kulturphilosophie I und II, S. 90

36 Das Wesentliche der Kultur besteht nicht in materiellen Errungenschaften, sondern darin, dass die Einzelnen die Ideale der Vervollkommnung des Menschen und der Besserung der sozialen und politischen Zustände der Völker und der Menschheit denken und in ihrer Gesinnung durch solche Ideale in lebendiger und stetiger Weise bestimmt sind. *Kulturphilosophie I und II, S. 90*

37 Die Fortschritte des Wissens und Könnens wirken sich fast wie Naturereignisse an uns aus. Es liegt nicht in unserer Macht, sie so zu leiten, dass sie die Verhältnisse, in denen wir leben, in jeder Hinsicht günstig beeinflussen, sondern sie schaffen für die Einzelnen, die Gesellschaft und die Völker schwere und schwerste Probleme und führen Gefahren mit sich, die sich zum voraus gar nicht ermessen ließen. So paradox es klingen mag: Durch die Fortschritte des Wissens und Könnens wird wirkliche Kultur nicht leichter, sondern schwerer gemacht. *Kulturphilosophie I und II, S. 91*

16. Kultur

Die Zukunft der Kultur hängt also davon ab, ob es dem Denken möglich ist, zu einer Weltanschauung zu gelangen, die den Optimismus, das heißt die Welt- und Lebensbejahung, und die Ethik sicherer und elementarer besitzt als die bisherigen.   38
Kulturphilosophie I und II, 1. Teil, S. 68

Der harmonische Mensch ist der, dessen Innerlichkeit so groß ist als sein Wirken.   *Kulturphilosophie III, 3. und 4. Teil, S. 337*   39

Die Größe eines Menschen oder einer Zeit besteht entweder in Enthusiasmus oder Tiefe. Aber das höchste ist Enthusiasmus und Tiefe miteinander.   *Kulturphilosophie III, 3. und 4. Teil, S. 387*   40

Die Vernunftideen machen miteinander das Ideal der Kultur aus.   41
Wir Epigonen, S. 126

Die Fähigkeit eines Menschen, Kulturträger zu sein, d. h. Kultur zu begreifen und für die Kultur zu wirken, hängt also davon ab, dass er zugleich ein Denkender und ein Freier ist.   42
Kulturphilosophie I und II, S. 22

So führt die Einsicht in unser Epigonentum geistige Vereinsamung mit sich. Sie ist ein Wissen, das zur Resignation erzieht. Für die Welt nicht mehr erhoffen, stille werden und an sich selbst arbeiten.   43
Wir Epigonen, S. 22

Uns bleibt allein die Tat. Nur im Widerspruch und im Handeln vermögen wir uns selber von der Unkultur frei zu halten, die uns durch die Allgemeinheit und alle Verhältnisse, die uns mit dieser verstricken, gefangennehmen will.   *Wir Epigonen, S. 24*   44

Weiter wird die Erneuerung der Kultur noch dadurch erschwert, dass als Träger der Bewegung in so ganz ausschließlicher Weise die Einzelindividualitäten in Betracht kommen.   45
Kulturphilosophie I und II, S. 55

Zweiter Teil: Kultur und Kulturkritik

46 Allein eine ethische Bewegung kann uns aus der Unkultur herausführen. Das Ethische aber kommt nur im Einzelnen zustande.
Kulturphilosophie I und II, S. 55

47 Klar aber ist eines. Wo die Kollektivitäten stärker auf den Einzelnen einwirken, als er auf sie zurückwirkt, entsteht Niedergang, weil damit die Größe, auf die alles ankommt, die geistige und sittliche Wertigkeit des Einzelnen, notwendigerweise beeinträchtigt wird.
Kulturphilosophie I und II, S. 55 f.

48 Die Erkenntnis, dass Kultur auf Weltanschauung beruht und nur wieder aus dem geistigen Erwachen und dem ethischen Wollen der Vielen entstehen kann, zwingt uns, uns die Schwierigkeiten der Regeneration der Kultur zu vergegenwärtigen, die das gewöhnliche Überlegen übersehen würde.
Kulturphilosophie I und II, S. 58

49 Kultur bedeutet Pflege des geistigen Lebens des Einzelnen und der Gesamtheit und Schaffung äußerer Verhältnisse, die dem so entwickelten Stande desselben entsprechen. *Wir Epigonen, S. 27*

50 Die Ideale, die die Kultur ausmachen, sind allgemeine, dem Denken entsprungene und in ihm geformte Ideen, die als Normen für die Gestaltung der Wirklichkeit gelten wollen. Damit ist gegeben, dass sie, einmal geschaffen, nicht einfach auf die folgenden Generationen vererbt werden können. *Wir Epigonen, S. 28*

51 Die materiellen [Leistungen] erfahren eine noch weitergehende Überschätzung. Unsere gewaltigen Errungenschaften auf dem Gebiete des Wissens und Könnens lenken den Sinn der Allgemeinheit auf das Äußerliche und lassen ihm die fortschreitende Ausdehnung der menschlichen Herrschaft durch Erkenntnis und Bemeisterung der Natur und ihrer Kräfte als den entscheidenden Faktor der Kultur erscheinen. *Wir Epigonen, S. 35*

16. Kultur

Die Rückkehr zur Kultur besteht also darin, dass die Einzelnen in der Erreichung eines höheren Eigenwertes auch die Kollektivitäten bereichern und erneuern. *Wir Epigonen, S. 126* — 52

Die Kultur der Zukunft muss aus den Grenzen der historischen Kulturmenschheit heraustreten und Weltkultur werden. *Wir Epigonen, S. 167* — 53

Ihrem allgemeinen Begriffe nach besteht Kultur geistig, wie sie sich auch darstellen mag, darin, dass die Einzelnen und die Kollektivitäten in ihren Gedanken und Gesinnungen nicht von der Erwägung loskommen können, was aus den Menschen und der Menschheit wird, und [dass sie sich] ihre[r] Verantwortung diesen beiden gegenüber stetig bewusst sind. *Wir Epigonen, S. 170* — 54

Wo das Ideal des Menschen Gegenstand des Nachdenkens ist, ist Kultur vorhanden, gleichviel ob die äußeren Verhältnisse mehr oder weniger primitiv geblieben sind oder eine hohe Entwicklung erreicht haben. In dem Maße, [als] ein Mensch das Ideal des Menschen verwirklicht, ist er Kulturmensch. *Wir Epigonen, S. 176* — 55

Zuletzt besteht das Wesentliche der Kultur in nichts anderem, als dass die Gesellschaft unter dem Einfluss der Vielen, die als sittliche Persönlichkeiten in ihr denken, für sie handeln und auf sie einwirken, selber immer mehr den Charakter einer sittlichen Persönlichkeit annimmt und sich als solche betätigt. Auch hierin erweist sich, dass der Mensch, der sittliche Persönlichkeit besitzt, der wahre Kulturmensch ist. *Wir Epigonen, S. 216* — 56

Bezeichnend ist, dass in den letzten Jahrzehnten bei den Historikern wohl die Gelehrsamkeit, aber nicht die Objektivität zugenommen hat. ... Statt Erzieher zu werden, blieben sie bloße Gelehrte. *Kulturphilosophie I und II, S. 39* — 57

Der geschichtliche Sinn von solchen Historikern erzogenen Ge- — 58

Zweiter Teil: Kultur und Kulturkritik

schlechts hat also nicht viel mit erhöhter sachlicher Auffassung der Ereignisse zu tun. *Kulturphilosophie I und II, S. 39*

59 Bezeichnend ist, dass wir für das Wertvolle, das in der Vergangenheit gegeben ist, eigentlich nicht viel Interesse haben.
Kulturphilosophie I und II, S. 40

60 Geblendet von dem, was als gewesen von uns angesehen oder ausgegeben wird, verlieren wir den Blick für das, was werden soll.
Kulturphilosophie I und II, S. 40

61 Von unserer Kultur bekommt man nach dem, was man in Afrika sieht, einen furchtbar niedrigen Begriff. Beamte und Kaufleute haben so wenig Ideale und so wenig wirkliches Verantwortungsgefühl, in einer Kolonie wie in der anderen. Und sie sind doch durch unsere Kultur hindurchgegangen.
Theologischer und philosophischer Briefwechsel,
Brief an Adolf von Harnack, S. 274

62 Und was wir jetzt tun müssen ist: wieder zu einer Kultur gelangen, welche dieses alte Humanitätsideal wieder aufnimmt und weiterbildet, dass es eine größere Macht wird, als es früher war in unserem Denken und in unserer Gesinnung.
Vorträge, Vorlesungen, Aufsätze, S. 215

63 Haben Sie den Mut, von Mensch zu Mensch über dieses große Problem zu sprechen, dass wir alle eine neue Geisteshaltung in unserer Kultur schaffen müssen. Wenn Sie das wagen, so werden Sie sehen, dass Leute, von denen Sie geglaubt hätten, sie würden nichts davon begreifen und sich für nichts interessieren, Ihnen zuhören werden. *Vorträge, Vorlesungen, Aufsätze, S. 224*

64 Die wissenschaftlichen, künstlerischen und technischen Leistungen sind Begleiterscheinungen der Kultur, die in der Regel gleichzeitig mit ihr auftreten. Sie können die Fortschritte in der Weltanschauung insoweit fördern, als sie den allgemeinen geistigen

16. Kultur

Aufschwung unterstützen. Aber sie sind keine konstituierenden Faktoren der Kultur. *Wir Epigonen, S. 36*

Die in der optimistischen Weltanschauung gegebenen Überzeugungen sind es in letzter Linie, die die Aktivität auf Ziele hin hervorbringen, in der Kultur entsteht. Der Pessimismus stellt der Menschheit keine Aufgaben und gibt ihr kein Wollen und Hoffen. Er lähmt ihre Energie. *Wir Epigonen, S. 129*

Als das Wesentliche der Kultur ist die ethische Vollendung der Einzelnen wie der Gesellschaft anzusehen.
Aus meinem Leben und Denken, S. 132

Kultur ist also universeller Fortschrittswille, der sich des Ethischen als des höchsten Wertes bewusst ist.
Aus meinem Leben und Denken, S. 132

Der einzig mögliche Ausweg aus dem Chaos ist, dass wir wieder durch eine Kulturweltanschauung unter die Herrschaft der in ihr gegebenen Ideale der wahren Kultur kommen.
Aus meinem Leben und Denken, S. 132

In neuem Denken müssen wir also wieder zu einer die Ideale wahrer Kultur enthaltenden Weltanschauung gelangen. Wenn wir überhaupt nur wieder anfangen, über Ethik und unser geistiges Verhältnis zur Welt nachdenkend zu werden, sind wir bereits auf dem Wege, der von der Unkultur zur Kultur zurückführt.
Aus meinem Leben und Denken, S. 172 f.

Wir sind alle zu historisch. Die Weisen der Vergangenheit übertönen in uns die eigene Melodie.
Vorträge, Vorlesungen, Aufsätze, S. 255

17. Kulturkritik

1 Wir stehen im Zeichen des Niedergangs der Kultur. Der Krieg hat diese Situation nicht geschaffen. Er selber ist nur eine Erscheinung davon. Was geistig gegeben war, hat sich in Tatsachen umgesetzt, die nun ihrerseits wieder in jeder Hinsicht verschlechternd auf das Geistige zurückwirken. *Kulturphilosophie I und II, S. 15*

2 An Menschen von allseitiger Geistigkeit ist gerade unsere Zeit, die mehr für enge als für weite und tiefe Gedanken Sinn hat, besonders arm. Sie haben Mühe, sich in ihr zu entwickeln und zu behaupten. Die Kraft dazu bringen fast nur solche auf, die in dem Jugenderwachen verblieben und dadurch nicht davon loskamen, mit der Gesamtheit der Fragen, die das Dasein an den Menschen stellt, beschäftigt zu sein. *Kulturphilosophie III, 1. und 2. Teil, S. 42*

3 Der Zusammenbruch der Kultur ist dadurch gekommen, dass man der Gesellschaft die Ethik überließ. Erneuerung der Kultur ist nur dadurch möglich, dass die Ethik wieder die Sache der denkenden Menschen wird, und dass die Einzelnen sich in der Gesellschaft als ethische Persönlichkeiten zu behaupten suchen.
Kulturphilosophie I und II, S. 15

4 Wir glaubten an einen in den Tatsachen gegebenen, immanenten Fortschritt. Statt Vernunftideale zu denken und es zu unternehmen, die Wirklichkeit nach ihnen umzugestalten, wollten wir, von eitlem Wirklichkeitssinn betört, mit der Wirklichkeit entnommenen, herabgesetzten Idealen auskommen. Damit verloren wir jegliche Macht über die Tatsachen. *Kulturphilosophie I und II, S. 93*

5 Unsere Kultur befindet sich im Niedergang, weil ihre Lebensbejahung unethisch ist und dadurch unvernünftig wird.
Kulturphilosophie III, 1. und 2. Teil, S. 30

17. Kulturkritik

Wir kamen von der Kultur ab, weil kein Nachdenken über Kultur unter uns vorhanden war. *Kulturphilosophie I und II, S. 15*

6

Die Zweifel, ob die Vielen es zu dem für die denkende Weltanschauung erforderlichen Nachsinnen über sich selbst und die Welt bringen können, sind berechtigt, wenn auf den modernen Menschen exemplifiziert wird. Aber dieser, mit seinem herabgesetzten Bedürfnis zum Denken, ist eine pathologische Erscheinung.
... Wir sind wie Brunnen, die kein Wasser mehr geben, weil sie unverwahrt nach und nach mit Schutt zugeschüttet werden.
Kulturphilosophie I und II, S. 65 f.

7

Die Ideale der wahren Kultur waren kraftlos geworden, weil die idealistische Weltanschauung, in der sie wurzeln, uns nach und nach abhanden gekommen war.
Aus meinem Leben und Denken, S. 13

8

Nun ist für alle offenbar, dass die Selbstvernichtung der Kultur im Gange ist. *Kulturphilosophie I und II, S. 15*

9

Ganz allgemein gesagt ist Kultur Fortschritt, materieller und geistiger Fortschritt der Einzelnen wie der Kollektivitäten. Worin besteht er? Zunächst darin, dass für die Einzelnen wie für die Kollektivitäten der Kampf ums Dasein herabgesetzt wird. Die Schaffung möglichst gedeihlicher Lebensverhältnisse ist eine Forderung, die an sich und im Hinblick auf die geistige und sittliche Vollendung des Einzelnen, die das letzte Ziel der Kultur ist, aufgestellt werden muss. *Kulturphilosophie I und II, S. 33*

10

Die Kultur ist ihrem Wesen nach also zwiefach. Sie verwirklicht sich in der Herrschaft der Vernunft über die Naturkräfte und in der Herrschaft der Vernunft über die menschlichen Gesinnungen.
Kulturphilosophie I und II, S. 33

11

So kam unsere Zeit, gedankenlos wie sie war, zu der Meinung, dass Kultur vornehmlich in wissenschaftlichen, technischen und künst-

12

Zweiter Teil: Kultur und Kulturkritik

lerischen Leistungen bestehe und *ohne* Ethik oder mit einem Minimum von Ethik auskommen könne.
Kulturphilosophie I und II, S. 36

13 Man rede von ethischer und nicht ethischer Kultur oder von ethischer und nicht ethischer Zivilisation, aber nicht von Kultur und Zivilisation.
Kulturphilosophie I und II, S. 36

14 Die Kulturfähigkeit des modernen Menschen ist herabgesetzt, weil die Verhältnisse, in die er hineingestellt ist, ihn verkleinern und psychisch schädigen.
Kulturphilosophie I und II, S. 22

15 In allen Berufen, am meisten vielleicht in der Wissenschaft, tritt die geistige Gefahr des Spezialistentums für den Einzelnen wie für das allgemeine Geistesleben immer deutlicher hervor.
Kulturphilosophie I und II, S. 26

16 Mit unserem Vertrauen auf die Tatsachen hängt unser Vertrauen auf die Organisationen zusammen. Wie eine fixe Idee geht es durch das Tun und Versuchen unserer Zeit, dass, wenn es uns gelänge, die Institutionen unseres öffentlichen und gesellschaftlichen Lebens in dem oder jenem Sinn zu vervollkommnen oder umzugestalten, der von der Kultur geforderte Fortschritt sich von selber einstellen würde ... Alle miteinander meinen sie, dass aus neuen Institutionen auch neuer Geist käme.

In diesem furchtbaren Irren sind nicht nur die Gedankenlosen, sondern auch viele der Ernstesten unter uns befangen. ... Ein vorhandenes wertvolles Geistiges kann zweckmäßig auf die Gestaltung der Wirklichkeit einwirken und so Tatsachen hervorbringen, die wertvolles, geistiges Leben unterhalten

Alle Institutionen und Organisationen haben nur eine relative Bedeutung. ... Unsere Institutionen versagen, weil der Geist der Unkultur in ihnen wirkt.
Kulturphilosophie I und II, S. 46 f.

17 Kulturhemmend wirkt auch die Überorganisation unserer öffentlichen Verhältnisse. So gewiss es ist, dass geregelte Zustände Vo-

17. Kulturkritik

raussetzung und zugleich Folge der Kultur sind, so sicher ist auch, dass von einem gewissen Punkte ab das äußere Organisieren auf Kosten des geistigen Lebens geht. Die Persönlichkeiten und Ideen werden dann den Institutionen unterworfen, statt dass sie sie beeinflussen und innerlich lebendig erhalten.

Kulturphilosophie I und II, S. 28

Der Bankrott des Kulturstaates, der von Jahrzehnt zu Jahrzehnt offenbarer wird, richtet den modernen Menschen zugrunde. Die Demoralisation des Einzelnen durch die Gesamtheit ist in vollem Gange. *Kulturphilosophie I und II, S. 32*

18

Nicht die Kultur einer Rasse, sondern die der Menschheit, der jetzigen und der zukünftigen, ist verloren zu geben, wenn der Glaube an eine Regeneration unserer Kräfte eitel ist.

19

Er braucht aber nicht verloren gegeben zu werden. Ist das Ethische das konstituierende Element der Kultur, so wandelt sich der Niedergang in Aufstieg, sobald ethische Energien in unserer Gesinnung und in den Ideen, mit denen wir die Wirklichkeit zu gestalten unternehmen, wieder wirksam werden. Dieses Weltexperiment gilt es zu unternehmen … Den Menschen der Renaissance und der Aufklärungszeit kam der Mut, die Welt durch Ideen erneuern zu wollen, aus der Überzeugung von der absoluten Unhaltbarkeit der äußeren und geistigen Zustände, in denen sie lebten. Ohne dass die Vielen bei uns etwas Derartiges durchmachen, bleiben wir unfähig, das Werk, in dem wir jenen nachfolgen müssen, in Angriff zu nehmen. Sie wehren sich aber dagegen, die Dinge zu sehen, wie sie sind, und erhalten sich mit allen Kräften in einer möglichst optimistischen Auffassung derselben.

Kulturphilosophie I und II, S. 50

Die Kulturideale, die unsere Zeit braucht, sind ihr nicht neu. Sie waren schon früher im Besitze der Menschheit und liegen in so und so vergangenen Formulierungen vor. Wir haben im Grunde nichts anderes zu tun, als ihnen ihr Ansehen wieder zurückzugeben und mit ihnen wieder Ernst zu machen, indem wir sie in

20

Zweiter Teil: Kultur und Kulturkritik

Auseinandersetzungen mit der uns vorliegenden Wirklichkeit bringen. *Kulturphilosophie I und II, S. 51*

21 Ich bin kein Psychologe und kann keine Theorie über das Gewissen aufstellen. Aber eins ist mir klar geworden, dass wenn wir in einer Kultur ohne Humanitätsideal leben, die Gewissensnot groß ist. Schon als Student habe ich meinen Weg darin gesehen, im Gegensatz zu Nietzsche eine ethische Kulturgesinnung zu schaffen, in der die Menschen Halt finden und über das zu führende Dasein und Handeln klar werden.
*Theologischer und philosophischer Briefwechsel,
Brief an Willy Bremi, S. 124*

22 Vielleicht interessiert es Sie [Werner Hartke, Präsident der Deutschen Akademie der Wissenschaften zu Berlin], zu erfahren, dass von meiner Studentenzeit an ich ein Gegner Friedrich Nietzsches war. Nietzsche war damals Professor an der Basler Universität. Ich empörte mich gegen ihn, weil er an die Stelle des Ideals des Guten das des Mächtigseins aufstellte.
*Theologischer und philosophischer Briefwechsel,
Brief an Werner Hertke, S. 295 f.*

23 Überall in der Welt herrscht Angst, das Schicksal der Menschheit steht auf dem Spiele. Woher kommt diese Angst, diese Verwirrung, in der wir uns befinden? Sie kommt von der Macht, die dem Menschen durch die Errungenschaften des Wissens und Könnens zuteil geworden ist. *Vorträge, Vorlesungen, Aufsätze, S. 384*

24 Durch eine neue Erfindung wird es möglich, dass ein Mensch mit einer Bewegung nicht mehr hundert, sondern zehntausend Menschen tötet. In keinem Kampf lässt sich erkämpfen, dass wir einander nicht in wirtschaftlicher oder physischer Macht verderblich werden. Höchstens kommt dabei heraus, dass der Vergewaltiger und der Vergewaltigte in ihren Rollen miteinander abwechseln. Helfen kann nur, dass wir die Macht, die uns gegeneinander gegeben ist, ablegen. Dies ist aber eine Tat der Geistigkeit. *Kulturphilosophie I und II, S. 336*

17. Kulturkritik

Trunken von den Fortschritten des Wissens und Könnens, die über unsere Zeit hereinbrachen, vergaßen wir, uns um den Fortschritt in der Geistigkeit der Menschen zu sorgen.
Kulturphilosophie I und II, S. 336

25

Wie viel von dem Elend unserer Zeit liegt nicht darin, dass die Eltern sich nicht mit den Kindern beschäftigen können. Wie arm sind unsere Kinder!
Predigten, S. 1135

26

Erziehen heißt, im physischen das geistige Leben wecken.
Predigten, S. 1137

27

Jede Arbeit an andern setzt Arbeit an sich selbst voraus.
Predigten, S. 1136

28

Was macht die Kraft des Erziehers aus? Dass er sich selbst erzieht.
Predigten, S. 1136

29

Ein Pfarrer, der noch so verzagt in seine Konfirmandenstunde tritt, oder ein Lehrer, der noch so verärgert in seinen Schulsaal kommt, muss angesichts der Kinder das alles, was ihm an Amtsverdruss und Amtsmüdigkeit anklebt, abschütteln, überwältigt von dem einen Gedanken, ein neues Menschengeschlecht erziehen zu dürfen und seinen Sinn mit dem, was hoch und wahr ist, zu erfüllen.
Predigten, S. 1191

30

Erzieht eure Kinder nicht nur zur Arbeit, sondern auch zur Fröhlichkeit.
Predigten, S. 123

31

Schon ist uns der Glaube an den geistigen Fortschritt der Menschen und der Menschheit etwas fast Unmögliches geworden. Mit dem Mute der Verzweiflung müssen wir uns zu ihm zwingen. Alle miteinander wieder den geistigen Fortschritt des Menschen und der Menschheit wollen und wieder auf ihn hoffen: dies ist das Herumwerfen des Steuers, das uns gelingen muss, wenn unser

32

Zweiter Teil: Kultur und Kulturkritik

Fahrzeug im letzten Augenblick noch vor den Wind gebracht werden soll. *Kulturphilosophie I und II, S. 336 f.*

33 Die Gefahr des Krieges von Grund aus zu bannen vermag nur das Aufkommen eines neuen Geistes. Was heute, aus der Not heraus, in der wir uns befinden, versucht wird, ist ein Überreden zur Friedfertigkeit. Aber erst die Friedfertigkeit, die als etwas Selbstverständliches im Innern des Menschen vorhanden ist, vermag wahrhaft den Frieden zu schaffen.
Vorträge, Vorlesungen, Aufsätze, S. 388

34 Wir aber müssen uns eingestehen, dass es so weit gekommen ist, dass es sich nicht mehr um möglichste Vermeidung von Kriegen handeln kann wie bisher, sondern dass der Friede den Krieg ablösen muss, wenn wir nicht zugrunde gehen sollen.
Vorträge, Vorlesungen, Aufsätze, S. 388

35 Die innere Politik der Staaten wurde in steigendem Maße durch die Geldnot beherrscht. Zwischen den Parteien kamen grundsätzliche Anschauungen über die beste Leitung des Gemeinwesens kaum mehr zum Austrag. Die Diskussion über die Verteilung der Steuerlasten beherrschte das Feld und machte sich bis in die entlegendsten Fragen geltend. *Wir Epigonen, S. 87*

36 Jedes Volk wusste um die trostlosen inneren Zustände des anderen und musste ihm Erwägungen zutrauen, die ihm einen Krieg als ein in dieser Hinsicht sanierendes Ereignis erscheinen lassen konnten.
Wir Epigonen, S. 89

37 Es nützte nichts, dass der Verkehr zwischen den Völkern immer mehr erleichtert wurde, wenn sie innerlich immer weniger miteinander gemeinsam hatten. *Wir Epigonen, S. 90*

38 Auch der Militärdienst trägt viel [dazu] bei, den modernen Menschen um die Wanderjahre zu bringen. *Wir Epigonen, S. 92*

17. Kulturkritik

Zuweilen wird durch die gemachte Stimmung der gewünschte Augenblickserfolg auch erreicht. Aber das Ergebnis dieser Pressefeldzüge zusammen ist, dass jede Nation die Presse der anderen verachten lernt. Das bedruckte Papier vermittelt nicht, sondern häuft sich zu einem trennenden Wall auf. *Wir Epigonen, S. 95*

39

Die Entfremdung würde sich weniger stark entwickelt haben, wenn der Verkehr zwischen den Völkern nicht in dieser Art an Qualität verloren hätte. Sie wäre aber trotzdem vorhanden gewesen, weil sie in dem Kult der nationalen Eigenart aus einer tief in das geistige Leben herabreichenden Wurzel hervorwächst.
Wir Epigonen, S. 95

40

Die nationale Kultur ist also Reklame und ein Exportartikel. Für die erforderliche Publizität wird ausgiebig gesorgt. Die notwendigen Phrasen sind fertig zu beziehen und brauchen nur aneinandergefügt zu werden. So erlebt die Welt eine Konkurrenz nationaler Kulturen, bei der für die wahre Kultur nicht viel herauskommen kann. *Wir Epigonen, S. 97*

41

Über die einfachsten Maßnahmen konnte keine Einigung erzielt werden, weil die Staatsmänner, im Einverständnis mit den Parlamentariern, im Grund nur daran dachten, welche Erfolge für die Realpolitik sich aus den schlimmen Zuständen ergeben könnten.
Wir Epigonen, S. 97

42

Das Fehlen einer öffentlichen Meinung einer Kulturmenschheit hatte es mit sich gebracht, dass jedes Volk sein Denken und Urteilen immer mehr nach Grundanschauungen seiner Unkultur und seines Nationalismus disziplinierte. Das geistige Leben eines jeden war schon unfrei, als die Katastrophe eintrat. *Wir Epigonen, S. 99*

43

Die wenigen, die nicht nur als Staatsangehörige, sondern auch als Menschen und im Namen der Menschheit reden wollten, wurden niedergeschrien und von ihren Freunden preisgegeben. Ihre

44

Zweiter Teil: Kultur und Kulturkritik

vereinzelte Stimme hatte das Schweigen der anderen nur vernehmlicher gemacht. *Wir Epigonen, S. 102*

45 Auch die Pazifisten bewährten sich nicht. Die meisten von ihnen hatten nicht die Energie, ihre Überzeugung gegen die Ereignisse und die Konsequenzen, die sie zu fordern schienen, zu behaupten.
Wir Epigonen, S. 103

46 Auch die Freimaurerei, die im achtzehnten und beginnenden neunzehnten Jahrhundert allen Ereignissen getrotzt und die bedeutendsten Menschen Europas in übernationaler Gesinnung erhalten und zum Guten geeint hatte, vermochte nichts zu leisten, weil auch sie durch Unkultur und Nationalismus untüchtig geworden war. *Wir Epigonen, S. 103*

47 Das Völkerrecht wurde von Grund aus zerstört. Es blieb von ihm nur bestehen, was allen in gleicher Weise dienlich war und dessen Beobachtung einer vom andern durch Repressalien erzwingen konnte. Der Rechtsbegriff aber wurde allseitig verneint. Kein Übereinkommen hielt stand, wenn von seiner Übertretung ein Vorteil zu erwarten war. *Wir Epigonen, S. 107*

48 Wenn das, was wir erlebt haben, nicht einmal eine vollständige nationale Regeneration bedeutet, so noch viel weniger eine Regeneration überhaupt. Unser inneres Leben ist nicht erneuert und nicht gebessert worden. *Wir Epigonen, S. 113*

49 Überhaupt ist es nicht möglich, dass ein Volk in irgendeiner Begeisterung geistige Erneuerung erlebt. Diese kommt nur in einem großen Akte innerlicher Selbstbesinnung zustande.
Wir Epigonen, S. 115

50 Die höheren Kräfte des Wollens und Gestaltens sind in uns zugrunde gegangen. Wir denken und handeln nur noch im nächstliegenden Sinne der gegebenen Umstände. Unsere geistige Freiheit

17. Kulturkritik

und unsere Entwicklungsfähigkeit haben gelitten. Das ist unsere Dekadenz. *Wir Epigonen, S. 117*

Unser Wirklichkeitssinn ist also unsachlich. Indem wir die Ideale aus den Tatsachen herleiten wollen, liefern wir uns diesen aus. *Wir Epigonen, S. 119* 51

Die furchtbare Zeit, in der wir leben, verlangt von uns, dass wir uns alle miteinander zu dem Unternehmen aufraffen, dem Geiste der Friedlosigkeit allenthalben ein Ende setzen zu wollen. *Vorträge, Vorlesungen, Aufsätze, S. 389* 52

Uns bleibt allein die Tat. Nur im Widerspruch und im Handeln vermögen wir uns selber von der Unkultur frei zu halten, die uns durch die Allgemeinheit und alle Verhältnisse, die uns mit dieser verstricken, gefangennehmen will. *Wir Epigonen, S. 24* 53

Ohne ein tiefgehendes Irrewerden an unserem geistigen Leben gibt es kein Heraus aus dem Niedergang. *Wir Epigonen, S. 25* 54

Wo nur die Besinnung auf das Einfache und Tiefe der Kultur helfen könnte, verlegen diejenigen, die das geistige Leben unserer Zeit anführen, ihr Wesen immer mehr in das Erkennen und Wissen und die ästhetische Verfeinerung der Lebensauffassung und Lebensführung. *Wir Epigonen, S. 43* 55

Die Musik Bachs und Beethovens gehört uns nicht mehr, weil der Geist, in dem sie entstand und der sich in ihr kundgibt, nicht mehr der unsrige ist. Wenn in der Aufführung der 9. Symphonie gesungen wird «Alle Menschen werden Brüder», nimmt sich dies vor uns als Hörern grotesk aus, weil von dieser Stimmung heute nichts mehr vorhanden ist. *Kulturphilosophie III, 3. und 4. Teil, S. 209 f.* 56

Wir wollen uns nicht eingestehen, dass unser Sein weniger auf das wirklich Gute als auf das, was so als bessere Ehrbarkeit gilt, gerichtet ist. In lichten Augenblicken geben wir uns davon Rechen- 57

Zweiter Teil: Kultur und Kulturkritik

schaft, in wie vielem wir fort und fort dem besseren Wesen in uns untreu sind und in wie vielem wir deswegen unseren Nächsten und unseren Mitmenschen nicht das sind, was wir ihnen sein sollten. Was sich in höherem Streben in uns regt, lassen wir nicht aufkommen. Jeder sind wir dem anderen durch unser Beispiel und so oft auch durch das, was wir ihm antun, ein geistiges Hemmnis. Abgestumpft und einander abstumpfend gehen wir nebeneinander her. Der Mensch in uns verkümmert. Weil wir uns selber untreu sind, tragen wir alle eine geheime Traurigkeit im Herzen, am meisten oft diejenigen, bei denen man es am wenigsten vermutet.

Kulturphilosophie III, 3. und 4. Teil, S. 227

58 So weit wir es in dem und jenem auch gebracht haben, finden wir in ernster, auf das Wesentliche gehender Selbstbetrachtung doch viel mehr Grund zur Demut als zum Stolze.

Kulturphilosophie III, 3. und 4. Teil, S. 234

59 Weiter liegt in der allgemeinen Überanstrengung des modernen Menschen der physische Grund seines übermäßig starken Bedürfnisses nach äußerlicher Zerstreutheit. *Wir Epigonen, S. 44*

60 Die Unterhaltung, die den geringsten geistigen Aufwand erfordert, ist ihm am angenehmsten. Nur nach dieser ist Nachfrage; nur was dieser dient, kann sich auf dem öffentlichen Markte halten.

Wir Epigonen, S. 44

61 Wo der geistige Tiefstand des Durchschnittes der Tagespresse beklagt wird, ist also die Schuld weniger denen, die in ihr arbeiten, als der Menge, die Oberflächlichkeit von ihr fordert, zuzuschreiben. *Wir Epigonen, S. 45*

62 Auch unsere Geselligkeit ist unserem Bedürfnis nach Zerstreuung entsprechend gesunken. Sie bringt die Menschen nicht mehr so zusammen, dass sie sich im Austausch von Gedanken gegenseitig anregen, sondern setzt sich durchweg nur ganz äußerliche Ziele.

Wir Epigonen, S. 45

17. Kulturkritik

Der moderne Mensch hat sich selber nichts mehr zu sagen. Er fürchtet sich davor, mit sich selber allein zu sein. Darum flieht er vor sich selber in die Gesellschaft des mit Nachrichten bedruckten Papiers. 63
Wir Epigonen, S. 45

Der Einzelne findet eine solche Befriedigung in der Beherrschung eines bestimmten Gebietes, dass er das Bedürfnis nach allgemeinerer Bildung und allgemeinerer Betätigung nicht mehr empfindet. Sein Wissen ist ihm nicht ein Standort, von dem aus er Umschau hält, sondern eine Höhle, in der er sich aufhält. 64
Wir Epigonen, S. 47

Dass er [der moderne Mensch] Eigenes nicht mehr hat und nicht mehr sucht, ist der Hauptgrund der geistigen Unselbständigkeit, die an ihm zutage tritt. 65
Wir Epigonen, S. 46

Wir leben in einer amoralischen Atmosphäre. Die ermutigende und erziehende Wirkung der Gesamtheit auf den Einzelnen kommt fast ganz in Wegfall. 66
Wir Epigonen, S. 63

Wenn unter den modernen Menschen so wenige mit intaktem sittlichem und menschlichem Empfinden anzutreffen sind, so ist es nicht zum wenigsten, weil sie fortwährend ihre persönliche Sittlichkeit auf dem Altar des Vaterlandes opferten, statt in Spannung mit ihm zu bleiben und Kraft zu sein, die es zur Vervollkommnung antreibt. 67
Wir Epigonen, S. 64 f.

Es bestätigt sich bis in die letzten Erwägungen, dass der Niedergang unserer Kultur durch das Zusammentreffen des gesteigerten äußerlichen Organisierens der gesellschaftlichen Zustände mit der bestehenden Desorganisation des geistigen Lebens vervollständigt und beschleunigt wurde. 68
Wir Epigonen, S. 65

Da sie den höheren Zweck, der sie miteinander in Harmonie bringen sollte, verloren haben, ihn in Worten aber weiter für sich in Anspruch nehmen, bekämpfen sich Kirche und Staat, Kirchen und 69

Zweiter Teil: Kultur und Kulturkritik

Kirchen und Kulturstaaten und Kulturstaaten untereinander im Namen der Kultur. Bei dieser Entzweiung wird verwüstet, was sich von ihr noch erhalten könnte. *Wir Epigonen, S. 66*

70 Wir gehen einer Herrschaft der kulturlosen Religion mit allen ihren Gefahren für das geistige und öffentliche Leben entgegen. Nichts kann uns aus ihr befreien als dass unsere politischen Gemeinwesen wieder beginnen, wirkliche Kulturstaaten und ... Größen [zu] werden. *Wir Epigonen, S. 74*

71 Der Anspruch auf nationale Kultur ist eine Erscheinung des Nationalismus und als solche krankhaft.
... So erlebt die Welt eine Konkurrenz nationaler Kulturen, bei der für die wahre Kultur nicht viel herauskommen kann.
Wir Epigonen, S. 96 f.

72 Ohne Kulturgesinnung können keine Kulturinstitutionen bestehen. *Wir Epigonen, S. 98*

73 Nie war eine furchtbare Zeit ärmer an großen und freien Menschen als die unsere. *Wir Epigonen, S. 103*

74 Dass die Religion ihre geistige Aufgabe in der Katastrophe nicht erfüllen würde, war vorauszusehen. Der Tiefstand, den sie in den Konfessionen erreicht hatte, macht sie dazu unfähig.
Wir Epigonen, S. 103

75 Der letzte Entscheid über die Zukunft einer Gesellschaft liegt nie in der größeren oder geringeren Vollendung ihrer Organisation, sondern immer nur in der Wertigkeit des Einzelnen.
Wir Epigonen, S. 154

76 Soweit wir ausschauen können, geht die Kultur mit uns endgültig zugrunde. *Wir Epigonen, S. 166*

77 Alles Nachdenken über Kultur führt darauf, dass sie mit dem

17. Kulturkritik

Fortschreiten der Geschichte nicht leichter, sondern schwerer wird.
Wir Epigonen, S. 166

Weil keine Weltanschauung und kein Trieb nach einer solchen [Geistigkeit] vorhanden ist, sinkt das Lehren immer mehr zu einer Mitteilung von unzusammenhängendem Wissen ab.
Wir Epigonen, S. 264

Der Schüler hat viele Lehrende, aber keinen wirklichen Lehrer.
Wir Epigonen, S. 264

Nicht im Denken gewurzelt und sich nicht auf Vernunftideale gründend, ist unsere Kultur auch unfähig, zu begeistern.
Wir Epigonen, S. 322

In dieser Zeit, wo Gewalttätigkeit, in Lüge gekleidet, so unheimlich wie noch nie auf dem Throne der Welt sitzt, bleibe ich dennoch überzeugt, dass Wahrheit, Liebe, Friedfertigkeit, Sanftmut und Gütigkeit die Gewalt sind, die über aller Gewalt ist. Ihnen wird die Welt gehören, wenn nur genug Menschen die Gedanken der Wahrheit, der Friedfertigkeit und der Sanftmut rein und stark und stetig genug denken und leben.
Aus meiner Kindheit und Jugendzeit, S. 83

Alle gewöhnliche Gewalt beschränkt sich selber. Denn sie erzeugt Gegengewalt, die ihr früher oder später ebenbürtig oder überlegen wird. Die Gütigkeit aber wirkt einfach und stetig. Sie erzeugt keine Spannungen, die sie beeinträchtigen. Bestehende Spannungen entspannt sie, Misstrauen und Missverständnisse bringt sie zu Verflüchtigung, sie verstärkt sich selber, indem sie Gütigkeit hervorruft. Darum ist sie die zweckmäßigste und intensivste Kraft.

Was ein Mensch an Gütigkeit in die Welt hinausgibt, arbeitet an den Herzen und an dem Denken der Menschen. Unser törichtes Versäumnis ist, dass wir mit der Gütigkeit nicht ernst zu machen wagen.

Zweiter Teil: Kultur und Kulturkritik

Eine unermesslich tiefe Wahrheit liegt in dem phantastischen Worte Jesu:
«Selig sind die Sanftmütigen, denn sie werden das Erdreich besitzen!»
Aus meiner Kindheit und Jugendzeit, S. 83

83 Ach, die Zeit gehört nicht den denkenden religiösen Geistern, sondern denen, die auf Schlagen zuschlagen und mit solchen Witzen meinen, mit den Fragen, die sie abweisen, fertig werden zu können. Aber ... alles Ding hat seine Zeit ... Wir sind die Unzeitgemäßen, die auf die Zukunft hin schauen.
Existenzphilosophie und Christentum, Brief an Fritz Buri, S. 75

84 Du [Fritz Buri] hast ganz richtig den Grundgedanken hervorgehoben, dass meine Absicht auf eine christliche (das heißt religiös-ethische) Kultur geht und dass ich darin ein ganz anderes Christentum vertrete als Karl Barth und die Seinen. Ja, diese haben in der Zeit, wo es galt für ethisch-religiöse Kultur einzutreten, in furchtbarer Verblendung diese Sache der Kultur im Stiche gelassen.
Existenzphilosophie und Christentum, Brief an Fritz Buri, S. 97

18. Afrika und die Afrikaner

1 Bisher gingen alle Naturvölker an der Berührung mit unserer sogenannten höheren Kultur zugrunde.
Vorträge, Vorlesungen, Aufsätze, S. 356

2 Aber wir sind noch schuldig durch tausendfaches Unrecht, das wir begangen haben. Was wir, die sogenannten christlichen Nationen, an den Völkern draußen seit Jahrhunderten begangen haben, füllt ein Buch, das nur mit Grauen gelesen werden kann.
Vorträge, Vorlesungen, Aufsätze, S. 357

3 Viel übler Nationalismus ist auch in der Welt draußen anzutreffen, insbesondere bei Völkern, die früher, in den Kolonien, unter der

18. Afrika und die Afrikaner

Bevormundung der Weißen lebten, neuerdings aber selbständig wurden. Hier besteht Gefahr, dass sie als einziges Ideal ihren naiven Nationalismus besitzen. Durch ihn ist in so manchen Gebieten der bisher in ihnen bestehende Friede gefährdet.

Auch diese Völker können über ihren Nationalismus nur durch Humanitätsgesinnung hinauskommen.

Friede oder Atomkrieg, S. 29

Wer unter Primitiven der Jetztzeit lebt, weiß, welche Rolle der Glaube unter ihnen spielt, dass Menschen durch Zeremonien die Macht erlangen können, Wind und Wetter zu gebieten, die Wipfel der Bäume sich der Erde zubeugen zu lassen, auf dem Wasser einherzuschreiten, durchs Feuer zu gehen und durch nichts, auch nicht durch Dämonen und Geister, Schaden zu erleiden.

Geschichte des chinesischen Denkens, S. 30

Eine große Rolle spielt in der primitiven Mystik die Ekstase. Die Zauberer, Schamanen und Medizinmänner wissen um die Verfahren, durch die man sich, sei es durch den Saft verschiedener Pflanzen, sei es durch Selbsthypnose, in diesen Zustand versetzt.

Geschichte des chinesischen Denkens, S. 33

Das Erlebnis der Ekstase macht auf den primitiven Menschen einen überwältigenden Eindruck. Er erliegt ihm. Sein ganzes Denken wird durch es bestimmt. Er bildet sich seine Anschauung von der Welt nicht mehr auf Grund der durch Erfahrung zu erlangenden Kenntnis derselben, sondern auf Grund der geheimnisvollen Entrücktheit, in die er verfiel.

Geschichte des chinesischen Denkens, S. 33

Das Erlebnis der Ekstase nimmt für ihn die Bedeutung einer Offenbarung über das wahre Wesen des Seins an.

Geschichte des chinesischen Denkens, S. 33

Während die ganz primitivste Mystik durch den Glauben an magisch wirkende Zeremonien beherrscht wird, ist das Wesen der

Zweiter Teil: Kultur und Kulturkritik

bereits weniger primitiven durch das Erlebnis der Ekstase bestimmt. *Geschichte des chinesischen Denkens, S. 33*

9   Zuletzt ist die Mission nur eine Sühne für die Gewalttaten, die die dem Namen nach christlichen Nationen draußen begehen.
Straßburger Predigten, S. 59

10   Denn die Mission arbeitet, ohne sich um den Erfolg zu kümmern. Sie tut es, weil sie muss, aus diesem Muss heraus, welches das Wesen aller Dinge ist, wo Jesu Geist drin ist.
Straßburger Predigten, S. 58

11   Und wenn ihr nun auch Mission predigt, dann predigt, dass wir sühnen müssen alles Grauenhafte, was wir in den Zeitungen lesen, alles Grauenhafte – und das ist noch schlimmer –, was wir nicht darin lesen, was der Urwald mit Nacht und Schweigen zudeckt – dann predigt ihr Christentum und Mission zugleich.
Straßburger Predigten, S. 61

12   Hier [in Afrika] fehlt eben das Fundament der Kultur, das Handwerk. *Theologischer und philosophischer Briefwechsel, Brief an Oskar Kraus, S. 434*

13   In Afrika wird man anspruchslos.
Zwischen Wasser und Urwald, S. 63

14   Auch das Halten von Sklaven von Seiten der Eingeborenen ist trotz des Kampfes, den Regierung und Mission dagegen führen, noch nicht ganz außer Brauch gekommen. Aber es wird nicht als solches eingestanden. *Zwischen Wasser und Urwald, S. 65*

15   Es ist das furchtbare Schicksal Äquatorialafrikas, von Hause aus keine Fruchtpflanzen und keine Fruchtbäume zu besitzen. Die Bananenstaude, der Maniok, der Yam, die Patane und die Ölpalme sind hier nicht heimisch, sondern von den Portugiesen aus den

18. Afrika und die Afrikaner

westindischen Inseln eingeführt. Sie waren die großen Wohltäter Äquatorialafrikas. *Zwischen Wasser und Urwald, S. 65*

Das große Unglück Äquatorialafrikas ist ja, dass hier nichts Essbares wächst, das sich längere Zeit konservieren lässt. Die Natur bringt das ganze Jahr hindurch, je nach der Zeit, bald spärlicher, bald reichlicher, Bananen und Maniok hervor. Aber Bananen faulen nach sechs Tagen, nachdem sie gepflückt sind, und das Maniokbrot zehn Tage, nachdem es bereitet ist.
Zwischen Wasser und Urwald, S. 89

Meine Frau war erschüttert, dass der Neger, während sein Bruder in den letzten Zügen lag, nichts von Schmerz zeigte, sondern nur an den Austrag des Rechtsfalles dachte, und empörte sich über seine Gefühllosigkeit. Damit tat sie ihm wohl unrecht. Er erfüllte nur eine heilige Pflicht, indem er alsbald darauf sann, dass derjenige, der nach seiner Ansicht für das Leben seines Bruders verantwortlich war, sich der Vergeltung nicht entzöge.
Zwischen Wasser und Urwald, S. 69

In Afrika, wo man alles Schlachten selber vollziehen muss, zwang ich mich, nach Möglichkeit zugegen zu sein, um jede unnötige Qual des Tieres zu verhindern. *Predigten, S. 1252*

Mit dem ungebrochenen Gerechtigkeitsgefühl hängt zusammen, dass der Eingeborene die Strafe als etwas ganz Selbstverständliches hinnimmt, auch wenn sie für das Vergehen, nach unseren Begriffen, viel zu hoch ist.
Zwischen Wasser und Urwald, S. 70

Als gerecht empfindet er die Strafe nur, wenn er wirklich überführt ist und bekennen muss. Solange er noch mit irgendeinem Scheine von Glaubwürdigkeit leugnen kann, entrüstet er sich in ehrlicher Weise über die Verurteilung, auch wenn er tatsächlich schuldig ist. *Zwischen Wasser und Urwald, S. 70*

Zweiter Teil: Kultur und Kulturkritik

21 Arbeiter sind nirgends schwerer zu finden als unter den primitiven Völkern und werden im Verhältnis zur Arbeitsleistung nirgends so teuer bezahlt wie hier. *Zwischen Wasser und Urwald, S. 100*

22 Der Neger arbeitet unter Umständen sehr gut … aber er arbeitet nur so viel, als die Umstände von ihm verlangen. Das Naturkind, und dies ist des Rätsels Lösung, ist immer nur Gelegenheitsarbeiter.
Zwischen Wasser und Urwald, S. 100

23 Der Neger ist nicht faul, sondern ein Freier. Darum ist er immer nur Gelegenheitsarbeiter, mit dem kein geordneter Betrieb möglich ist. *Zwischen Wasser und Urwald, S. 101*

24 Alle werden wir von Ingrimm gegen die faulen Schwarzen erfüllt. In Wirklichkeit liegt aber nur vor, dass wir sie nicht in der Hand haben, weil sie nicht auf den Verdienst bei uns angewiesen sind. Der Staat gibt ihm unfreiwillige Bedürfnisse durch Steuern … Der Kaufmann schafft dem Neger Bedürfnisse, indem er ihm Waren anbietet: nützliche wie Stoffe, Werkzeuge, unnötige wie Tabak und Toilettenartikel, schädliche wie Alkohol.
Zwischen Wasser und Urwald, S. 101 f.

25 Mit der Steigerung der Bedürfnisse ist etwas, aber nicht viel erreicht. Ständiger Arbeiter wird das Naturkind nur in dem Maße, als es aus einem Freien zu einem Unfreien wird.
Zwischen Wasser und Urwald, S. 103

26 Gewiss können Steuern und Bedürfnisse die Neger mehr zum Arbeiten bringen, als sie es sonst täten, aber eine wirkliche Erziehung zur Arbeit findet dadurch nicht oder nur in geringem Maße statt. Der Neger wird geldgierig und genusssüchtig, aber nicht zuverlässig und gewissenhaft. Wo er in Dienst geht, denkt er nur daran, mit einem Mindestmaß von Arbeit möglichst viel Geld zu holen. Er leistet nur etwas, solange der Arbeitgeber dabeisteht.
Zwischen Wasser und Urwald, S. 102 f.

18. Afrika und die Afrikaner

Das Tragische ist eben, dass die Interessen der Kultur und der Kolonisation sich nicht decken, sondern in vielem in Antagonismus zueinander stehen. Der Kultur wäre damit gedient, dass die Männer des Urwaldes in ihren Dörfern belassen und erzogen würden, hier Handwerke auszuüben, Pflanzungen anzulegen, etwas Kaffee und Kakao für sich wie zum Verkauf zu bauen …

Aber die Kolonisation muss verlangen, dass möglichst viele Leute auf jede mögliche Weise zu der höchstmöglichen Nutzbarmachung der Schätze des Landes mobil gemacht werden. Höchstmögliche Produktion lautet ihre Parole …
Zwischen Wasser und Urwald, S. 104

27

Der Anfang der Kultur ist hier nicht das Wissen, sondern das Handwerk und der Landbau, durch die erst die wirtschaftlichen Bedingungen für die höhere Kultur geschaffen werden können.
Zwischen Wasser und Urwald, S. 109

28

So geht das einheimische Handwerk zurück, wo doch das Aufkommen eines tüchtigen Handwerkerstandes der eigentliche Weg zur Kultur wäre. *Zwischen Wasser und Urwald, S. 110*

29

Die soziale Gefahr, die die Einfuhr von Schnaps bedeutet, ermisst man erst, wenn man liest, wieviel Schnaps in manchen Hafenorten Afrikas im Jahre auf den Kopf der Bevölkerung kommt, und wenn man in den Dörfern gesehen hat, wie die kleinen Kinder sich mit den Alten betrinken. *Zwischen Wasser und Urwald, S. 110*

30

Eine schwere soziale Frage bildet die Polygamie. Wir kommen hierher mit dem Ideal der Monogamie. Die Missionare kämpfen mit allen Mitteln gegen die Polygamie und verlangen mancherorts von der Regierung, dass sie sie durch Gesetze verbiete. Andererseits müssen wir alle hier eingestehen, dass sie auf das Innigste mit den gegebenen wirtschaftlichen und sozialen Zuständen zusammenhängt. *Zwischen Wasser und Urwald, S. 112*

31

Zweiter Teil: Kultur und Kulturkritik

32 Bei primitiven Völkern an der Polygamie rütteln heißt also, den ganzen sozialen Aufbau ihrer Gesellschaft ins Wanken bringen. Dürfen wir dies, ohne zugleich imstande zu sein, eine neue, in die Verhältnisse passende soziale Ordnung zu schaffen?
Zwischen Wasser und Urwald, S. 112

33 Sicherlich soll die Mission die Monogamie als Ideal und als Forderung des Christentums hinstellen. Aber verfehlt wäre es, wenn der Staat sie gesetzlich erzwingen wollte, den Kampf gegen die Unsittlichkeit mit dem gegen die Polygamie zu identifizieren.
Zwischen Wasser und Urwald, S. 113

34 Soll man gegen den Frauenkauf eifern oder ihn dulden? ... Liegt die Sache so, dass nach der Landessitte der Mann, der um ein Mädchen freit, der Familie, wenn es einwilligt, ihn zu heiraten, eine bestimmte Summe erlegen muss, so ist im Grunde ebenso wenig einzuwenden wie gegen die in Europa übliche Mitgift.
Zwischen Wasser und Urwald, S. 114

35 Das Naturkind kennt keine Romantik. Gewöhnlich werden die Ehen im Familienrat beschlossen. Im Allgemeinen sind sie glücklich.
Zwischen Wasser und Urwald, S. 114

36 Ein Wort zum Schluss über die Beziehungen von Weiß und Farbig. In welcher Art mit dem verkehren? Soll ich ihn als gleich, soll ich ihn als unter mir stehend behandeln? Ich soll ihm zeigen, dass ich die Menschenwürde in jedem Menschen achte. Diese Gesinnung soll er an mir spüren. Aber die Hauptsache ist, dass die Brüderlichkeit geistig vorhanden ist ... Der Neger ist ein Kind. Ohne Autorität ist bei einem Kinde nichts auszurichten. Also muss ich die Verkehrsformel aufstellen, dass darin meine natürliche Autorität zum Ausdruck kommt. Den Negern gegenüber habe ich dafür das Wort geprägt: «Ich bin dein Bruder; aber dein älterer Bruder.» (1921)
Zwischen Wasser und Urwald, S. 115

18. Afrika und die Afrikaner

Zu den primitiven Völkern dürfen wir noch als Väter kommen, die sie im Namen Jesu erziehen wollen; bei den fortgeschritteneren Heidenvölkern können wir nur noch als die bescheidenen Diener des Herrn auftreten, die auf die Autorität, die ihnen die weiße Farbe und die weiße Bildung geben, gar nicht mehr rechnen dürfen und sich mit eingebildeter Unbildung und Halbbildung bescheiden auseinandersetzen müssen.

Vorträge, Vorlesungen, Aufsätze, S. 339

37

Freundlichkeit und Autorität zu paaren, ist das große Geheimnis des richtigen Verkehrs mit den Eingeborenen.

Zwischen Wasser und Urwald, S. 115

38

Für eines aber hat er [der Eingeborene] ein untrügliches Empfinden, ob nämlich der Weiße, mit dem er zu tun hat, Persönlichkeit, sittliche Persönlichkeit ist. Fühlt er diese, so ist die geistige Autorität möglich, fühlt er sie nicht, so ist sie auf keine Weise zu schaffen. Das Naturkind, weil es nicht verbildet ist wie wir, kennt nur elementare Maßstäbe und misst mit dem elementarsten von allen, dem moralischen.   *Zwischen Wasser und Urwald, S. 117*

39

Dass viele Eingeborene die Frage in sich bewegen, wie es möglich sei, dass die Weißen, die ihnen das Evangelium der Liebe bringen, sich jetzt gegenseitig morden und sich damit über die Gebote des Herrn Jesus hinwegsetzen, fühlen wir alle. Wenn sie uns die Frage stellen, sind wir hilflos.   *Zwischen Wasser und Urwald, S. 121*

40

Die Brüderschaft der vom Schmerz Gezeichneten. Wer sind diese?
    Die, die an sich erfuhren, was Angst und körperliches Weh sind, gehören in der ganzen Welt zusammen. Ein geheimnisvolles Band verbindet sie. Miteinander kennen sie das Grausige, dem der Mensch unterworfen sein kann, und miteinander die Sehnsucht, vom Schmerz befreit zu werden. Wer vom Schmerz erlöst wurde, darf nicht meinen, er sei nun wieder frei und könne unbefangen ins Leben zurücktreten, wie er vordem darin stand. Wissend geworden über Schmerz und Angst, muss er mithelfen, dem Schmerz

41

Zweiter Teil: Kultur und Kulturkritik

und der Angst zu begegnen, soweit Menschenmacht etwas über sie vermag, und anderen Erlösung zu bringen, wie ihm Erlösung ward. *Zwischen Wasser und Urwald, S. 149*

42 Man sage auch nicht: «Wenn die Brüderschaft der vom Schmerz Gezeichneten vorerst einen Arzt hierhin, einen anderen dorthin sendet, was ist das im Vergleich zum Elende der Welt?» Aus meiner Erfahrung und der aller Kolonialärzte antworte ich darauf, dass ein einziger Arzt draußen mit den bescheidensten Mitteln für viele Menschen viel sein kann. *Zwischen Wasser und Urwald, S. 150*

43 Täglich herrscht in vielen, vielen Hütten Verzweiflung, die wir bannen könnten. Es wage doch jeder nur die letzten zehn Jahre in seiner Familie auszudenken, wenn sie ohne Ärzte hätten verlebt werden sollen! Wir müssen aus dem Schlafe aufwachen und unsere Verantwortungen sehen. *Zwischen Wasser und Urwald, S. 147*

44 So Vieles und so Schweres sich die Weißen in der ganzen Welt in der Kolonisation leider zuschulden kommen ließen, so können sie doch dies eine für sich anführen, dass sie den von ihnen unterworfenen Völkern insoweit Frieden gebracht haben, als sie den sinnlosen Kriegen, die fort und fort unter ihnen wüteten, ein Ende machten. *Afrikanische Geschichten, S. 20*

45 Wir lächeln über ihre [der Eingeborenen] Naivität. Ist es aber nicht, wenn man es bedenkt, etwas Unerhörtes und Gefährliches, dass die Menschen es dahin gebracht haben, mit der Wirklichkeit zu spielen und etwas Erdachtes und Gemachtes mit ihr in Wettbewerb treten zu lassen? Ist nicht damit eine Schädigung unseres Empfindens für das Wahre einhergegangen? Ist nicht so manches Bedenkliche in der Mentalität des modernen Menschen daraus zu erklären, dass er die wirkliche und die gemachte Wirklichkeit nicht mehr auseinander hält? *Afrikanische Geschichten, S. 38*

Wer beschreibt die Ungerechtigkeiten und Grausamkeiten, die sie [die Eingeborenen] im Laufe der Jahrhunderte von den Völkern Europas erduldet? Wer wagt zu ermessen, was der Schnaps und die hässlichen Krankheiten, die wir ihnen brachten, unter ihnen an Elend geschaffen haben! *Zwischen Wasser und Urwald, S. 147* 46

Aus den Nachrichten, die du über die Vorkommnisse in Afrika in den Zeitungen findest, siehst du [Theodor Heuss], dass ich mit meinem Pessimismus recht hatte. Kaum sind die Eingeborenen frei, so setzen wieder die Kriege zwischen den Stämmen ein, wie sie hier herrschten, ehe die Weißen ihnen ein Ende machten. Ob sie darüber hinauskommen werden? Ich weiß es nicht. Aber der Anfang der Selbstregierung ist nicht schön. 47
Theologischer und philosophischer Briefwechsel,
Brief an Theodor Heuss, S. 360

19. Staat und Gesellschaft

Die beste Diplomatie ist die Sachlichkeit. 1
Friede oder Atomkrieg, S. 78

Nicht die großen Ereignisse machen die Geschichte, sondern das vereinzelte Tun zerstreuter Menschen, durch die Art, wie es auf die andern wirkt, und durch den Geist, der davon ausgeht, bestimmt das Geschehen. *Predigten, S. 1090* 2

Zwei Dinge gehen nebeneinander her: Begreifen, was ist. Wollen, was sein soll. Das zweite ist das Höhere und bestimmt die Geschicke der Welt und den Wert einer Zeit. *Predigten, S. 1071* 3

Die Weltgeschichte unserer Tage ist eine öde Zänkerei zwischen den Völkern. *Predigten, S. 1069* 4

Zweiter Teil: Kultur und Kulturkritik

5 Nur durch einen uns noch unvorstellbaren allgemeinen geistigen Fortschritt aller Völker der Menschheit kann es einmal dazu [Frieden] kommen, besonders da für die Zukunft überaus schwere Fragen zu erwarten sind. *Friede oder Atomkrieg, S. 90*

6 Was ist der christliche Staat? Der moderne Vernunft- und Gewaltstaat? An sich ist er gar nicht christlich, weder im Innern noch im Äußeren, was man nicht zu beweisen braucht.
Vorträge, Vorlesungen, Aufsätze, S. 279

7 Das Handeln der Gesellschaft nähert sich dem Naturgeschehen. Es ist nicht von der tiefgehenden Ehrfurcht vor dem Leben, die das Wesen der persönlichen Sittlichkeit ausmacht, geleitet. Die Gesellschaft ist imstande, den Zielen, die sie verfolgt, Menschenleben und Menschenglück zu opfern. Der Einzelne ist ihr Mittel zum Zweck. Diese herabgesetzte Ehrfurcht vor dem Leben legt sie auch da an den Tag, wo sie sich sittliche Aufgaben stellt. Sie kann nicht anders. *Wir Epigonen, S. 212*

8 Der Kulturstaat besteht darin, dass die Ziele, die auf die geistige und sittliche Vollendung des Einzelnen und der Menschheit gehen, in die Absichten des politischen Gemeinwesens aufgenommen werden und ihm, soweit dies möglich ist, den Charakter einer geistigen und sittlichen Persönlichkeit verleihen. *Wir Epigonen, S. 58*

9 Es muss einen Fortschritt geben, es muss eine Menschheit kommen, in der die Völker durch geistige Ziele miteinander geeint sind und das Höchste erstreben, was es hienieden geben kann.
Straßburger Predigten, S. 111

10 Das Meiste, was bisher in der Verwirklichung des Kulturstaates geleistet worden ist, ist zum größten Teil das Werk der Vornehmen.
Wir Epigonen, S. 58

11 Das politische Leben wird nicht mehr von Ideen, sondern von dem Widerstreite der verschiedenen materiellen Interessen be-

19. Staat und Gesellschaft

herrscht, wie das in den letzten Jahrzehnten immer offenbarer geworden ist.
Wir Epigonen, S. 59

Öffentliche Meinung der Kulturmenschheit bedeutet also, dass ein öffentliches Gewissen, von der Kultur eingegeben, ein öffentliches Gericht, von ihr eingesetzt, und ein öffentliches Wollen, von ihr hervorgebracht, vorhanden sind, denen sich alle geistigen und äußeren Gewalten unterworfen fühlen.
Wir Epigonen, S. 39

12

Unser Handeln besteht nur noch darin, aus einer Tatsache durch die Energien, Leidenschaften und Nützlichkeitserwägungen, die in ihr gegeben sind, die unmittelbar nächstfolgende hervorgehen zu lassen. Aber da uns das Ziel auf das Ganze fehlt, fällt unsere eigene Aktivität unter den Begriff des Naturgeschehens.
Wir Epigonen, S. 40

13

Das erhöhte Verständnis, das wir der natürlichen Bestimmtheit geschichtlich entstandener Gemeinschaften entgegenbringen, kann also an der Forderung nichts ändern, dass Staat und Kirche sich immer mehr an dem Ideal des Menschen und der Menschheit als ihren natürlichen Polen orientieren und in ihnen ihre höhere Zweckmäßigkeit finden müssen.
Kulturphilosophie I und II, S. 338

14

In dem modernen Staate lebend und das Ideal des Kulturstaates denkend, machen wir zunächst den Illusionen, die jener über sich selber hegt, ein Ende. Nur dadurch, dass die Vielen sich gegen ihn kritisch verhalten, kann er wieder zur Besinnung über sich selbst kommen. Die absolute Unhaltbarkeit der jetzigen staatlichen Zustände muss Gemeinüberzeugung werden, ehe es irgendwie besser werden kann.
Kulturphilosophie I und II, S. 341

15

Die Geschichte unserer Zeit ist von einer nie zuvor erreichten Unsinnigkeit.
Wir Epigonen, S. 40

16

Wir gehen einer Herrschaft der kulturlosen Religion mit all ihren Gefahren für das geistige und öffentliche Leben entgegen. Nichts

17

kann uns aus ihr befreien als dass unsere politischen Gemeinwesen wieder beginnen, wirkliche Kulturstaaten und ... Größen zu werden.
Wir Epigonen, S. 74

18 Der nationale Staat, der zugleich Kulturstaat sein will, hat seine Hauptaufgabe darin zu sehen, für die ewig gleichmäßig fortgehende Ausbildung des rein Menschlichen in der Nation zu sorgen. Jede Erziehung und jede Pflege des Volkstums muss darauf hinarbeiten, das edle Menschentum als solches zur Entfaltung kommen zu lassen. Der Staat darf seine Größe nur darin suchen, die Ideen zu vertreten, die fähig sind, Heil über die Völker zu bringen.
Wir Epigonen, S. 75

19 ... dass Staat und gesellschaftliche Ordnung nur Mittel, Bedingung und Gerüst dessen sind, was Vaterlandsliebe eigentlich will: Das Aufblühen des Ewigen und Göttlichen in der Welt, immer reiner, vollkommener und getroffener im unendlichen Fortgange.
Wir Epigonen, S. 75

20 Der Kult des Patriotismus als solcher ist ihm nur Barbarei, die zu sinnlosen Kriegen führt.
Wir Epigonen, S. 76

21 Was ist Nationalismus? Der unedle und ins Sinnlose gesteigerte Patriotismus, der sich zum Edlen und Gesunden wie die Wahnidee zur normalen Überzeugung verhält.
Kulturphilosophie I und II, S. 41

22 Ein so entfesseltes und ins Sinnlose gesteigertes nationales Gefühl, wie es in den letzten Jahrzehnten in Europa aufgekommen ist, lässt sich bei keinem Volke der Vergangenheit nachweisen. Es ist der Geschichte der Menschheit etwas Neues und hat daher das Neuwort Nationalismus notwendig gemacht.
Wir Epigonen, S. 77

19. Staat und Gesellschaft

Das Wesen des Nationalismus besteht also in einer krankhaften Deutung und Verarbeitung von Tatsachen des politischen Lebens auf Grund von Größen- und Verfolgungsideen.
Wir Epigonen, S. 78

Der Nationalismus tritt in der Art einer Volksreligion auf.
Wir Epigonen, S. 79

Viel übler Nationalismus ist auch in der Welt draußen anzutreffen, insbesondere bei Völkern, die früher, in den Kolonien, unter der Bevormundung der Weißen lebten, neuerdings aber selbständig wurden. Hier besteht Gefahr, dass sie als einziges Ideal ihren naiven Nationalismus besitzen. Durch ihn ist in so manchen Gebieten der bisher in ihnen bestehende Friede gefährdet.

Auch diese Völker können über ihren Nationalismus nur durch Humanitätsgesinnung hinauskommen.
Friede oder Atomkrieg, S. 29

Weil offenbar ist, ein wie furchtbares Übel ein Krieg in unserer Zeit ist, darf nichts unversucht bleiben, ihn zu verhindern.
Friede oder Atomkrieg, S. 20

Stoff zu künftigen Kriegen bleibt da erhalten, wo bei einer Neugestaltung der Verhältnisse nach einem Kriege nicht das geschichtlich gegebene in Betracht gezogen und eine im Sinne desselben sachliche und gerechte Lösung erstrebt wird. Denn nur diese kann die Gewähr des Dauerhaften in sich tragen.
Friede oder Atomkrieg, S. 15

Für den modernen Krieg jedoch kann noch mit weniger Zuversicht angenommen werden, dass durch ihn ein Fortschritt zustande kommt. Was er heute als Übel bedeutet, fällt viel schwerer ins Gewicht als früher. *Friede oder Atomkrieg, S. 18*

Zum Frieden gehört Friedfertigkeit. *Predigten, S. 435*

Zweiter Teil: Kultur und Kulturkritik

30 Friede im Haus ist die unfassbare Musik, die aus dem Herzen seiner Bewohner heraus tönt. *Predigten, S. 1117*

31 Freude und Frieden sind Gaben Gottes, Gaben, die er ins Herz legt. *Predigten, S. 491*

32 Die Geschichte unserer Zeit ist von einer nie zuvor erreichten Unsinnigkeit. Zukünftige Historiker werden sie dereinst in ihre Einzelheiten zerlegen und ihre Gelehrsamkeit und Unbefangenheit an ihr versuchen. Erklärbar aber ist sie heute und für alle Zeiten nur dadurch, dass wir mit einer Kultur ohne Ethik auskommen wollten. *Kulturphilosophie I und II, S. 48*

33 Geschichtlicher Sinn im besten Sinne des Wortes bedeutet kritische Objektivität den entfernten und nahen Ereignissen gegenüber.
Kulturphilosophie I und II, S. 38

34 Aber aus der Geschichte der Vergangenheit ist nur, was war, nicht, was sein wird, zu erschließen. *Kulturphilosophie I und II, S. 51*

35 Zugleich aber sprach sich das nationale Gefühl von der Vormundschaft der Kultur, der Vernunft und der Sittlichkeit frei, um auf eigene Faust zu leben. Der so inspirierte nationale Staat wird unfähig, im Dienste des Kulturstaates zu stehen.
Wir Epigonen, S. 77

36 Der Satz, dass alle Probleme unserer Zeit nur durch Gesinnung zu lösen sind, gilt auf allen Gebieten. Nur der Kulturstaat kann den modernen Staat retten. *Wir Epigonen, S. 221*

37 Unöffentlich muss eine neue öffentliche Meinung entstehen. Die jetzige erhält sich durch die Presse, die Propaganda, die Organisationen und die Macht- und Geldmittel, die ihr zur Verfügung stehen. Dieser unnatürlichen Verbreitung von Ideen hat sich die natürliche entgegenzusetzen, die von Mensch zu Mensch geht

19. Staat und Gesellschaft

und nur mit der Wahrheit des Gedankens und der Empfänglichkeit für Wahrheit rechnet. *Kulturphilosophie I und II, S. 56*

Wird der moderne Mensch die Kraft haben, das, was der Geist von ihm verlangt und was die Zeit ihm unmöglich machen will, zu vollführen? In den überorganisierten Kollektivitäten, die ihn auf hundert Arten in ihrer Gewalt haben, soll er wieder zur selbständigen Persönlichkeit werden und auf sie zurückwirken. Durch alle Organe werden sie es unternehmen, ihn in der ihnen genehmen Unpersönlichkeit zu erhalten. Sie fürchten die Persönlichkeit, weil der Geist und die Wahrheit, die sie stumm haben möchten, in ihr zu Worte kommen können. Ihre Macht aber ist so groß wie ihre Furcht. Mit den Kollektivitäten sind in tragischer Weise die wirtschaftlichen Verhältnisse verbündet. Mit grausiger Härte erziehen sie den modernen Menschen zum unfreien, zum ungesammelten, zum unselbständigen, zum unvollständigen, zum humanitätslosen Wesen ... Also wird von den Vielen verlangt, was die Lebensverhältnisse, in die wir hineingestellt sind, verneinen. 38

Kulturphilosophie I und II, S. 56 f.

Nur was im Denken der Zeit gegeben ist, können die, die im Großen und Kleinen befehlen, ausführen. 39

Kulturphilosophie I und II, S. 60

Das Gebiet des Kulturstaates beginnt, wo die Vernunftideale wirksam sind und die Vollkommenheit des Ganzen und der Einzelnen um ihrer selbst willen erstrebt wird. Der Staat, der in dieser Hinsicht Vernunftstaat ist, ist von sittlichem Geist regiert. 40

Wir Epigonen, S. 221

So ist auch jede allgemeingültige christliche Ethik, welche auf unsere staatlichen und gesellschaftlichen Zustände Rücksicht nimmt, gute Vernunftsethik, mit christlichen Gedanken gefärbt, aber nicht die Ethik Jesu. 41

Vorträge, Vorlesungen, Aufsätze, S. 279

Zweiter Teil: Kultur und Kulturkritik

42 Was er [Jesus] über den Staat denkt, liegt klar ausgesprochen in seiner Antwort auf die Frage nach dem Zinsgroschen, da die Pharisäer ihn fangen wollten (Mark. 12). Gebt dem Kaiser, was des Kaisers ist, und Gott, was Gottes ist, das heißt: Religion und Staat haben nichts miteinander zu tun. *Gespräche über das NT, S. 149*

43 Wie würde Jesus über den christlichen Staat urteilen? – Gewiss, er würde sich freuen über die Besserung der irdischen Gewalt durch christliche Grundsätze, ... aber er würde doch viel strenger prüfen und viel strenger richten als wir und auf den christlichen Staat seine Hoffnung nicht setzen. *Gespräche über das NT, S. 149*

44 Staat heißt Zwang und Gewalt, heute noch wie damals.
Gespräche über das NT, S. 149

45 Wo aber Zwang und Gewalt ist, da ist Gefahr für die Religion, doppelt Gefahr, wenn die Religion den Namen und die Berechtigung zur Gewalt hergeben muss oder zuletzt gar selbst auf Gewalt ausgeht. *Gespräche über das NT, S. 149*

46 Sie sehen, dass ich den ethisch-religiösen Begriff des Staates voraussetze; es ist mir im ganzen politischen Leben nichts unsympathischer, als wenn dieser ethisch-religiöse Begriff abgegriffen wird, denn ohne ihn gibt's keinen Fortschritt. Im Staat als bloßer menschlicher Genossenschaft, im merkantilen Staat, liegt keine ethische Kraft. *Straßburger Predigten, S. 717*

47 Die Menschlichkeitsaufgaben, die die Kulturmenschheit unter den kolonialen Völkern durch ihnen gesandte Erzieher und Helfer zu lösen hat, liegen für jeden, der sich die Verhältnisse auch nur einigermaßen überlegen will, klar zutage. Es steht nicht in unserem Belieben, ob wir sie in Angriff nehmen wollen. Wir müssen es, wenn wir auch nur etwas wirkliche Zivilisation besitzen.
Vorträge, Vorlesungen, Aufsätze, S. 355

19. Staat und Gesellschaft

Die Zivilisation stellt die viel weiterführende Frage: «Was machen wir aus den Völkern draußen? Was wird aus jenen Menschen?»
Vorträge, Vorlesungen, Aufsätze, S. 355

48

Hätte Jesus geahnt, dass einst Staat und Religion sich verbünden würden, er hätte Angst gehabt für seine Religion.
Gespräche über das NT, S. 149

49

Eines ist sicher: Jesus würde unbedingt für die Trennung von Kirche und Staat eintreten und uns die Zeichen der Zeit dahin deuten lehren. *Gespräche über das NT, S. 150*

50

Wie würde er sagen? – Ich will keinen christlichen Staat, ich will einen Staat von Christen. *Gespräche über das NT, S. 150*

51

Für die Welt aber ist Deutschland das Volk Goethes und der großen Denker, und sie will etwas Geistiges von ihm empfangen. Dessen muss sich jeder, der in Deutschland für draußen schreibt, bewusst sein.
Theologischer und philosophischer Briefwechsel,
Brief an Theodor Heuss, S. 331

52

Unsere Zeit benötigt wie kaum eine je zuvor führende Köpfe; vor allem aber ist Deutschland, wie es scheint, führerlos. ... Ich fürchte, dass Deutschland in immer kriegerischere Stimmung gerät und eine neue und furchtbarere Katastrophe uns bedroht.
Theologischer und philosophischer Briefwechsel,
Brief an Oskar Kraus, S. 441

53

Selbstverständlich müssen die Staaten als solche an dem Sühnen mithelfen. Sie können es aber erst tun, wenn die Gesinnung in der Gesellschaft vorhanden ist. Zudem vermag der Staat allein Humanitätsaufgaben niemals zu lösen, da sie ihrem Wesen nach Sache der Gesellschaft und der Einzelnen sind.
Zwischen Wasser und Urwald, S. 148

54

Zweiter Teil: Kultur und Kulturkritik

55 Wir müssen Ärzte haben, die freiwillig unter die Farbigen gehen und auf verlorenen Posten das schwere Leben unter dem gefährlichen Klima und alles, was mit dem Fernsein von Heimat und Zivilisation gegeben ist, auf sich nehmen. Aus Erfahrung kann ich ihnen sagen, dass sie für alles, was sie aufgegeben haben, reichen Lohn in dem Guten, was sie tun können, finden werden.
Zwischen Wasser und Urwald, S. 148

56 Manchmal komme ich mir wie ein Epigone des Sokrates vor, bei dem die Philosophie auf das Riff der Ethik auffuhr. Nur hatte er es noch nicht, wie wir heute, mit verblödeten Staatsoberhäuptern und Generalen zu tun, die mit der Atombombe spielen. Auch wurde zu seiner Zeit noch nicht jeder, der das Vernünftige meinte, als Kommunist gebrandmarkt. Interessant für mich ist, dass für meine Philosophie der Name Humanitätsphilosophie aufkommt. *Theologischer und philosophischer Briefwechsel, Brief an Herbert Spiegelberg, S. 692*

20. Kampf gegen die Atomwaffen

1 Da war ich tief bewegt, dass du der Ethik der Ehrfurcht vor dem Leben religiöse Bedeutung zuerkennst. Sie fängt ja an, in der Welt anerkannt zu werden. Sie ist meine Waffe im Kampf gegen die Atomwaffen. Es erschüttert mich immer wieder, dass die Kirche in diesem Kampf absolut versagt hat und das Humanitätsideal preisgab und es auch jetzt noch nicht als ihr zugehörig ansieht.
Theologischer und philosophischer Briefwechsel, Brief an Martin Werner, S. 893

2 Je mehr man in der Welt gilt, desto bescheidener muss man werden. Eine große Sorge für mich ist das Problem der Atomwaffen.

20. Kampf gegen die Atomwaffen

Die Zahl derer, die Atomwaffen wollen, nimmt in letzter Zeit wieder zu, in Amerika und auch sonst wo.
Theologischer und philosophischer Briefwechsel,
Brief an Willy Bremi, S. 132

Und jetzt bin ich noch in den Kampf gegen die Atomwaffen eingetreten. Ich kam dazu als Freund von Einstein.
Theologischer und philosophischer Briefwechsel,
Brief an Carl Jacob Burckhardt, S. 189

Der Kampf gegen die Atomwaffen nimmt mir sehr viel Zeit. Da heißt (es) in allen Fragen stets auf dem Laufenden zu sein. Viel lesen und viel Notizen machen und immer wieder Zeuge der Verständnislosigkeit und Charakterlosigkeit der Regierer und der meinungslosen Völker zu sein. Auch heute noch, wo erwiesen und zugegeben wird, dass in den ersten Tagen eines Atomkrieges Hunderte von Millionen Menschen den Verbrennungstod erleiden würden, wagen sie nicht, für den Verzicht auf Atomwaffen einzutreten.
Theologischer und philosophischer Briefwechsel,
Brief an Martin Werner, S. 893

Dass in der Atomsache das Christentum sich eine Blöße gab, ist traurig. Wie kann der Papst eine die Existenz der Atomwaffen irgendwie bejahende Antwort geben, statt sich einfach, wie ein vernünftiges frommes Weltkind wie ich, auf die Position zurückzuziehen, dass Atomwaffen gegen das Völkerrecht sind und abgeschafft werden müssen. Er hat der Kirche einen schlechten Dienst geleistet. Denn in der ganzen Welt heißt es jetzt, die atheistischen Sowjets verlangen die Abschaffung der Atomwaffen, und die Christen nicht.
Theologischer und philosophischer Briefwechsel,
Brief an Theodor Heuss, S. 346

Nach einem alten Grundsatz nämlich, der immer noch Geltung besitzt, erlaubt die Kirche, wenn es um die Erhaltung der Existenz – besonders wenn es auch um die Erhaltung des Glaubens (wie dem Kommunismus gegenüber) – geht, die Anwendung aller

Zweiter Teil: Kultur und Kulturkritik

Kampfmittel ohne jegliche Ausnahme. Von diesen offiziellen Lehrmeinungen hat sie sich nie losgelöst, obwohl sie sie nicht mehr verkündet. Darum konnte Pius XII. die Atombombe nicht ächten, was vielen Katholiken unfasslich war.

Theologischer und philosophischer Briefwechsel, Brief an Theodor Heuss, S. 358

7   Die Theorie, man könne den Frieden dadurch erhalten, dass man den Gegner durch atomare Aufrüstung abschreckt, kann für die heutige Zeit mit ihrer so gesteigerten Kriegsgefahr nicht mehr in Betracht gezogen werden. *Vorträge, Vorlesungen, Aufsätze, S. 399*

8   ... muss geurteilt werden, dass die radioaktive Strahlung, wie sie sich aus den bisherigen Explosionen von Atombomben ergeben hat, eine nicht zu unterschätzende Gefahr für die Menschheit bedeutet und dass sie bei weiteren Explosionen von Atombomben in beängstigender Weise zunehmen würde. ... Die Einzelnen und die Völker fühlen sich nicht bewogen, der Gefahr, in der wir uns befinden, die Aufmerksamkeit, auf die sie leider Anspruch hat, zuteil werden zu lassen. Sie muss ihr vorgehalten und begreiflich gemacht werden. *Friede oder Atomkrieg, S. 34*

9   Ein Atomkrieg ist also das unvorstellbar Sinnlose und Grausige, das unter keinen Umständen Tatsache werden darf.

Friede oder Atomkrieg, S. 70

10 In der nächsten Zeit wird die Gefahr eines durch Irrtum verursachten Atomkrieges noch größer sein.

Friede oder Atomkrieg, S. 73

11 So weit haben wir es gebracht: Unser Schicksal wird von einem Elektronengehirn und den Versehen, die ihm passieren können, abhängen. *Friede oder Atomkrieg, S. 74*

12 Wenn unsere Zeit auf Atomwaffen verzichtet, tut sie den ersten Schritt auf dem Wege zum fernen Ziel des Aufhörens der Kriege

20. Kampf gegen die Atomwaffen

hin. ... Tut sie ihn nicht, so verbleiben wir auf dem, der zum baldigen Atomkrieg und zum Elend führt.
Friede oder Atomkrieg, S. 91

Überdies bringt es der Verzicht auf große Versuchsexplosionen und auf zu bauende mächtige Atomwaffen mit sich, dass die Großmächte nicht weiterhin auf dem gefährlichen Weg zum wirtschaftlichen Ruin wandeln. *Friede oder Atomkrieg, S. 93 f.* 13

Die Völker als solche müssen gegen die Atomwaffen sein, wenn es gelingen soll, diese loszuwerden. *Friede oder Atomkrieg, S. 98* 14

Werden die Atomwaffen nicht jetzt abgeschafft, wo es nur 2½ Atommächte gibt (England zählt ja nur für eine halbe), so wird es fraglich, ob das je noch geschehen kann. Russland kann es China nicht verbieten, wenn dieses einmal sich Atomwaffen schaffen will. Darum muss es die Abschaffung betreiben, so lange es nur mit USA zu tun hat und eine asiatische Macht nicht in Frage kommt. Es sieht weiter als wir. Der Westen zieht nicht in Betracht, dass, wenn einmal andere Völker noch Atomwaffen besitzen, die Abschaffung derselben so gut wie unmöglich wird, dass irgendwelche Völker Atomwaffen besitzen und in der dümmsten Weise anwenden können. 15
Theologischer und philosophischer Briefwechsel,
Brief an Theodor Heuss, S. 340 f.

Das haben uns auch die Menschen angefühlt. Im Geistigen waren wir [Albert Einstein und Albert Schweitzer] Brüder. Und ganz eng gehörten wir zusammen in der Angst um die Zukunft der Menschheit. Die Gefahr, die die grausige Macht der Spaltung des Atoms über die brachte, haben wir miteinander erlebt. Und als ich meine Rede gegen die Entsetzung der Versuche der Atombombe schrieb, vor einigen Wochen, da tat ich es in stetem Gedanken an ihn, fast wie in seinem Auftrag. 16
Theologischer und philosophischer Briefwechsel,
Brief an Albert Einstein, S. 227

Zweiter Teil: Kultur und Kulturkritik

17 Ich setze mich für die Abschaffung der Nuklearwaffen als die einzige Möglichkeit, den Frieden zu erhalten, ein, weil ich es für meine Pflicht halte. … Aber ich tue meine Pflicht, denn die grausige Lage, in der wir uns befinden, erfordert es. Ein Trost für mich ist, dass ich weiß, dass Einstein, mit dem ich sehr lange befreundet war, in den letzten Wochen seines Lebens geäußert hat, dass er für die Fortsetzung seines Kampfes gegen die Atomwaffen auch auf mich zähle. Er ist ja in Verzweiflung gestorben. Und die Gefahr, in der wir uns befinden, ist wirklich groß. Wir stecken ganz in der gesteigerten Aufrüstung, die kein ehrliches Wollen der Abrüstung zulässt.
Theologischer und philosophischer Briefwechsel,
Brief an Theodor Heuss, S. 376 f.

18 Kennedy wünscht sich, dass der Teufel alle europäischen Atomwaffen holt, weil sie keine Bedeutung haben und europäische Staaten sich leichtsinnig auf einen Atomkrieg einlassen könnten, in dem dann die USA mitmachen müssen. Dieses Problem des zufällig entstehenden Atomkriegs quält ihn.
Theologischer und philosophischer Briefwechsel,
Brief an Theodor Heuss, S. 383

19 Es kann zu keiner richtigen öffentlichen Meinung kommen, weil wir nicht imstande sind, uns Rechenschaft von dem, was vorgeht, zu geben. Wir werden in Unwissenheit erhalten. Wir erfahren nicht, was eigentlich geplant ist und vor sich geht. Man muss schon den Willen und die Zeit haben, sich mit dem Zeitgeschehen eingehend zu beschäftigen, um einen einigermaßen sachlichen Überblick über es zu gewinnen. Die Presse ist eine Macht geworden, obgleich sie ohnmächtig ist, uns im Sinne der Wahrheit zu informieren.
Theologischer und philosophischer Briefwechsel,
Brief an Karl Jaspers, S. 413

20 Was unsere Zeit nötig hat, ist nicht eine Politik der Stärke, sondern eine Politik des auf Frieden bedachten Verhandelns.
Theologischer und philosophischer Briefwechsel,
Brief an John F. Kennedy, S. 424

20. Kampf gegen die Atomwaffen

Nun wage ich die große Bitte an Sie (Kennedy), nicht weiter zu behaupten, dass die USA bei einem Konflikt in Kuba oder Berlin Atomwaffen gebrauchen wird. Lassen Sie diese Erklärung in Vergessenheit geraten, dass weiterhin mit Aussicht auf Erfolg ernsthaft über das Aufhören von Versuchsexplosionen und Abschaffen der Atomwaffen verhandelt werden könne. Davon hängt die Zukunft der Menschheit ab. Wenn sie Atomwaffen behält, geht sie an ihnen zugrunde.
Theologischer und philosophischer Briefwechsel,
Brief an John F. Kennedy, S. 425

21

Das Wichtigste und Interessanteste in diesen Tagen ist, zu verfolgen, wie die USA, England, Frankreich, Deutschland durch die Aufrüstung in neuesten Atomwaffen immer mehr in Schulden geraten!
Theologischer und philosophischer Briefwechsel,
Brief an Eduard Spranger, S. 722

22

Das Moskauabkommen ist ein Lichtstrahl im Dunkel unserer Zeit. Die Anregung gab Chruschtschow, aber Kennedy hat das Verdienst, den Mut gehabt zu haben, mitzumachen. Seine Stellung in Amerika wird dadurch sehr erschwert. Die amerikanischen Generäle wollen weitermachen in der engstirnigen Weise wie bisher. Wie er mit ihnen fertig werden will, weiß ich nicht. Nun sind wir auf dem rechten Wege. Aber auf der Straße vorwärts kommen, wird nicht leicht sein. Denn das Moskauabkommen ist ja nur der erste Schritt auf dem Wege.
Theologischer und philosophischer Briefwechsel,
Brief an Eduard Spranger, S. 729

23

Alle Abmachungen über Kontrolle vermögen nicht eine wirkliche Garantie des[sen] zu schaffen, dass die Verträge tatsächlich gehalten werden. Diese Garantie zu schaffen vermag nur das Aufkommen und Vorhandensein einer öffentlichen Meinung auf beiden Seiten, die das Verzichten auf die Versuchsexplosionen und die Abschaffung der Atomwaffen ernstlich verlangt. Diese wahre

24

Garantie ist eine geistige Macht. Wenn sie nicht vorhanden ist, bleiben alle politischen Abmachungen tote Buchstaben.
*Theologischer und philosophischer Briefwechsel,
Brief an John F. Kennedy, S. 425*

25 Was ist Atomkrieg? Keine politische Frage, ob groß oder klein, kann durch einen Atomkrieg entschieden werden. Krieg mit Atomwaffen ist ja kein rechter Krieg mehr, sondern nur grenzenlose, sinnlose Vernichtung. Man kann in ihm nicht mehr durch Verteidigung oder Eroberung von Gebieten Sieger werden, sondern nur mächtig werden in Zerstörung. Ein Atomkrieg ist nicht begrenzbar. Er findet in den Lüften statt. Ein Atomkrieg wegen Berlin wird unfehlbar auch zu einem Atomkrieg über New York werden.
*Theologischer und philosophischer Briefwechsel,
Brief an John F. Kennedy, S. 427*

26 Ausgeträumt [ist] der Traum von der immer humaneren Kriegsführung, die dem Kriege mehr und mehr seine Schrecken benehmen würde, wie man ihn noch an der Jahrhundertwende zu träumen wagte. Ein mit den heutigen Mitteln aus weiter Ferne statthabendes Töten und Zerstören ist seinem Wesen nach von grausiger Inhumanität. *Vorträge, Vorlesungen, Aufsätze, S. 204*

27 Wie ganz anders wäre die Lage, wenn alle Kirchen miteinander dem Geiste Jesu gehorchend die Atomwaffen abgelehnt hätten. Zu Beginn, als das Problem sich stellte, hielt ich es für selbstverständlich. Nur schwer fand ich mich hinein, dass es nicht dazu kam.
*Theologischer und philosophischer Briefwechsel,
Brief an Martin Niemöller, S. 485*

28 Aber wie schön und bedeutsam, dass Ostermärsche stattfinden. Das ist das Verdienst Lord Russels. Es sind die einzigen Auflehnungen gegen die Atomwaffen, die eindrucksvoll und wirksam sind. Das wahnsinnige Aufrüsten geht weiter, obwohl schon offenbar ist, dass die Völker sich damit in Schulden, aus denen es

20. Kampf gegen die Atomwaffen

kein Herauskommen mehr gibt, stürzen. Die USA sind auf diesem üblen Weg weit vorangekommen.

Theologischer und philosophischer Briefwechsel,
Brief an Martin Niemöller, S. 491

Tatsächlich aber bin ich ein Wilder in Afrika und will nie anders klassiert werden. ... Unter uns: Wir, die wir den Kampf gegen die Atomwaffen führen, treten nicht als Ankläger, sondern als Richter auf. Wir richten im Namen der Vernunft und der Menschlichkeit und wollen eine öffentliche Meinung schaffen, die richtet wie wir und zuletzt die Abschaffung der Atomwaffen erzwingen soll.

Theologischer und philosophischer Briefwechsel,
Brief an Martin Niemöller, S. 550

Mein Trost ist, dass die Idee der Ehrfurcht vor dem Leben (die meine eigene philosophische Leistung ist) anfängt, das Denken der Menschen zu beschäftigen. Es ist wunderbar, dass ich dies noch erleben darf. Viel Zeit wende ich drauf, um in der Atomsache auf dem Laufenden zu bleiben und mitzuhelfen, das Gespenst des Atomkrieges zu bannen. Die Politiker verstehen nicht, um was es geht. In der letzten Zeit fangen sie sogar noch an, noch einsichtsloser zu sein. Eine mächtige Propaganda wird losgelassen, um die Öffentlichkeit zu betäuben.

Theologischer und philosophischer Briefwechsel, S. 147

Dritter Teil:
Ethik

21. Grundlegendes zur Ethik

Anfang der Ethik ist die Wahrhaftigkeit. 1
Vorträge, Vorlesungen, Aufsätze, S. 143

Eine neue Renaissance muss kommen, viel größer als die Renaissance, in der wir aus dem Mittelalter herausschritten: die große Renaissance, in der die Menschheit entdeckt, dass das Ethische die höchste Wahrheit und die höchste Zweckmäßigkeit ist und damit die Befreiung aus dem armseligen Wirklichkeitssinn erlebt, in dem sie sich dahinschleppt. *Kulturphilosophie I und II, S. 87 f.* 2

Das wahre Grundprinzip des Ethischen muss bei aller Allgemeinheit etwas ungeheuer Elementares und Innerliches sein, das den Menschen, wenn es ihm einmal aufgegangen ist, nicht mehr loslässt, in selbstverständlicher Weise in all sein Überlegen mit hereinredet, sich nicht in den Winkel stellen lässt und fort und fort eine Auseinandersetzung mit der Wirklichkeit provoziert. 3
Kulturphilosophie I und II, S. 111

Was gehört zu einer vollständigen Ethik? 4
1) Die leidende Selbstvervollkommnung,
2) die tätige Selbstvervollkommnung,
3) das Verhalten von Mensch zu Kreatur und von Mensch zu Mensch,
4) das Verhalten zur organisierten Gesellschaft.
Die gesamte Ethik muss aus einem Grundprinzip ableitbar sein, oder eine denkende Ethik ist unmöglich, womit zugleich die dauernde ethische Weiterentwicklung der Menschheit und damit der Kultur illusorisch wird. *Vorträge, Vorlesungen, Aufsätze, S. 37*

Dritter Teil: Ethik

5 Ethik ist ins Grenzenlose erweiterte Verantwortung für alles, was lebt. *Die Weltanschauung der indischen Denker, S. 227*

6 In all ihrer Unvollständigkeit ist die Ethik des Nichtschädigens und Nichttötens etwas Gewaltiges, weil sie wagt, grenzenlos zu sein, und weil sie Erhaltung von Leben als das absolute Grundprinzip des Ethischen aufstellt.

Dass sie Innerlichkeit verlangt und sich zur Ethik des Nichtschädigens und Nichttötens bekennt, bringt die Weltanschauung der Welt- und Lebensverneinung unserem Gefühl so nahe.
Kulturphilosophie III, 1. und 2. Teil, S. 261

7 Gibt man aber zu, dass das Prinzip der Liebe auf alle Kreatur auszudehnen sei, so erkennt man damit an, dass das Gebiet der Ethik grenzenlos ist. *Ehrfurcht vor den Tieren, S. 87*

8 Nur die vollständige Ethik hat mystische Bedeutung. Die Ethik, die nur mit dem Verhalten des Menschen zum Nebenmenschen und zur Gesellschaft zu tun hat, lässt sich mit Weltanschauung nicht wirklich vereinigen.
Die Weltanschauung der indischen Denker, S. 225

9 Wahrhaft tief ist ja nur die Ethik, die das, was der Mensch erlebt und erleidet, und das, was er tut, von ein und demselben Gedanken aus ethisch zu werten vermag.
Die Mystik des Apostels Paulus, S. 293

10 Fort und fort sehen wir uns in die Notwendigkeit versetzt, zur Errettung eines Wesens ein anderes zu vernichten oder schädigen zu müssen. *Die Weltanschauung der indischen Denker, S. 89*

11 Die Ethik war von Beginn der europäischen Neuzeit an Bindeglied zwischen dem Denken und der Religion. Das Denken war der Überzeugung, zu derselben Ethik der Liebe gelangt zu sein wie das Christentum. *Vorträge, Vorlesungen, Aufsätze, S. 170*

21. Grundlegendes zur Ethik

Durch die Ethik wird das Denken religiös. 12
Vorträge, Vorlesungen, Aufsätze, S. 171

Ethik entsteht dadurch, dass ich die Weltbejahung, die mit der Lebensbejahung in meinem Willen zum Leben natürlich gegeben ist, zu Ende denke und zu verwirklichen versuche. Ethisch werden heißt wahrhaft denkend werden. *Kulturphilosophie I und II, S. 306* 13

Vollständige Ethik ist nur die, die den Menschen zum innerlich Vollkommener-Werden und zugleich zum Wirken anhält. 14
Reich Gottes und Christentum, S. 121 f.

Mit drei Gegnern hat sich die Ethik auseinanderzusetzen: mit der Gedankenlosigkeit, mit der egoistischen Selbstbehauptung und mit der Gesellschaft. *Kulturphilosophie I und II, S. 314* 15

Die von der Gesellschaft in Umlauf gesetzten Begriffe von Gut und Böse sind Papiergeld, dessen Wert nicht nach den aufgedruckten Ziffern, sondern nach seinem Verhältnis zum Goldkurs der Ethik der Ehrfurcht vor dem Leben zu bemessen ist. 16
Kulturphilosophie I und II, S. 326 f.

Wahre Ethik fängt an, wo der Gebrauch der Worte aufhört. 17
Kulturphilosophie I und II, S. 314

Das Wenige, das du tun kannst, ist viel – wenn du nur irgendwo Schmerz und Weh und Angst von einem Wesen nimmst, sei es Mensch, sei es irgendeine Kreatur. Leben erhalten ist das einzige Glück. *Straßburger Predigten, S. 141* 18

Eine unheimliche Lehre raunt mir die wahre Ethik zu. Du bist glücklich, sagt sie. Darum bist du berufen, viel dahinzugeben. Was du an Gesundheit, an Gaben, an Leistungsfähigkeit, an Erfolg, an schöner Kindheit, an harmonischen häuslichen Verhältnissen mehr empfangen hast als andere, darfst du nicht als selbstverständ- 19

Dritter Teil: Ethik

lich hinnehmen. Du musst einen Preis dafür entrichten. Außergewöhnliche Hingabe von Leben an Leben musst du leisten.
Kulturphilosophie I und II, S. 320

20 Die Abstraktion ist der Tod der Ethik, denn Ethik ist lebendige Beziehung zu lebendigem Leben. Also müssen wir die abstrakte Mystik aufgeben und uns der lebendigen zuwenden.
Kulturphilosophie I und II, S. 303

21 Will die Mystik also wahr sein, so bleibt ihr nichts anderes übrig, als die gewohnten Abstraktionen von sich zu werfen und sich einzugestehen, dass sie mit diesem vorgestellten Inbegriff des Seins nichts Vernünftiges anfangen kann.
Kulturphilosophie I und II, S. 304

22 Die subjektive, extensiv und intensiv ins Grenzenlose gehende Verantwortlichkeit für alles in seinen Bereich tretende Leben, wie sie der innerlich von der Welt frei gewordene Mensch erlebt und zu verwirklichen sucht: dies ist Ethik. Aus Welt- und Lebensbejahung entsteht sie. *Kulturphilosophie I und II, S. 305*

23 Wahrhaft ethisch ist der Mensch nur, wenn er der Nötigung gehorcht, allem Leben, dem er beistehen kann, zu helfen, und sich scheut, irgendetwas Lebendigem Schaden zu tun. Er fragt nicht, inwiefern dieses oder jenes Leben als wertvoll Anteilnahme verdient, und auch nicht, ob und inwieweit es noch empfindungsfähig ist. Das Leben als solches ist ihm heilig.
Kulturphilosophie I und II, S. 309

24 Er fürchtet sich nicht, als sentimental belächelt zu werden. Es ist das Schicksal jeder Wahrheit, vor ihrer Anerkennung ein Gegenstand des Lächelns zu sein. Einst galt es als eine Torheit, anzunehmen, dass die farbigen Menschen wahrhaft Menschen seien und menschlich behandelt werden müssten. Die Torheit ist zur Wahrheit geworden. *Kulturphilosophie I und II, S. 309*

21. Grundlegendes zur Ethik

Ethik ist ins Grenzenlose erweiterte Verantwortung gegen alles, was lebt. *Kulturphilosophie I und II, S. 309*   25

Mitleid ist zu eng, um als Inbegriff des Ethischen zu gelten. Es bezeichnet ja nur die Teilnahme mit dem leidenden Willen zum Leben. Zur Ethik gehört aber das Miterleben aller Zustände und aller Aspirationen des Willens zum Leben, auch seiner Lust, auch seiner Sehnsucht, sich auszuleben, auch seines Dranges nach Vervollkommnung. *Kulturphilosophie I und II, S. 309*   26

Ethik und Ästhetik sind die Stiefkinder der Philosophie. Beide gehen auf einen Gegenstand, der sich gegen die Reflexion spröde verhält, weil sie die Gebiete des rein schöpferischen Verhaltens des Menschen behandeln. *Kulturphilosophie I und II, S. 105*   27

Ethik und Ästhetik sind keine Wissenschaften. ... Eine Wissenschaft vom menschlichen Wollen und Gestalten gibt es nicht und kann es nicht geben. Hier kommen nur immer subjektive und einzigartige Tatsachen in Frage und ihr Zusammenhang liegt in dem rätselhaften menschlichen Ich. ... Es gibt also keine wissenschaftliche, sondern nur eine denkende Ethik.
Kulturphilosophie I und II, S. 106   28

In der Geschichte des Denkens über Ethik wandelt man im innersten Kreise der Weltgeschichte. Unter den die Wirklichkeit gestaltenden Kräften ist die Sittlichkeit die erste. Sie ist das entscheidende Wissen, das wir dem Denken abringen müssen. Alles andere ist mehr oder weniger Beiwerk. *Kulturphilosophie I und II, S. 107*   29

Die Ethik, ganz allgemein gesagt, besteht darin, dass wir nicht in unserem Für-Uns-Sein beharren können, sondern die Nötigung empfinden, uns anderem Leben helfend hinzugeben.
Kulturphilosophie III, 1. und 2. Teil, S. 285   30

Alles Arbeiten und Wirken der Menschen geht letzten Endes auf   31

Dritter Teil: Ethik

die Erhaltung und Förderung nicht nur des eigenen, sondern zugleich auch anderen Lebens.

Kulturphilosophie III, 3. und 4. Teil, S. 265

32 Die Entdeckung der Humanitätsethik des Spätstoizismus tritt für die Neuzeit neben die der Natur. ... Durch den Spätstoizismus kommt der Neuzeit zu Bewusstsein, dass das Sittliche etwas Unmittelbares sei; weil Seneca, Epiktet und Marc Aurel in vielem wie Jesus reden, helfen sie mit die Überzeugung verbreiten, dass die wahrhaft vernunftgemäße Ethik und die des Evangeliums miteinander übereinstimmen. *Kulturphilosophie I und II, S. 146*

33 Die Ethik des Verhaltens von Mensch zu Mensch ist nicht etwas für sich, sondern nur ein Besonderes, das sich aus jenem Allgemeinen ergibt. *Aus meinem Leben und Denken, S. 140*

34 Die Ethik ist nicht ein Park mit planvoll angelegten und gut unterhaltenen Wegen, sondern eine Wildnis, in der jeder, von seinem Pflicht- und Verantwortungsgefühl angetrieben und geleitet, seinen Pfad suchen und bahnen muss.

Kulturphilosophie III, 3. und 4. Teil, S. 274

35 Wird das Gebiet des Ethischen auf das Verhalten des Menschen zu Menschen beschränkt, so sind alle Versuche, zu einem Grundprinzip des Sittlichen mit absolut verbindlichem Inhalt zu gelangen, von vornherein aussichtslos. Zur Absolutheit gehört die Universalität. *Kulturphilosophie I und II, S. 185*

36 Wirklich ethisch ist das innerliche Freiwerden von der Welt, wenn die Persönlichkeit durch es dazu gelangt, als reinere Kraft in der Welt zu wirken. *Kulturphilosophie I und II, S. 249*

37 Das Fundamentalgebot der Ethik ist also, dass wir keinem beseelten Wesen, auch nicht dem niedersten, Leid zufügen.

Kulturphilosophie I und II, S. 261

21. Grundlegendes zur Ethik

In der Ethik glaube ich durch die Idee der Ehrfurcht vor dem Leben eine Vertiefung und eine Verlebendigung angeregt zu haben.
Existenzphilosophie und Christentum, Brief an Fritz Buri, S. 153

38

Die Ethik der Ehrfurcht vor dem Leben ist ihrem Wesen nach tätige Mystik. *Vorträge, Vorlesungen, Aufsätze, S. 145*

39

Die primitive Ethik besteht also in der natürlichen Solidarität des Menschen mit seinen Vorfahren und Abkömmlingen. Aber indem der Mensch denkend wird, erweitert sich ihm der Kreis der «Verwandtschaft». Sein Wille zum Leben kommt immer mehr dazu, anderes Leben in sich zu erleben, dass er sich zuletzt mit allen Menschen, ja mit allen Geschöpfen durch Wesensverwandtschaft verbunden weiß. *Vorträge, Vorlesungen, Aufsätze, S. 147*

40

Auf die Füße kommt unsere Welt erst wieder, wenn sie sich beibringen lässt, dass ihr Heil nicht in Maßnahmen, sondern in neuen Gesinnungen besteht. Neue Gesinnungen aber entstehen nur, wenn wahrhaftige und wertvolle Weltanschauung die Individuen in ihren Bann zieht. *Kulturphilosophie I und II, S. 271*

41

Ein letzter und entscheidender Schritt in ihrer Entwicklung bleibt der Ethik also noch zu tun. Sie muss Pflichten und Verantwortungen der Kreatur gegenüber als sich unabweisbar aus der Idee der Liebe ergebend anerkennen, wenn auch dadurch die ohnehin schon bestehende, aber uneingestandene Unbegrenzbarkeit ihres Gebietes und ihrer Forderungen völlig offenbar wird.
Kulturphilosophie III, 3. und 4. Teil, S. 283

42

Die Fundamentaltatsache der Ethik ist, dass wir nicht imstande sind, unser Leben völlig für uns zu leben.
Kulturphilosophie III, 1. und 2. Teil, S. 285

43

Die Ethik der Ehrfurcht vor dem Leben wagt sich einzugestehen, wie natürlich sie ist. Sie trägt ihren Adel in sich selbst.
Vorträge, Vorlesungen, Aufsätze, S. 147

44

Dritter Teil: Ethik

45 Was Ethisches in einem Menschen vorhanden ist, strahlt als Kraft von ihm aus. *Vorträge, Vorlesungen, Aufsätze, S. 162*

46 Große ethische Frage: Was will der Mensch mit seinem ethischen Wirken an der Welt ändern? Was will er überhaupt mit Wirken ändern? *Kulturphilosophie III, 1. und 2. Teil, S. 453*

47 Im ethischen Menschen kommt das Naturgeschehen in Widerspruch mit sich selbst. Die Natur kennt nur blinde Lebensbejahung. Der in den Kräften und Lebewesen auftretende Wille zum Leben ist bestrebt, sich durchzusetzen. Im Menschen aber kommt dieses natürliche Bestreben in Spannung mit einem geheimnisvollen anderen. Die Lebensbejahung strengt sich an, Lebensverneinung in sich aufzunehmen, um anderen Lebewesen in Hingebung zu dienen und sie, eventuell durch Selbstaufopferung, vor Schädigung oder Vernichtung zu bewahren. *Kulturphilosophie I und II, S. 289*

48 Die Ethik der ethischen Persönlichkeit ist persönlich, unreglementierbar und absolut. Die von der Gesellschaft für ihr gedeihliches Bestehen aufgestellte ist überpersönlich, reglementiert und relativ. Darum kann die ethische Persönlichkeit sich nicht in sie ergeben, sondern bleibt in fortgesetzter Auseinandersetzung mit ihr. Fort und fort muss sie sich gegen sie auflehnen, weil sie sie zu niedrig eingestellt findet. *Kulturphilosophie I und II, S. 291*

49 In dem Maße, als die Gesellschaft den Charakter einer ethischen Persönlichkeit annimmt, wird ihre Ethik zur Ethik der ethischen Gesellschaft. *Kulturphilosophie I und II, S. 293*

50 Liebe zu den anderen Wesen macht aber nicht die ganze Ethik aus. Neben diesem Motiv des ethischen Verhaltens gibt es noch das andere, das des innerlichen Vollkommenerwerdens.
Kulturphilosophie III, 1. und 2. Teil, S. 305

51 Die Ethik gebietet ohne Rücksicht auf die Durchführbarkeit. Sie ist eine Hydra, der immerfort neue Köpfe nachwachsen.
Kulturphilosophie III, 3. und 4. Teil, S. 137

21. Grundlegendes zur Ethik

Auch die erlebte Nötigung zum innerlichen Vollkommenwerden ist eine Äußerung zur Lebensbejahung.
Kulturphilosophie III, 3. und 4. Teil, S. 34

52

In der Nötigung zum innerlichen Vollkommenwerden tritt als erstes das Bemühen um Wahrhaftigkeit auf.
Kulturphilosophie III, 3. und 4. Teil, S. 34

53

In der Ethik der Selbstvervollkommnung bestätigt der Mensch die Ehrfurcht vor dem eigenen Dasein, in der Ethik der Hingebung die Ehrfurcht vor dem Dasein der anderen Wesen.
Vorträge, Vorlesungen, Aufsätze, S. 162

54

Allein die Ethik, in der die Idee der Hingebung und die des Vollkommenwerdens miteinander vorhanden und miteinander wirksam sind, ist vollständig. Nur sie ist lebendig und tief zugleich.
Kulturphilosophie III, 3. und 4. Teil, S. 36

55

Erst die Ethik, in der das Motiv der Hingebung und das des innerlichen Vollkommenerwerdens miteinander vorhanden und miteinander wirksam sind, ist vollständig.
Kulturphilosophie III, 1. und 2. Teil, S. 306

56

Von Hause aus ist die Ethik der Selbstvervollkommnung kosmisch, weil die Selbstvervollkommnung in nichts anderem bestehen kann als darin, dass der Mensch in das wahre Verhältnis zum Sein, das in ihm und außer ihm ist, komme.
Kulturphilosophie I und II, S. 298

57

Erst wenn die beiden Motive, das der Hingabe und das des innerlichen Vollkommenwerdens, miteinander vorhanden sind, ineinandergreifen, sich ergänzen, zusammenwirken und sich verstärken, erreicht die Ethik ihre volle Entwicklung.
Kulturphilosophie III, 1. und 2. Teil, S. 291

58

Dritter Teil: Ethik

59 Warum meint das europäische Denken, dass es für es kein Zurück zum Eingeständnis der Unerklärbarkeit der Welt geben könne? Weil es in dem alten Wahne befangen ist, das Ethische bedürfe der Begründung aus Welterkenntnis, um als Wahrheit gelten zu können. So bleibt ihm nichts anderes übrig, als sich einzureden, dass das, was in dieser höchsten Weise notwendig ist, auch möglich sei. *Kulturphilosophie III, 1. und 2. Teil, S. 274 f.*

60 Das Ethische ist etwas Absolutes. Es kann sich mit dem Nicht-Ethischen in keiner höheren Einheit zusammenfinden. Darum erträgt es keinerlei Art von relativistischer Betrachtungsweise. Sie bedeutet für es Tod und Auflösung.
Kulturphilosophie III, 1. und 2. Teil, S. 243

61 In Tun und in Erleiden mit dem unendlichen Sein geistig eins zu werden und so die Weltanschauung ethischer Welt- und Lebensbejahung auf dem Fundament der Resignation begründet zu besitzen: Dahin müssen wir gelangen.
Kulturphilosophie III, 1. und 2. Teil, S. 243

62 Ohne Weiteres halten wir uns für berechtigt, von der Ethik zu erwarten, dass sie in klaren Weisungen gebiete und nur durchaus Erfüllbares verlange. Dieser so selbstverständlich anmutenden Forderung genügt sie jedoch in keiner Weise. Weder ist sie ein wohlgeordnetes System von Geboten, Pflichten und Tugenden, noch hat das von ihr verlangte Tun feste Grenzen.
Kulturphilosophie III, 1. und 2. Teil, S. 244

63 Das Wesentliche, worauf es uns ankommt, ist annehmen zu können, dass sich in dem Weltverlaufe ein ethisches Ziel verwirklichen will und dass sich in dem Aufkommen einer ethischen Menschheit irgendwie der Sinn der Welt erfüllt.
Kulturphilosophie III, 3. und 4. Teil, S. 95

21. Grundlegendes zur Ethik

Nur der Mensch, der nichts anderes sein will als ein Organ des Weltgeistes, verbringt sein Leben in der rechten Art. Er allein vermag zu wirken, was wahrhaft segensreich ist. 64
Kulturphilosophie III, 3. und 4. Teil, S. 78

Die Grenzenlosigkeit der Ethik rührt daher, dass wir in der Anerkennung und Bestätigung der Verbundenheit mit anderem Leben, wenn wir einmal damit beginnen, nicht nach Belieben haltmachen können. Und zwar gilt dies sowohl von dem Größerwerden des Gebiets als auch von dem der Forderungen. 65
Kulturphilosophie III, 1. und 2. Teil, S. 244

Solange die Ethik noch als etwas sich aus Geboten, Pflichten und Tugenden Zusammensetzendes vorgestellt wird, heißt sie Moral. Alle Ethik beginnt als Moral, nämlich in dem Einzel-Ethischen, das sich in der Sitte ausbildet und weiterbildet. Erst wenn sie bei fortschreitender Entwicklung dahin kommt, sich auf ein im Denken begründbares Grundprinzip des Ethischen zu besinnen und alles Einzel-Ethische aus ihm herzuleiten und zu begreifen, ist sie wirklich Ethik. 66
Kulturphilosophie III, 1. und 2. Teil, S. 247

Ethik ist eine unberechenbare Ellipse, deren Brennpunkte, Selbsterhaltung und Aufopferung, sich ständig gegeneinander verschieben. Tritt der äußerste Fall ein, dass der Mensch höchste Selbsterhaltung nur als völlige Selbstaufopferung verwirklichen zu können glaubt, wird die Ellipse zum Kreis. Der Kreis ist Vollendung, aber Ende zugleich ... vollendet in sich zu Ende kommende Bewegung. 67
Kulturphilosophie III, 1. und 2. Teil, S. 247

Die Ethik des Vollkommenerwerdens und die des Dienens sind nicht zwei auseinanderliegende Berge, wie es den Anschein hat, wenn nur die Spitzen aus dem Dunst herausragen, sondern die zwiefache Krönung ein- und desselben Höhenzuges. 68
Kulturphilosophie III, 1. und 2. Teil, S. 248

Wo das Motiv des Vollkommenerwerdens nicht mitgebietet, 69

kann die Ethik sehr robust und sehr lebendig sein. Aber immer wird es ihr an Tiefe fehlen.

Kulturphilosophie III, 3. und 4. Teil, S. 132

70 Dass sich die Ethik vertiefe, ohne etwas von ihrer Natürlichkeit aufzugeben: Darauf kommt es an.

Kulturphilosophie III, 1. und 2. Teil, S. 248

71 Die moderne Ethik hat die absoluten Maßstäbe verloren.

Straßburger Vorlesungen, S. 530

72 Ethik ist das Absoluteste, auf die subjektivste Weise verwirklicht. Das Fundament der Ethik der Selbstvervollkommnung ist die Wahrhaftigkeit gegen sich selbst.

Vorträge, Vorlesungen, Aufsätze, S. 162

73 Nur die Ethik des Erlebens der ins grenzenlose erweiterten Verantwortung gegen alles, was lebt, lässt sich im Denken begründen.

Ehrfurcht vor den Tieren, S. 22

74 Weil das ethische Tun nicht nur um des beabsichtigten Zweckes willen, sondern auch rein aus der Gesinnung heraus notwendig ist, ist es nicht nur bis dahin geboten, wo es noch irgendwie als erfolgreich vorstellbar ist, sondern auch da noch, wo nicht mehr überblickt und eingesehen werden kann, was damit ausgerichtet wird.

Kulturphilosophie III, 1. und 2. Teil, S. 220

75 Die schweren Probleme, mit denen wir es zu tun haben, selbst diejenigen, die ganz auf materiellem und wirtschaftlichem Gebiete liegen, sind im letzten Sinn nur durch Gesinnung zu lösen.

Kulturphilosophie I und II, S. 47

76 Das Entscheidende für das In-Gang-Kommen der auf die Kultur zielenden Entwicklung des Staates und der Kirche ist, dass die Vielen diesen beiden Größen in der Gesinnung der Ehrfurcht vor dem Leben und den sich daraus ergebenden Idealen angehören. Damit

21. Grundlegendes zur Ethik

kommt in Kirchen und Staaten ein Geist auf, der an ihrer Umgestaltung ins Ethische und Geistige arbeitet.
Kulturphilosophie I und II, S. 338 f.

Nur dadurch, dass eine neue Gesinnung im Staate waltet, kann er im Innern zum Frieden kommen; nur dadurch, dass eine neue Gesinnung zwischen den Staaten entsteht, kommen sie zur Verständigung und hören auf, einer dem anderen Verderben zu bringen; nur dadurch, dass die modernen Staaten der überseeischen Welt in anderer Gesinnung als bisher begegnen, hören sie auf, sich dort mit Schuld zu beladen. *Kulturphilosophie I und II, S. 342*

77

So macht sich bei Jesus die gewaltige Wahrheit geltend, dass die Ethik aus einem inneren Müssen kommt und absolut gilt.
Kulturphilosophie III, 1. und 2. Teil, S. 121

78

Bestätigung des Guten an Menschen ist nur eine Äußerung meiner Gesinnung gegen das andere Wesen überhaupt.
Kulturphilosophie III, 1. und 2. Teil, S. 58

79

Wenn ich gütig, friedfertig und wahrhaftig sein will, so tue ich dies nicht nur wegen der Bedeutung, die es für meine Beziehung zu den andern hat, sondern auch um meiner selbst willen. Die Ethik ist also Verhalten zu mir selbst und zu den andern Wesen.
Vorträge, Vorlesungen, Aufsätze, S. 138

80

Niemals darf die Gesellschaft sich vornehmen, dem Einzelnen seine ethische Selbständigkeit zu nehmen.
Vorträge, Vorlesungen, Aufsätze, S. 158

81

Was heißt Regeneration? Dass der Einzelne seine geistige Wertigkeit und Selbständigkeit der organisierten Masse gegenüber wiedergewinnt? Diese Selbständigkeit ist aber in erster Linie ethischer Natur. *Vorträge, Vorlesungen, Aufsätze, S. 37*

82

Dritter Teil: Ethik

83 Ist er aber zur absoluten und universalistischen Ethik der Ehrfurcht vor dem Leben vorgedrungen, so weiß er, dass Ethik etwas viel Weiteres und Tieferes ist als das rechte Verhalten zur Gesellschaft und dass er das Humanitätsideal seiner individuellen Ethik gegen die relativistische Ethik der Gesellschaft verteidigen muss.
Vorträge, Vorlesungen, Aufsätze, S. 158

84 Ethik ist Ehrfurcht vor meinem eigenen Dasein, die mich zwingt, zu dem höchsten geistigen Leben gelangen zu wollen; Ethik ist zugleich Ehrfurcht vor dem anderen Leben, die mich zwingt, in tätiger Hingebung zu seiner Erhaltung und, wo dies mir möglich ist, zu seiner Vervollkommnung beizutragen.
Vorträge, Vorlesungen, Aufsätze, S. 159 f.

85 Jede Ethik der Hingebung ist Nützlichkeitsethik. Alle Nützlichkeit ist im letzten Grunde ja Nützlichkeit auf die Erhaltung und Förderung von Leben hin. Dass sich unsere Ethik vertiefe, ohne etwas von ihrer Nützlichkeit zu verlieren, darauf kommt es an.
Vorträge, Vorlesungen, Aufsätze, S. 160

86 Denn Ethik ist ja Bewusstsein unserer Verbundenheit mit anderem Leben und damit mit der Welt. Denn unsere Verbundenheit mit Leben, das in der Welt ist, ist zugleich Verbundenheit mit der Welt, Einssein mit ihr.
Vorträge, Vorlesungen, Aufsätze, S. 130

87 Was die Ethik hindert, wirklich absolut und universalistisch zu werden, ist, dass sie durch das Ideal einer rationalen, völlig ausführbaren Ethik fasziniert ist. Sie hat Angst, in das Irrationale zu verfallen.
Vorträge, Vorlesungen, Aufsätze, S. 145

88 Die einzige Erklärung: Ethik ist Ehrfurcht vor dem Leben. Gut ist, Leben erhalten und Leben fördern. Böse ist, Leben schädigen, Leben vernichten. Das Leben ist etwas Heiliges.
Kultur und Ethik in den Weltreligionen, S. 272

21. Grundlegendes zur Ethik

Aber wir können dieses absolute Prinzip der Ethik nicht vollständig durchführen. Wir stehen alle unter der Notwendigkeit, Leben vernichten zu müssen. Das Weltgeschehen ist schöpferisch und zerstörend. Dieses grausige Geheimnis. Auch wir stehen unter diesem Gesetz. Wir müssen Leben erhalten durch Vernichtung von Leben. Aber das haben wir erreicht, dass wir nicht mehr gedankenlos Leben vernichten. Wir nehmen immer eine schwere Verantwortung auf uns. Und wo wir frei sind, versuchen wir, desto mehr Leben zu erhalten. Erlöser der Geschöpfe.
Kultur und Ethik in den Weltreligionen, S. 272 f.

89

Gut ist die Ehrfurcht vor dem Leben und die Förderung von Leben. Böse ist die mangelnde Ehrfurcht vor dem Leben und die Nichtförderung oder Vernichtung von Leben.
Vorträge, Vorlesungen, Aufsätze, S. 37 f.

90

Die wahre Ethik als lebensbejahend ist kulturbildend.
Vorträge, Vorlesungen, Aufsätze, S. 38

91

Die Ethik ist nicht aus irgendeiner Weltanschauung zu begründen, sondern sie ist selbst unmittelbare und elementare Weltanschauung.
Vorträge, Vorlesungen, Aufsätze, S. 38

92

Die Notwendigkeit allein darf die Schädigung oder Vernichtung des anderen Lebens begründen.
Vorträge, Vorlesungen, Aufsätze, S. 39

93

Ethik ist Wachhalten und Schärfen der Verantwortlichkeit.
Vorträge, Vorlesungen, Aufsätze, S. 39

94

Die Ethik der Gesellschaft will allgemein geltende Normen aufstellen und dem Einzelnen die persönliche Verantwortung abnehmen. Zudem ist sie ihrem Wesen nach inhuman, weil sie, auf die Realisierung objektiver Zwecke bedacht, den einzelnen Menschen als Mittel zum Zweck ansieht. Die Gesellschaft kann also nicht die

95

Dritter Teil: Ethik

sittliche Erzieherin der Einzelnen sein, weil sie immer nur eine relative und niedere Ethik vertritt.
Vorträge, Vorlesungen, Aufsätze, S. 39

96 Alle Probleme der Kultur sind in letzter Linie nur durch Gesinnung zu lösen. *Vorträge, Vorlesungen, Aufsätze, S. 39*

97 Öffentliches Wirken, in dem nicht bis zum Äußersten gehende Anstrengung zur Wahrung der Humanität ist, ruiniert die Gesinnung. *Kulturphilosophie I und II, S. 325*

98 Ethik ist keine Wissenschaft, ebenso wenig als Ästhetik eine ist.
Vorträge, Vorlesungen, Aufsätze, S. 41

99 Jede Zeit ist, was ihre Ethik ist, und ihre Ethik ist, was ihr ethisches Denken hervorgebracht hat.
Vorträge, Vorlesungen, Aufsätze, S. 42

100 Ethik ist die die Wirklichkeit gestaltende Kraft.
Vorträge, Vorlesungen, Aufsätze, S. 42

101 Das ethische Problem ist also das Problem des Grundprinzips des Sittlichen. *Vorträge, Vorlesungen, Aufsätze, S. 42*

102 Die konsequent und wissenschaftlich vom Standpunkt der organisierten Gesellschaft ausgedachte Ethik hat das Verständnis für den Einzelnen und die Einsicht in seinen natürlichen Wirkungskreis verloren. Sie kann ihm nichts sein und nichts geben.
Vorträge, Vorlesungen, Aufsätze, S. 70

103 Niemals soll ein Mensch als Mittel zum Zweck gebraucht werden dürfen. *Vorträge, Vorlesungen, Aufsätze, S. 76*

104 Nun ist die Ethik aber ein Handeln, das auf die Sinnenwelt gerichtet ist und sie in der Richtung des Fortschritts hin zu beeinflussen unternimmt. Sie will bessere Gesinnung in dem Menschen und

21. Grundlegendes zur Ethik

bessere Zustände in der menschlichen Gesellschaft schaffen. Durch die Annahme, dass dieser Weltverlauf und das in ihm gegebene Menschendasein etwas Sinnloses sei, das zum Aufhören gebracht werden müsse, wird die Ethik gegenstandslos. Sie vermag weder auf Welt- und Lebensverneinung noch auf abstrakte Vorstellungen vom Sein einzugehen.
Kulturphilosophie III, 1. und 2. Teil, S. 94

Ja, bei mir gehen der Philosoph und der Arzt nebeneinander her. Für Soziologie bin ich nicht zu brauchen. Ich kann nur Individualethik aufstellen. *Theologischer und philosophischer Briefwechsel, Brief an Oskar Pfister, S. 580*

Die wahre Energieformel der Ethik enthält das scheinbar fremde Element der Ehrfurcht vor dem Leben, wie Einsteins Formel der physischen Energie die der Schnelligkeit der Sonnenstrahlung in sich enthält. *Theologischer und philosophischer Briefwechsel, Brief an Hans Walter Bähr, S. 35*

Der Mensch kann keine allgemein gültige Entscheidung über Werte aufstellen, sondern nur Werte in Bezug auf sich und die Entwicklung, wie er sie sich denkt, statuieren. Alles Lebendige ist geheimnisvoll wertvoll.
Theologischer und philosophischer Briefwechsel, Brief an Oskar Kraus, S. 446

Ja lieber Freund, und wenn ihr mich totschlagt, so erkenne ich keine objektiv geltenden Wertunterschiede im Leben an. Jedes Leben ist heilig! ... Wertunterschiede machen wir aus subjektiver Notwendigkeit, aber darüber hinaus gelten sie nicht. Der Satz, dass alles Leben heilig ist, erlaubt keine Steigerung. Darin werde ich immer Ketzer bleiben.
Theologischer und philosophischer Briefwechsel, Brief an Oskar Kraus, S. 447

Dritter Teil: Ethik

109 Durch diese Erfahrung in der Schule in Hannover bin ich dazu gekommen, dass diese Gütigkeit in den Schulen gelehrt werden solle.
Theologischer und philosophischer Briefwechsel, S. 64

110 Lassen Sie [Grabs] diese theologischen Dinge mehr im Hintergrund. Die Hauptsache ist die Ethik.
Theologischer und philosophischer Briefwechsel,
Brief an Rudolf Grabs, S. 239

111 Man kann also sagen, Ethik ist tätige Freiheit, und alles was man Liebe, Sanftmut, Friedfertigkeit, Barmherzigkeit bezeichnet, das alles fließt zusammen und ist erhalten in der «ethischen Freiheit von der Welt», wo der Einzelne von der Welt nichts behält, sondern nur sich geben kann und in diesem Geben größer und stärker wird.
Straßburger Vorlesungen, S. 706

112 Das gute Gewissen ist eine Erfindung des Teufels.
Kulturphilosophie I und II, S. 317

113 Alles Leben ist persönlich; die rohe Weltkraft ist für uns noch nicht Persönlichkeit, es ist ein Verlieren in dem Chaos des Geschehens, das Leben gebiert und Leben verschlingt. Aber aus diesem Chaos des Geschehens wächst hervor ein Wille zum Höheren, ein gesamtpersönlicher Lebenswille, und das ist in Analogie zu den ethischen Religionen für uns: «Heiliger Geist» oder wenn Sie es so verstehen wollen: «Persönlicher Gott».
Straßburger Vorlesungen, S. 707

114 Die Frage für uns ist vielmehr die, dass Gott nicht die gestaltende Weltkraft, Herrscher über alle Ereignisse, sondern dass Gott für uns ist Weltwille, der aus dem Chaos des Seins und des Lebens heraufsteigt und schaffen will höheres Leben, wie wir selber aus dem Chaos des Lebens heraufgestiegen sind durch dieses Urwunder, dass das Leben sich nach oben entwickelt.
Straßburger Vorlesungen, S. 708

21. Grundlegendes zur Ethik

Das tiefste Wissen ist etwas Einfaches. Es besteht darin, dass ich erkenne, dass alles, was ist, Leben ist. Das erfahre ich bereits ohne Wissenschaft, durch die einfache Betrachtung der Welt. Aber die Wissenschaft vertieft und erweitert mir diese Erkenntnis.

Vorträge, Vorlesungen, Aufsätze, S. 143

Ich bin Wille zum Leben, der leben will, inmitten von Willen zum Leben, der leben will. Ich weiß, dass dieser andere Wille zum Leben, wie der meinige, Angst vor Vernichtung und Schmerz und Sehnsucht nach Freude und Glück hat. Wie dem Geheimnis meines Willens zum Leben bringe ich dem Geheimnis des anderen Willens zum Leben Ehrfurcht entgegen. So gelange ich zu einer fundamentalen, allgemeinen Vorstellung von Gut und Böse. Gut ist, Leben erhalten, Leben fördern, dem Leben, das entwickelbar ist, zu voller Entwicklung zu verhelfen. Böse ist, Leben zerstören, dem Leben Leiden bringen, es in seiner Entwicklung hemmen.

Vorträge, Vorlesungen, Aufsätze, S. 143

Jede ernste Ethik, nicht erst die Ehrfurcht vor dem Leben, stellt die Forderungen, die so weitgehend sind, dass sie auch beim besten Willen nicht völlig erfüllbar sind. Jede tiefere Ethik hat schon etwas von der absoluten Ethik an sich.

Vorträge, Vorlesungen, Aufsätze, S. 144

Leben – welches Rätsel – und bis man genug gesorgt und gekämpft hat, um das Leben schön und herrlich zu finden – und das was es noch verbirgt – wunderbar.

Die Jahre vor Lambarene, Brief an Helene Bresslau, S. 113

Die Welt bleibt uns absolut rätselhaft. Dies ist die ungeheure Schwierigkeit, mit der es das Denken zu tun hat.

Vorträge, Vorlesungen, Aufsätze, S. 128 f.

Was Leben ist, ist uns nicht nur ein Rätsel, sondern ein Geheimnis – wir kennen es nur durch Intuition und sind unendlich weit davon entfernt, es etwa mit den von uns beherrschten Naturkräften herstellen zu können. Daher die Ehrfurcht vor dem Leben, von der auch der überzeugteste Materialist beseelt ist, wenn er es vermeidet, den Wurm auf der Straße zu zertreten oder Blumen zwecklos abzupflücken. Und diese Ehrfurcht ist der Grundton aller Kultur. *Straßburger Vorlesungen, S. 693*

121 Die einzige Welterkenntnis (ist) Erfülltsein von dem Geheimnis des Lebens. *Vorträge, Vorlesungen, Aufsätze, S. 207*

122 [Wir] werden das Leben lieben für das, was wir darin tun wollen, dem Tod entgegenlächeln als der Bestimmung, die uns zurückruft, wenn es genug ist ... und eben deshalb werden wir das Leben leidenschaftlich lieben, wie die, die wissen, was das ist: leben! Leben wollen: das ist es, was ich immer durch alle Anstrengungen hindurch spüre ... *Die Jahre vor Lambarene, Brief an Helene Bresslau, S. 168*

22. Denken und Ethik

1 Je mehr man im Leben vorwärts kommt, desto mehr versteht man, wie die wahre Kraft und das wahre Glück von denjenigen Menschen herkommt, die uns geistig etwas sind. *Predigten, S. 543*

2 Das große Problem ist, das Universum (die Welt, das Weltgeschehen) und die Ethik zusammenzudenken. Die Ethik [ist] nicht in der Weltgeschichte gegeben, nicht auf das Universum anwendbar. *Kulturphilosophie III, 1. und 2. Teil, S. 176 f.*

3 Das Denken des gesunden Menschenverstandes ist der Anfang alles Denkens. *Kulturphilosophie III, 1. und 2. Teil, S. 53*

22. Denken und Ethik

Denken ist das Überlegen, durch das wir den Sinn unseres Daseins in der Welt zu begreifen suchen.
Kulturphilosophie III, 1. und 2. Teil, S. 405

Denken will also heißen, dass ich in einem auf das letzte gehenden Überlegen stetig von den Fragen des Daseins bewegt bin und mich mit mir selber und der Welt auseinandersetze.
Kulturphilosophie III, 3. und 4. Teil, S. 122

Das menschliche Denken kommt nicht voran, wenn nicht Menschen einen Gedanken, der in ihnen ist, in seiner ganzen Echtheit und Reinheit denken.
Goethe. Vier Reden, S. 67

Das Größte an einem Denker wird immer bleiben, dass seine Gedanken und sein Leben eine Einheit bilden.
Goethe. Vier Reden, S. 68

Nur, was aus dem Denken geboren, sich an das Denken wendet, kann eine geistige Macht für die ganze Menschheit werden. Nur was in dem Denken der Vielen wiedergedacht und dabei als Wahrheit erfasst wird, besitzt natürlich mittelbare und dauernde Überzeugungskraft.
Kulturphilosophie I und II, S. 62

Erst dadurch, dass der Mensch im Denken seine Eigenbestimmtheit erlangt, gelangt er in den völligen Besitz der in ihm vorhandenen Persönlichkeit. In dem Denken klärt, veredelt und festigt sich seine natürliche Persönlichkeit.
Kulturphilosophie III, 3. und 4. Teil, S. 123

Nicht darauf kommt es an, von wo das Denken ausgeht, sondern nur darauf, dass es von da, wo es ausgeht, in die Tiefe gehe.
Kulturphilosophie III, 3. und 4. Teil, S. 20

Was ist also das Erkennen, das gelehrteste wie das kindlichste: Ehrfurcht vor dem Leben, vor dem Unbegreiflichen, das uns im All entgegentritt und das ist wie wir selbst, verschieden in der äußeren

Dritter Teil: Ethik

Erscheinung und doch innerlich gleichen Wesens mit uns, uns furchtbar ähnlich, furchtbar verwandt. Aufhebung des Fremdseins zwischen uns und den anderen Wesen.

Sraßburger Predigten, S. 129

12 Das Ringen des Denkens hat also auf ethische Mystik zu gehen. Zu einer Geistigkeit, die ethisch ist, und zu einer Ethik, die alle Geistigkeit in sich schließt, müssen wir uns erheben. Dann erst werden wir in tiefer Weise lebenstüchtig.

Kulturphilosophie I und II, S. 303

13 Kommen muss eine Vergeistigung der Massen. Die vielen Einzelnen müssen denkend werden über ihr Leben, über das, was sie im Kampfe des Daseins für ihr Leben erringen wollen, über das, was ihnen die Umstände erschweren, und über das, was sie sich selber versagen. Es fehlt ihnen an Geistigkeit, weil sie eine verworrene Vorstellung von Geistigkeit haben. Sie vergessen das Denken, weil ihnen das elementare Denken über sich selbst fremd geworden ist.

Kulturphilosophie I und II, S. 335

14 So sind wir in ein neues Mittelalter eingetreten. Durch einen allgemeinen Willensakt ist die Denkfreiheit außer Gebrauch gesetzt, weil die Vielen sich das Denken als freie Persönlichkeiten versagen und sich in allem nur von der Zugehörigkeit zu Gemeinschaften leiten lassen.

Kulturphilosophie I und II, S. 30

15 Wir wandern jetzt in der Dunkelheit, aber alle miteinander haben wir die Überzeugung, dass wir dem Lichte entgegenschreiten, dass wieder eine Zeit kommen wird, wo religiöses und ethisches Denken sich vereinen werden.

Kultur und Ethik in den Weltreligionen, S. 421

16 Im Erkennen verhält sich der Mensch dem Sein gegenüber objektiv. Sein Denken aber hat insofern immer etwas Subjektives an sich, als es mit der Frage seines Verhältnisses zur Welt beschäftigt ist.

Kulturphilosophie III, 1. und 2. Teil, S. 294

22. Denken und Ethik

In unserem Denken geht zweierlei miteinander vor. Das eine ist, dass wir von dem, was in unserem Willen zum Leben gegeben ist, Kenntnis nehmen und es in seiner ganzen Bedeutung zu erfassen und in uns zur Entwicklung kommen zu lassen suchen. Das andere ist, dass wir Kenntnis von der Welt nehmen und die Lebensanschauung, die sich in unserem Willen zum Leben ausbildet, in dieser Kenntnis der Welt als sinnvoll zu begreifen suchen.
Kulturphilosophie III, 1. und 2. Teil, S. 307

17

Mit irgendwelchem Wissen von der Welt ist dem Denken nicht gedient. Ihm kommt es einzig darauf an, die ethische Lebens- und Weltbejahung, die das Wesen unseres Seins ausmacht, in dem Sein der Welt als sinnvoll gerechtfertigt zu finden und uns so das geistige Einswerden mit dem unendlichen Sein zu ermöglichen.
Kulturphilosophie III, 1. und 2. Teil, S. 310

18

In dreifacher Hinsicht ist es uns also unmöglich gemacht, das Sein, wie wir es in uns erleben, in dem Sein der Welt, wie wir sie wahrnehmen, zu begreifen.

19

Wir können den Menschen und die Menschheit nicht in der Weise in den Mittelpunkt des gesamten Seins stellen, dass vorstellbar wird, wie dieses in ihnen seine Endvollendung erreicht.

Wir können in der Welt und dem Weltgeschehen überhaupt keine auf eine Endvollendung des gesamten Seins hinzielende Gesamtzweckmäßigkeit entdecken.

Wir nehmen in ihm auch nichts von dem wahr, was wir als ethisch empfinden.

In diesen drei Feststellungen ist das elementare Problem, mit dem es unser Denken zu tun hat, gegeben. Alle anderen, mit denen es sich zu beschäftigen haben kann, sind Nebenprobleme, die ihre eigentliche Bedeutung erst von diesem Hauptproblem aus empfangen.
Kulturphilosophie III, 1. und 2. Teil, S. 313

Dritter Teil: Ethik

20 Alles Denken ist individuell. Nur insoweit, als wir dieselben geistigen Tatsachen in uns vorfinden und von ihnen ausgehen, sind die Voraussetzungen eines gemeinsamen Denkens gegeben.

Kulturphilosophie III, 1. und 2. Teil, S. 318

21 Das Denken hat Macht und Ansehen unter uns verloren. In dieser tragischen Lage befindet es sich, weil es die ethische Weltanschauung auf Welterkenntnis gründen wollte und sich deswegen in dem unmöglichen Unternehmen verlor, die ethische Deutung der Welt mit sachlicher Welterkenntnis zu vereinen.

Kulturphilosophie III, 1. und 2. Teil, S. 278

22 Allzusehr haben wir Europäer uns nur mit unserem Denken beschäftigt, statt auch das nichteuropäische mit in Betracht zu ziehen. Soweit wir überhaupt von ihm Kenntnis nahmen, ließen wir uns durch das Fremdartige, das es für uns hatte, davon abhalten, wirklich auf es einzugehen und es nach der Bedeutung, die ihm bei aller Fremdartigkeit zukommt, zu würdigen.

Kulturphilosophie III, 3. und 4. Teil, S. 58

23 Diesen letzten Kampf um die ethische Weltanschauung führt das europäische Denken, während auf der einen Seite die Religion sich immer völliger von ihm abschließt und auf der anderen verworrene Weltanschauungen nicht-ethischer Welt- und Lebensbejahung stolz tun und ein auf Weltanschauung überhaupt verzichtender Skeptizismus immer weiter um sich greift.

Kulturphilosophie III, 1. und 2. Teil, S. 278

24 Dass das neuzeitliche Denken bis in die Gegenwart so gar kein Bewusstsein davon hat, dass es in dem Maße, als es tief wird, notwendig wie in das Gebiet des Religiösen so auch in das der Mystik gelangt, macht seine Naivität und seine Schwäche aus.

Kulturphilosophie III, 1. und 2. Teil, S. 373 f.

25 In dem bisherigen Denken gehen Philosophie, Religion und Mystik wie drei durch einige Flussarme miteinander in Verbindung

22. Denken und Ethik

stehende Ströme nebeneinander einher. Dieses Nebeneinander macht seine Unzulänglichkeit aus. Erst ein Denken, das in einem natürlichen und stetigen Bezugnehmen auf die Gesamtheit der das Dasein des Menschen in der Welt ausmachenden Tatsachen sachlich und philosophisch ist, das in derselben Weise wie die Religion und die Mystik durch die Frage, was der Mensch mit seinem Dasein in der Welt anfangen will, beherrscht ist, und das, wie die Mystik, mit der geistigen Tat des Einswerdens mit dem unendlichen Sein beschäftigt ist: Erst dieses zugleich philosophische, religiöse und mystische Denken besitzt die Fähigkeit, tiefste und völlig überzeugende Weltanschauung zu schaffen.

Kulturphilosophie III, 1. und 2. Teil, S. 379

26 Wenn auch unser Denken rational ist, so ist das Ergebnis mit Notwendigkeit irgendwie irrational. Das Denken hat es ja mit dem Geheimnis des Lebens in uns und in der Welt zu tun und mit dem Problem unseres geistigen Einswerdens mit dem Unendlichen. Sein Gegenstand selber ist irrational. So ist auch zu erklären, dass die wahre Ethik zwar aus rational verfahrendem Denken kommt, aber ihrem Ergebnis nach irrational ist.

Vorträge, Vorlesungen, Aufsätze, S. 148

27 Philosophie, Religion und Mystik haben den Gegenstand gemeinsam, nur in der Denkweise sind sie verschieden.

Kulturphilosophie III, 1. und 2. Teil, S. 278

28 Nicht irgendein logisches Vermögen übt in uns, als eine Art Gedankenmathematik, das Denken aus. In unserem Denken setzt sich unser ganzes lebendiges Ich mit der Welt auseinander. Denken ist eine elementare Funktion unseres lebendigen Seins.

Kulturphilosophie III, 1. und 2. Teil, S. 284

29 In unserem Willen zum Leben sind die Elemente einer Lebensanschauung enthalten, die sich in einer Anschauung von der Welt klären und begründen will. Das Denken findet ein gegebenes Material vor. Eine empfundene Wahrheit will zu einer erkannten wer-

Dritter Teil: Ethik

den. Erst wenn wir uns dies vergegenwärtigen, verstehen wir, was in unserem Denken und in dem der Menschheit vor sich geht.

Kulturphilosophie III, 1. und 2. Teil, S. 285

30 Denkend werdend will heißen Erfülltsein von dem Rätselhaften, das uns umgibt. Was bedeutet die Unendlichkeit der Welten, die über uns am Himmel dahinzieht? Was bedeutet das Leben, das auf dieser Erde ist? *Vorträge, Vorlesungen, Aufsätze, S. 123*

31 Denkend will aber nicht nur heißen, dass wir von dem Geheimnisvollen des Seins, das uns umgibt, erfüllt sind, sondern auch, dass wir den Willen zum Leben, der in uns ist, zu verstehen versuchen.

Vorträge, Vorlesungen, Aufsätze, S. 123

32 Wir suchen das Verhältnis unserer Existenz zu der der Welt zu begreifen, unserem Leben einen Sinn zu geben.

Vorträge, Vorlesungen, Aufsätze, S. 124

33 Es liegt im Wesen des Denkens, dass es ein unaufhaltsam auf das Letzte gehendes Überlegen ist. Keine der Fragen, die das Dasein an mich stellt, ist etwas für sich. Alle sind sie nur Gestalten, die die große Frage des Verhältnisses meines Seins zum unendlichen Sein annimmt. Nur in ihr offenbaren sie sich ihrem eigentlichen Wesen nach, nur in ihr sind sie lösbar, soweit sie es überhaupt sind. Erst wo mein Überlegen diese Einsicht erreicht und zum Flusse wird, dem Meere zustrebt, wird es zum Denken.

Kulturphilosophie III, 1. und 2. Teil, S. 58 und S. 186

34 Zum wirklichen Denken bedarf es nicht nur logischer, sondern auch moralischer Entschlossenheit. Es liegt im Wesen des Denkens, dass es ein unaufhaltbar auf das Letzte gehendes Überlegen ist. Unser Denken muss eine Woge sein, die nicht zur Ruhe kommt, bis sie am Gestade des Unendlichen anschlägt.

Kulturphilosophie III, 1. und 2. Teil, S. 296

22. Denken und Ethik

Irgendwie muss mein Denken zuletzt zum Erlebnis werden. Dem Sein gegenüber, wie es außer mir ist, kann ich mich nicht als rein erkennendes Subjekt verhalten. Verstehen, soweit mir dies überhaupt möglich ist, kann ich es nur aus dem Sein, das in mir ist. Hier gilt der tiefe Satz der Mystik: Gleiches kann nur durch Gleiches erkannt werden. Im letzten Grunde erkenne ich die Welt, insoweit ich sie erlebe. *Kulturphilosophie III, 1. und 2. Teil, S. 193* 35

Bruder Mensch: Habe den Mut, dir einzugestehen, dass das Denken eine Woge ist, die nicht zur Ruhe kommt, bis sie am Gestade des Unendlichen anschlägt. 36
Kulturphilosophie III, 1. und 2. Teil, S. 60

Dem Geheimnisvollen kann das Denken nicht entgehen. Das Sein ist das Geheimnis der Geheimnisse. Also ist auch das geistige Verhältnis des menschlichen Seins zum unendlichen [Sein] geheimnisvoll. *Kulturphilosophie III, 1. und 2. Teil, S. 194* 37

Das Holz zum Feuer der Erkenntnis, das in der Ekstase in Brand kommt, wird von dem Denken zusammengetragen. Wie die Religion gehört also auch die Mystik mit dem Denken zusammen. In den Weltanschauungen der Philosophie, der Weltreligionen und der Mystik liegt das Denken der Menschen in Vollständigkeit vor. 38
Kulturphilosophie III, 1. und 2. Teil, S. 196

In dem Denken der Menschheit, so chaotisch es sich ausnimmt, vollzieht sich eine stetige, wenn auch nicht geradlinige Hinbewegung auf die Wahrheit. Wenn auf das Entstehen und Blühen von Gedanken, das in so mannigfacher Weise durch die Zeiten hindurch stattfindet, immer wieder das Vergehen folgt, so will das nicht heißen, dass es nun mit ihnen zu Ende ist. In dem Vergehen werden sie zur Frucht, die in den Schoß der Zeit fällt, um in ihnen neu, mit tieferer Wurzel, aufzugehen. 39
Kulturphilosophie III, 1. und 2. Teil, S. 165 f.

Dritter Teil: Ethik

40 Wie in einem unendlichen Wirbel kehren im Denken der Menschheit immer dieselben Probleme und dieselben Gedanken wieder. Aber der Wirbel bewegt sich nicht auf der Stelle, sondern kreist in einer Strömung, die ihn mit sich fortführt.
Kulturphilosophie III, 1. und 2. Teil, S. 166

41 Der Fortschritt auf die Wahrheit zu besteht darin, dass sich die Probleme in immer umfassenderer und tieferer Weise stellen. Wenn eine Weltanschauung, in der aufeinanderfolgende Generationen die zum Leben notwendige Erkenntnis zu besitzen glauben, gerade wenn sie voll ausgebildet ist, Risse bekommt und abwelkt, so geht dies vor, dass das Problem wächst und die bisherige Lösung sprengt, wie der Baum seine Rinde. Das Wachsen des Problems besteht darin, dass es sich immer mehr so stellt wie es ist, nicht wie man es sich zurechtlegte, um es zu lösen.
Kulturphilosophie III, 1. und 2. Teil, S. 166

42 Die unheimliche Wechselwirkung, die zwischen dem Geistigen und dem Materiellen besteht, hat noch kein Geschlecht in der Weise erfahren wie wir. *Kulturphilosophie III, 1. und 2. Teil, S. 167*

43 Denken ist nicht Sache der Gelehrsamkeit, sondern elementare Tat. *Kulturphilosophie III, 1. und 2. Teil, S. 167*

44 Das Denken, das mit der Wirklichkeit in Übereinstimmung bleiben will, muss stets gegenwärtig haben, wie klein die Erde in der Welt ist und wie wenig der Mensch auf der Erde bedeutet. [Er ist] etwas Vorübergehendes.
Kulturphilosophie III, 1. und 2. Teil, S. 169

45 Mensch und Menschheit sind eine Entfaltung des Seins unter unzähligen anderen, ein Kreis des Geschehens, der zeitlich entstanden und zeitlich vergänglich [sich] an irgendeinem Punkte, nicht im Mittelpunkte des alles Geschehen in sich schließenden Kreises bewegt. Das Sein aber ist ohne Anfang und ohne Ende. Es ist das größte Rätselhafte, in dem das Rätsel unseres Daseins gegeben ist.

22. Denken und Ethik

Zu dieser Demut muss das Denken des Menschen kommen, um tüchtig zu werden. *Kulturphilosophie III, 1. und 2. Teil, S. 170*

Das große in unserer Zeit offenbar werdende Ergebnis des Denkens ist also, dass wir die Illusion aufgeben, von einer Weltanschauung zur Lebensanschauung zu gelangen. Man kann von einer sich seit langem vorbereitenden Wandlung im Denken reden.
Kulturphilosophie III, 1. und 2. Teil, S. 173

Weiter ergibt sich aus dem Denken der Menschheit, dass die Ethik ein Doppeltes in sich begreift: ethische Selbstvervollkommnung und ethisches Wirken. Beide gehören zusammen. Ethik der Selbstvervollkommnung, das heißt ethisches Streben, in dem der Mensch nur mit sich selber beschäftigt ist, und Ethik des Wirkens, die nur in der Betätigung der Hingebung besteht, sind beide gleich unvollständig. Sie gehören zusammen.
Kulturphilosophie III, 1. und 2. Teil, S. 174

Das Denken soll die Wirklichkeit nicht überfliegen, sie nicht umgehen, sie nicht zurechtbiegen, sie nicht entleeren, sondern in sie eindringen, von der Wirklichkeit erfüllt sein. Das wahre Denken ist das, das die Beziehung auf die volle Wirklichkeit stets aufrecht erhält und von den Fragen unseres Verhältnisses zu uns selber und zur Welt ausgeht, die einen jeden von uns ständig bewegen. Sachlich [ist] das Denken, das stets durch die Tatsachen der Wirklichkeit, in der wir uns bewegen, bestimmt ist. Die Wirklichkeit, mit der es unser Verhältnis zu uns selber und zur Welt zu tun hat.
Kulturphilosophie III, 1. und 2. Teil, S. 179

An meinem Denken [ist] mein ganzes Wesen, Fühlen, Empfinden, Ahnen, Wollen, Erkennen beteiligt. Denken hat es mit dem Verhältnis zu meinem eigenen Sein und zum Sein der Welt zu tun. Gewiss: Das Erkennen ist zuletzt ein Erleben. Aber gerade wie das Erkennen zum Erleben wird, [darum geht es].
Kulturphilosophie III, 1. und 2. Teil, S. 179

Dritter Teil: Ethik

50   Es gibt keine andere Tiefe als die der wahren Sachlichkeit.
Kulturphilosophie III, 1. und 2. Teil, S. 179

51   Meine Gedanken! Nicht wiedergedachte und von anderen ausgeliehene Gedanken – meine aus meinem Geist geborenen Gedanken. Meine Gedanken, die ich lachend, weinend zur Welt bringe, aber mit dem überlegenen Stolz, Gedanken zu erschaffen, ein Denker zu sein. Nein, im Grunde bin ich nicht bescheiden, denn Gedanken zu erschaffen, die leben, das ist wenigen Leuten gegeben.   *Die Jahre vor Lambarene, Brief an Helene Bresslau, S. 94*

52   Wahrhaftig und gesund muss unser Denken werden, wenn es wieder Tiefe erlangen soll.
Existenzphilosophie und Christentum, Brief an Fritz Buri, S. 99

53   Darum will alles, was ich zu sagen wage, nur ein Anstoß zu eigenem Überlegen sein. Dieses allein kann uns miteinander auf den Weg der Wahrhaftigkeit mit uns selbst zurückführen und die Menschheit wieder zu einer lebendigen Kultur zurückbringen.
Wir Epigonen, S. 26

54   Die individuelle Gedankenarbeit, aus der das geistige Leben wie aus unzähligen Quellen gespeist werden soll, fällt fort. Wir verzichten auf das Wesentliche der Freiheit des Denkens.
Wir Epigonen, S. 55

55   Das Verbreiten von Meinungen mit Ausschaltung des Denkens wird immer mehr ausgebildet. Wir trauen einer Ansicht nur so viel zu, als die Propaganda für sie leistet.
Wir Epigonen, S. 57

56   Jedes tiefere Denken fühlt sich zum letzten Inhalte des Glaubens hingezogen, weil in diesem die großen Gedanken der Vergangenheit, wenn auch in erstarrter Form, wirksam sind.
Wir Epigonen, S. 146

22. Denken und Ethik

Von den Einzelnen, die wieder zum Denken kommen, muss eine neue öffentliche Meinung ausgehen, in der Wahrhaftigkeit und Vernunftideen die Gesinnung beherrschen und eine Vorstellung von wirklicher Regeneration und wirklichem Fortschritt in Kraft ist. Nur dieses Ziel dürfen wir im Auge haben, wenn wir uns nicht verirren wollen. *Wir Epigonen, S. 160 f.* 57

Sowie das Denken auftritt, ist es aus mit der begrenzten Teilnahmefähigkeit, die uns eine gefällige Gedankenlosigkeit abstecken wollte. Es ist ein gestrenger Herr, der nicht frägt, was genehm ist, sondern gebietet. Es ist der starke Wind, der uns aus der Bucht, in der wir verweilen möchten, in das offene Meer hinaustreibt. *Wir Epigonen, S. 173* 58

Ehe wir wieder nur begreifen können, was geistige Freiheit ist, muss uns die Gedankenlosigkeit, in der wir miteinander wie auf Vereinbarung dahinleben, in ihrer ganzen Armseligkeit aufgehen und die innerliche Auseinandersetzung mit dem Leben uns wieder etwas Natürliches und Notwendiges werden. *Wir Epigonen, S. 186* 59

In der Jugend lebt ein unmittelbares Denken, das nach Nahrung sucht. Die meisten Menschen beschäftigen sich vom zehnten bis zum zwanzigsten Jahre mehr mit allgemeinen Fragen als in ihrem ganzen Leben. *Wir Epigonen, S. 265* 60

Sollen die Lehrer aber Erziehung zur Weltanschauung sein können, so müssen sie selber mehr im Denken gewurzelt sein als es gewöhnlich der Fall ist. *Wir Epigonen, S. 268* 61

Wahres Menschentum ist ein zu kostbares geistiges Gut, als dass man etwas davon an die Gedankenlosigkeit preisgeben dürfte. *Vorträge, Vorlesungen, Aufsätze, S. 95* 62

Wie sehr die Gedankenlosigkeit dem modernen Menschen zur zweiten Natur geworden ist, zeigt sich in der Geselligkeit, die er 63

Dritter Teil: Ethik

pflegt. Wo er mit seinesgleichen ein Gespräch führt, wacht er darüber, dass es sich in allgemeinen Bemerkungen halte und sich nicht zu einem wirklichen Austausch von Gedanken entwickele. Er hat nichts Eigenes mehr und wird von einer Art Angst beherrscht, dass Eigenes von ihm verlangt werden könnte.

Kulturphilosophie I und II, S. 24 f.

64 Das Geschehen unserer Zeit ist dadurch bestimmt, dass das Denken unserer Zeit nicht mehr religiös bestimmt ist.

Kultur und Ethik in den Weltreligionen, S. 235

65 So kommt die verhängnisvolle Ansicht auf, als ob Denken eine Sache der Gelehrsamkeit sei.

Kulturphilosophie III, 1. und 2. Teil, S. 137

66 Die höchste Ehre, die man einem Denksystem erweisen kann, ist, es unbarmherzig auf seinen Wahrheitsgehalt zu untersuchen, wie der Stahl auf seine Härte geprüft wird.

Die Weltanschauung der indischen Denker, S. 21

67 Der gesunde Menschenverstand ist ein Denken, das es nur mit dem Nächstliegenden und unmittelbar Praktischen zu tun haben will.

Vorträge, Vorlesungen, Aufsätze, S. 125

68 Der sogenannte gesunde Menschenverstand ist also nichts anderes als ein Denken, das auf halbem Wege haltzumachen versucht. Mit Hilfe dieses gesunden Menschenverstandes machen wir uns eine Ansicht von unserem Leben zurecht, die nicht zu unbequem ist und uns erlaubt, den letzten Fragen über unser Denken auszuweichen.

Der rechte gesunde Menschenverstand ist derjenige, der über sich selbst hinausführt. Zum wirklichen Denken bedarf es nicht nur logischer, sondern auch moralischer Entschlossenheit. Unser Denken muss eine Woge sein, die nicht zur Ruhe kommt, bis sie am Gestade der Ewigkeit anschlägt.

Vorträge, Vorlesungen, Aufsätze, S. 126 f.

22. Denken und Ethik

In dieser Ergründung des Willens zum Leben gelangt das Denken dazu, dass es nicht mehr bei der so unlebendigen Ethik des gesunden Menschenverstandes und der Soziologie stehenbleiben kann, sondern eine absolute und universelle Ethik der ethischen Selbstvervollkommnung und der liebenden Hingabe an alles Leben als Ergebnis wahren und tiefen Überlegens anerkennen muss. 69
Vorträge, Vorlesungen, Aufsätze, S. 170

Aber immer mehr kommt es dazu einzusehen, dass der Mensch von den Erkenntnissen, zu denen er selber gelangt, nicht leben kann, sondern über diese hinaus ethischer Überzeugungen bedarf, die in einer Art innerer Erkenntnis entstehen. 70
Vorträge, Vorlesungen, Aufsätze, S. 136

Das Denken muss sich, so schwer es ihm fällt, darein ergeben, dass die Ethik etwas Grenzenloses ist. 71
Vorträge, Vorlesungen, Aufsätze, S. 137

Von jeher war ich überzeugt, dass alles Denken es eigentlich mit dem großen Problem zu tun habe, wie der Mensch zum geistigen Eins-Sein mit dem unendlichen Sein gelangt. 72
Die Weltanschauung der indischen Denker, S. 15

Weil ich diese Gewissheit habe, [dass man die Menschen wieder auf den Weg des selbständigen Denkens bringen muss] lehne ich mich gegen den Geist der Zeit auf und nehme mit Zuversicht die Verantwortung auf mich, an der Wiederanfachung des Feuers des Denkens beteiligt zu sein. *Aus meinem Leben und Denken, S. 193* 73

So stehe ich und wirke ich in der Welt als einer, der die Menschen durch Denken innerlicher und besser machen will. 74
Aus meinem Leben und Denken, S. 189

Verzicht auf Denken ist geistige Bankrotterklärung. 75
Aus meinem Leben und Denken, S. 191

Dritter Teil: Ethik

76 Ja, das Denken ist nur der Schaum über dem brandenden Meer. *Theologischer und philosophischer Briefwechsel, Brief an Oskar Pfister, S. 582*

77 Und trotzdem er in jenem Wissen und Forschen unterrichtet war und einen klaren, durchdringenden Verstand besaß, blieb Sokrates von aller jener Gelehrsamkeit unberührt. Selber ein Sophist, das heißt ein Gelehrter, bekämpfte er die Sophisten mit ihren eigenen Waffen und überwand sie, indem er ihnen zeigte, dass ihre Wissenschaft, um die sie so viel Lärm machten, den Menschen zum innerlichen geistigen Leben nichts gab. *Gespräche über das NT, S. 158 f.*

78 So haben auch Jesus und Paulus als Gesetzesgelehrte die Gesetzesgelehrsamkeit überwunden. *Gespräche über das NT, S. 159*

79 Auch in unserer Zeit steht jeder Mensch, der innerliches Leben hat, über der Wissenschaft, und es wird so bleiben, solange es Menschen und Wissenschaft gibt. *Gespräche über das NT, S. 159*

80 Wo die Überzeugung aufhört, dass die Menschen die Wahrheit durch ihr Denken erkennen können, beginnt der Skeptizismus.
Aus meinem Leben und Denken, S. 191

81 Wie der Baum Jahr für Jahr dieselbe Frucht, aber jedes Mal neu bringt, so müssen auch alle bleibend wertvollen Ideen in dem Denken stets von neuem geboren werden.
Aus meinem Leben und Denken, S. 192

82 Allein durch die Zuversicht, in unserem individuellen Denken zu Wahrheit gelangen zu können, sind wir für Wahrheit aufnahmefähig. *Aus meinem Leben und Denken, S. 192*

83 Das freie Denken, das Tiefe hat, verfällt nicht in Subjektivismus.
Aus meinem Leben und Denken, S. 192

22. Denken und Ethik

Die Menschen wieder denkend machen, heißt also, sie ihr eigenes Denken wiederfinden lassen, dass sie in ihm zur Erkenntnis, derer sie zum Leben bedürfen, zu gelangen suchen.

Aus meinem Leben und Denken, S. 196

84

In dem Denken der Ehrfurcht vor dem Leben findet eine Erneuerung des elementaren Denkens statt. Der Strom, der eine lange Strecke unterirdisch floss, kommt wieder an die Oberfläche.

Aus meinem Leben und Denken, S. 196 f.

85

Alles Denken, in dem Menschen zum Skeptizismus oder zum Leben ohne ethische Ideale zu gelangen behaupten, ist kein Denken, sondern nur als Denken auftretende Gedankenlosigkeit, die sich als solche dadurch erweist, dass sie nicht mit dem Geheimnisvollen des Lebens und der Welt beschäftigt ist.

Aus meinem Leben und Denken, S. 199

86

Aus der Nebeneinanderstellung des europäischen und indischen Denkens wird deutlich, dass das große Problem des Denkens überhaupt darin besteht, zu einer Mystik ethischer Welt- und Lebensbejahung zu gelangen.

Die Weltanschauung der indischen Denker, S. 41

87

Die in dem Denken entstehende Ethik ist also nicht «verstandesgemäß», sondern irrational und enthusiastisch. Sie steckt keinen klug abgemessenen Kreis von Pflichten ab, sondern legt dem Menschen die Verantwortung für alles Leben, das in seinem Bereich ist, auf und zwingt ihn, sich ihm helfend hinzugeben.

Aus meinem Leben und Denken, S. 201

88

Paulus ist der Schutzheilige des Denkens im Christentum. Vor ihm müssen sich alle verbergen, die dem Evangelium mit der Vernichtung des freien Denkens im Glauben an Jesum zu dienen glauben.

Die Mystik des Apostels Paulus, S. 366

89

Nicht nur, dass Paulus als erster das Recht des Denkens im Christentum vertritt: er weist ihm auch für alle Zeiten den Weg, den es

90

Dritter Teil: Ethik

zu gehen hat. Seine große Tat ist, dass er als das Wesen des Christ-Seins das Erlebnis der Gemeinschaft mit Christo erfasst.

Die Mystik des Apostels Paulus, S. 366 f.

91 Das Neue, das kommen muss, ist, dass Weiß und Farbig sich in ethischem Geiste begegnen. Dann erst wird Verständigung möglich sein. An der Schaffung dieses Geistes arbeiten, heißt zukunftsreiche Weltpolitik treiben. *Aus meinem Leben und Denken, S. 169*

92 Also über Schwierigkeiten und unbegreifliche Vorkommnisse im Leben soll man wohl gar nicht nachdenken, einem blinden Glauben zuliebe? – Oh, nein. Im Gegenteil. Je mehr man denkt, umso besser und förderlicher. *Vorträge, Vorlesungen, Aufsätze, S. 379 f.*

93 Ich setze mich mit diesem unnatürlichen Denken nicht auseinander. Es wird abwelken, wenn wieder ein natürlicher Geist aufkommt. Bis dahin ist seine Macht nicht zu brechen. Ich halte mich an das taoistische Wort, das mich so oft getröstet hat: «Irrtümer muss man nicht widerlegen», das ich mir so deute, dass man sich um die Wahrheit bemühen soll, die von selber die Nicht-Wahrheit überstrahlen wird.

Existenzphilosophie und Christentum, Brief an Fritz Buri, S. 100

94 Vom Boden des Sachlichen aus, nicht in Überfliegen desselben, sollen wir zum Geistigen zu gelangen trachten. Der Weg zu den letzten Erkenntnissen nimmt also im einfachen, uns allen gemeinsamen logischen Denken seinen Anfang. Sind wir stetig von den Fragen des Daseins bewegt und lassen wir das Bedürfnis in uns lebendig bleiben, ihnen bis zu Ende nachzugehen, so wird das logische Denken von selbst zu lebendigem und tiefem Denken.

Kulturphilosophie III, 1. und 2. Teil, S. 406

95 Indem es auf das Gefühl eingeht, orientiert sich das Denken in naturgemäßer Weise, ohne damit irgendetwas von seiner Selbständigkeit preiszugeben. Nur in dem unharmonischen Menschen liegen Gefühl und Denken in Widerstreit miteinander. In dem

harmonischen setzt sich das Gefühl in das es überlagernde und überragende Denken fort und gelangt in ihm aus der Dämmerung ins Licht.

Auch wenn wir uns vornehmen, im Denken ganz von vorne zu beginnen und nichts als gegeben anzuerkennen, so tun wir damit doch nichts anderes, als auf möglichst gründliche und unvoreingenommene Weise Klarheit über die Ideen, die für uns Werte bedeuten, zu suchen.

Dieses Denken ist das tiefste, das sich der Weite bewusst ist, die die gefühlte Wahrheit in sich birgt, und das in unbestechlicher und mutiger Wahrhaftigkeit zu erkenntnismäßiger Wahrheit gelangt, die nicht ärmer, sondern reicher ist als die gefühlte.

Kulturphilosophie III, 1. und 2. Teil, S. 407 f.

Die Richtung des Denkens und die Energie des Denkens sind also unabhängig von dem größeren oder geringeren Wissen. Von dem größeren oder geringeren Wissen hängt nur die Weite des Horizontes ab. Erkennen ist einfache Feststellung des Seins. Im Denken aber unternehme ich es, das Sein und mich selber miteinander in Beziehung zu setzen. *Kulturphilosophie III, 1. und 2. Teil, S. 408*

23. Wahrheit und Wahrhaftigkeit

Die Wahrhaftigkeit beginnt mit der Wahrhaftigkeit gegen sich selbst. *Vorträge, Vorlesungen, Aufsätze, S. 143*

Die Wahrhaftigkeit gegen uns selbst ist zugleich das Einssein mit Gott. *Predigten, S. 894*

Tiefe Wahrheit tritt nicht anspruchsvoll auf.
Das Christentum und die Weltreligionen, S. 64

Dritter Teil: Ethik

4   Aber nicht auf das, was geistreich, sondern auf das, was wahr ist, kommt es an. *Kulturphilosophie I und II, S. 35*

5   Aus Ehrfurcht vor meinem Dasein stelle ich mich unter den Zwang der Wahrhaftigkeit gegen mich selbst. Zu teuer wäre mir alles erkauft, das ich erlangte, indem ich gegen meine Überzeugung handelte. Ich habe Angst davor, durch Untreue gegen mich selbst meinen Willen zum Leben mit vergiftetem Speer zu verwunden. *Kulturphilosophie I und II, S. 313*

6   Tatsächlich geht die Ethik der Wahrhaftigkeit gegen sich selbst unmerklich in die der Hingebung an andere über. Die Wahrhaftigkeit gegen mich selbst zwingt mich zu Akten, die sich derart als Hingebung bekunden, dass die gewöhnliche Ethik sie aus Hingebung ableitet. *Kulturphilosophie I und II, S. 313*

7   Warum verzeihe ich einem Menschen? Die gewöhnliche Ethik sagt, weil ich Mitleid mit ihm habe. Sie lässt die Menschen sich im Verzeihen furchtbar gut vorkommen und erlaubt ihnen, Verzeihen zu üben, das von Demütigung des anderen nicht frei ist. So macht sie Verzeihen zu einem versüßten Triumph der Hingebung.

Mit dieser ungeläuterten Ansicht räumt die Ethik der Ehrfurcht vor dem Leben auf. Alle Nachsicht und alles Verzeihen ist ihr eine durch die Wahrhaftigkeit gegen sich selbst erzwungene Tat. Ich muss grenzenloses Verzeihen üben, weil ich im Nichtverzeihen unwahrhaftig gegen mich selber würde, indem ich damit täte, als wäre ich nicht in derselben Weise schuldig, wie der andere mir gegenüber schuldig geworden ist. Weil mein Leben so vielfach mit Lüge befleckt ist, muss ich Lüge, die gegen mich begangen wird, verzeihen; weil ich selber so vielfach lieblos, gehässig, verleumderisch, hinterlistig, hoffärtig bin, muss ich alle gegen mich gerichtete Lieblosigkeit, Gehässigkeit, Verleumdung, Hinterlist und Hoffart verzeihen. Lautlos und unauffällig muss ich verzeihen.
Kulturphilosophie I und II, S. 313 f.

23. Wahrheit und Wahrhaftigkeit

Den Kampf gegen das Böse, das in dem Menschen ist, haben wir nicht mit Richten anderer, sondern nur mit dem Richten unserer selbst zu führen. Kämpfen mit uns selbst und Wahrhaftigkeit gegen uns selbst sind die Mittel, mit denen wir auf andere einwirken.
Kulturphilosophie I und II, S. 314

Das Intimste tätiger Ethik, wenn es auch als Hingebung erscheint, kommt also aus der Nötigung der Wahrhaftigkeit gegen sich selbst und erhält in ihr seinen wahren Wert. Die ganze Ethik des Anderssein als die Welt fließt rein nur dann, wenn sie aus dieser Quelle kommt.
Kulturphilosophie I und II, S. 314

Alles was wir als Sünde erleben, ist Mangel an Wahrhaftigkeit oder Mangel an Liebe. Dies sind die zwei Ursünden.
Kulturphilosophie III, 3. und 4. Teil, S. 379

Das Fundament der Ethik der Selbstvervollkommnung ist die Wahrhaftigkeit gegen sich selbst.
Vorträge, Vorlesungen, Aufsätze, S. 162

Die größte Gefahr aller Sittlichkeit ist die Unwahrhaftigkeit.
Wir Epigonen, S. 306

Die Unwahrhaftigkeit uns selbst gegenüber ist uns zur Natur geworden.
Wir Epigonen, S. 114

Nur der denkende Mensch und nur die denkende Wissenschaft sind wahrhaftig.
Wir Epigonen, S. 139

Wenn man einst, nach Tausenden von Jahren, unsere Zeit mit einem Wort kennzeichnen will, wird man sagen: Es war die Zeit, wo man das Wissen an die Stelle der Wahrheit setzte.
Predigten, S. 401

Im Allgemeinen verläuft die Entwicklung der Ethik in der Art, dass ihre erste große Errungenschaft das Wertlegen auf Wahrhaftigkeit ist. Nicht dadurch, dass er anfängt, den Kreis seiner Hingabe an

Dritter Teil: Ethik

andere Menschen weiter zu ziehen und gütiger zu sein, tut der Mensch den Schritt aus der niederen Ethik in die höhere, sondern dadurch, dass er Lug, Trug, Verstellung und Hinterlist verurteilt und abzulegen sucht. Wer unter primitiven Völkerschaften lebt, hat fort und fort Gelegenheit zu beobachten, dass dies der natürliche Gang der Entwicklung ist.

Kulturphilosophie III, 1. und 2. Teil, S. 290

17 Wahrhaftigkeit ist das Fundament des geistigen Lebens.

Aus meinem Leben und Denken, S. 193

18 Es ist kein Kreis zu klein, dass nicht das Größte drin gewirkt werden könnte, und keine Kraft, die in Wahrhaftigkeit und Gottvertrauen tätig ist, geht verloren. *Gespräche über das NT, S. 141*

19 Wahrhaftig zu sein ist schrecklich, denn man weiß nie, wo man dabei endet.

Die Jahre vor Lambarene, Brief an Helene Bresslau, S. 37

20 Für einen Menschen, der es wagt, in jedem Augenblick seines Lebens wahrhaftig sein zu wollen und keine Stimme seines inneren Wesens zu betrüben, gibt es keinen ungetrübten Augenblick der Lebensfreude und keinen unerheiterten Augenblick des Lebensernstes, sondern gerade in den glücklichen Augenblicken tritt der Lebensernst an ihn heran, indem er der Unglücklichen gedenken muss, und auch in den Stunden tiefsten Lebensernstes ist er für Lebensfreudigkeit empfänglich. *Gespräche über das NT, S. 155*

21 Die Lebensfreudigkeit durch tiefsten Lebensernst immer wieder aufs Neue erkaufen, das ist das gewaltige Mahnen, durch welches die Zwiespältigkeit des Geistes Jesu diejenigen wach und wahrhaftig erhält, welche sich nicht betäuben lassen wollen.

Gespräche über das NT, S. 155

22 Überall in der Welt verläuft die Entwicklung der Ethik in der Art, dass ihre erste große Errungenschaft die Hochschätzung der

23. Wahrheit und Wahrhaftigkeit

Wahrhaftigkeit ist. Nicht dadurch, dass er irgendwelche Verpflichtung der Gütigkeit gegen den Nebenmenschen anerkennt, sondern dadurch, dass er Lug, Trug und Hinterlist verurteilt, tut der Mensch den Schritt aus der niederen Ethik in die höhere.
Die Weltanschauung der indischen Denker, S. 61

Die Religion muss den Mut haben, wahrhaftig sein zu wollen, durch die Probleme hindurchzugehen und ihren Weg über sie hinaus zu finden.
Existenzphilosophie und Christentum, Brief an Fritz Buri, S. 98

Wir können tun, was wir wollen, wenn wir gegen uns selbst wahrhaftig bleiben, werden wir nicht fertig mit seinen [Jesu] Worten.
Gespräche über das NT, S. 146

Es gibt keine Versöhnung zwischen Jesu Forderungen und unsern bürgerlich weltlichen Anschauungen, auch wenn sie etwas mit christlichem Sauerteig durchsäuert sind.
Gespräche über das NT, S. 147

Das große Wissen ist, mit Enttäuschungen fertigzuwerden. Ich bin ohnmächtig gegen die Unwahrhaftigkeit und die Lüge, die um mich herum ihr Wesen haben. Das hat zum Grunde, dass ich selber noch nicht wahrhaftig genug bin.
Aus meiner Kindheit und Jugendzeit, S. 80, 82

Die Wahrheit hat keine Stunde. Ihre Zeit ist immer und gerade dann, wenn sie am unzeitgemäßesten scheint. Die Sorgen um die nahe und um die fremde Not vertragen sich, wenn sie miteinander genug Menschen aus der Gedankenlosigkeit wecken und einen neuen Geist der Humanität ins Leben rufen.
Zwischen Wasser und Urwald, S. 150

Es ist so viel göttliche Wahrheit in der Welt, als davon sich mit menschlichem Wesen verbunden hat und getragen wird von einem menschlichen Geiste
Predigten, S. 517

Dritter Teil: Ethik

29   ... man kann eine Wahrheit nicht mit dem Kopf allein begreifen, sondern man muss versuchen, danach zu leben, und dann im Leben erweist sie sich als Wahrheit.
Predigten, S. 248

30   Die Wahrheit ist eine Kraft, die Kraft zu Gott hin.
Predigten, S. 402

31   Die Wahrheit ist ein Sehnen, ein Streben, sie ist ein Kämpfen, ein Ringen. Sie ist Friede und Seligkeit. Die Wahrheit ist nämlich die Erkenntnis, dass das einzelne Menschenleben einen ewigen, unverlierbaren Wert besitzt.
Predigten, S. 402

32   Wie die Magnetnadel trotz aller Verrückungen, Ablenkungen und Störungen immer wieder durch eine geheimnisvolle Kraft auf einen Punkt hingelenkt wird, so findet auch der Mensch, welcher die Wahrheit in sich trägt, trotz aller Irrtümer und Verirrungen, trotz Fall und Sünde doch immer wieder den Weg zu Gott hin durch die Kraft der Wahrheit.
Predigten, S. 402

33   Christus hat der Welt die Wahrheit als geistige Kraft gebracht, und diese Kraft wirkt fort und fort, unverlierbar, sie wächst und nimmt zu, solange die Welt besteht – denn nichts, kein Stillstand, keine Gleichgültigkeit, keine Verdunkelung kann den Sieg der Wahrheit aufhalten.
Predigten, S. 403

34   Auch die historische Wahrheit ist Wahrheit und muss als solche geachtet werden. Das Denken darf keine Abhängigkeit und keine Ängstlichkeit kennen.
Die Weltanschauung der indischen Denker, S. 211

35   Wahrheit im höchsten Sinne ist, was im Geiste Jesu ist.
Geschichte der Leben-Jesu-Forschung, S. 41

36   Da das Wesen des Geistigen Wahrheit ist, bedeutet jede Wahrheit zuletzt einen Gewinn. Unter allen Umständen ist die Wahrheit wertvoller als die Nichtwahrheit.   *Aus meinem Leben und Denken, S. 52*

23. Wahrheit und Wahrhaftigkeit

Durch das Gefilde der Klarheit führt der Weg zum Geheimnis der Wahrheit, nicht durch die Sümpfe der Unwahrheit.
Kulturphilosophie III, 3. und 4. Teil, S. 369

37

Die innere Geschichte der Welt ist nichts anderes als die Geschichte vom Auftauchen, Verschüttetwerden und Wiedererstehen von Wahrheiten in Wissenschaft, Kunst, Denken und Frömmigkeit.
Predigten, S. 1029

38

Um die Vereinigung von Denken und Religion haben sich die großen Geister der Menschheit bemüht, weil sie dies für das geistige Sein der Menschen als notwendig erachteten. Wir setzen dieses Bemühen in einer Zeit fort, die erst wieder zur Ehrfurcht vor geistiger Wahrheit gelangen muss.
Theologischer und philosophischer Briefwechsel,
Brief an Martin Werner, S. 811

39

Ich freue mich, dass Sie [Oskar Kraus] kritisch gegen mich sind. Das Schönste ist, unentwegt der Wahrheit zu dienen. ... Das Verhältnis zu Jesus beruht darauf, dass er der erste ist, der in der pessimistischen Anschauung des tatsächlichen Seins ethischer Optimist ist in Bezug auf das Endschicksal der Menschheit. ... Auch Jesaja hat mich tief ergriffen. Jesus ist für mich das Wiederaufwachen dieses ethisch-prophetischen Geistes in der Vorstellungswelt des Spätjudentums.
Theologischer und philosophischer Briefwechsel,
Brief an Oskar Kraus, S. 433

40

Wie stark stünde die christliche Wahrheit in der heutigen Welt da, wenn ihr Verhältnis zur geschichtlichen in jeder Hinsicht so wäre, wie sie sein sollte!
Aus meinem Leben und Denken, S. 52

41

Da gibt es nur Eines, dass wir uns schweren Herzens unter die uns so unbegreiflich vorkommende geschichtliche Wahrheit beugen und nicht der Versuchung zur Unwahrhaftigkeit erliegen, sie übersehen zu wollen. Alle Wahrheit, auch die, die Opfer von Anschauungen, die wir behalten möchten, von uns verlangt, ist zuletzt den-

42

Dritter Teil: Ethik

noch geistiger Gewinn. Sie setzt das Wirkliche an die Stelle des Unwirklichen.
Reich Gottes und Christentum, S. 342

43 Die Wahrheit bedarf keiner anderen Autorität als derjenigen, die sie in sich selber trägt.
Die Weltanschauung der indischen Denker, S. 212

44 Darum musst du [Martin Werner] gar nicht lebhaft gegen sie polemisieren, sondern ganz vornehm, mit Handschuhen. Die Studenten sollen sehen, wo der Geist des Friedens ist. ... Die Wahrheit ist nicht nervös, sie kann warten.
Theologischer und philosophischer Briefwechsel, Brief an Martin Werner, S. 787

45 Ich glaube, dass Sie [Martin Werner] die Frage nun endgültig entschieden haben und dem Geschwätz der Theologen ein Ende gesetzt ist ... soweit dies bei diesen Leuten möglich ist. ... Wir alle arbeiten heute nicht für die Gegenwart – denn diese gehört den unklaren und charakterlosen Geistern – sondern für die Wahrheit, die erst in Zukunft erkannt werden wird.
Theologischer und philosophischer Briefwechsel, Brief an Martin Werner, S. 747

46 Wenn ich nachher in manchem Ansichten verfechten musste, die den Ihrigen [Adolf Jülicher] widersprachen, so liegt das daran, dass jeder für die Wahrheit, wie er sie ergründet, eintreten muss.
Theologischer und philosophischer Briefwechsel, Brief an Adolf Jülicher, S. 416

47 So stark wie der Wille zur Wahrheit muss der zur Wahrhaftigkeit sein. Nur eine Zeit, die den Mut der Wahrhaftigkeit aufbringt, kann Wahrheit besitzen, die als geistige Kraft in ihr wirkt.
Aus meinem Leben und Denken, S. 193

48 Achtlos geht die Menschheit an der Quelle der geistigen Wahrheit vorüber.
Gespräche über das NT, S. 12

24. Ideen und Ideale

Ist es nicht so, dass je höher ein Mensch steht in der Welt und je größer seine Verantwortung ist, desto größer auch der Widerstreit zwischen dem, was er seinem Herzen folgend tun möchte, und dem, was er muss? ... Werden nicht alle, die in der Welt etwas ausrichten wollen, hin- und hergeworfen zwischen Liebe und Gerechtigkeit, zwischen Verzeihen und Verurteilen?
Gespräche über das NT, S. 189

49

Wahr sein – nicht nur das Recht, die Kraft haben, wahr zu sein – das will ich – die ganze Wahrheit sagen können und dabei von meinem Leben bestätigt werden, aus ihm Kraft schöpfen – dafür allein opfere ich das «Glück» des Lebens.
Die Jahre vor Lambarene, Brief an Helene Bresslau, S. 44

50

Groß ist die Gegenwart der Menschen. Dieses Wesens, das seine wahre Vollkommenheit sucht. Weit größer ist die Zukunft der Menschheit. Man kann sie mit einem Worte beschreiben: Herrschaft des Geistes über den Stoff, der Wahrheit über die Lüge, des Vollkommenen über das Unvollkommene. Der einzige berechtigte und lohnende Lebensinhalt jedes Einzelnen ist, diesem Ziel sich und alle seine Kräfte ganz zu weihen.

51

... Alles deutet darauf hin, dass die Menschheit längst noch nicht fertig ist, und die Frage der Entwicklung ist durchaus nicht bloß eine Frage nach unserem Woher?, sondern ebenso eine Frage nach unserem Wohin? *Vorträge, Vorlesungen, Aufsätze, S. 377*

24. Ideen und Ideale

Im Jugendidealismus erschaut der Mensch die Wahrheit.
Aus meiner Kindheit und Jugendzeit, S. 79

1

Das Ideal des Menschen ist die in eigener Weltanschauung gewurzelte sittliche Persönlichkeit. *Wir Epigonen, S. 177*

2

Dritter Teil: Ethik

3   Wir glaubten an die Macht der Ideale, die uns erfüllten, und suchten gleichgesinnte Seelen, uns mit ihnen zu begeistern und mit ihnen die Wonne des Hoffens zu teilen. Wie als Träumende wandelten wir in der Seligkeit dahin, mit anderen in den edelsten Gedanken vertraut zu sein. Es erschien uns unbegreiflich, dass es Menschen gab, die sich nicht in derselben Gehobenheit der Stimmung befanden und nicht in derselben Begeisterung für das Schöne und Edle und Gerechte und Zweckmäßige erfasst waren.
Kulturphilosophie III, 1. und 2. Teil, S. 40

4   Als Ideal des materiellen und geistigen Seins des Menschen stellt die Ehrfurcht vor dem Leben also auf, dass er in möglichster Ausbildung aller seiner Fähigkeiten und in möglichst weitgehender materieller und geistiger Freiheit darum ringe, gegen sich selbst wahrhaftig zu sein und allem Leben um ihn herum miterlebende und helfende Teilnahme entgegenzubringen.
Kulturphilosophie I und II, S. 333

5   Wenn wir wieder wagen, das Licht der Vernunft zu suchen, verkümmern wir nicht zu einem Geschlecht, das keines Enthusiasmus mehr fähig ist, sondern wir gelangen zu der großen und tiefen Leidenschaft der großen und tiefen Ideale.
Kulturphilosophie I und II, S. 63

6   Der feste Boden unter den Füßen ist in ethischen Vernunftidealen gegeben. Wollen wir uns durch den Geist befähigen lassen, neue Zustände zu schaffen und wieder zur Kultur zurückzukehren oder wollen wir weiterhin den Geist aus den bestehenden Zuständen empfangen und an ihm zugrunde gehen? Das ist die Schicksalsfrage, vor die wir gestellt sind.
Kulturphilosophie I und II, S. 48

7   Die Frage, ob Persönlichkeiten oder Ideen über das Schicksal einer Zeit entscheiden, ist also dahin zu beantworten, dass es die Persönlichkeiten sind, von denen die Zeit ihre Ideen empfangen hat. Schaffen Denker einer Periode wertvolle Weltanschauung, so er-

24. Ideen und Ideale

hält diese von ihnen Ideen zu verarbeiten, die Fortschritt bedeuten.
Kulturphilosophie I und II, S. 60

Mit Idealen an die Wirklichkeit heranzutreten und durch sie etwas auszurichten zu wollen, gilt unserer Zeit als Torheit. Als die rechte Weisheit wird ausgegeben, dass man sich nur durch rein sachliche Überlegungen leiten lasse. Wir sind stolz auf das, was wir unseren Wirklichkeitssinn nennen, und meinen, durch ihn den früheren, durch moralische Vorurteile gehemmten Geschlechtern überlegen zu sein.
Kulturphilosophie III, 3. und 4. Teil, S. 118

Wie nur die hohen Berge im weiten Umkreis sichtbar sind, sind auch die wahren Ideale das einzige, auf das alle miteinander den Sinn gerichtet halten können. Gemeinsame Ideale allein bieten die Möglichkeit, dass die einzelnen wie auch die Völker sich gegenseitig verstehen, sich gegenseitig achten und Vertrauen zueinander haben.
Kulturphilosophie III, 3. und 4. Teil, S. 130

Wie anders stünde es um die Menschheit wenn die Menschen das Wesen, das sie mit vierzehn Jahren besitzen, als Erwachsene behielten.
Kulturphilosophie III, 1. und 2. Teil, S. 40

Ideale sind Gedanken. Solange sie nur gedachte Gedanken sind, bleibt die Macht, die in ihnen ist, unwirksam, auch wenn sie mit größter Begeisterung und festester Überzeugung gedacht werden. Wirksam wird ihre Macht erst, wenn mit ihnen dies vorgeht, dass das Wesen eines geläuterten Menschen sich mit ihnen verbindet.
Aus meiner Kindheit und Jugendzeit, S. 80

Überall, wo ein Ideal vorhanden ist, ist der Geist der Lebens- und Weltbejahung am Werk. Ein Ideal besteht ja in dem Wollen der Besser- und Höhergestaltung einer vorgefundenen Wirklichkeit. Es setzt ein Interessenehmen an der Wirklichkeit voraus, das mit dem Geiste der Lebens- und Weltverneinung nicht vereinbar ist.
Kulturphilosophie III, 1. und 2. Teil, S. 349

Dritter Teil: Ethik

13 Wenn wir uns heute in der traurigen Lage befinden, dass die Ideale, auf denen unsere Kultur beruht, kraftlos werden, so hat dies seinen Grund darin, dass wir die einheitliche und feste Weltanschauung ethischer Lebens- und Weltbejahung, in der die Geschlechter vor uns fähig waren, diese Kultur zu schaffen, nicht mehr aufrechterhalten können. Aufs Neue macht sich der für überwunden angesehene Gegensatz zwischen der Wahrheit der Ideen und der der äußeren Tatsachen geltend. Sich in dem Konflikte, der so tief geht wie nie zuvor, zu behaupten, will der Ideenwahrheit nicht gelingen. Weil wir keine Weltanschauung besitzen, an der die ethische Lebens- und Weltbejahung und die in ihr gegebenen Ideale Halt finden, leben wir in einem geistigen Chaos, das ein materielles zur Folge hat.

Kulturphilosophie III, 1. und 2. Teil, S. 319

14 Wie die Wasser der sichtbaren Ströme wenig sind im Vergleich zu denen, die unterirdisch dahinfluten, so auch der sichtbar werdende Idealismus im Vergleich zu dem, den die Menschen unentbunden oder kaum entbunden in sich tragen. Das Unentbundene entbinden, die Wasser der Tiefe an die Oberfläche leiten: die Menschheit harrt derer, die solches vermögen.

Aus meinem Leben und Denken, S. 86

15 Der Idealismus ging uns verloren, weil wir das dazu nötige Denken nicht aufbrachten. *Wir Epigonen, S. 28*

16 Die verschiedenen Verstandesmenschen! Angst vor Idealismus, vor Beherrschtsein von Ideen, die den gesunden Menschenverstand überragen. *Kulturphilosophie III, 3. und 4. Teil, S. 370*

17 Idealismus und Optimismus sind ein und dasselbe, weil in beiden dasselbe Wollen und Erhoffen einer zu verwirklichenden Vollendung vorhanden ist. Es gibt keinen Idealismus ohne Optimismus und keinen Optimismus ohne Idealismus. *Wir Epigonen, S. 133*

18 Die Reife, zu der wir uns zu entwickeln haben, ist die, dass wir an

24. Ideen und Ideale

uns arbeiten müssen, immer schlichter, immer wahrhaftiger, immer lauterer, immer friedfertiger, immer sanftmütiger, immer gütiger, immer mitleidiger zu werden. In keine andere Ernüchterung als in diese haben wir uns zu ergeben. In ihr härtet sich das weiche Eisen des Jugendidealismus zum Stahl des unverlierbaren Lebensidealismus. *Aus meiner Kindheit und Jugendzeit, S. 80*

Wer an seiner Läuterung arbeitet, dem kann nichts den Idealismus rauben. Er erlebt die Macht der Ideen des Wahren und Guten in sich. *Aus meiner Kindheit und Jugendzeit, S. 82*

19

Die wahre Religion kann nicht anders, als die Vorstellung von der Menschheit immer gegenwärtig haben und durch alle Geschehnisse zu Reflexionen angeregt werden, die den Einzelnen und die Gemeinschaften aus dem Tumult der Leidenschaften zu den reinsten geistigen und sittlichen Ideen führen und sie anleiten, in ihnen die einzig wahre und dauernde Lösung aller Fragen zu finden. *Wir Epigonen, S. 105*

20

Das Wissen vom Leben, das wir Erwachsene den Jugendlichen mitzuteilen haben, lautet also nicht: «Die Wirklichkeit wird schon unter euren Idealen aufräumen», sondern: «Wachset in eure Ideale hinein, dass das Leben sie euch nicht nehmen kann.»

21

Wenn die Menschen das würden, was sie mit vierzehn Jahren sind, wie ganz anders wäre die Welt!
Aus meiner Kindheit und Jugendzeit, S. 82

Möge es denen, die in diesen Schulen unterrichten, vergönnt sein, nicht nur Wissenschaft und Erkenntnisse zu verbreiten, sondern auch als Erzieher zu wirken.
Vorträge, Vorlesungen, Aufsätze, S. 215

22

Das einzige, worauf es ankommt, ist, dass wir darum ringen, dass Licht in uns sei. Das Ringen fühlt einer dem anderen an, und wo Licht in Menschen ist, scheint es aus ihnen heraus.
Aus meiner Kindheit und Jugendzeit, S. 75

23

Dritter Teil: Ethik

24 Er [Einstein] hat eben auch als Mensch seine Bedeutung in unserer Zeit gehabt, als ein Vertreter einer tiefen Humanitätskultur in einer Zeit, wo es galt, der Menschheit dieses Ideal zu erhalten.
Theologischer und philosophischer Briefwechsel,
Brief an Albert Einstein, S. 224

25 Meine Philosophie war eine Parallelerscheinung zu seiner [Einsteins] neuen Auffassung der Natur. Es interessierte ihn, wie ich die Ethik, die ja das Innere der Weltanschauung ist, auf die Idee der Ehrfurcht vor dem Leben, also auf das Erleben (nicht auf Erkennen der Welt und eines Weltziels), gründete.
Theologischer und philosophischer Briefwechsel,
Brief an Albert Einstein, S. 227

26 Einmütig waren wir in dem Vertreten des Ideals der Humanität, er von der Naturwissenschaft, ich von der Philosophie kommend, und damit fühlten wir uns als in einzigartiger Weise in unserer Zeit zusammengehörig.
Theologischer und philosophischer Briefwechsel,
Brief an Albert Einstein, S. 227

25. Tätigkeit und Handeln

1 Die Ethik verlangt von dem Menschen, dass er an der Welt und an dem, was in ihr vorgeht, Anteil nehme. Sie enthält überdies eine elementare Nötigung zur Tat.
Die Weltanschauung der indischen Denker, S. 34

2 Indem ich mich in den Dienst des Lebendigen stelle, gelange ich zu einem sinnvollen, auf die Welt gerichteten Tun.
Aus meinem Leben und Denken, S. 197

3 Ein Mensch, der mit stiller Zufriedenheit und Freudigkeit seine

25. Tätigkeit und Handeln

Arbeit tut, der ist eine Wohltat für die, welche mit ihm in Berührung kommen.
Predigten, S. 418

Wenn man morgen allen Menschen die rechte innere Arbeitsfreude einhauchen könnte, dann würde man die Welt glücklicher machen, als wenn man den Leuten Reichtum geben und die Sorgen nehmen könnte.
Predigten, S. 288

Ist es nicht unsere größte Schwäche, dass wir tatenlos sind?
Predigten, S. 607

Die Wissenschaft verblasst. Ich fühle nur noch eines: dass ich handeln will. Alles andere kommt mir vor wie eine Komödie.
Die Jahre vor Lambarene, Brief an Helene Bresslau, S. 83

In dem Wirken liegt Erkenntnis und Zuversicht. Ein Mensch, der nicht wirkt, der kommt nicht weiter als bis zu dem Satze: Das Leben ist Kampf und Not. Aber ein Mensch, der wirkt, der kommt zur höheren Weisheit – das Leben ist Kampf und Sieg.
Straßburger Predigten, S. 22

Das Wissen, zu dem wir gelangen müssen, liegt auf der Höhe, wo Wissen und Wollen ineinander sind und ineinander übergehen. Nicht darf es für dich heißen: Wie erkläre ich die Ereignisse, die mir begegnen, sondern: Was mache ich aus ihnen?
Straßburger Predigten, S. 110

Wir erwarten alles Heil von Zusammenschlüssen, Kongressen, organisiertem Zusammenwirken und täuschen uns damit; die weihevollste Arbeit können wir nur allein verrichten, und wir müssen gerade lernen, etwas für uns allein zu tun!
Straßburger Predigten, S. 49

Der Sinn, der in dem Geschehen der Natur waltet, ist ein Geheimnis. Darum lässt er sich nur schwer in Worte fassen. Um ihn zu erfassen, muss der Mensch sich darüber klar werden, dass das Ge-

Dritter Teil: Ethik

schehen, das sich aus dem bewussten, durch Vorstellungen und Zwecke bestimmten menschlichen Handeln ergibt, unnatürliches Geschehen ist. Durch solches Tun tritt der Mensch aus der Welt heraus und stört das in ihr waltende Geschehen.

Kulturphilosophie III, 1. und 2. Teil, S. 68

11 Zu dem Leben der Welt, soweit es in meinen Bereich tritt, habe ich mich nicht nur leidend, sondern auch tätig zu verhalten.

Aus meinem Leben und Denken, S. 197

12 Ein Symbol, dessen Realität von einer einzigen Tatsache herrührt: Ich glaube, weil ich handle – das Handeln ist für mich die wesentliche Tatsache, und handelnd will ich demütig und hochmütig zugleich sein – wahr wie schneidender Stahl.

Die Jahre vor Lambarene, Brief an Helene Bresslau, S. 44

13 Das Handeln eines Einzelnen ist nie verloren und erhält oft eine Bedeutung, die vor ihm verborgen bleiben muss, weil sie so groß ist, dass er davon eitel werden könnte. *Predigten, S. 1090*

14 Aus jedem Tun kommt neue Kraft. *Predigten, S. 499*

15 Wenn ihr wähnt, nicht mehr glauben zu können, handelt nur, tut nur – dann wird euch der Glaube zu seiner Zeit wieder kommen. Kämpft um das Reine, um das Edle. *Predigten, S. 334*

16 Ohne die Momente, wo der Mensch sich durch die Tat als ein Teil der geistigen Welt fühlt, geht seine Seele zugrunde.

Straßburger Predigten, S. 90

17 Was ist ein Mensch, der nicht «wirkt», der nicht von seinen Gaben und Kräften, von dem, was er hat, Anwendung macht, um da mitzuwirken, wo Menschen nötig sind?

Straßburger Predigten, S. 89

18 Ich weiß es gewiss und gewisser von Tag zu Tag, dass das einzige

25. Tätigkeit und Handeln

Glück eines Menschen darin besteht, in dem, was er tun soll, den Willen Gottes zu erkennen und es mit seiner Hilfe auszuführen.
Predigten, S. 521

Sie [Gnade] heißt: Sei wieder frei und froh zu freudigem Schaffen. 19
Predigten, S. 666

Es gibt noch etwas, das zum Glauben hinzutreten muss: die geis- 20
tige Tat. Alle Weltanschauung ist eine geistige Tat. Dies (hat) die Mystik erkannt. *Kulturphilosophie III, 1. und 2. Teil, S. 466*

Geduld ist oft schwerer als die größte Aufopferung. 21
Predigten, S. 135

[Der] harmonische Mensch ist der, dessen Innerlichkeit so groß ist 22
als sein Wirken. *Kulturphilosophie III, 1. und 2. Teil, S. 469*

Nur derjenige, der sein Vorhaben als etwas Selbstverständliches, 23
nicht als etwas Außergewöhnliches empfindet und der kein Heldentum, sondern nur in nüchternem Enthusiasmus übernommene Pflicht kennt, besitzt die Fähigkeit, ein geistiger Abenteurer zu sein, wie sie die Welt nötig hat.
Aus meinem Leben und Denken, S. 82, 84

Es gibt keine Helden der Tat, sondern nur Helden des Verzichtens 24
und des Leidens. *Aus meinem Leben und Denken, S. 84*

Nur wer aus eigener Kraft oder durch ergebene Freunde in mate- 25
rieller Hinsicht ein Freier ist, kann es heute wagen, den Weg persönlicher Tat zu begehen. *Aus meinem Leben und Denken, S. 84*

Ungeheure Werte bleiben durch Versäumnisse in jedem Augen- 26
blicke im Zustand des Nichts. Was aber davon Wille und Tat wird, bedeutet einen Reichtum, den man nicht unterschätzen soll.
Aus meinem Leben und Denken, S. 86

Dritter Teil: Ethik

27 Mein zweiter Arzt aus einem stocklutherischen Pfarrhaus ist sehr tüchtig und sehr lieb. Wie die That doch alle Unterschiede überbrückt. *Theologischer und philosophischer Briefwechsel, Brief an Oskar Pfister, S. 589*

28 Glücklich diejenigen, denen die Jahre des Wirkens reichlicher zugemessen sind als die des Suchens und Wartens! Glücklich diejenigen, die dazu kommen, sich wirklich voll ausgeben zu können.
Aus meinem Leben und Denken, S. 84

29 Nicht auf die Quantität, sondern auf die Qualität des Wirkens kommt es an. Es tut Not, dass unser Tätigkeitswille zum Bewusstsein seiner selbst komme und aufhöre, blind zu sein.
Kulturphilosophie I und II, S. 72

30 Wer sich vornimmt, Gutes zu wirken, darf nicht erwarten, dass die Menschen ihm deswegen Steine aus dem Weg räumen, sondern muss auf das Schicksalhafte gefasst sein, dass sie ihm welche darauf rollen. Nur die Kraft, die in dem Erleben dieser Widerstände innerlich lauterer und stärker wird, kann sie überwinden.
Aus meinem Leben und Denken, S. 85

31 Wir alle müssen [uns] unseres Versagens bewusst werden, um wenn wir wieder in Versuchung kommen, das Rechte zu tun und nicht zu schweigen. *Theologischer und philosophischer Briefwechsel, Brief an Martin Werner, S. 899*

32 Wirken so lange man kann.
Theologischer und philosophischer Briefwechsel, Brief an Theodor Heuss, S. 384

26. Liebe und Menschlichkeit

Das Gebot der Liebe ist einzig und absolut ... ihm allgemeingültige Ausführungsbestimmungen beizugeben, ist unmöglich. Nur in subjektiver Weise kann ihm der Einzelne Genüge tun. Von Fall zu Fall und aus dem tiefsten Gefühl der Verantwortung heraus hat er den Entscheid zu suchen, wie viel er von seinem Leben behalten darf und wie viel er davon zur Erhaltung und Förderung von anderem [Leben] dahingeben muss.
Kulturphilosophie III, 1. und 2. Teil, S. 219 f.

Wenn bei den Propheten und bei Jesus der Gedanke des Ethischen als der Gedanke der Liebe aufkommt, so will dies heißen, dass der Gedanke der Liebe in dem Urgrund des Seins selber ist und dass Gott, der diese Natur erhält und den wir als Schöpferkraft erkennen, zugleich Urgrund der Liebe ist. *Goethe, Vier Reden, S. 62*

Das höchste Phänomen des Geistigen in uns ist die Liebe. Durch sie kommt Ordnung in das Chaos der Beziehung des Menschen zu den Menschen. Ohne Gütigkeit ist er nicht im vollen Sinne Mensch. Hat er das rechte Bewusstsein von sich selbst, so kann er nicht anders, als sich von ihr leiten lassen.
  In der Natur findet er sie nicht. Sie ist das Göttliche in ihm.
Goethe, Vier Reden, S. 86

... nur das ist Liebe, wahre Liebe, was sich in der Prosa des Alltags erprobt und bewährt. *Predigten, S. 937*

Zuletzt beruht die wahre Liebe zweier Menschen auf der Ehrfurcht, die sie füreinander haben. *Predigten, S. 939*

... jeder Strahl von Liebe in dir ist Licht und Kraft zum Guten in anderen. *Predigten, S. 877*

Dritter Teil: Ethik

7   Das Größte bleibt, unwandelbar im Wandel der Zeiten, die Liebe.
Predigten, S. 939

8   Das ist das Geheimnis der Liebe, dass sie die guten Kräfte in den Menschen entbindet. *Predigten, S. 876*

9   ... die Liebe weckt in ihnen den Glauben an das Gute und die Kraft zum Guten. *Predigten, S. 876*

10   Diese wahre Liebe besitzen wir, wenn wir in uns das Streben haben, nicht uns selbst zu leben, sondern ... für die, die unsere Nächsten sind. *Predigten, S. 113*

11   Die wahre christliche Liebe ist der Gedanke, dass unser Leben im Dienste Jesu steht. *Predigten, S. 113*

12   Wenn Gott ein Gott der Liebe ist, so kann keine einzige Menschenseele ... verloren sein. *Predigten, S. 842*

13   Unsere Welt braucht Menschen, die die Liebe Jesu darin verkörpern. *Predigten, S. 939*

14   Immer wenn Menschen einander geistig nahe kommen, macht einer den anderen reich an geistiger Gabe. *Predigten, S. 498*

15   Und nicht nur im Tun, sondern auch in Gedanken muss er [der Mensch] Friedfertigkeit bewähren.
Alles Richten ist im Hinblick auf das kommende Gericht, das über alle ergehen wird, zu unterlassen.
Reich Gottes und Christentum, S. 109

16   Kein Maßhalten im Verzeihen ist erlaubt.
Reich Gottes und Christentum, S. 109

17   Ein Herz, das nicht verzeihen kann, wird keinen Frieden finden ...
Predigten, S. 212

26. Liebe und Menschlichkeit

Nur der Menschengeist, der in dem unendlichen Gottesgeist still und demütig geworden ist und Glauben hat, kann verzeihen.
Predigten, S. 735

Das höhere Gerechtsein verlangt aber nicht nur Nächstenliebe, sondern auch Feindesliebe. *Reich Gottes und Christentum, S. 110*

Alles Wertvolle in der Welt muss mit Menschenleben bezahlt werden. *Predigten, S. 896*

Nichts lähmt die Wirkungskraft eines Menschen so wie das, was er den Menschen nachträgt. *Predigten, S. 899*

Das eine, worauf alles ankommt, ist der Glaube an ein Ziel der Menschheit und des Menschen, das durch unsere Arbeit seiner Verwirklichung näher gebracht werden muss und dass wir in dieser Arbeit den Sinn des Daseins finden und geistig wachsen und stark werden. *Predigten, S. 1082*

Wenn zwei Menschen einander verstehen wollen, muss irgendetwas Gemeinsames zwischen ihnen sein. *Predigten, S. 528*

… in jeder menschlichen Persönlichkeit … liegt ein Reichtum verborgen, der größer ist als alle ungehobenen Schätze der Welt.
Predigten, S. 450

Man versinkt nicht nur in der Tiefe des Meeres, sondern auch im Sumpf, wenn einem niemand den Weg zeigt, der daraus herausführt. *Predigten, S. 810*

… auch die Geistesgeschichte der Menschheit ist nicht etwas für sich, sondern eine Bewegung in der Evolution der ganzen Natur.
Goethe, Vier Reden, S. 62

Obwohl wir in der Natur nichts von Liebe sehen, ist die Liebe in

Dritter Teil: Ethik

der Natur. Sie ist in der geistigen Evolution der Menschheit in Erscheinung getreten. *Goethe, Vier Reden, S. 62*

28 Menschen, die an die Menschen glauben, sind eine Kraft für sie. Sie brauchen kein Wort zu reden, sie strahlt aus ihnen heraus und ist die größte Hilfe, die einem Menschen zuteil werden kann.
Predigten, S. 708

29 Wir Menschen haben einander geistig nötig. Spann eine Saite, sie gibt nur einen dünnen kurzen Ton, aber wenn sie auf einen Resonanzboden gespannt ist, dann klingt sie tief und lang, weil ihre Schwingungen durch die Schwingungen des Bodens verstärkt werden. So müssen auch die Gedanken der andern mit den unsrigen mitschwingen, damit wir die Melodie unseres eigenen geistigen Wesens hören. *Predigten, S. 549*

30 Sorge dich mit um die Menschen um dich herum, um das, was vor deinen Augen vorgeht, und diese große allgemeine Sorge wird dir deine Last leicht machen. *Predigten, S. 881*

31 Die Menschen meinen gewöhnlich, das Größte zwischen Menschen sei das sich ganz Kennen und ganz Verstehen. Gewiss. Es gibt aber noch etwas Höheres, das in gewissen Augenblicken eintreten muss: der Glaube an den anderen. Ohne ihn sind die tiefsten Beziehungen von Mensch zu Mensch unmöglich.
Predigten, S. 1097

32 Ein armer sündiger Mensch wird einem anderen zum Segen: Er kann ihn stärken, trösten, aufrichten, er kann ihm geistig wohltun. Ist das nicht etwas Wunderbares? *Predigten, S. 498*

33 Wo ein Mensch in ernstem Arbeiten an sich selbst wirklich ein Mensch wird, das ist Kraft. *Predigten, S. 1137*

34 Die Menschen sind nicht böse und nicht gut, sondern sie sind böse und gut. *Predigten, S. 465*

26. Liebe und Menschlichkeit

Darum fehlt es an Menschen auf der ganzen großen Welt, weil wir alle den einfachen Menschen in uns verkümmern lassen.

Predigten, S. 674

35

Einen Menschen kennt man erst, wenn man ein Stückchen seiner Religion kennt. *Predigten, S. 867*

36

Jedes Menschenleben ist wie ein Stern. Mit den bloßen Augen betrachtet, ist es ein leuchtender Punkt unter vielen anderen leuchtenden Punkten. Wir wissen aber, dass es in Wirklichkeit eine große Welt ist. So ist auch jedes einzelne Menschenleben eine Welt in der Unendlichkeit des göttlichen Weltalls ... *Predigten, S. 501*

37

Ich habe eben den Entwurf meiner Predigt beendet: Über den «Menschensohn» ... das Menschliche in der Religion ..., dass die wahre Religion uns zu wahren Menschen macht ... und dass dies das Ziel der Religion ist.

Die Jahre vor Lambarene, Brief an Helene Bresslau, S. 195

38

[Die] Idee der Gottmenschlichkeit als des Zieles der Menschheit, das sich in jeder Persönlichkeit verwirklichen soll, ist das Ewig-Wirkliche an der Person Jesu, welches keine Kritik zerstören kann.

Geschichte der Leben-Jesu-Forschung, S. 117

39

Dass jeder in der Lage, in der er sich befindet, darum ringt, wahres Menschentum an Menschen zu bestätigen: davon hängt die Zukunft der Menschheit ab. *Aus meinem Leben und Denken, S. 86*

40

Zuletzt sind nur die wahrhaft groß, die die Menschen besser machen und ihnen etwas geben, was sie geistig aufrichtet.

Predigten, S. 952

41

Die Erkenntnis, die uns heute nottut, ist die, dass wir miteinander der Unmenschlichkeit schuldig sind. Das furchtbare gemeinsame Erlebnis muss uns dazu aufrütteln, alles zu wollen und zu erhof-

42

Dritter Teil: Ethik

fen, was eine Zeit heraufführen kann, in der Kriege nicht mehr sein werden.
Friede oder Atomkrieg, S. 22

43 Ethik der Liebe wird erst aktiv durch Rationalismus.
Kulturphilosophie III, 3. und 4. Teil, S. 219 f.

44 Liebe [ist] die einzige Melodie, mit der ich in die unendliche Symphonie des Seins einstimmen kann.
Kulturphilosophie III, 3. und 4. Teil, S. 373

45 Das Leben beginnt erst dann recht, wenn wir in die Lage kommen, anderen etwas zu geben, und wir uns nun immer und immer wieder fragen müssen: Was hast du denn eigentlich zu geben?
Predigten, S. 518

46 Es muss kommen, dass wir uns wieder danach sehnen, menschliche Menschen und Völker zu sein und der grausige[n] Macht, zu der wir durch Fortschritte des Wissens und Könnens gelangt sind, zu entsagen, um den Weg der Politik der Erhaltung des Friedens zu gehen.
Theologischer und philosophischer Briefwechsel,
Brief an John F. Kennedy, S. 427

47 Die Idee der Menschheit ist nur das Mittelgebirge, hinter der sich das Hochgebirge der Idee der Zusammengehörigkeit aller Wesen erhebt.
Kulturphilosophie III, 3. und 4. Teil, S. 383

48 Wir leiden nicht mehr darunter, in so und so vielen Situationen nicht mehr Mensch für Menschen sein zu dürfen, und kommen zuletzt dazu, es uns da zu versagen, wo es möglich und angebracht wäre.
Kulturphilosophie I und II, S. 27

49 Was ist doch die geistige Gemeinschaft mit einem Menschen für eine innere Kraft! Was sind doch die Menschen arm, die geistig allein sind, die niemand haben, der sie versteht und ermutigt; doppelt arm, wenn sie nicht einmal das Bedürfnis danach haben!
Straßburger Predigten, S. 29

26. Liebe und Menschlichkeit

Die Affinität zum Nebenmenschen geht uns verloren. Damit sind wir auf dem Weg zur Inhumanität. Wo das Bewusstsein schwindet, dass jeder Mensch uns als Mensch etwas angeht, kommen Kultur und Ethik ins Wanken. *Kulturphilosophie I und II, S. 27*

50

Als geistige Hilfe in diesem Kampfe [um wahres Menschentum] bringen wir ihnen die Gesinnung entgegen, dass nie ein Mensch als Menschending den Verhältnissen geopfert werden soll.
Kulturphilosophie I und II, S. 334

51

Treu sein will heißen: Mit den Menschen, die wir kennen, in einer innern Weise verbunden sein, dass wir über allem Kleinlichen stehen, was uns das alltägliche Leben bringen kann, und wissen, dass immer dieses edelste Verstehen, das wir in einzelnen Augenblicken miteinander erfahren durften, uns eint über alles andere hinaus.
Straßburger Predigten, S. 93 f.

52

Alles, was wir Gutes an Erkennen und Wollen haben, bedeutet nichts und führt zu nichts, wenn es nicht gehärtet ist in dem Gedanken der Treue. *Straßburger Predigten, S. 92*

53

Treue ist die innere Kraft des Lebens, in der wir uns selber erfassen. *Straßburger Predigten, S. 92*

54

Hoffen ist Kraft. Es ist so viel Energie in der Welt als Hoffnung drin ist, und wenn nur ein paar Menschen miteinander hoffen, dann wirkt um sie eine Kraft, die nichts niederhalten kann, sondern die sich ausdehnt auf die andern.
Sraßburger Predigten, S. 49

55

Die Höflichkeit des natürlichen Empfindens schwindet. An ihre Stelle tritt das mit mehr oder weniger Formen ausgestattete Benehmen der absoluten Indifferenz.
Kulturphilosophie I und II, S. 27

56

Je umfassender das Wirken eines Menschen ist, desto mehr kommt

57

Dritter Teil: Ethik

er in die Lage, seiner überpersönlichen Verantwortung etwas von seiner Menschlichkeit opfern zu müssen.

Kulturphilosophie I und II, S. 323

58 Die Verhältnisse lassen es nicht zu, dass wir uns zueinander als Menschen zu Menschen verhalten, sondern zwingen uns fortgesetzt, als Fremde neben Fremden einherzugehen. ... Die Affinität zum Nebenmenschen geht uns verloren. *Wir Epigonen, S. 50*

59 Das Aufgeben der Natürlichkeit und Unmittelbarkeit in dem Verhalten von Mensch zu Mensch ist der erste, aber entscheidende Schritt auf dem Wege zur Inhumanität. *Wir Epigonen, S. 52*

60 Nur wo der Einzelne in der Besinnung über sich selbst sich mit dem Wesen und der Bestimmung des Menschen beschäftigt, geht ihm auch der Wert jedes einzelnen Menschenwesens auf; nur auf diesem Wege gelangt er zu einer Gesinnung, die es ihm unmöglich macht, seinesgleichen in Gedanken zum Menschending zu erniedrigen und dem Schicksale preiszugeben.

Wir Epigonen, S. 52

61 Die Ethik des innerlichen Vollkommenerwerdens kann nicht etwas für sich bleiben. Zum Vollkommenersein gehört die Liebe. Sobald die Ethik des Vollkommenerwerdens zur Idee der Liebe gelangt ist, verlangt sie notwendigerweise eine Ethik der Tat.

Kulturphilosophie I und II, S. 350

62 Humanität ist nicht irgendeine Sentimentalität. Sie kommt nicht aus dem Gefühl, sondern aus dem Denken. *Wir Epigonen, S. 170*

63 Wir haben zu ringen mit uns und mit allen den anderen, dass wir in einer Zeit verworrener und humanitätsloser Ideale den großen Humanitätsidealen des 18. Jahrhunderts treu bleiben, sie in die Gedanken unserer Zeit übertragen und zu verwirklichen versuchen. *Goethe, Vier Reden, S. 17*

26. Liebe und Menschlichkeit

Ethik geht nur so weit, als die Humanität, das heißt die Rücksicht auf die Existenz und auf das Glück des einzelnen Menschenwesens, geht. Wo die Humanität aufhört, beginnt die Pseudoethik … Von Pseudoethik betört, taumelt der Mensch wie ein Trunkener in der Schuld herum. Wissend und ernst geworden, sucht er den Weg, der ihn am wenigsten in Schuld hineinführt.
Kulturphilosophie I und II, S. 324 f.

Für uns alle besteht die Versuchung, die Schuld der Inhumanität, die aus dem Wirken in überpersönlicher Verantwortung kommt, dadurch herabzusetzen, dass wir uns möglichst auf uns selbst zurückziehen. Aber diese Schuldlosigkeit ist erschlichen. Weil die Ethik in Welt- und Lebensbejahung auftritt, erlaubt sie uns diese Flucht in die Weltverneinung nicht.
Kulturphilosophie I und II, S. 325

Nur durch unser Ringen um Humanität werden Kräfte, die in der Richtung des wahrhaft Vernunftgemäßen und Zweckmäßigen wirken, in der unter uns geltenden Gesinnung mächtig.
Kulturphilosophie I und II, S. 326

Also dienen wir der Gesellschaft, ohne uns an sie zu verlieren. Wir erlauben ihr nicht, uns in Ethik zu bevormunden.
Kulturphilosophie I und II, S. 326

Gelten lassen wir nur, was sich mit der Humanität verträgt.
Kulturphilosophie I und II, S. 327

Das Fundament des Rechts ist die Humanität.
Kulturphilosophie I und II, S. 327

Humanität ist Kultur in ihrer elementarsten und allgemeinsten Form. Sie ist der unmittelbarste und zugleich wertvollste Ertrag denkender Weltanschauung. *Wir Epigonen, S. 170*

Tiefe Religion und tiefes Denken haben miteinander das Humani-

Dritter Teil: Ethik

tätsideal geschaffen und verkündet. Von ihnen haben wir es überkommen [übernommen]. *Ehrfurcht vor den Tieren, S. 89*

72 Nun heißt es für einen jeden von uns, die vollständige Gütigkeit, die unserem Wesen entspricht, zu betätigen, dass sie als eine sich in der Geschichte auswirkende Kraft offenbar werde und das Zeitalter der Humanität heraufführe.
Kultur und Ethik in den Weltreligionen, S. 420

73 Ethik bedeutet Erhaltung des Lebens auf dem höchsten Stand der Entwicklung – meines eigenen Lebens und fremden Lebens –, indem ich mich ihm widme in Hilfsbereitschaft und Liebe; beides gehört zusammen. *Kultur und Ethik in den Weltreligionen, S. 420f.*

74 Humanität üben ist die persönlichste und schwerste Schule der geistigen Selbständigkeit. Das unscheinbarste Tun, das sie verlangt, ist nur denen möglich, die sich innerliche Freiheit von Menschen erworben haben und den Mut besitzen, wo es sein muss, Befremden und Ärgernis zu erregen. *Wir Epigonen, S. 170*

75 Wer durch menschliche Hilfe aus schwerer Not oder Krankheit gerettet wurde, der soll mithelfen, dass die, die heute in Not sind, einen Helfer bekommen, wie er einen hatte. Ich will glauben, dass sich genug Menschen finden werden, die sich zu Opfern der Dankbarkeit erbitten lassen werden für die, die jetzt in Not sind.
Vorträge, Vorlesungen, Aufsätze, S. 399

76 ... ich habe Sie [Martin Rade, Pfarrer in Schönbach bei Löben] gern und glaube Sie zu verstehen in dem, was Sie wollen und verfolgen. Und das ist das Einzige, was die Menschen wirklich eint.
Theologischer und philosophischer Briefwechsel,
Brief an Martin Rade, S. 621

77 Liebe zu Gott und Christus ist immer zugleich von Gott und Christo kommende Liebe, die in dem betreffenden Erwählten wirksam wird. Weil so die Liebe der höchste Erweis des Seins in

26. Liebe und Menschlichkeit

Christo ist, gehört die Liebe, für Paulus, zum Wesen des Glaubens.
Die Mystik des Apostels Paulus, S. 298

Die ungeheure Größe der Ethik Jesu besteht darin, dass sie Ethik der Selbstvervollkommnung ist, die das Motiv der hingebenden Liebe an den Nebenmenschen machtvoll in sich enthält.
Vorträge, Vorlesungen, Aufsätze, S. 159

78

Aber bei Jesus findet sich die vollendetste Ethik der Liebe. Ihre Vollendung besteht darin, dass sie die Liebe aus der tiefsten Tiefe des menschlichen Wesens herholt. Die Ethik der Liebe ist bei Jesus nicht etwas für sich, sondern hängt aufs Innigste mit der Ethik der Selbstvervollkommnung zusammen. In derselben Erkenntnis des wahren Lebens findet der Mensch die Nötigung, an sich selber zu arbeiten und sich in Liebe auszugeben.
Kulturphilosophie III, 1. und 2. Teil, S. 121 f.

79

Wir fühlten uns bewogen, in den Ereignissen unserer Zeit nicht nur Beobachter, sondern Handelnde zu sein im Geiste Jesu, der mit dem Geiste tiefster Humanität identisch ist.
*Theologischer und philosophischer Briefwechsel,
Brief an Martin Niemöller, S. 483*

80

Also wir müssen weiter unsere Pflicht tun, um die Menschen von dem Wege der Unvernunft und Unmenschlichkeit auf den der Vernunft und Menschlichkeit zu bringen.
*Theologischer und philosophischer Briefwechsel,
Brief an Martin Niemöller, S. 497*

81

Das Wesentliche der Humanität besteht darin, dass der einzelne Mensch nie Mittel zum Zweck werden kann. Die auf das Ergehen des Ganzen der Gesellschaft gerichtete Betrachtungsweise kommt aber notwendig dazu, einzelne oder Gruppen von einzelnen dem Ganzen zu opfern.

Ich wusste viel von Dir [Eduard Spranger] und Deinem Wirken und ich hatte ein innerliches Verhältnis zu dir, weil du wieder so

82

Dritter Teil: Ethik

altmodisch zu sein wagtest, mit dem Humanitätsideal wieder beschäftigt zu sein und von ihm zu reden und zu schreiben.

Theologischer und philosophischer Briefwechsel,
Brief an Eduard Spranger, S. 717

83 Miteinander [mit Eduard Spranger] erhoben wir die Stimme, um die Menschen zur Menschlichkeit zu erziehen.

Theologischer und philosophischer Briefwechsel,
Brief an Eduard Spranger, S. 729

84 Und ich will immer als ein Mensch, nicht als Angehöriger eines Volkes auftreten. *Theologischer und philosophischer Briefwechsel,*
Brief an Linus Pauling, S. 549

85 In Fichtes Reden an die deutsche Nation wird der nationale Staat vor das Forum der sittlichen Vernunft zitiert, erfährt von dieser, dass er sich ihr in allen Stücken zu unterwerfen habe, gelobt es und erhält daraufhin den Auftrag, den Kulturstaat zur Tat werden zu lassen. Dabei wird ihm eingeschärft, seine Hauptaufgabe darin zu sehen, für die ewig gleichmäßig fortgehende Ausbildung des rein Menschlichen in der Nation zu sorgen.

Kulturphilosophie I und II, S. 41

86 Wer Wunder tun will, kann's, denn das Mittel ist nicht etwa im Besitz weniger Auserwählter, sondern aller ohne Ausnahme. Nur wissen die Menschen nicht, wie reich sie sind, und lassen ihren Edelstein im Staube liegen, ja häufen selbst noch Staub darauf. Dieses köstliche Gut ist Menschlichkeit.

Vorträge, Vorlesungen, Aufsätze, S. 380

87 Dennoch bleibe ich mutig. Das Elend, das ich gesehen, gibt mir die Kraft dazu, und der Glaube an die Menschen hält meine Zuversicht aufrecht.

Ich will glauben, dass ich genug Menschen finden werde, die, weil sie selber aus leiblicher Not gerettet worden sind, sich zu Dankesopfern für die, die in gleicher Not sind, erbitten lassen

26. Liebe und Menschlichkeit

werden ... Ich will hoffen, dass wir bald mehrere Ärzte sein werden, die von der Brüderschaft der vom Schmerz Gezeichneten hierhin und dorthin in die Welt entsandt werden ...
Zwischen Wasser und Urwald, S. 151

Die Errungenschaften des Wissens und Könnens sind uns mehr zum Schicksal als zum Gewinn geworden. Unsere Größe ist zugleich unser Elend. Dieser Übermensch ist nicht mehr völlig Mensch. Die Macht, die ihm verliehen ist, verleiht ihm etwas Unmenschliches. *Vorträge, Vorlesungen, Aufsätze, S. 204* 88

Nietzsche wollte einen Übermenschen – wir wollen einen zutiefst menschlichen Menschen. *Vorträge, Vorlesungen, Aufsätze, S. 225* 89

Es bleibt der Ruhmestitel der «Frommen», dass sie, als die «Gebildeten», unsere Aufgabe draußen noch nicht erkannten, sie im Auftrage Jesu in Angriff nahmen. Hinausgegangen in der engen, religiösen Absicht, Seelen für den Himmel zu gewinnen, fanden sie noch mehr vor: Menschen, denen mit Menschenliebe geholfen werden musste, im Leiblichen wie im Geistigen.
Vorträge, Vorlesungen, Aufsätze, S. 358 90

Wer harte Herzen erschließen, Widerspenstige zähmen, Menschen, Tiere und die ganze Natur überwinden will, muss alles Berechnete, Überstiegene, Gewalttätige ablegen und mit einem wahren Kinderherzen voll Vertrauen, voll Freude und Herzlichkeit seine Straße gehen. Er muss mit einem Wort Mensch sein.
Vorträge, Vorlesungen, Aufsätze, S. 380 91

Diese höhere Vernünftigkeit kann nur in einer Gesinnung bestehen, die uns miteinander davon abhält, von der übermenschlichen Macht Gebrauch zum Vernichten zu machen. Dies vermag allein die Humanitätsgesinnung.
Vorträge, Vorlesungen, Aufsätze, S. 205 92

Alle tiefere Religion und alles tiefere Denken gelangt dazu, eine 93

Dritter Teil: Ethik

bald stärker, bald schwächer ausgeprägte Humanitätsgesinnung zu vertreten. *Vorträge, Vorlesungen, Aufsätze, S. 205*

94 Und so müssen wir alle versuchen, durch die Idee der Ehrfurcht vor dem Leben tiefer und menschlicher zu werden.
Vorträge, Vorlesungen, Aufsätze, S. 224

95 So viele Probleme harren in jedem Volk [der Lösung,] die nur die Humanitätsgesinnung der Einzelnen und der Gesamtheit bringen kann. Gerechtigkeit tritt an die Stelle der Ungerechtigkeit. Milde an die Stelle der Härte, Verstehen an die Stelle des Nichtverstehens, Teilnahme an die Stelle der Teilnahmslosigkeit, und in jedem herrscht ein Wille, geschlagene Wunden zu heilen.
Vorträge, Vorlesungen, Aufsätze, S. 209

96 Humanitätsgesinnung ist der höchste Erwerb der Erkenntnis, die jedem Denken zuteil geworden ist und einem je zuteil werden kann.
Vorträge, Vorlesungen, Aufsätze, S. 385

97 Überall, wo die Idee des Mitempfindens und der Liebe ist, ist Humanitätsgesinnung im Werden begriffen. Denn Humanitätsgesinnung ist diejenige, die dem Wesen des Menschen, seinem höheren Wesen, das ihn über alle Kreatur erhebt, entspricht, denn er hat erlangt in seiner Entwicklung das Vermögen des Mitempfindens und des Miterlebens. Und dieses Vermögen muss nun sein Verhalten in allem bestimmen. *Vorträge, Vorlesungen, Aufsätze, S. 385*

98 Alle Lebewesen sind gleich, und wenn wir das verstanden haben, dann wird unsere Humanität, werden die humanitären Gefühle so wahrhaftig in uns gegründet sein, dass wir nicht mehr nach dem Wert oder der Bedeutung dieses oder jenes Lebewesens fragen, sondern dass wir wissen, was wir ihm schuldig sind, wenn wir ihm auf unserem Lebensweg begegnen, dass wir uns um sein Schicksal kümmern und dass wir ihm helfen, wenn es uns braucht.
Vorträge, Vorlesungen, Aufsätze, S. 223 f.

27. Freiheit, Verantwortung, Toleranz

Nur soweit er im Erleben und Erleiden innerlich geläutert und frei von der Welt wird, ist der Mensch zu wahrhaft ethischem Tun fähig. *Die Mystik des Apostels Paulus, S. 294*

Bis zu einem gewissen Grad sind wir in den modernen Verhältnissen alle Unfreie geworden. In jedem Stand haben wir einen von Jahrzehnt zu Jahrzehnt, wenn nicht von Jahr zu Jahr schwereren Kampf um die Existenz zu führen.
Kulturphilosophie I und II, S. 92

Keine erkenntnistheoretischen Theorien und keine Ansichten über das Kausalitätsgesetz können dem Menschen die Überzeugung nehmen, dass seine Taten auf einen freien Willensentschluss zurückgehen und er für sie verantwortlich ist.
Vorträge, Vorlesungen, Aufsätze, S. 128

Ich würde jedem Menschen aus dem Wege gehen, der mich nicht frei sein lässt und die Eigenart, die gerade ich habe, nicht aufkommen lassen will. Es gibt kein Gutes, das nicht unwillkürliche Lebensäußerung ist. Alles Aufgenötigte wird Verzerrung.
Vorträge, Vorlesungen, Aufsätze, S. 378

Frei ist ein Handeln nur, soweit es durch Vernunft und Sittlichkeit bestimmt ist; ohne sie ist es dies nicht, weder für die Gesamtheit noch für den Einzelnen. *Wir Epigonen, S. 40*

Man kann also sagen, Ethik ist tätige Freiheit, und alles, was man als Liebe, Sanftmut, Friedfertigkeit, Barmherzigkeit bezeichnet, das alles fließt zusammen und ist enthalten in der «ethischen Freiheit von der Welt», wo der Einzelne von der Welt nichts be-

Dritter Teil: Ethik

hält, sondern nur sich geben kann und in diesem Geben größer und stärker wird. *Straßburger Vorlesungen, S. 706*

7 Die Kultur setzt Freie voraus. Ohne eine gewisse materielle Unabhängigkeit konnte der antike Mensch sie sich nicht denken.
Wir Epigonen, S. 42

8 Materielle und geistige Freiheit gehören innerlich zusammen.
Kulturphilosophie I und II, S. 22

9 Zu der Unfreiheit kommt die Überanstrengung. Seit zwei oder drei Generationen leben so und so viele Individuen nur noch als Arbeitende und nicht mehr als Menschen. Die gewöhnliche Überbeschäftigung des modernen Menschen in allen Gesellschaftskreisen hat zur Folge, dass das Geistige in ihm verkümmert. Der Überbeschäftigung unterworfen, verfällt er mehr und mehr dem Bedürfnis nach äußerlicher Zerstreuung. Nicht Bildung sucht er, sondern Unterhaltung, und zwar solche, die die geringsten geistigen Anforderungen stellt. *Kulturphilosophie I und II, S. 24*

10 Das Unfreie, Ungesammelte und Unvollständige ist aber zugleich noch in Gefahr, der Humanitätslosigkeit zu verfallen.
Kulturphilosophie I und II, S. 26

11 Wie unfrei ist in manchen Ländern der moderne Volksschullehrer verglichen mit seinen Vorgängern! Wie ist er durch die bis ins einzelnste festgelegten Lehrpläne und Methoden verhindert, sich auszugeben, wie ist sein Unterricht durch diese Beschränkung unpersönlich und unlebendig geworden! *Wir Epigonen, S. 50*

12 Nicht nur in intellektueller, sondern auch in ethischer Hinsicht ist das Verhältnis zwischen dem Einzelnen und der Gesamtheit gestört. Mit der eigenen Meinung gibt der moderne Mensch auch das eigene sittliche Urteil auf. Insbesondere ist er befähigt, alles Sinnlose, Harte, Ungerechte und Schlechte in dem Verfahren seines Volkes zu entschuldigen. *Kulturphilosophie I und II, S. 31*

27. Freiheit, Verantwortung, Toleranz

Geistige Freiheit haben wir erst wieder, wenn die Einzelnen aufs Neue geistig selbständig geworden sind und zu den Organisationen, in denen sie seelisch gefangen waren, das mündige und natürliche Verhältnis gefunden haben. *Wir Epigonen, S. 57*   13

Als Freier erlebt sich der Mensch nur, wenn er sich in einem harmonischen Verhältnis zur Gesamtheit befindet, das heißt, wenn er ihr als er selber angehören kann. Dazu kann ihm keine pompöse Auflehnung, in der er sich von der Vielheit zurückziehen oder sich über sie erheben will, helfen.
Kulturphilosophie III, 1. und 2. Teil, S. 46   14

Die Zeiten, in denen der Mensch in seinem Volke in natürlicher Weise materielle und gesellschaftliche Freiheit und mit dieser die Möglichkeit der geistigen [Freiheit] besaß, sind dahin und werden bei der in jeder Hinsicht fortschreitenden Organisierung des Volksganzen nicht wiederkommen. Darum dürfen wir unsere geistige Freiheit aber nicht verloren geben, sondern müssen uns das Lebensnotwendige derselben auf geistige Weise gegen die materiellen Verhältnisse erringen.
Kulturphilosophie III, 1. und 2. Teil, S. 46 f.   15

Wir denken und handeln nur noch im nächstliegenden Sinne der gegebenen Umstände. Unsere geistige Freiheit und unsere Entwicklungsfähigkeit haben gelitten. Das ist unsere Dekadenz.
Wir Epigonen, S. 117   16

Für den Einzelnen kann die Willensfreiheit theoretisch bezweifelt werden, wenn sie auf irgendeine Weise praktisch auch immer angenommen wird. Für die Menschheit ist sie theoretisch und praktisch zu bejahen. *Wir Epigonen, S. 122*   17

Der feste Boden unter den Füßen sind also die Vernunftideen. Die in ihnen bestimmte Gesinnung verleiht uns die Freiheit, derer wir fähig sind, und lässt uns als schöpferische Kräfte an der Gestaltung der Wirklichkeit arbeiten. *Wir Epigonen, S. 123*   18

19 Ziel müsste immer sein: die Befreiung der Eigenart eines jeden, dass er sich selbst findet.

Alles Nachgemachte ist unecht. Jesu Sache sollte weitergebildet werden. Nachgemachtes ist auch unreif. Jesu wollte Freiheit und wahres Menschentum für alle Welt.

Jesus will durchaus nicht nachgemacht, sondern tief im Geiste erfasst sein und will freie, selbstbestimmte Menschen schaffen, keine uniformierten Rekruten.

Wir müssen Menschen werden, die sich untereinander volle Freiheit gewährleisten. *Vorträge, Vorlesungen, Aufsätze, S. 378 f.*

20 In dem Weltgeschehen ist überhaupt kein Ziel zu entdecken. Wohl findet sich in der Natur wunderbarste Zweckmäßigkeit. Aber es handelt sich immer nur um für sich bestehende Einzelzweckmäßigkeit, nie um Einzelzweckmäßigkeit, die zu einer Gesamtzweckmäßigkeit zusammenwirkt.

Vorträge, Vorlesungen, Aufsätze, S. 128

21 Und wurde nun des einen immer froh, dass ich ein freier Mensch bin und alles sagen darf, was ich in Religion denke, und den Menschen etwas bieten kann, wenig, aber doch etwas, das Leben ist, ein Lichtlein, woran der andere seines anzünden kann … Ich bin so froh und ruhig. Du und ich, wir müssen unsere Religion zeitlebens in uns verschließen und geheim halten, denn was für uns Gott und Unsterblichkeit sind, das können die Anderen nur als Atheismus und Negation der Seele verstehen. Es ist für uns genug zum Leben und zum Sterben … in unserer Armut sind wir reich, und einst wird die ganze Welt so arm werden, um wieder reich zu werden, nachdem sie die erborgten und hypothekenbelasteten Güter verloren hat, die jetzt zur Ausstattung der Religion gehören.

Die Jahre vor Lambarene, Brief an Helene Bresslau, S. 125

22 Die Entscheide, die wir zu treffen haben, haben es mit einem viel höheren und schwierigeren Rechttun zu tun. Bis wie weit darf ich mein Recht und mein Interesse verfolgen, mit Außerachtlassung

der Rücksicht auf den anderen Menschen? Wo fängt meine Verantwortung für den anderen Menschen an? Was darf ich von meinem Glück für mich behalten und was muss ich von meinem Leben für andere dahingeben? Auf diese Fragen, die mir das tägliche Leben stellt, weiß der gesunde Menschenverstand keine Antwort. *Vorträge, Vorlesungen, Aufsätze, S. 126*

28. Besitz und Besitzlosigkeit

Man hört oft sagen, dass Jesus mit manchen seiner Anschauungen nicht mehr in unsere Zeit passe. In keiner Frage aber empfinden wir es so unmittelbar, dass er in einer andern Zeit und in einer andern Welt gelebt hat, als in der Frage nach Besitz und Reichtum, denn er redet mit einer solchen Geringschätzung nicht nur vom Reichtum, sondern vom Besitz überhaupt, dass es uns schwer wird, sich in seine Gedanken zu finden.
Gespräche über das NT, S. 141

1

In dieser Hinsicht ist er so radikal, wie man nur sein kann. Jeder Besitz ist von Übel, und das Vermögen ist nur da, um in Almosen verausgabt zu werden. Diesen Gedanken spricht er in der Bergpredigt ohne Verhüllung aus (Matth. 6).
Gespräche über das NT, S. 142

2

Wo Streben nach geistiger Freiheit ist, stellt sich die Erkenntnis ein, dass kein äußeres Gut wirklich unser ist. Es ist uns nur anvertraut, damit wir etwas damit ausrichten. *Wir Epigonen, S. 200*

3

Jeder Besitzende hat sich also bewusst zu sein, dass er Besitz im Auftrage der Gesellschaft verwaltet. Aber da nicht sie ihn in diese Funktion eingesetzt hat, sondern er sie von seinem Schicksal und seinen Leistungen verliehen erhielt, verwaltet er sie souverän.
Wir Epigonen, S. 201

4

Dritter Teil: Ethik

5   Eine große Bedeutung kommt dem vererbten Besitz auch insofern zu, als er in besonderer Weise bestimmt ist, dem Staate materiell mehr oder weniger unabhängige Menschen für die öffentliche Tätigkeit zur Verfügung zu stellen. *Wir Epigonen, S. 279*

6   Erst wenn sie [alle Menschen] so mit dem Irdischen äußerlich und innerlich fertig sind, dann sind sie frei für das Reich Gottes.
Gespräche über das NT, S. 142

7   Und der reiche Jüngling muss seine Habe verkaufen und den Armen geben, sonst ist seine Frömmigkeit nicht von der rechten Art (Mark. 10). *Gespräche über das NT, S. 142*

8   Zu dieser Missachtung jeglichen Besitzes ist der Herr nicht aus Hass gegen die Reichen gekommen, denn er liebte den reichen Jüngling ... Aber Jesus hat Angst für die Reichen, und darum hasst er den Besitz. *Gespräche über das NT, S. 143*

9   Zu dieser Geringschätzung allen Besitzes hat noch der Umstand mitgewirkt, dass Jesus in einem Lande gelebt hat, unter dessen blauem Himmel die Bedürfnislosigkeit, die er in der Bergpredigt verkündigt, möglich war, wo jeder auf dem Acker, den er antraf, das Recht hatte, nach seinem Hunger zu nehmen, was er fand, und wo es keinen Winter gab. Hätte Jesus ebenso geredet vor den Arbeitern einer unserer Fabrikstädte an einem trüben und kalten Wintertag? *Gespräche über das NT, S. 143*

10 Zu der gütigen Natur kam ferner noch die morgenländische Gewohnheit des Almosens; Jesus selbst und seine Jünger lebten von der Mildtätigkeit, und er findet auch nichts dabei, dass die andern, die sich um ihn scharen, mit Almosen ihr Leben erhalten.
Gespräche über das NT, S. 143 f.

11 Das fromme Bettlerleben gehört eben zur religiösen Anschauungswelt des Morgenlandes, zu der Zeit Jesu wie noch heute.
Gespräche über das NT, S. 144

28. Besitz und Besitzlosigkeit

Auch hier haben sich die Anschauungen verändert, denn für uns gehören Frömmigkeit und Arbeit zusammen, und wenn wir in den Evangelien etwas vermissen, so ist es ein Wort an die arbeitenden Menschen. *Gespräche über das NT, S. 144*

Zu der gütigen Natur und zu der Gewohnheit des Almosens kommt aber noch ein drittes – und das ist die Hauptsache –, die Erwartung des nahen Weltendes. *Gespräche über das NT, S. 144*

Aller Reichtum, aller Besitz, ja alle irdische Beschäftigung ist für Jesus und seine Jünger nur eine Behinderung, weil ja alles Irdische in Bälde vergeht. *Gespräche über das NT, S. 144*

Wenn es in den Seligpreisungen bei dem Evangelisten Lukas heißt: Selig sind die Armen (statt die geistig Armen), so ist das nicht gegen Jesu Gedanken, denn er meint wirklich, dass der Arme es leichter hat, in das Reich Gottes zu kommen als der Reiche.
Gespräche über das NT, S. 144

Die Bedürfnislosigkeit, die Jesus predigte, ist noch möglich in manchen paradiesischen Gegenden – und nicht zum Vorteil ihrer Bewohner –, aber nicht bei uns. *Gespräche über das NT, S. 144*

… die Notleidenden dürfen mehr von uns verlangen als Almosen: gerecht bezahlte Arbeit, richtige Versorgung der Invaliden, Kranken und Arbeitslosen und menschenwürdige Wohnungen.
Gespräche über das NT, S. 144

Unser Bestreben muss darauf gehen, das gedankenlos ausgeteilte Almosen überflüssig zu machen. *Gespräche über das NT, S. 144*

Er [Jesus] hat es nicht mit der menschlichen Gesellschaft, sondern mit dem Einzelnen zu tun, und diesen fragt er, ob arm oder reich, wie sein Herz zu den Gütern dieser Welt steht.
Gespräche über das NT, S. 145

Dritter Teil: Ethik

20 Weder die Besitzenden noch die Sozialisten dürfen sich auf den ganzen Jesus berufen.
Gespräche über das NT, S. 145

21 In der Frage des Besitzes ist die Ethik der Ehrfurcht vor dem Leben ausgesprochen individualistisch in dem Sinne, dass Erworbenes oder Erlebtes nicht durch irgendwelche Maßnahmen der Gesellschaft, sondern nur durch absolut freie Entschließung des Einzelnen in den Dienst der Allgemeinheit gestellt werden soll. Sie erwartet alles von der Steigerung des Verantwortlichkeitsgefühls der Menschen. Besitz beurteilt sie als von dem Einzelnen souverän verwaltetes Gut der Gesellschaft …

Keiner richte den anderen. Auf das alleine kommt es an: dass jeder das, was er besitzt, als etwas bewertet, mit dem er wirken will. Ob dies unter Erhaltung und Mehrung oder unter Aufgabe des Besitzes geschieht, besagt nichts. In verschiedenartigster Weise muss Besitz an die Allgemeinheit gelangen, wenn er ihr auf die beste Art zugute kommen soll.
Kulturphilosophie I und II, S. 319

29. Dienen und Helfen

1 Ich weiß, dass meine Eltern traurig sind, weil ich nicht zu den Feiertagen komme, aber ich darf es nicht, ich gehöre all den Armen, für die ich ein wenig Gutes tun kann.
Die Jahre vor Lambarene, Brief an Helene Bresslau, S. 42

2 Ich bin so glücklich, in diesen Tagen mit dem Geld nicht knausern zu müssen, sondern um Gutes zu tun so viel ausgeben zu können, wie mir richtig scheint.
Die Jahre vor Lambarene, Brief an Helene Bresslau, S. 79

3 Für alles, was uns Gutes zufällt, ist ein Preis angesetzt, der dafür zu bezahlen ist. Was wir als Menschen an Menschen tun, ist nichts

29. Dienen und Helfen

anderes, als dass wir das innerliche Recht auf Glück, das uns verliehen ist, zu erwerben suchen. *Wir Epigonen, S. 203*

Viel Gutes kann der Mensch vollbringen, ohne sich ein Opfer zumuten zu müssen. *Kulturphilosophie I und II, S. 315* 4

Demütig sein heißt etwas tun und im Tun sich selber vergessen. 5
Predigten, S. 1084

Nichts, was ein Mensch tut und drangibt im Dienst des Wahren 6
und Guten …, ist verloren, sondern es ist Kraft, die wirkt.
Predigten, S. 899

Der Vornehme hat nicht mehr sittliches Recht auf unbeschränkten 7
Lebensgenuss als die anderen. Sein Privileg ist nur, dass er Muße und Arbeit vereinen und in anderer Weise tätig sein darf als sie. Seine Wirksamkeit ist auf allen Gebieten des Lebens nötig. Sie ist durch nichts zu ersetzen. Die Unabhängigkeit in dem Dienen gibt diesem einen besonderen Wert. *Wir Epigonen, S. 243*

Zuletzt ist das Dienen für die Wahrheit bis in den Tod das Höchste, was es überhaupt gibt. *Predigten, S. 897* 8

Seiner Ausdehnung und seiner Art nach ist das Wirken des Menschen auf die lebendigen Wesen, die in seinen Bereich treten, beschränkt. Wohl ist er dahin gekommen, sich die Kräfte der Natur dienstbar zu machen und so in erheblicher Weise umgestaltend auf das in seinem Bereiche befindliche Sein einwirken zu können. Maschinen setzen ihn in Stand, Berge abzutragen, Täler aufzufüllen, Meere miteinander zu verbinden, in mannigfacher Weise räumliche Entfernung zu überwinden, Wärme und Kälte und Licht und Dunkel zu erzeugen, Stoffliches zu zerlegen und in anderer Art wieder zusammenzusetzen und sich geheimnisvolle Kräfte der Natur dienstbar zu machen. 9

Aber all diese Macht zur Umgestaltung des Seins, so groß sie auch ist und in Zukunft noch größer werden mag, hat für den

Dritter Teil: Ethik

Menschen keine Bedeutung an sich, sondern nur insoweit, als sie ihm dazu dient, sein und anderes Leben, mit dem er sich verbunden fühlt, besser zu erhalten und zu fördern.
Kulturphilosophie III, 1. und 2. Teil, S. 216

10 Es gibt für ihn also keine andere Tätigkeit zum geistigen Einswerden mit dem unendlichen Sein, als dass er sein Für-Sich-Sein aufgibt und allem Leben, das in seinen Bereich tritt, nach Möglichkeit helfend dient. In solcher Hingebung an lebendige Wesen geht er Beziehung zu dem in ihnen in Erscheinung tretenden Sein ein.
Kulturphilosophie III, 1. und 2. Teil, S. 216

11 Gibt der Mensch einmal das Für-Sich-Sein auf, um sich mit anderem Leben verbunden zu fühlen und sich ihm helfend hinzugeben, so kann er hierin nicht nach Belieben haltmachen, sondern muss den einmal betretenen Pfad bis zu Ende gehen. Keine Überlegung erlaubt ihm, nur auf Erhaltung und Förderung von menschlichem Leben bedacht zu sein. Wagt er, sich denkend zu verhalten, so kommt er mit Notwendigkeit dazu, sich verpflichtet zu fühlen, allen Wesen, die in seinen Bereich treten, Mitempfinden entgegenzubringen und ihnen nach Bedürfnis und Möglichkeit Beistand zu leisten. Der Stein, der auf dem Abhang in Bewegung gerät, kommt nicht zur Ruhe, bis er den Talboden erreicht hat.
Kulturphilosophie III, 1. und 2. Teil, S. 217

12 Ich weiß, dass meine Aktivität, so wie ich sie unter Verzicht auf ein natürliches Glück entfalten will, notwendig ist, nicht für mich, aber für unsere Zeit, und dass sie ihren Wert nur durch den Verzicht erhält. *Die Jahre vor Lambarene, Brief an Helene Bresslau, S. 52*

13 Es gehört zum Wesen der Hingebung, dass sie sich subjektiv und schrankenlos ausleben muss. *Kulturphilosophie I und II, S. 290*

14 Diejenigen, denen es vergönnt ist, freies persönliches Dienen verwirklichen zu dürfen, haben dieses Glück als solche hinzunehmen, die dadurch demütig werden. *Aus meinem Leben und Denken, S. 84*

29. Dienen und Helfen

Von dem in der Menschheit vorhandenen idealen Wollen kann immer nur ein kleiner Teil zu öffentlich auftretender Tat werden. Allem übrigen ist bestimmt, sich in vielem Unscheinbaren zu verwirklichen, das miteinander einen Wert darstellt, der denjenigen des Tuns, das die Aufmerksamkeit auf sich zieht, tausendfach und abertausendfach übertrifft. *Aus meinem Leben und Denken, S. 85*

15

Die unscheinbar wirkenden Kräfte des Guten sind in denjenigen verkörpert, die das persönliche unmittelbare Dienen, das sie nicht zum Berufe ihres Lebens machen können, im Nebenamt betreiben.
Aus meinem Leben und Denken, S. 85

16

Sein Menschenleben neben dem Berufsleben rettet sich, wer auf die Gelegenheit aus ist, in persönlichem Tun, so unscheinbar es sei, für Menschen, die eines Menschen bedürfen, Mensch zu sein. Dadurch stellt er sich in den Dienst des Geistigen und Guten.
Aus meinem Leben und Denken, S. 85

17

Wer durch ärztliche Hilfe aus schwerer Krankheit gerettet wurde, muss mithelfen, dass die, die sonst keinen Arzt hätten, einen Helfer bekommen, wie er einen hatte.
Zwischen Wasser und Urwald, S. 149

18

Die Mutter, die es ärztlicher Hilfe verdankt, dass ihr Kind noch ihr und nicht der kalten Erde gehört, muss helfen, dass der armen Mutter da, wo noch keine Ärzte sind, durch einen Arzt erspart bleiben kann, was ihr erspart blieb.
Zwischen Wasser und Urwald, S. 149

19

Wo das Todesleiden eines Menschen hätte furchtbar werden können, durch die Kunst eines Arztes aber sanft werden durfte, müssen die, die sein Lager umstanden, mithelfen, dass anderen derselbe Trost für ihre Lieben zuteil werden könne.
Zwischen Wasser und Urwald, S. 149

20

Dritter Teil: Ethik

30. Vertrauen und Mitleid

1 In diese Tatsache, dass wir dem anderen Geheimnis sind, haben wir uns zu ergeben. Sich kennen will nicht heißen, alles voneinander wissen, sondern Liebe und Vertrauen zueinander haben und einer an den anderen glauben.
Aus meiner Kindheit und Jugendzeit, S. 74

2 Vertrauen ist für alle Unternehmungen das große Betriebskapital, ohne welches kein nützliches Werk auskommt. Es schafft auf allen Gebieten die Bedingungen gedeihlichen Geschehens.
Friede oder Atomkrieg, S. 31 f.

3 Es gibt Menschen, die leben davon, dass jemand an sie glaubt; sie finden ihren Weg durch alle Versuchungen, weil ein Mensch ihnen das Gute zutraut und sie durch sein Vertrauen aufrecht erhält.
Predigten, S. 498

4 Verstehen und Vertrauen, in denen wir uns gegenseitig auf das zweckmäßigste einigen und durch die wir so viel Macht über die Umstände bekommen, als immer möglich ist, sind nur vorhanden, wenn alle bei allen Ehrfurcht vor der Existenz des anderen und Rücksicht auf sein materielles und geistiges Wohlergehen als eine von innen heraus bei ihnen wirkende Gesinnung voraussetzen können.
Kulturphilosophie I und II, S. 335 f.

5 Wenn auch das Gebot des Nicht-Tötens und Nicht-Schädigens nicht auf Buddha zurückgeht, so ist er dennoch der Schöpfer der Ethik des Mitleids. Er nämlich unternimmt es, dieses Gebot, das ursprünglich der Idee der Tatenlosigkeit und des Rein-Bleibens von der Welt entstammt, aus dem Mitleid zu begründen.
Die Weltanschauung der indischen Denker, S. 104

30. Vertrauen und Mitleid

Auf dem Weg, den du gewandert, durch Sorge und Leid, zwischen Dornen und Steinen, blüht eine Wunderblume. Pflücke sie und stecke sie an deinen Busen, dass ihr Duft dich auf der ferneren Wanderung erquicke. Sie heißt Hoffnung. *Predigten, S. 212*

Mitleiden heißt Leiden. Wer einmal das Weh der Welt in sich erlebt, der kann nicht mehr glücklich werden in dem Sinne, wie der Mensch es möchte. *Straßburger Predigten, S. 140*

Wir dürfen nie aufhören, an das zu glauben, was wir im Innersten empfinden. Unser erster Gedanke ist der, unseren Mitmenschen zu helfen, sie als Brüder bezeichnen zu dürfen. Wenn wir ihnen entgegengehen, werden sie uns nicht enttäuschen.
Vorträge, Vorlesungen, Aufsätze, S. 394

Was ein Mensch an Gütigkeit in die Welt hinausgibt, das arbeitet an den Herzen der Menschen und an ihrem Denken. Unsere törichte Schuld ist, dass wir nicht ernst zu machen wagen mit der Gütigkeit. *Vorträge, Vorlesungen, Aufsätze, S. 399*

Mögen sich viele bereit finden, den Geiste des Friedens in ihren Herzen gebieten zu lassen: Dies ist's, was unserer Zeit nottut.
Vorträge, Vorlesungen, Aufsätze, S. 389

Das ist der Fluch, der die charakterlosen Menschen verfolgt, dass auch das Gute und Große an ihnen nicht gewürdigt werden kann und darf. *Gespräche über das NT, S. 64*

Jesus hätte Mitleid mit den Menschen, die durch die heutige gelehrte Bildung ihres inneren geistigen Lebens verlustig gehen. Er würde die Wissenschaft bekämpfen; er würde sie unbarmherzig in ihrer inneren geistigen Armut bloßstellen ...
Gespräche über das NT, S. 160

Dritter Teil: Ethik

31. Pflicht

1   Der Weg der Pflicht als der höheren Bestimmung unseres Daseins ist schwer. Man muss die Stunden reinster Seligkeit und über der Welt Stehen erkämpfen und erringen – aber sie sind so schön. Ich habe in S. U. [Saar-Union] des Sokrates Apologie vorgelesen, wir waren alle ergriffen – und ich fühlte, dass ich diesen Menschen verstanden, ganz verstanden.
Die Jahre vor Lambarene, Brief an Helene Bresslau, S. 26

2   Und dann: Es ist der Weg der Pflicht, der sich öffnet, dieser großen Pflicht, die ich schon hatte abschütteln wollen, gegen die ich mich gewehrt habe, um jedes Mal am Ende besiegt zu werden und das große, das einzige Glück in dieser Pflicht zu finden.
Die Jahre vor Lambarene, Brief an Helene Bresslau, S. 35

3   Die Ethik der Pflichten und der Tugenden verharrt auf lang hin in Unselbständigkeit in der Hinsicht, dass sie nicht aus eigener Autorität gebietet, sondern sich auf die der geltenden Überlieferung beruft. Sie beansprucht Achtung und Befolgung als der von den Vätern überkommenen guten Sitte entsprechend.
Kulturphilosophie III, 3. und 4. Teil, S. 268

4   Aber jetzt kommen all diese Kämpfe zur Ruhe, ich habe Klarheit und ich folge der Pflicht – ohne sie kein Glück, keine Selbstachtung. *Die Jahre vor Lambarene, Brief an Helene Bresslau, S. 36*

5   Sie sehen, es steht geschrieben, dass ich nicht aufatmen darf. Ich wusste es ganz genau, als ich meinen Bach zu Ende schrieb, und ich schicke mich hinein. Es muss auch so gehen, wenn man nur seine Pflicht tut. Das ist die Weisheit der Bestimmung.
Die Jahre vor Lambarene, Brief an Helene Bresslau, S. 188

31. Pflicht

Meine Pflicht – warum kann ich sie nicht abschütteln? Doch nach dieser Erschütterung kehrt wieder Friede ein – nicht jener süßliche, entsagende, jener Friede des Kettenhundes, sondern der stolze Friede der Aktivität.
Die Jahre vor Lambarene, Brief an Helene Bresslau, S. 42

Wenn ich es als meine Lebensaufgabe betrachte, die Sache der Kranken unter fernen Sternen zu verfechten, berufe ich mich auf die Barmherzigkeit, die Jesus und die Religion befehlen. Zugleich aber wende ich mich an das elementare Denken und Vorstellen. Nicht als ein «gutes Werk», sondern als unabweisliche Pflicht soll uns das, was unter den Farbigen zu tun ist, erscheinen.
Zwischen Wasser und Urwald, S. 147

Eine große Schuld lastet auf uns und unserer Kultur. Wir sind gar nicht frei, ob wir an den Menschen draußen Gutes tun wollen oder nicht, sondern wir müssen es [Pflicht]. Was wir ihnen Gutes erweisen, ist nicht Wohltat, sondern Sühne. Für jeden, der Leid verbreitete, muss einer hinausgehen, der Hilfe bringt. Und wenn wir alles leisten, was in unseren Kräften steht, so haben wir nicht ein Tausendstel der Schuld gesühnt. Dies ist das Fundament, auf dem sich die Erwägungen aller «Liebeswerke» draußen erbauen müssen.
Zwischen Wasser und Urwald, S. 148

Es bleibt uns nichts übrig als weiter unsere Pflicht zu tun, wenn auch die Hoffnung an Glanz verloren hat.
Theologischer und philosophischer Briefwechsel,
Brief an Linus Pauling, S. 553

Nehmen wir es mit den auf die Menschen gehenden Pflichten also irgendwie ernst und lassen wir uns, wenn auch nur ein klein wenig, auf etwas ein, das man Menschenliebe nennen könnte, so bekommen wir es gar sehr zu erfahren, dass sie nicht ein Park mit planvoll angelegten und gut erhaltenen Wegen, sondern eine Wildnis ist, in der jeder sich seinen Pfad suchen und bahnen muss.
Kulturphilosophie III, 1. und 2. Teil, S. 246

11   Wenn ich es als meine Lebensaufgabe betrachte, die Sache der Kranken unter fernen Sternen zu verfechten, berufe ich mich auf die Barmherzigkeit, die Jesus und die Religion befehlen. Zugleich aber wende ich mich an das elementare Denken und Vorstellen. Nicht als ein «gutes Werk», sondern als unabweisliche Pflicht soll uns das, was unter den Farbigen zu tun ist, erscheinen.

Zwischen Wasser und Urwald, S. 14

32. Dankbarkeit

1   Wir danken nicht genug, weil wir nicht wissen, was für ein großes Ding es ist um das Danken. *Predigten, S. 593*

2   Damit sie sich leicht aus den Herzen erheben, um sich zu Gott zu schwingen, gebt euren Bitten Flügel. Das geschieht durch die Dankbarkeit. *Predigten, S. 307*

3   Und wer wirklich das Leben versteht, der kann Gott danken für alles: für das Schöne und für das Traurige. Denn wer von uns ist nicht durch das Traurige innerlich geistig reich geworden?

Predigten, S. 548

4   Sodann aber verlangt es einen Mal um Mal, seinem Mitmenschen zu danken, selbst wenn er nichts Besonderes für einen getan hat. Wofür denn? Dafür, dass er mir, wenn er mir begegnete, wirklich begegnet ist; dass er die Ohren auftat und zuverlässig vernahm, was ich ihm zu sagen hatte; ja, dass er das auftat, was ich recht eigentlich anredete, das wohl verschlossene Herz.

Theologischer und philosophischer Briefwechsel,
Brief an Martin Buber, S. 147

5   Zur wahren Ethik gehört auch, dass wir dankbar sind für die kleinste Güte, die uns erwiesen, und das kleinste Opfer, das uns

32. Dankbarkeit

gebracht wurde. Die dankbaren Menschen geben den anderen Kraft zum Guten. *Vorträge, Vorlesungen, Aufsätze, S. 163*

Zum Dankbarkeitsgefühl erziehen will heißen, nichts, von wem es auch kommen mag und was es auch sei, als selbstverständlich hinnehmen, sondern immer den freundlichen Willen, der hinter dem Tun steht, aufzusuchen und zu schätzen.
Straßburger Predigten, S. 149

6

Was die Menschen sich durch gegenseitige Dankbarkeit geben können und geben sollen, ist mehr als Befriedigung von mehr oder weniger berechtigten und lauteren Erwartungen.
Straßburger Predigten, S. 145 f.

7

Ist nicht ein irdischer Herrscher, so groß sein Reich und sein Volk sein mögen, arm ohne den Dank der Menschen, über die er gesetzt ist, arm, wenn er nur Herrscher ist? *Straßburger Predigten, S. 39*

8

Der Geist der Undankbarkeit in der Welt besteht nicht nur darin, dass Akte der Undankbarkeit begangen werden, sondern auch darin, dass zu wenig Dankbarkeit bezeugt wird.
Straßburger Predigten, S. 147

9

Alle fehlen wir darin alltäglich, dass wir Wohltaten und Freundlichkeiten aufschlucken, wie ein sandiger Boden das Wasser. Das Bestreben, uns dankbar zu erweisen, ist keine Triebkraft in unserem gewöhnlichen Leben. *Straßburger Predigten, S. 147*

10

Die Kälte in der Welt rührt daher, dass wir das, was wir an Dankbarkeit empfinden, denen, denen sie gilt, nicht genugsam kundgeben. Dann schließen diese auf Undankbarkeit und leiden darunter.
Straßburger Predigten, S. 152

11

Der Mensch, dem du Dankbarkeit schuldest, sei dir nie ein Mensch wie ein anderer und werde es nie, sondern bleibe dir etwas Besonderes, wie etwas, das dir geheiligt ist. *Straßburger Predigten, S. 156*

12

Dritter Teil: Ethik

13   Nur wer von uns in Rückschau auf sein Leben Grauen und Angst vor der Undankbarkeit erfahren hat, ist zur Dankbarkeit fähig.
Straßburger Predigten, S. 157

14   Die dankbaren Menschen geben den anderen Kraft zum Guten. Zur Gesinnung wahrer Dankbarkeit gelangen wir nur, wenn wir uns dazu erziehen und die Gedankenlosigkeit überwinden.
Vorträge, Vorlesungen, Aufsätze, S. 163

15   Ich habe meinen braven Weiblein über die Dankbarkeit gepredigt – was nicht schwer fällt, wenn einem das Herz voll ist von Dankbarkeit gegen «Gott» wie mir. Ich frage mich oft, ob ich ihm genug danke für alle Gaben, die er mir geschenkt hat.
Die Jahre vor Lambarene, Brief an Helene Bresslau, S. 69

33. Verhältnis zu den Tieren

1   Dass das Christentum es nicht für sich in Anspruch nehmen kann, auch die Liebe gegen die Kreatur gepredigt zu haben.
Kulturphilosophie III, 3. und 4. Teil, S. 374

2   Die christliche Religion fand sich nicht genötigt, sich mit dem Problem [unsres Verhaltens gegen die Kreaturen] zu beschäftigen. Auch sie unterließ es, uns Barmherzigkeit mit aller Kreatur aufzuerlegen.
  [Aber] ein Christ und Denker des Mittelalters, Saint Francois d'Assise, 1182–1226, kam zu der Erkenntnis, dass der Mensch sich als Bruder aller Geschöpfe zu betrachten habe. Einzelne verstanden ihn. Aber diese tiefe Lehre setzte sich nicht durch. Sie wurde als Poesie betrachtet. Die Kirche gab sich nicht mit ihr ab.
Vorträge, Vorlesungen, Aufsätze, S. 233

3   Die Ethik, die sich nicht auch mit unserem Verhalten zur Kreatur

33. Verhältnis zu den Tieren

beschäftigt, ist unvollständig. Den Kampf gegen die Unmenschlichkeit haben wir ganz und stetig zu führen. Es muss dahin kommen, dass Töten als Spiel als Schande unserer Kultur empfunden wird. Es ist somit Sache eines jeden von uns, darüber zu entscheiden, ob er aufgrund einer unvermeidlichen Notwendigkeit Lebewesen zum Leiden oder zum Tode verurteilt und dadurch schuldig wird. Eine Sühne für solche Schuld leistet derjenige, der sich auferlegt, keine Gelegenheit zu versäumen, um in Not befindlicher Kreatur beizustehen.

Das Christentum und die Weltreligionen, S. 83 f.

In keiner Weise dürfen wir uns dazu bewegen lassen, die Stimme der Menschlichkeit in uns zum Schweigen bringen zu wollen. Das Mitfühlen mit allen Geschöpfen ist es, was den Menschen erst wirklich zum Menschen macht. 4

Vorträge, Vorlesungen, Aufsätze, S. 93

Wie die Hausfrau, die die Stube gescheuert hat, Sorge trägt, dass die Türe zu ist, damit ja der Hund nicht hereinkomme und das getane Werk durch die Spuren seiner Pfoten entstelle, also wachen die europäischen Denker darüber, dass ihnen keine Tiere in der Ethik herumlaufen. *Kulturphilosophie I und II, S. 295* 5

Dass in der Natur ein Geschöpf Leid über das andere bringt und aus Trieb oft in der grausamsten Weise mit ihm verfährt, ist ein schmerzvolles Geheimnis, das auf uns lastet, solange wir leben. Wer es fertigbringt, darunter nicht immer wieder aufs Neue zu leiden, hat aufgehört, wirklich Mensch zu sein. 6

Vorträge, Vorlesungen, Aufsätze, S. 93

Die Idee der Menschheit ist nur das Mittelgebirge, hinter dem sich das Hochgebirge der Idee der Zusammengehörigkeit aller Wesen erhebt. *Kulturphilosophie III, 1. und 2. Teil, S. 218* 7

Die Ethik, die das Ethische nur in dem rechten Verhalten des Menschen zur menschlichen Gesellschaft bestehen lässt, ist der Idee 8 nach zu eng, um die Forderungen der Barmherzigkeit gegen die Geschöpfe wirklich in sich begreifen zu können. Sie kann nur feststellen, dass diese sich neben ihr geltend macht.

Kulturphilosophie III, 3. und 4. Teil, S. 152

9   Erlebt der Mensch seine Verbundenheit mit allen Wesen, so entspringt daraus die Nötigung zu einem ins uferlose gehenden Dienen. Er weiß sich verpflichtet, allem Leben, das sich in seinem Bereich befindet und der Hülfe bedarf, solche, soweit er nur immer kann, zu leisten. *Kulturphilosophie III, 1. und 2. Teil, S. 223*

10 In tiefer Ehrfurcht vor dem Leben und in tiefem Empfinden für Weh und Angst haben wir zu suchender Barmherzigkeit zu dienen und Erlösung zu bringen. Wo wir aus Notwendigkeit so oft Leid und Tod über Geschöpfe bringen, müssen wir da, wo wir als Freie handeln dürfen, umso mehr darauf aus sein, sie zu schonen und ihnen Helfer zu sein. *Vorträge, Vorlesungen, Aufsätze, S. 94 f.*

11 Der wahre Mensch fühlt sich als ein Bruder der Geschöpfe, nicht als ihr Herr. *Vorträge, Vorlesungen, Aufsätze, S. 234*

12 Wann wird es dahin kommen, dass die öffentliche Meinung keine Volksbelustigungen mehr duldet, die in Misshandlung von Tieren bestehen! *Ehrfurcht vor den Tieren, S. 27*

13 Gar vielen Menschen ist es gar nicht mehr bewusst, dass sie mithaften für das, was die Kreatur bei uns erduldet. *Predigten, S. 960*

14 In die furchtbaren Rätsel des Seins ragt das Mitleidig-sein-Können hinein und hilft uns, dass wir unter der Last des Unlösbaren, unter dem Gefühl des Ohnmächtigseins nicht zusammenbrechen.

Predigten, S. 962

15 Es ist so wenig, was man von dir verlangt: keine Opfer an Zeit und keines an Geld, sondern nur, dass du nichts mit ansiehst, was nicht

33. Verhältnis zu den Tieren

sein darf, den Mund auftust für die sprachlose Kreatur und dir nicht erlaubst, vorüberzugehen wie der Levit im Gleichnis [Lk. 10,32].
Predigten, S. 964

Es ist noch viel Erlösung der Kreatur, die unter der Menschheit seufzt, zu beschaffen.
Predigten, S. 964

16

Überall, wo du Leben siehst, ... das bist du! *Predigten, S. 1238*

17

Aber dennoch ist das Christentum den sittlichen Forderungen, die unser Verhalten zur Kreatur bestimmen sollen, nicht weiter nachgegangen. Größte Gedankenlosigkeit und Rohheit findet sich mit der ernstesten Frömmigkeit verbunden, jahrhundertelang. Man denkt nicht daran, was wir der armen Kreatur sein sollen, als immer wieder, wie man den Unterschied zwischen dem Menschen und ihr möglichst hervorhebe.
Predigten, S. 1247

18

Diese Blindheit hat uns die in Genesis 2 vorhandene naive Anschauung [gebracht], dass der Mensch der Herr aller Kreatur sei und mit ihr machen könne, ohne Rücksicht, wie er wollte. Diese Bibelstelle hat die christliche Frömmigkeit und ihr Zeitalter blind und unempfindlich und damit unnatürlich gemacht.
Theologischer und philosophischer Briefwechsel,
Brief an Eduard Spranger, S. 716

19

Die von dem Christentum gepredigte Fremdheit zwischen dem höchsten und den niederen Lebewesen ließ nicht einmal das natürliche Mitleid mit diesen zu seinem Rechte kommen.
Wir Epigonen, S. 197

20

Auf das Tier angewendet, heißt die Ehrfurcht vor dem Leben zunächst:
    Das Töten des Tieres sei kein Schauspiel und kein Sport!
Predigten, S. 1249

21

Dritter Teil: Ethik

22 Es wird die Zeit kommen, wo man nicht mehr verstehen wird, dass heute noch Jagd als ein edler Sport gilt.
Vorträge, Vorlesungen, Aufsätze, S. 164

23 Mit aller Macht müssen wir uns dagegen wehren, dass Belustigungen und Spiele, bei denen Tiere gequält und getötet werden, bei uns geduldet werden oder, wie es immer mehr geschieht, wieder in Aufnahme kommen. *Vorträge, Vorlesungen, Aufsätze, S. 164*

24 In den Straßen rief man die Corrida aus … die Corrida des Königs und der Königin, und für diese brutalen Menschen soll ich morgen Abend tiefe Musik machen! Welch Elend in der Welt, weil die Menschen nicht «mitleidig» sind … Wie trostlos wird dieser blaue Himmel über den Palmen, wenn man anfängt, an das, was «ist», zu denken. *Die Jahre vor Lambarene, Brief an Helene Bresslau, S. 224*

25 Gegen die Grausamkeit, die in den Geschöpfen der Natur ist, vermögen wir nichts. Wir selber aber, als solche, die wissend geworden sind, dürfen uns nicht Tiere abrichten [Falknerei], dass sie uns mit ihrem grausamen Morden auf Kosten ihrer armen Opfer Schauspiele bereiten. Unsere Bestimmung ist nicht, dass wir auf die Grausamkeit der Natur eingehen und uns mit ihr verbünden, sondern dass wir ihr eine Grenze setzen, soweit unser Wirken reicht. In tiefer Ehrfurcht vor dem Leben und in tiefem Empfinden für Weh und Angst haben wir zu suchender Barmherzigkeit zu dienen und Erlösung zu bringen.
Vorträge, Vorlesungen, Aufsätze, S. 94

26 Die Männlichkeit, die sich in der gedankenlosen Freude am Vernichten und Quälen zeigt, ist nicht die rechte.
Predigten, S. 1250

27 Dass wir dem Gesetz, töten zu müssen, das niedere Leben dem höheren zu opfern, in tausendfältiger Weise unterworfen sind, ist furchtbar. Nur etwas gibt es, das es uns auf Zeit vergessen lässt und wie in eine andere Welt versetzt: das Lebenerhalten und das Hel-

33. Verhältnis zu den Tieren

fenkönnen. Halte deine Augen offen, damit du die Gelegenheit nicht versäumst, wo du darfst Erlöser sein. *Predigten, S. 1252*

Die Ehrfurcht vor dem Leben gilt allem Leben. Auch das Verhalten der Kreatur gegenüber gehört zur Sittlichkeit.
Wir Epigonen, S. 194

Leid und Vernichtung, die wir der Kreatur bereiten, müssen immer ein schweres Müssen für uns sein. *Wir Epigonen, S. 195*

Diejenigen, die an Tieren Operationen oder Medikamente versuchen oder ihnen Krankheiten einimpfen, um mit den gewonnenen Resultaten Menschen Hilfe bringen zu können, dürfen sich nie allgemein dabei beruhigen, dass ihr grausames Tun einen wertvollen Zweck verfolge. In jedem einzelnen Falle müssen sie erwogen haben, ob wirklich Notwendigkeit vorliegt, einem Tiere dieses Opfer für die Menschheit aufzuerlegen. Und ängstlich müssen sie darum besorgt sein, das Weh, soviel sie nur können, zu mildern. *Kulturphilosophie I und II, S. 317*

Wer den Beruf zu solchen Forschungen hat, muss sich in jedem einzelnen Falle fragen, ob das, was er mit der wehrlosen Kreatur unternimmt, wirklich einen Zweck hat und ob er alles getan, um den Schmerz, wo es geht, auszuschalten. Anders ist er ebenso schuldig wie die, die ohne Beruf in Gedankenlosigkeit töten und peinigen, mag er auch vorgeben, sich auf den Dienst der Wissenschaft berufen zu können. *Wir Epigonen, S. 195 f.*

Wenn so viel Misshandlung der Kreatur vorkommt, wenn der Schrei der auf dem Eisenbahntransport verdurstenden Tiere ungehört verhallt, wenn in unseren Schlachthäusern so viel Rohheit waltet, wenn in unseren Küchen Tiere von ungeübten Händen qualvollen Tod empfangen, wenn Tiere durch unbarmherzige Menschen Unmögliches erdulden oder dem grausamen Spiele von Kindern ausgeliefert sind, tragen wir alle Schuld daran.
Kulturphilosophie I und II, S. 318

Dritter Teil: Ethik

33 Wieviel weiter wären wir schon, wenn die Menschen sich um das Wohl der Kreatur sorgten und alle dem Übel entsagten, das sie ihr aus Gedankenlosigkeit zufügen. Der Kampf gegen die antihumanen Traditionen und unmenschlichen Gefühle, die in unserer Zeit noch vorhanden sind, ist uns auferlegt. *Ehrfurcht vor den Tieren, S. 81*

34 Die Ethik, die sich nicht auch mit unserem Verhalten zur Kreatur beschäftigt, ist unvollständig. Den Kampf gegen die Unmenschlichkeit haben wir ganz und stetig zu führen. Es muss dahin kommen, dass Töten als Spiel als Schande unserer Kultur empfunden wird … *Ehrfurcht vor den Tieren, S. 81*

35 Durch ethisches Verhalten zu aller Kreatur gelangen wir in ein geistiges Verhältnis zum Universum.
Ehrfurcht vor den Tieren, S. 82

36 Jeder unbefangen denkende Mensch kann nicht anders als die Liebe nicht nur den Menschen, sondern auch der Kreatur gegenüber zu betätigen.
Wir, da wir die Erlösung der Kreatur von ihrem Leiden nicht mehr von dem nahen Weltende erwarten, werden durch das in unserem Herzen und Denken enthaltene und das von Jesus ausgesprochene Gebot der Liebe gezwungen, unserem natürlichen Mitempfinden gegen die Geschöpfe freien Lauf zu lassen und ihnen, soweit wir es nur immer können, Hilfe zu bringen und Leiden zu ersparen. *Ehrfurcht vor den Tieren, S. 85 f.*

37 Wer sich ernstlich mit der Frage des Mitleids gegen die Tiere beschäftigt, weiß, dass es leicht ist, im Allgemeinen solches Mitleid zu predigen, aber außerordentlich schwer, Regeln für solche Betätigung in den einzelnen Fällen aufzustellen.
Ehrfurcht vor den Tieren, S. 87

38 Die Ethik der Liebe zu allen Geschöpfen im Einzelnen auszudenken: dies ist die schwere Aufgabe, die unserer Zeit gestellt ist.
Ehrfurcht vor den Tieren, S. 88

33. Verhältnis zu den Tieren

Wie brachten die Menschen es fertig, ihnen [den Tieren] ihr Mitfühlen und Helfen zu versagen? Als sie schon das Humanitätsideal anerkannten, verblieben sie dennoch in der alten naiven Anschauung, dass der Mensch Herr der Schöpfung sei und mit den anderen Lebewesen teilnahmslos und gefühllos nach Belieben verfahren könnte. *Ehrfurcht vor den Tieren, S. 89*

39

Der berühmte Philosoph Descartes (1596–1650) übernahm es sogar, sie in ihrer Mitleidslosigkeit zu bestärken. Er lehrte, dass Tiere keine Seele hätten und darum ohne Empfinden seien und nur scheinbar Schmerz verspürten. *Ehrfurcht vor den Tieren, S. 89*

40

Es ist, als hätte Descartes mit seinem Ausspruch, dass die Tiere Maschinen sind, die ganze europäische Philosophie behext.
Kulturphilosophie I und II, S. 296

41

Aber immer müssen wir uns bewusst bleiben, dass Töten etwas Furchtbares ist und wir es nur ausführen, weil wir einem Müssen gehorchen. Es wird die Zeit kommen, wo man nicht mehr verstehen wird, dass heute noch Jagd als edler Sport gilt.
Vorträge, Vorlesungen, Aufsätze, S. 164

42

Barmherzigkeit ist eine Gabe, welche der Schöpfer den Menschen, seinen Geschöpfen, als unverlierbare Gabe ins Herz gelegt hat; sie ist wie ein Funke, der das Herz entzünden kann.
Predigten, S. 185

43

Wie kalt würde unser Herz, wenn es die Barmherzigkeit nicht erwärmte. *Predigten, S. 189*

44

Sei barmherzig mit Verstand und nicht in Gedankenlosigkeit und Bequemlichkeit! *Predigten, S. 187*

45

Barmherzigkeit gegen Tiere ist Christensache. Es sind Gottes Geschöpfe. *Predigten, S. 186*

46

Dritter Teil: Ethik

47 Es ist die heilige Pflicht der Eltern, ihre Kinder zur Barmherzigkeit gegen Tiere anzuhalten, damit ihr Herz nicht verrohe.
Predigten, S. 186

48 Was du an Barmherzigkeit an Tieren tust, ist nur ein kleiner Tropfen des Dankes für das, was die Kreatur uns gegeben. *Predigten, S. 963*

49 Wir müssen Mitleid mit allem Leben haben, denn das Mitleid kennt keine Grenzen. Es geht auf das Leiden aller Kreaturen, der höchsten und der niedrigsten ... Es gibt nicht zwei Arten von Ethik, sondern nur eine. *Ehrfurcht vor den Tieren, S. 116*

50 Was wir der Kreatur Gutes antun, ist nur ein kleinster Teil der Dankesschuld, die wir an sie abzutragen haben. *Wir Epigonen, S. 196*

51 ... wo ich wie im Traum zur Einsicht kam, dass ... die Ethik, die sich wie die europäische nur mit der Geistigkeit von Mensch zu Mensch beschäftigt, nur ein Fragment von Ethik sei, dass nur die, die Gütigkeit und Erbarmen mit aller Kreatur, auch der armseligsten, [einbezieht,] wahre und völlige Ethik sei. Dies hat nun die indische Philosophie beeindruckt. Sie hat den Eindruck, dass wo die Ethik in beiden Philosophien nun dieselbe ist, es zu einer Weltphilosophie komme. ...

Es ist ja unglaublich, dass die europäische Ethik der Meinung war, dass das Verhalten zu der Kreatur für die Ethik nicht in Betracht komme, eine Meinung, die noch Kant in aller Schärfe bejaht hat. – Ganz richtig, sagen die indischen Denker, dass die Ethik das Wesen der Philosophie bestimme.
Theologischer und philosophischer Briefwechsel,
Brief an Martin Werner, S. 897 f.

52 Der Kutscher schlug auf sein Pferd ein, und die anderen – der Direktor und zwei Musikkritiker – waren sehr erstaunt, als ich sie bat, dem Kutscher zu befehlen, er solle sein Tier nicht misshandeln, oder ich würde den Wagen verlassen.
Die Jahre vor Lambarene, Brief an Helene Bresslau, S. 224

33. Verhältnis zu den Tieren

Der Tod von [Hund] Mithras hat mich furchtbar traurig gemacht. Ich sehe ihn noch neben Sülti auf der Straße nach Weier laufen, mit seinem lieben, intelligenten Kopf ... Ich habe ihn oft angeschaut und habe gedacht, dass er unser Wächter wäre und uns an Günsbach erinnern würde.
Die Jahre vor Lambarene, Brief an Helene Bresslau, S. 347

53

Es ist unter Umständen viel ethischer, ein Tier auf die schmerzloseste Weise zu töten, als es auf natürliche Weise zugrunde gehen zu lassen. *Vorträge, Vorlesungen, Aufsätze, S. 163*

54

Weiter wird uns nun aber auf diesem erweiterten Gebiete der Ethik auch der Gegenstand unseres ethischen Verhaltens zum Problem. Wo hört in der absteigenden Linie der Lebewesen für uns die Verpflichtung und die Möglichkeit auf, an ihrem Schicksal teilzunehmen? *Kulturphilosophie III, 3. und 4. Teil, S. 152*

55

Aus welchen Überlegungen kann sich ergeben, dass das Mitleid mit dem einen Wesen hinter dem mit dem anderen zurückzutreten hat? Was wird damit Gutes verwirklicht, dass wir das eine dem anderen opfern? Hier können wir nicht anders als uns eingestehen, dass solches einer ethischen Absicht entsprungene Handeln ein willkürliches und kurzsichtiges Eingreifen in das Naturgeschehen bedeutet. *Kulturphilosophie III, 3. und 4. Teil, S. 153*

56

In der Frage vegetarisch oder nicht-vegetarisch kann es sich also nur darum handeln, dass wir vom Vernichten von Leben, das dem unsrigen näher verwandt ist, Abstand nehmen wollen. Aber wenn wir Tiere unserer Herden, weil wir sie nicht alle ernähren können, töten müssen, kann die Verwendung ihres Fleisches zur Nahrung als zweckmäßig gelten. Andererseits aber kann wieder geltend gemacht werden, dass, wenn einmal dieses Zugeständnis gemacht ist, die Folge davon ist, dass Tiere zum einzigen Zweck der Schlachtung gezüchtet werden.
Vorträge, Vorlesungen, Aufsätze, S. 164

57

Dritter Teil: Ethik

58 In Lambarene halte ich es so, dass Fleisch der Ziegen- und Schafböcke, die sowieso geschlachtet werden müssen, weil wir sie nicht alle großziehen können, auch zur Ernährung dienen soll. Hingegen sehe ich davon ab, Tiere in dem nahen Walde durch Jäger töten zu lassen, weil dafür kein anderer Grund als der des Gewinnens von Fleisch für unseren Tisch geltend gemacht werden könnte. *Vorträge, Vorlesungen, Aufsätze, S. 164 f.*

59 Interessant ist, dass Buddha in der Frage des Fleischgenusses schwankte. Er ließ kein Tier für seine Nahrung schlachten; aber wenn ihm Fleisch vorgesetzt wurde, wenn er irgendwo an der Mahlzeit teilhaben durfte, aß er es und hielt dies für erlaubt, weil das Töten nicht seinethalben stattgefunden hatte.
Vorträge, Vorlesungen, Aufsätze, S. 164

60 Immer und immer mehr sehen wir uns vor die Frage gestellt, welches Leben wir dem anderen Leben opfern sollen. Wir opfern das Leben des Tieres dem unseren, weil wir das unsere für das höhere ansehen. *Vorträge, Vorlesungen, Aufsätze, S. 166*

61 Wir haben keinen wirklichen Maßstab, um zwischen höherem und niederem, wertvollerem und weniger wertvollem Leben zu unterscheiden. Alles Leben bedeutet einen geheimnisvollen Wert.
Vorträge, Vorlesungen, Aufsätze, S. 166

62 Es genügt nicht, dass die Gewalt in ethischer Absicht geübt wird: Es muss auch in ethischer Gesinnung geschehen.
Vorträge, Vorlesungen, Aufsätze, S. 172

63 Wer sich gewöhnt hat, das Leben irgendeines Geschöpfes als wertlos anzusehen, ist in Gefahr, zuletzt auch bei der Vorstellung wertloser Menschenexistenzen anzugelangen, die in dem Denken unserer Zeit eine so unheilvolle Rolle spielt.
Vorträge, Vorlesungen, Aufsätze, S. 166

Vierter Teil:
Religion und Theologie

34. Jesus, der Mensch und Lehrer

Mit seiner Moral hat er [Jesus] seinen Gläubigen keine gebahnten Wege geschaffen, sondern er hat ihnen nur einen Kompass gegeben, der zwar immer nach derselben Richtung zeigt, dessen Nadel aber beständig zitternd nach beiden Seiten ausschlägt.
Gespräche über das NT, S. 155

Es gibt keine ausgeführte allgemeine christliche Moral, eine solche zu schaffen ist unmöglich, denn die christliche Moral ist absolut persönlich und ist nur da vorhanden, wo der persönliche Geist Jesu mit einem Menschen kämpft. Alles andere ist christlich gefirnisste Vernunftmoral.
Gespräche über das NT, S. 156

Er (Jesus) war kein Revolutionär und doch ein Befreier.
Predigten, S. 998

Jesus hat den Menschen Mut gemacht, dem Guten nachzustreben.
Predigten, S. 499

Jesus ist die Kraft zum Guten, die Kraft, in der wir alles tun können.
Predigten, S. 499

Jesus findest du wahrhaftig erst dort, wo du etwas für ihn tust.
Predigten, S. 566

Weil Jesus gar nicht zweckmäßig, sondern nur in den Gedanken der absoluten Ethik des «Anders sein als die Welt» denkt, stehen seine Gedanken in so merkwürdiger Spannung mit unseren modernen Anschauungen.
Das Christentum und die Weltreligionen, S. 22

Vierter Teil: Religion und Theologie

8   Jesu Ethik hat es nur mit dem innerlich Vollkommener-Werden zu tun. Sie verzichtet auf das ethische Wirken. Etwas in der Welt auszurichten, nimmt sie sich nicht vor.
Reich Gottes und Christentum, S. 121

9   Bei Jesus aber, der es [das überirdische Reich] für alsbald erwartet, bewirkt die damit gegebene weitgehende Lebens- und Weltverneinung eine starke Verdunkelung der Lebens- und Weltbejahung, die seiner Ethik, als der Fortsetzung derjenigen der Propheten, innewohnt. *Reich Gottes und Christentum, S. 123*

10 Auf dieses Nachwirken ursprünglicher Lebens- und Weltbejahung geht nicht nur zurück, dass für Jesus noch ethische Betätigung in Betracht kommt, sondern auch, dass er jede Art von Askese ablehnt. Obgleich er Bedürfnislosigkeit verlangt, gesteht seine Ethik dem Menschen alles zu, was zur natürlichen Lebensweise gehört.
Reich Gottes und Christentum, S. 123

11 Auch Buddha lässt nur Losgelöstheit von der Welt, nicht auch Askese gelten. *Reich Gottes und Christentum, S. 124*

12 Fasten soll nicht als notwendig gelten. Sich und seinen Jüngern gestattet Jesus, es nicht zu tun. *Reich Gottes und Christentum, S. 123*

13 Weil Jesus wie irgendein Mensch isst und trinkt, muss er sich von den Leuten Fresser und Weinsäufer schelten lassen.
Reich Gottes und Christentum, S. 123

14 Wir sind gewohnt, als selbstverständlich anzunehmen, dass Jesus als Messias (Christus) aufgetreten sei und dementsprechend von denen, die seine Verkündigung vernahmen, verlangt habe, dass sie an ihn als an den Messias glaubten. Den zwei ältesten Evangelien zufolge hat er dies aber nicht getan. Er redet der Menge nicht davon, dass er der Messias ist. *Reich Gottes und Christentum, S. 124*

34. Jesus, der Mensch und Lehrer

Jesu hat also die messianischen Vorstellungen, die er vorfand, übernommen, sie aber vereinfacht und mit ethischem Gehalt erfüllt.
Vorträge, Vorlesungen, Aufsätze, S. 293

Kein Irren und keine Untreue von Menschen kann dem Evangelium Jesu die Wahrheit nehmen, die es in sich trägt.
Das Christentum und die Weltreligionen, S. 64

Es ist merkwürdig, einen Menschen [Jesus] zu betrachten und zu wissen, dass man sein Sklave ist. – Aber was wäre mein Leben ohne diesen größten unter den Menschen?
Die Jahre vor Lambarene, Brief an Helene Bresslau, S. 79

In Wirklichkeit vermag er (Jesus) für uns nicht eine Autorität der Erkenntnis, sondern nur eine des Willens zu sein.
Das Christentum und die Weltreligionen, S. 105

Aber das ist gewiss: Es gibt einen Willen Gottes für jeden Menschen, und wer nach dem Willen Gottes in seinem Leben sucht, dem wird er offenbar.
Predigten, S. 525

Jesus muss für uns der Herr sein, mit dem wir uns im Leben auseinandersetzen und vor dessen Worten wir Rechenschaft ablegen. Das Bekenntnis, nach dem wir uns prüfen, ist dieses, ob er für uns der Herr ist.
Predigten, S. 979

Der Glaube an Christus als den Heiland, das ist das ewige Leben.
Predigten, S. 340

Einfachheit ist immer das Kennzeichen des Göttlichen.
Vorträge, Vorlesungen, Aufsätze, S. 37

Es liegt viel Lebensfreude in Jesu Wesen. Er war kein einsamer Mensch, sondern er hatte Freunde; wenn man ihn zum Mahle einlud, kam er, und wenn er jemand sah, der ihm gefiel, bei dem lud er sich selbst ein, wie es dem Zachäus widerfuhr (Luk. 19).

Gespräche über das NT, S. 151

24 Für ihn [Jesus] hat ein Fasten mit sauren Gesichtern keinen Wert, wie er überhaupt seinen Jüngern, im Unterschied zum Täufer, kein Fasten auferlegte (Mark. 2); was er verlangt, ist ein lustiges Fasten mit lachendem Antlitz (Matth. 6). Aus diesem schönen Spruch der Bergpredigt klingt ein silbernes Lachen heraus.

Gespräche über das NT, S. 151

25 Ja, er konnte lachen! Lachenden Auges schaute er in die Natur hinaus und sah, dass sie schön war. *Gespräche über das NT, S. 151*

26 Die Schriftgelehrten fantasierten aus der Schrift über die Herrlichkeit und den Reichtum des Königs Salomo, er aber lobte sich seine Freunde, die lachenden Lilien und die vergnügten Vögel.

Gespräche über das NT, S. 151

27 Jesus war kein Pessimist; dazu liebte er das Leben zu sehr, und zwar das heitere, hoffnungsvoll lächelnde Leben, wie es aus den Kindern herausschaut. *Gespräche über das NT, S. 151 f.*

28 Jesus war Optimist. Er beurteilte die Dinge pessimistisch, weil er eine Umgestaltung der Welt nach Idealen verlangte.

Wir Epigonen, S. 130

29 Jesus hat nie daran gedacht, eine neue Religion zu stiften. Dies war für ihn schon dadurch ausgeschlossen, dass er das Weltende in unmittelbarer Nähe glaubte. *Wir Epigonen, S. 147*

30 Der Lebensernst Jesu hat nichts Niederdrückendes und Lähmendes wie der christlich übertünchte Pessimismus mancher Philosophen, sondern etwas Befreiendes. *Gespräche über das NT, S. 154*

34. Jesus, der Mensch und Lehrer

Die Größe Jesu ist die: Er ist Autorität geworden für den Einzelnen in seiner wahrhaften Menschlichkeit. ... So liegt die Ethik Jesu in der großen Menschlichkeit. *Straßburger Vorlesungen, S. 530* 31

Es gibt Augenblicke im Leben Jesu, wo sich eine stählerne Unerbittlichkeit auf seine Züge legt. Er, der so mild für die Suchenden, für die Verirrten, für die Verachteten, für die Gefallenen ist, ist so hart für die Teilnahmslosen und für die Gleichgültigen.
Gespräche über das NT, S. 121 32

Die aber, welche für das Geistige empfänglich sind, denen strömt geistiger Reichtum in diesen Gleichnissen zu, und zwar desto reichlicher, je empfänglicher sie sind. Mit dem Maß, mit dem sie messen, wird ihnen das Geistige zugemessen und noch dazu gegeben (Mark. 4,24). *Gespräche über das NT, S. 122* 33

In keiner Situation seines Lebens, und dies ist das Entscheidende, benimmt sich Jesus wie eine krankhafte Persönlichkeit.
Vorträge, Vorlesungen, Aufsätze, S. 369 34

Das gewaltige an Jesus ist, dass er, was man sich bisher nicht einzugestehen wagte, eine absolute Ethik aufstellt.
Vorträge, Vorlesungen, Aufsätze, S. 369 35

[Ist das] Material der Weltanschauung Jesu ganz zeitlich bedingt, so ist die Persönlichkeit, die in diesem Material sich Weltanschauung oder Ethik schafft, von einer gewaltigen Zeitlosigkeit.
Vorträge, Vorlesungen, Aufsätze, S. 369 36

Es ist unmöglich, ohne die tiefste Ergriffenheit die Worte zu lesen, in denen er [Jesus] sich von seiner Familie lossagt.
Gespräche über das NT, S. 152 37

Unser Heiland stammte seiner Geburt nach aus der Zimmermannsfamilie in Nazareth und hatte mehrere Brüder und Schwes- 38

tern. Das war alles, was die von ihm wussten, welche ihm anhingen.
Gespräche über das NT, S. 39

39 Das war eine schwere Sorge für die ersten Christen. Dass von Jesus alles, was von einem Heiland geweissagt war, auch wirklich erfüllt sei, das stand für sie fest. Aber es im Einzelnen nachzuweisen, das war sehr schwer.
Gespräche über das NT, S. 40

40 Jesus aber lehrt, dass dieses Gerechtsein [durch Einhaltung von Gesetz und Vorschriften] nicht ausreicht, sondern dass noch ein höheres, das in dem Halten der Gebote ihrem Geist nach besteht, erfordert wird.
Reich Gottes und Christentum, S. 106

41 Ehrlich gestanden haben wir kein Recht, über die Pharisäer zu Gericht zu sitzen, sondern das Urteil Jesu über sie muss uns zu ernster Selbstzucht mahnen; denn die Männer, die seine Verdammung trifft, die stehen mit ihrer Zeit, was das Streben nach Frömmigkeit und das fromme Leben betrifft, hoch über der unsrigen.
Gespräche über das NT, S. 73

42 Es liegt in der Natur der großen Geister, dass sie die größten Widersprüche in sich tragen können, ohne dass sie sich selbst davon Rechenschaft geben. ... Je größer ein Denker, desto größer der Zwiespalt zwischen dem Alten, in dem er als Sohn seiner Zeit drin steht, und dem Neuen, das er verkörpert.
Gespräche über das NT, S. 130

43 Das ist die kraftvolle Pietät der großen Geister gegen das Alte: Sie wecken neues Leben und überlassen es der Zukunft, dass das entfaltete Leben die alte Form zerstöre.
Gespräche über das NT, S. 135

44 Jesus stand also noch äußerlich im Gesetz drin, innerlich war er schon längst darüber hinaus.
Gespräche über das NT, S. 132

34. Jesus, der Mensch und Lehrer

Mit diesem Ausspruch von der Bedeutungslosigkeit äußerer Zeremonien war Jesus eigentlich auch mit dem Gesetz fertig.
Gespräche über das NT, S. 133

45

Das ist eben etwas Zwiespältiges, was uns an Jesus so schwer begreiflich ist: Auf der einen Seite sind ihm auch die Heiden Gäste des Himmelreiches; auf der andern tut er nichts, um sie zu bekehren.
Gespräche über das NT, S. 139

46

Es gibt gar viele Menschen in unserer Zeit, die etwas wirken könnten, wenn sie nicht ihren Atem und ihre Kraft aufbrauchten, um ihrem vergrößerten Schatten nachzulaufen.
Gespräche über das NT, S. 140

47

Es gab zwar eine Zeit, wo man es der Bibel schuldig zu sein glaubte, diese Erzählungen für Wirklichkeit zu nehmen.
Gespräche über das NT, S. 44

48

In Bildern zu reden ist orientalische Art. Schon die Propheten kleideten ihre Rede in Gleichnisse ein.
Gespräche über das NT, S. 119

49

Bei Jesus tritt das Gleichnis noch viel mehr in den Vordergrund. Es scheint, dass er ganze Reden gehalten hat, wo derselbe Gedanke in einer Reihe von Gleichnissen wiederkehrt.
Gespräche über das NT, S. 120

50

Diese Geburtserzählungen bei Matthäus und Lukas berichten uns also nichts Wirkliches und bereichern unsere geschichtliche Kenntnis des Ursprungs Jesu nicht.
Gespräche über das NT, S. 45

51

Wie kamen die Christen dazu, obwohl Jesus selbst nie zu seinen Jüngern auch nur eine Andeutung von seiner übernatürlichen Geburt gemacht hat, diesen Satz in den Glauben aufzunehmen?
Gespräche über das NT, S. 48

52

Vierter Teil: Religion und Theologie

53   Obwohl er ein Mensch ist, ist er doch wieder so ganz anders, so viel reiner und höher als die anderen Menschen, eine so übernatürliche göttliche Größe wohnt in ihm, dass man sich nur schwer denken kann, er sei nur in das Dasein getreten wie andere Menschen.
Gespräche über das NT, S. 48

54   So kommt man dazu, anzunehmen, Gottes Geist habe ihn übernatürlich ins Leben gerufen. Das ist ein tiefer und heiliger Gedanke, und niemand darf es auf sich nehmen wollen, solchen, die an diesem Glaubenssatz [fest]halten, einen Anstoß zu geben oder sie eines anderen belehren zu wollen, denn man würde dadurch die Würde des Heilandes in ihren Augen herabsetzen.
Gespräche über das NT, S. 48

55   Man sollte daher aus diesem Glaubenssatz keine so entscheidende Frage machen, wie man es in unserer Zeit versucht hat, sondern man soll sich gegenseitig respektieren und jeder möge dem anderen seine Meinung lassen.
Gespräche über das NT, S. 48

56   Auch der Apostel Paulus redet nie davon. In allen seinen Briefen kommt dieser Glaubenssatz mit keinem Worte vor. Jesus Christus ist für ihn Gottes Sohn, durch sein Wesen, durch seinen Geist, nicht durch seine Geburt.
Gespräche über das NT, S. 49

57   So aber genügt es ihm [Paulus], dass er seinen Galatern sagt: Gottes Sohn ist vom Weibe geboren, d. h. ein Mensch geworden, wie wir.
Gespräche über das NT, S. 49

58   Ein irdisches Wesen wird von irdischen Eltern geboren, und doch ist dieses Wesen nicht nur irdisch, sondern es bringt auch göttliches, unvergängliches Wesen mit auf diese Welt und trägt eine göttliche, unsterbliche Seele in sich! Seine Eltern haben ihm dies nicht gegeben, sondern Gott.
Gespräche über das NT, S. 51 f.

59   Dass in jedem irdisch geborenen Wesen göttlicher Geist ist, das ist

34. Jesus, der Mensch und Lehrer

das große Wunder, das wir sinnend in jedem lallenden Kindlein anstaunen müssen! *Gespräche über das NT, S. 52*

Dieses Geheimnis soll uns zu denken geben. Es versichert uns, dass Gott auch uns bei der Geburt von seinem Wesen mitgeteilt, und es ermahnt uns, dass wir unser göttliches Wesen sollen bewahren in einem heiligen Wandel, dass es wachse und uns durchdringe, bis Gott uns zur Verklärung in der Vollendung führt.
Gespräche über das NT, S. 52 60

Wie die gewaltigen Berge sich in Nebel hüllen, um dann bei Sonnenglanz sich plötzlich zu entschleiern – so tritt auch Jesus, als seine Stunde gekommen, aus dem Dunkel heraus und steht nun mit einem Male in seiner gewaltigen übernatürlichen Größe vor der Menschheit. Von da an ist er der Heiland. Was er vorher gewesen, wie er es geworden, das bleibt ein Geheimnis zwischen Gott und ihm. *Gespräche über das NT, S. 57 f.* 61

Gibt es nicht für jeden einen innersten Winkel des Herzens, ein Allerheiligstes, das er vor jedem fremden Blick abschließt? ...
Gespräche über das NT, S. 58 62

Je tiefer und innerlicher ein Mensch angelegt ist, desto größer ist dieses Allerheiligste. *Gespräche über das NT, S. 58* 63

Das Abendmahl als Mahlzeit war Ausdruck der brüderlichen Einheit der Gemeinde. *Straßburger Vorlesungen, S. 480* 64

Die Berichte vom letzten Mahle bei Matthäus und Markus enthalten kein Wort, das die Wiederholung [des Abendmahles] gebietet.
Reich Gottes und Christentum, S. 161 65

Für die Jünger und die ersten Gläubigen machen Jesu Worte von Brot und Wein als seinem Fleisch und Blut, die wir als das Wesentliche des letzten Mahles ansehen, die Bedeutung desselben nicht 66

Vierter Teil: Religion und Theologie

aus. Diese besteht vielmehr in der von ihm gesprochenen Danksagung über Brot und Wein. Die Worte von Brot und Wein als seinem Leib und Blut sind nur zwei Gleichnisse im Hinblick auf seinen bevorstehenden Tod, die er der Danksagung anfügt.
Reich Gottes und Christentum, S. 163

67 Unnachahmlich aber ist in den letzten wie in den ersten Gleichnissen die Form. Man kann kein Wort hinzusetzen und keines hinwegnehmen, sondern so, wie sie sind, sind sie vollkommen, und der größte Dichter der Welt hätte es nicht so, geschweige besser machen können.
Gespräche über das NT, S. 120

68 Jesus versteht eben das Malen in Worten, was die höchste Kunst des Redners und des Schriftstellers ist, in einzigartiger Weise.
Gespräche über das NT, S. 120

69 Eigentlich ist es gut, dass Jesus diesen Gleichnissen keine Deutung beigesetzt. So veralten sie nicht.
Gespräche über das NT, S. 123

70 Diese Gleichnisse sind unerschöpflich, wie die Natur selbst. Man kann sie auf hundert Arten deuten, und wenn man sie noch einmal liest, findet man wieder etwas Neues darin.
Gespräche über das NT, S. 123

71 Auch hier gilt, was im Menschenleben sich bewahrheitet: äußere Trübsal ist notwendig zum innerlichen Fortschritt.
Gespräche über das NT, S. 59

72 Jesus will sagen, dass es Menschen gibt, die vor Gott nicht etwas sind, durch das sie handeln, sondern durch das, was sie erleiden.
Gespräche über das NT, S. 127

73 Wir haben uns also in der Tatsache zu finden, dass Jesu Religion der Liebe in der Weltanschauung der Weltenderwartung auftritt. In den Vorstellungen, in denen er sie verkündet, können wir sie

nicht zu der unsrigen machen, sondern müssen sie uns in diejenigen unserer neuzeitlichen Weltanschauung übertragen.

Aus meinem Leben und Denken, S. 53

Wagen wir, Jesum so zu sehen, wie er war. Er ist so groß, dass auch die an ihm zutage tretende Zugehörigkeit zur Zeit, in der er lebte, ihm nichts anhaben kann. Er bleibt unser geistiger Herr.

Reich Gottes und Christentum, S. 343

74

Die Wahrheit, dass das Ethische das Wesen des Religiösen ausmacht, ist durch Jesu Autorität sichergestellt

Aus meinem Leben und Denken, S. 58

75

35. Jesu Taufe

So wenig Genaues wir über den Täufer wissen, eines ist sicher: Er war ein gewaltiger Mensch. Jesus hat ihm einen herrlichen Denkstein gesetzt mit den Worten: Er ist mehr denn ein Prophet.

Gespräche über das NT, S. 84

1

Jesus selber lässt sich von Johannes taufen. Aus dem Wasser des Jordans steigend hat er eine Vision, in der er den Geist auf ihn herniederkommen sieht und die Stimme Gottes, dass er sein lieber Sohn (d. h. der Messias) sei, vernimmt (Mk. 1.9–11). Bei der Taufe erlebt er also seine Berufung zum Messias.

Reich Gottes und Christentum, S. 102

2

Nach der Erzählung von der Taufe scheint es, als habe er in jenem Augenblick seine bestimmte Berufung zum Messias erfahren.

Gespräche über das NT, S. 85 f.

3

Auf Grund seines Bewusstseins, der zukünftige Messias zu sein, sieht Jesus in dem Täufer den Elia, der vor dem Anbrechen des

4

Vierter Teil: Religion und Theologie

Reiches und dem Offenbarwerden des Messias gekommen sein muss. *Reich Gottes und Christentum, S. 105*

5 Es handelt sich nicht um einen äußeren Vorgang, sondern um ein Gesicht Jesu, um ein inneres unbeschreibliches Erlebnis.
Gespräche über das NT, S. 86

6 Bei diesem Weitererzählen wurde nun aus dem inneren Erlebnis mehr und mehr ein äußeres Ereignis. In dieser etwas versinnlichten Form wird die Taufgeschichte uns von den späteren Evangelien berichtet. *Gespräche über das NT, S. 86*

7 Für Jesus kann also kein Taufen in Betracht kommen. Die Zugehörigkeit zu ihm bewirkt und garantiert die Rettung. Den Fall, dass nach seinem Tod eine der Taufe des Johannes entsprechende sakramentale Handlung zur Erlangung der Sündenvergebung für neue Gläubige notwendig werden könnte, zieht er nicht in Betracht. Er rechnet nicht mit neuen Gläubigen, sondern nur mit denen, die um ihn sind. Er erwartet ja das alsbaldige Anbrechen des Reiches und nicht die Entstehung einer sich vermehrenden Gemeinde, die an ihn als den Messias glaubt. Dieser Fall tritt aber ein. Eine Handlung, durch die die neu Hinzukommenden in die schon bestehende Gemeinschaft aufgenommen werden, wird erforderlich. Als solche bietet sich die früher durch Johannes geübte Taufe zur Sündenvergebung an. Sie wird übernommen und verchristlicht. *Reich Gottes und Christentum, S. 158*

8 Was die Taufe innerlich für Jesu Werden bedeutete, das wusste nur einer: er selbst. Wir aber können nur mutmaßen und ahnen.
Gespräche über das NT, S. 89

9 Es scheint allerdings, dass ihm in der Taufe seine Berufung zuteil wurde, denn von da an begann seine öffentliche Wirksamkeit.
Gespräche über das NT, S. 89

10 Jesus erntete, was der Täufer gesät hatte. Der Jubel und der Erfolg,

die ihn umgaben, sobald er den Fuß auf jüdischen Boden setzte, und die ihn in Jerusalem dem hohen Rat so gefährlich machten, erklären sich nur daraus, dass die ganze Anhängerschaft des Täufers ihm zufiel. Auch ist es nicht zufällig, dass die erste christliche Gemeinde gerade in Jerusalem entstand: Die Saat Jesu ging auf, als sie auf den Boden fiel, den Johannes der Täufer gepflügt hatte.
Gespräche über das NT, S. 85

Als ehemalige Anhänger des Täufers hielten jene ersten Christen auch an der heiligen Handlung der Taufe fest, obwohl Jesus selbst bei seiner Wirksamkeit nicht getauft hatte.
Gespräche über das NT, S. 85

36. Jesu Leiden, Tod und Auferstehung

Jesus erwartet, beim Kommen des Reiches Gottes als Messias offenbar zu werden. *Reich Gottes und Christentum, S. 126*

Dass er der zukünftige Messias ist, behält er als sein Geheimnis für sich. *Reich Gottes und Christentum, S. 126*

Zum Glauben an Jesu Messianität kommt im Urchristentum noch der an die durch seinen Tod den Gläubigen zuteil werdende Sündenvergebung. *Reich Gottes und Christentum, S. 153*

Für den urchristlichen Glauben ist, was wohl zu beachten ist, Jesus nicht schon während seiner menschlichen Existenz der Messias gewesen. Er ist es erst in dem überirdischen Zustand, den er durch die Auferstehung erlangt hat. Die Anschauung, dass er als Mensch gewordener Messias auf Erden gewandelt und gepredigt habe, kommt erst in einer späteren Generation auf, der die eschatologische Vorstellungsweise Jesu und des Urchristentums nicht mehr geläufig ist. *Reich Gottes und Christentum, S. 150*

Vierter Teil: Religion und Theologie

5   Jesus lässt die Jünger also wissen, dass er sterben müsse. Aber die Notwendigkeit und den Sinn seines Todes erklärt er ihnen nicht. Er begnügt sich damit, ihnen zu sagen, dass er einer Vielheit von Menschen zugute kommen werde.

Reich Gottes und Christentum, S. 133

6   Jesus erwartet also, vor seinem Offenbarwerden als Messias eine Erniedrigung durchmachen zu müssen.

Reich Gottes und Christentum, S. 136

7   Dieses Gebet [Vater unser] ist nicht irgendein Mustergebet, das er sie lehrt, sondern das Gebet des Erflehens des Kommens des Reiches. *Reich Gottes und Christentum, S. 143*

8   In Gethsemane fleht er dreimal zu Gott, dass dieser Kelch an ihm vorübergehe (Mt 26,37–44). Wie er im Vaterunser die Gläubigen um Verschonung von Drangsal bitten ließ, so tut er es jetzt für sich.

Reich Gottes und Christentum, S. 148

9   Wenn das Sein und die Weltgeschichte ein Ziel haben, so muss es der Triumph des Geistes über die Materie sein. Das ist aber das Sterben Jesu. *Predigten, S. 733*

10 In der Weltenderwartung und in der Hoffnung auf ein überirdisches Messiasreich bekennt sich Jesus zu einer Weltanschauung, die in den Schriften der Propheten und den Apokalypsen des Spätjudentums niedergelegt war und die von vielen Zeitgenossen geteilt wurde. *Vorträge, Vorlesungen, Aufsätze, S. 369*

11 In diesem [Jesaja 53] findet sich geschrieben, dass er die Leiden vieler getragen hat, um dem Volke zu Gerechtigkeit zu verhelfen. Der Tod des leidenden Gottesknechtes ist ein Sühnetod. Daraufhin steht den Gläubigen fest, dass sie auf Grund des Todes Jesu miteinander der zum Eingehen in das Reich erforderlichen Sündenvergebung teilhaftig geworden sind.

Reich Gottes und Christentum, S. 154

Wenn mich jemand fragte: Glauben Sie an die leibliche Auferstehung Christi?, dann würde ich sagen: Ja. Wo der Friede des Auferstandenen in irdischen leiblichen Menschen wohnt und in ihnen zum Leben wird, das ist die wahre ewige leibliche Auferstehung Christi.

Predigten, S. 541

Das ewige Leben haben heißt, durch den Geist Christi innerlich frei und tüchtig zum Leben geworden sein und gerade in dieser Sehnsucht freudig im Leben stehen.

Predigten, S. 825

37. Der historische Jesus heute

Bei der übernatürlichen Geburt handelt es sich nicht um eine sicher bezeugte Nachricht, um etwas, was Jesus und die Apostel zu glauben befohlen haben, sondern um eine Ansicht, welche in der älteren Christenheit verbreitet war. Wir wissen sie zu achten und zu schätzen, stehen ihr aber frei und ungebunden gegenüber. Jeder soll's damit halten, wie es ihm sein Gewissen gebietet.

Gespräche über das NT, S. 50 f.

Wer dem historischen Jesus ins Auge zu blicken wagt und auf das hinhorcht, was er ihm in seinen gewaltigen Worten zu sagen hat, der gibt das Fragen, was dieser fremdartige Jesus ihm noch sein könne, bald auf. Er lernt ihn als denjenigen kennen, der Gewalt über ihn haben will.

Aus meinem Leben und Denken, S. 55 f.

Der geschichtliche Jesus, wenn er wirklich existiert hat, kann nur eine Persönlichkeit gewesen sein, welche den Gegensatz des jüdischen Bewusstseins, nämlich die Trennung des Göttlichen und Menschlichen, in ihrem Selbstbewusstsein aufgelöst hatte, ohne aus dieser Auflösung eine neue religiöse Trennung und Entfrem-

Vierter Teil: Religion und Theologie

dung hervorgehen zu lassen, und die sich aus den Formen der gesetzlichen Knechtschaft in ihre Innerlichkeit zurückgezogen hatte, ohne um neue gesetzliche Fesseln besorgt zu sein.

Geschichte der Leben-Jesu-Forschung, S. 185

4 Es ist der Leben-Jesu-Forschung merkwürdig ergangen. Sie zog aus, um den historischen Jesus zu finden, und meinte, sie könnte ihn dann, wie er ist, als Lehrer und Heiland in unsere Zeit hineinstellen. Sie löste die Bande, mit denen er seit Jahrhunderten an den Felsen der Kirchenlehre gefesselt war, und freute sich, als wieder Leben und Bewegung in die Gestalt kam und sie den historischen Menschen Jesus auf sich zukommen sah. Aber er blieb nicht stehen, sondern ging an unserer Zeit vorüber und kehrte in die seinige zurück.

Geschichte der Leben-Jesu-Forschung, S. 620

5 Unser Verhältnis zum historischen Jesus muss zugleich ein wahrhaftiges und freies sein. Wir geben der Geschichte ihr Recht und machen uns von seinem Vorstellungsmaterial frei. Aber unter den dahinter stehenden gewaltigen Willen beugen wir uns und suchen ihm in unserer Zeit zu dienen, dass er in dem unsrigen zu neuem Leben und Wirken geboren werde und an unserer und der Welt Vollendung arbeite. Darin finden wir das Eins-Sein mit dem unendlichen sittlichen Weltwillen und werden Kinder des Reiches Gottes.

Geschichte der Leben-Jesu-Forschung, S. 628

6 Was ist uns der geschichtliche Jesus, wenn wir ihn von aller falschen Zurechtlegung der Vergangenheit für die Gegenwart frei halten? Wir haben das unmittelbare Empfinden, dass seine Persönlichkeit, trotz alles Fremdartigen und Rätselhaften, allen Zeiten, so lange die Welt besteht, ... etwas Großes zu sagen hat.

Geschichte der Leben-Jesu-Forschung, S. 622

7 Diejenigen, die sehen, wohin wir treiben, und sich nicht abstumpfen lassen, sondern die Angst und das Weh um die Zukunft der Welt immer wieder von Neuem erleben, sind bereit, den histori-

37. Der historische Jesus heute

schen Jesus zu begreifen und zu verstehen, was er bei aller Fremdheit seiner Sprache uns zu sagen hat.

Geschichte der Leben-Jesu-Forschung, S. 626

Der historische Jesus hat nicht den Glauben an sich verlangt, sondern nur den an das kommende Reich Gottes.

Vorträge, Vorlesungen, Aufsätze, S. 296

8

Das Ideal wäre, dass Jesus die religiöse Wahrheit in einer von aller Zeitlichkeit losgelösten und von allen Generationen der Menschheit einfach zu übernehmenden Fassung verkündigt hätte. Es ist aber nicht so, und es hat wohl einen Sinn, dass es nicht so ist.

Aus meinem Leben und Denken, S. 53

9

Die zeitgeschichtliche Bedingtheit der Ethik Jesu. Jesu Ethik als «Interimsethik». *Vorträge, Vorlesungen, Aufsätze, S. 34*

10

Andererseits ist aber gerade auch die einzigartige Tiefe der Ethik Jesu durch die Eschatologie ermöglicht. Nur weil er das Weltende erwartete und deshalb in keiner Weise den Forderungen der Wirklichkeit entgegenzukommen brauchte, konnte Jesus absolute Forderungen aufstellen und die Ethik nach einer Richtung hin in konsequenter Weise ausdenken. *Vorträge, Vorlesungen, Aufsätze, S. 34*

11

Das wahre Verstehen Jesu ist das von Wille zu Wille. Das wahre Verhältnis zu ihm ist das Ergriffensein von ihm. Alle christliche Frömmigkeit ist nur so viel wert, als in ihr Hingabe unseres Willens an den seinen statthat. *Aus meinem Leben und Denken, S. 56*

12

Als ein Unbekannter und Namenloser kommt er zu uns, wie er am Gestade des Sees an jene Männer, die nicht wussten, wer er war, herantrat. Er sagte dasselbe Wort: Du aber folge mir nach! Und stellt uns vor die Aufgaben, die er in unserer Zeit lösen muss. Er gebietet. Und denjenigen, welche ihm gehorchen, Weisen und Unweisen, wird er sich offenbaren in dem, was sie in seiner Gemeinschaft an Frieden, Wirken, Kämpfen und Leiden erleben dürfen,

13

Vierter Teil: Religion und Theologie

und als ein unaussprechliches Geheimnis werden sie erfahren, wer er ist …
Geschichte der Leben-Jesu-Forschung, S. 630

14   Denn alles, was man Wirkliches über Erlösung aussagen kann, geht zuletzt darauf zurück, dass wir in der Willensgemeinschaft mit Jesus von der Welt und uns selbst frei werden und Kraft und Frieden und Mut zum Leben finden.
Geschichte der Leben-Jesu-Forschung, S. 629

15   Jesus mutet den Menschen nicht zu, dass sie in Worte und Begriffe fassen können, wer er ist.
Aus meinem Leben und Denken, S. 56

16   Was aber diese Periode des Lebens unseres Herrn dunkel und rätselhaft macht, ist die Frage nach dem Wunder, die fast auf jeder Zeile seiner Berichte sich uns aufdrängt.
Gespräche über das NT, S. 169

17   Als ob nicht genug am Christentum übrig bliebe, wenn man die äußerlichen Wunder abtut. *Gespräche über das NT, S. 170*

18   Wir aber haben keinen Grund, uns deswegen unsern Glauben mit Wundern beschweren zu lassen.
Gespräche über das NT, S. 172

19   Die Wunder sind eigentlich Schulden, die die Religion bei der Gedankenlosigkeit und dem Aberglauben macht, um sich beim Volke in Kredit zu halten. *Gespräche über das NT, S. 173*

20   Es darf also ruhig gesagt werden, dass es nicht in Christi Geist ist, jemanden verpflichten zu wollen, unterschiedslos alle von Jesu berichteten Wunder als Tatsachen anzuerkennen und danach den Glauben zu bemessen. *Gespräche über das NT, S. 108*

21   Und doch möchten wir die Heilungswunder Jesu in unseren Evangelien nicht missen. Sie bedeuten auch für uns gar viel, nicht

als wunderbare Vorgänge, sondern als Taten des Mitleids und des Erbarmens unseres Heilandes. ... Besaß er diese Heilkraft nicht darum, weil er so heilige Liebe, so reines Mitleid, so heißes Erbarmen hatte? ... Darum war die Zeit Jesu die Wunderzeit, weil in ihm die Liebe in die Welt gekommen war.

Gespräche über das NT, S. 109

Im Urwald, unter den Eingeborenen, ist mir erst vollständig klar geworden, welcher Schatz für die Welt die Worte Jesu bedeuten. Ich habe die Seligkeit erlebt, mit etwas so Einfachem unter einfache Menschen treten zu dürfen, und bin gewiss, dass das Christentum die Welt erobern kann und sie erobern wird, nicht das historisch gewordene Christentum, sondern das Christentum der Worte Jesu und des Geistes Jesu. *Vorträge, Vorlesungen, Aufsätze, S. 321*

22

Willst du an Jesus glauben, so tu etwas für ihn. Es gibt für unsere zweifelnde Zeit keinen andern Weg zu ihm.

Straßburger Predigten, S. 69

23

Die Gemeinschaft mit Jesus folgt aus dem, was wir im Namen Jesu tun. *Predigten, S. 828*

24

38. Christentum

Wir haben uns also zu der evidenten Tatsache zu bekennen, dass die religiöse Wahrheit Wandlungen durchmacht.

Aus meinem Leben und Denken, S. 53

1

Jesus ist unserer Welt etwas, weil eine gewaltige geistige Strömung von ihm ausgegangen ist und auch unsere Zeit durchflutet. Diese Tatsache wird durch eine historische Erkenntnis weder erschüttert noch gefestigt. *Geschichte der Leben-Jesu-Forschung, S. 621*

2

Vierter Teil: Religion und Theologie

3   Das Urchristentum lebte wie sein Stifter ganz im Glauben an das nahe Weltende und an die übernatürliche Verwirklichung des Gottesreiches.
Vorträge, Vorlesungen, Aufsätze, S. 266

4   Anderseits darf man nicht vergessen, dass gerade das Volk Israel durch seine Schicksale dem Christentum den Weg bereitet hat in der griechischen und römischen Heidenwelt.
Gespräche über das NT, S. 65

5   Dieses zerstreute Israel hat die große geschichtliche Aufgabe erfüllt, zu der Gott sein Volk bestimmt hatte: Vorläufer des Christentums zu sein.
Gespräche über das NT, S. 65

6   So ist die Bergpredigt die unanfechtbare Rechtsurkunde des freisinnigen Christentums.
Aus meinem Leben und Denken, S. 58

7   In Pauli Lehre von der Notwendigkeit des Sterbens und Auferstehens mit Christo leben die Worte weiter, in denen Jesus die Seinen beschwört, mit ihm zu leiden und zu sterben, um ihr Leben zu gewinnen, indem sie es mit ihm verlieren.
Die Mystik des Apostels Paulus, S. 385

8   Anfangs meinte man, die Berichte der vier Evangelien miteinander in Einklang bringen zu können. Von der Mitte des neunzehnten Jahrhunderts an gibt sich wissenschaftlich verfahrende Forschung aber Rechenschaft davon, dass dies unmöglich ist und dass nur die des Matthäus und des Markus miteinander übereinstimmen und als wirklich geschichtliche Quellen in Betracht kommen.

Das Evangelium des Lukas bietet eine spätere Fassung der von den beiden ersten vertretenen Überlieferung. Das vierte ist mit ihnen durchaus unvereinbar.
Reich Gottes und Christentum, S. 94

9   Unsere Evangelien sind keine geordnete Lebensbeschreibung unseres Herrn. Dazu ist ihre Darstellung viel zu sprunghaft und

38. Christentum

abgerissen. Sie schildern nur seine öffentliche Wirksamkeit. Und da noch geben sie uns keine Antwort auf gar viele Fragen.
Gespräche über das NT, S. 96

Nicht aus Markus allein, sondern nur aus ihm und Matthäus zusammen lässt sich entnehmen, welche Geschehnisse im Laufe seines Auftretens für Jesus bedeutungsvoll waren und ihn zur Überzeugung gelangen ließen, dass ihm von Gott bestimmt sei zu sterben.
Reich Gottes und Christentum, S. 96

10

Die Glaubwürdigkeit der beiden ältesten Evangelien erhellt weiter daraus, dass sie Worte und Handlungen von Jesu berichten, die denen, die sie vernahmen oder miterlebten, unbegreiflich bleiben mussten, wie auch, dass sie Prophezeiungen anführen, die sich nicht erfüllen
Reich Gottes und Christentum, S. 97

11

Wer also das Leben Jesu beschreiben will, muss sich an dieses [Markus-]Evangelium halten. Gerade seine Einfachheit und Schmucklosigkeit, wodurch es neben den andern einen unscheinbaren, ja fast ärmlichen Eindruck macht, sind die Gewähr, dass es uns die älteste und zuverlässigste Kunde vom Leben unseres Herrn erhalten hat.
Gespräche über das NT, S. 97

12

Das Tiefste ist immer das Einfachste, und das Evangelium ist das Allertiefste und Allereinfachste. Das ist ja das Herrliche daran, dass ein Kind es verstehen kann.
Predigten, S. 737

13

Es gibt kein einfaches Übernehmen des Evangeliums Jesu, sondern nur ein Sich-Aneignen desselben in seinem Geist.
Geschichte der Leben-Jesu-Forschung, S. 41

14

Das Evangelium Matthäi ist ein historisches Dokument. Der Verfasser erzählt darin von Jesus, was er von ihm weiß, auch dass er sich geirrt hat, mit einfältiger Treue. Gott sei Dank. Wenn er es

15

Vierter Teil: Religion und Theologie

von seinem Glauben aus dargestellt hätte, wäre es ganz anders ausgefallen.
*Existenzphilosophie und Christentum,
Brief an Fritz Buri, S. 151*

16 An dem Worte [Mythus] habe ich mich immer gestoßen. Die Eschatologie ist eine durch die Ethik eingegebene religiöse Hoffnung, und die Person Jesu ist in der Denkweise der griechischen Metaphysik vorgestellt worden. Da ist nichts im Mythus. Da gibt es nichts zu «Entmythologisieren», sondern einfach auf die ursprüngliche Vorstellung zurückzugehen.
*Existenzphilosophie und Christentum,
Brief an Fritz Buri, S. 152*

17 ... die Wissenschaft hat gar oft gezeigt, dass Jesus und die ersten Christen über manche Dinge des Glaubens ganz anders gedacht, als man gemeint hätte. *Gespräche über das NT, S. 9*

18 Unser Neues Testament ist von Menschen geschrieben; wir kennen ihre Namen und wissen auch manches über ihre Lebensumstände. Aber das nimmt unserer Schrift nichts von ihrer Heiligkeit; ja es macht sie nur noch lieber und werter. Sie bleibt Gottes Wort – aber Gottes Wort durch Menschen geschrieben.
Gespräche über das NT, S. 14

19 ... beruht nicht das Christentum in seinem innersten Wesen auf der Vereinigung des Göttlichen und des Menschlichen?
Gespräche über das NT, S. 14

20 Denn es gibt keine Zeit, wo man sagen könnte: Jetzt habe ich das Christentum begriffen, sondern je weiter wir fortschreiten im Leben, je mehr wir erleben und erfahren, desto tiefer dringen wir ins Christentum ein. *Predigten, S. 382*

21 Das Christentum, die Gotteserkenntnis durch die Tat der Liebe, beruht ja selbst auf einer Tat: dem Tode Jesu. Jesus hat das Chris-

38. Christentum

tentum nicht gestiftet durch eine Lehre, auch nicht durch sein Beispiel, sondern durch seinen Tod. *Predigten, S. 410*

Das Christentum ist der größte Anspruch auf Freude, den man an das Leben stellen kann. *Predigten, S. 597*

Die Evangelisten waren nicht Gottes Schreiber, sondern seine Minister. *Gespräche über das NT, S. 15*

Was ein rechter Herrscher ist, der kann gar keine unselbständigen Personen um sich sehen, als ob er alles selbst ausführen müsste, damit seine Ehre und Herrschaft nicht geschmälert werde.
Gespräche über das NT, S. 15

Das Menschliche an der Schrift beeinträchtigt nicht die Reinheit und die Göttlichkeit der darin geoffenbarten Wahrheit, sondern Gott hat dieses Menschliche gewollt, weil er es für notwendig hielt.
Gespräche über das NT, S. 16

Das Gotteswort ist nur lebendig für uns, wenn es aus Menschenherzen zu uns redet. *Gespräche über das NT, S. 16*

Manchmal meint man, dass die Welt nicht mehr den Weg zu ihm [Jesus] findet, weil er in Lehren eingeengt ist, so wie es herrliche alte Kathedralen gibt, an die die Häuser so nahe herangerückt sind, dass man sie nicht mehr in ihrer ganzen Größe sieht. So muss man auch um Jesus den Platz freilegen. *Straßburger Predigten, S. 31*

So kommen im Neuen Testament alle Arten von Menschen und diese wieder in den verschiedensten Lebenslagen zu Wort und verkünden den Glauben an das Evangelium auf gar mancherlei Weise. Jeder kann seine Art, das Evangelium aufzufassen, ich möchte sagen seine eigene Glaubensnatur, darin wiederfinden.
Gespräche über das NT, S. 19

Wenn uns also jemand fragte: Wie denkt ihr Protestanten über die

Vierter Teil: Religion und Theologie

Inspiration, das heißt über die göttliche Eingebung der Schrift, und warum haltet ihr dafür, dass sie Gottes Wort ist?, so antworten wir einfach: Sie ist göttlich, von Gottes Geist stammend, weil menschlicher Sinn solche Wahrheit nie aus sich hätte erdenken können. Sie ist menschlich, weil darin Menschenherzen zu uns auf gar mancherlei Art vom Evangelium reden.

Gespräche über das NT, S. 21

30 In der ältesten Zeit besaß man kein Neues Testament, weil man keines brauchte. Man hatte eine viel lebendigere Kunde von Jesu als beschriebenes Papier: nämlich die Apostel und ihre Jünger.

Gespräche über das NT, S. 21

31 Auch die Briefe des Apostels Paulus sind nicht für eine Sammlung heiliger Schriften geschrieben worden, sondern nur für die Gemeinden, welchen sie bestimmt waren. *Gespräche über das NT, S. 23*

32 Kanon ist das griechische Wort für Richtschnur. Darum nennt man die Schriften dieser heiligen Sammlung kanonische Bücher und bezeichnet die andern als außerkanonisch oder apokryphisch. Das Resultat der Zusammenstellung, welche man damals unternahm, ist eben unser Neues Testament. *Gespräche über das NT, S. 27*

33 Diese Sammlung der heiligen Schriften bedeutet eine große Tat.

Gespräche über das NT, S. 28

34 Das Neue Testament ist für uns ein heiliges Buch. Es bleibt die Richtschnur des Glaubens für alle Zeiten, der reine Quell, aus dem das wahre Christentum fließt. *Gespräche über das NT, S. 28*

35 Eine unausgesprochene schlichte Christlichkeit umschwebt meine Philosophie. Viele sind irritiert, weil ich nun mein Verhältnis zum Christentum nicht präzisiere. Aber die andern sollen meine Gedanken mit dem Christentum auseinandersetzen, nicht ich.

Theologischer und philosophischer Briefwechsel,
Brief an Martin Werner, S. 753

38. Christentum

Je mehr ich in die Geschichte des Christentums eindrang, desto mehr wurde mir klar, wieviel Irrungen und Kämpfe darauf zurückgehen, dass man, von den ersten Generationen an bis auf den heutigen Tag, immer und immer wieder, den Glauben und die Frömmigkeit gegen die Vernunft ausspielte und einen Zwiespalt in den Menschen hineintrug, wo Gott die Harmonie gesetzt hat.
Straßburger Predigten, S. 100

36

Wer sieht, wie eine Pflanze aufwächst, ihre Nahrung aus der Erde saugt, Blätter ansetzt und sich zuletzt zur herrlichen Blüte entfaltet, der wird des Schöpfers Weisheit nicht weniger bewundern, weil er gesehen hat, wie die Blume entstand. Das Neue Testament ist eine Wunderblume im Reiche des Geistes. *Gespräche über das NT, S. 29*

37

Auf die Frage, welche Schrift im Neuen Testament mir die wertvollste und liebste ist, würde ich antworten: das Evangelium des Matthäus. Dem, der dieses Evangelium geschrieben hat, verdanken wir, dass wir so viel über den Herrn Jesus [wissen,] wie er in Galiläa umherwandelte und den Menschen, die ihm zuströmten, vom Reiche Gottes und von der Liebe, die unser Herz erfüllen soll, redete. *Vorträge, Vorlesungen, Aufsätze, S. 391*

38

Ich liebe das Neue Testament, weil es uns von dem, was Jesu in die Welt gebracht hat und was in unseren Herzen wirken soll, Kunde gibt. Und das Schöne am Neuen Testament ist, dass es nicht eine Abhandlung über das Evangelium gibt, sondern Christen aus der ersten Zeit zu uns von Jesus und davon, was ein Evangelium ihnen ist, jeden in seiner Art, Zeugnis geben lässt.
Vorträge, Vorlesungen, Aufsätze, S. 392

39

Das Neue Testament ist denen, die mit ihm vertraut sind, ein Freund, der sie durchs Leben begleitet, ein Freund, der ihnen hilft, innerlich voranzukommen. Durch diesen Freund wird uns die große Hoffnung, die durch Jesus in die Welt kam, die Hoffnung auf das Reich Gottes in uns und in der Welt, wachgehalten.
Vorträge, Vorlesungen, Aufsätze, S. 393

40

Vierter Teil: Religion und Theologie

41 Die Kapiteleinteilung in unserer Bibel stammt erst aus dem 13. Jahrhundert und rührt von Kardinal Hugo a Santo Caro her.
Gespräche über das NT, S. 32

42 Ließe man auch nur eine Seite aus der Bibel von hundert Personen abschreiben, so würden in allen hundert Abschriften Abweichungen sein.
Gespräche über das NT, S. 32

43 So steht es auch mit den uns überlieferten Bibelhandschriften. Sie weichen in einer unendlichen Reihe von Kleinigkeiten voneinander ab.
Gespräche über das NT, S. 33

44 Obwohl er [Erasmus] die schweren Schäden der katholischen Kirche sah und auch dagegen schrieb, konnte er sich nicht entschließen, mit Luther gemeinsame Sache zu machen. ... Ohne es zu wollen, leistete er aber dem Protestantismus einen großen Dienst. Im Jahre 1516 gab er nämlich das Neue Testament griechisch heraus.
... Das Werk wurde in Basel gedruckt. Es war aber viel besser als die damaligen lateinischen Neuen Testamente.
Gespräche über das NT, S. 34

45 Auf ganz andere Weise, einfach und anspruchslos, hatte Dr. M. Luther im Jahre 1522 seine Übersetzung des Neuen Testaments in die Welt hinausgesandt. *Gespräche über das NT, S. 37*

46 Aber diese Übersetzung gehört zum größten, was in der Art vielleicht je auf der Welt geleistet worden ist. «Er übersetzte als einer, der Vollmacht hat», kann man von Luther sagen. Ihm kommt es nicht darauf an, dass nun jedes Wort genau verdeutscht sei, sondern er will den Geist der Schrift lebendig wiedergeben. Ob man's auch hundertmal probiert, ein Gleichnis Jesu anders zu übersetzen als es Luther getan hat, man bringt's nicht besser fertig.
Gespräche über das NT, S. 37 f.

47 Es geht aber heutzutage eine Absicht dahin, seine Übersetzungen zu verbessern. Gewiss, die Wissenschaft hat seit Luther Fort-

38. Christentum

schritte gemacht. ... Aber sind denn diese Kleinigkeiten ein Grund, um an einem so ehrwürdigen Werk herumzuflicken? Gleichen wir mit dieser verbesserten Bibel nicht den Leuten, welche ihre guten alten Möbel durch neumodische ersetzen wollen?

... Mögen die Gelehrten sich der wörtlichen genauen Übersetzungen bedienen. Die Wissenschaft verlangt es. Aber dem Volk soll die Übersetzung unseres Luther rein und unverfälscht erhalten werden.
Gespräche über das NT, S. 38

Solange das Wort der Schrift noch etwas gilt – und die Worte, die uns die älteste Kunde von Jesus geben, stehen an erster Stelle –, darf niemand einem Christen zumuten, die auf Grund der Erzählung von Adams Essen einer verbotenen Frucht im Paradies im Spätjudentum entstandene und von dort ins Christentum übernommene Lehre von dem Fortwirken dieses seines Sündigens der ganzen Menschheit als zum Wesen des christlichen Glaubens gehörig anzusehen. Jesus kennt sie nicht. Es muss also Christen erlaubt sein, hierin zu denken wie er.
Reich Gottes und Christentum, S. 113

«Die großen Denker haben die Welt erobert; ja, aber wie viele Denker haben sie getötet, wer weiß das?» – Denker, die wir gebraucht hätten! Sie haben sie zermalmt, vernichtet – und jetzt haben wir eine Religion – und das Nicht-Denken, und alles, was es an Großem und Wahrem in der Welt gibt, stirbt – an der Religion oder am Nicht-Denken?
Die Jahre vor Lambarene, Brief an Helene Bresslau, S. 59

Am Ausgang der Antike hatten sich der Spätstoizismus und das Christentum, trotz Gleichgestimmtheit in der Ethik, gegenseitig zerfleischt. In der Neuzeit finden sie sich zusammen, um miteinander ethische Weltanschauung hervorzubringen. Wodurch ist jetzt möglich, was früher unmöglich war? Dadurch, dass der Abgrund, der zwischen ihren Weltanschauungen lag, überbrückt ist. Das Christentum lässt jetzt Welt- und Lebensbejahung gelten.
Kulturphilosophie I und II, S. 146 f.

Vierter Teil: Religion und Theologie

51 Jesu Ethik der tätigen Hingabe ist es also, die es dem Christentum erlaubt, auf Eingebung des neuzeitlichen Geistes hin, aus der pessimistischen zur optimistischen Weltanschauung zu modulieren. Dies drückt sich darin aus, dass die neue Auffassung des Christentums, wo sie sich mit der alten auseinandersetzen muss, sich als «Religion Jesu» gegen das «Christentum der Dogmen» auflehnt. Es bahnt sich also ... eine dem Geist der Neuzeit entsprechende Interpretation der Lehre Jesu an, die diese als Religion des Wirkens in der Welt auffasst. Historisch und tatsächlich ist sie im Unrecht. Die Weltanschauung Jesu ist, was die Zukunft der natürlichen Welt angeht, von Grund aus pessimistisch. Seine Religion ist nicht eine Religion des die Welt umgestaltenden Wirkens, sondern die Religion des Erwartens des Weltendes.
Kulturphilosophie I und II, S. 147

52 Tätigkeitscharakter hat seine [Christi] Ethik auch nur insofern, als sie dem Menschen zur Erreichung der auf das übernatürliche Reich Gottes hin notwendigen innerlichen Vollendung schrankenlose Hingabe an den Nebenmenschen gebietet. Enthusiastische, also scheinbar auf optimistische Weltanschauung eingestellte Ethik in pessimistischer Weltanschauung: dies ist die grandiose Paradoxie der Lehre Jesu.
Kulturphilosophie I und II, S. 147

53 Den Spätstoikern verdankt Erasmus, dass er das hinter der Kirchenlehre entdeckte einfache Evangelium Jesu zugleich als den Inbegriff alles ethischen Philosophierens verstehen darf.
Kulturphilosophie I und II, S. 149

54 Ich aber war überzeugt und bin es heute noch, dass die Wahrheit der Grundgedanken des Christentums sich gerade im Nachdenken zu bewähren habe. *Aus meiner Kindheit und Jugendzeit, S. 49*

55 Das Christentum kann das Denken nicht ersetzen, sondern muss es voraussetzen. ... Der denkende Mensch steht der überlieferten religiösen Wahrheit freier gegenüber als der nichtdenkende; aber

38. Christentum

das Tiefe und Unvergängliche, das in ihr enthalten ist, erfasst er lebendiger als dieser. *Das Christentum und die Weltreligionen, S. 93*

Das Christentum selber, als historische Erscheinung, ist ja auch weit hinter seinem Ideale zurück und muss darum ringen, ihm näher zu kommen, als es es bisher tat.
Das Christentum und die Weltreligionen, S. 25

Die christliche Sittlichkeit ist zu keiner Macht in der Welt geworden. Sie ist nicht tief in die Menschengemüter eingedrungen, sondern nur mehr äußerlich angenommen worden, mehr in Worten anerkannt als in der Tat geübt. *Straßburger Predigten, S. 123*

Was das Christentum als Religion der Liebe geleistet hat, gilt als ausgelöscht dadurch, dass es nicht stark genug war, die christlichen Nationen zur Friedfertigkeit zu erziehen, und dass es im Kriege selber sich noch mit so viel weltlicher und hässlicher Gesinnung vergesellschaftete, ja heute noch sich noch nicht von ihr losgerissen hat. In grausiger Weise ist es dem Geiste Jesu untreu geworden.
Das Christentum und die Weltreligionen, S. 64

Wir sind so tief gefallen, weil wir uns zu leicht vorstellten, den Geist Jesu zu besitzen. Nun soll ein ernsteres Ringen um denselben angehen. *Das Christentum und die Weltreligionen, S. 64*

Vernunft und Herz müssen miteinander wirken, wenn eine wahre Sittlichkeit zustandekommen soll. *Straßburger Predigten, S. 125*

Sittlich sind wir, wenn wir aus unserm Eigensinn heraustreten, die Fremdheit den anderen Wesen gegenüber ablegen und alles, was sich von ihrem Erleben um uns abspielt, miterleben und mitterleiden. In dieser Eigenschaft erst sind wir wahrhaft Menschen; in ihr besitzen wir eine eigene, unverlierbare, fort und fort entwickelbare, sich orientierende Sittlichkeit.
Straßburger Predigten, S. 134

Vierter Teil: Religion und Theologie

62 Nur aus Erneuerung ethischen und religiösen Denkens kann der Geist aufkommen, der der Menschheit die Erkenntnis und die Kraft verleiht, aus dem Dunkel und dem Kampf zum Licht und zum Frieden zu gelangen. Das freie Christentum hat die große Aufgabe, den Menschen die Überzeugung zu geben und zu erhalten, dass Denken und Religion nicht unvereinbar sind, sondern zusammengehören. Jede tiefe Religiosität wird denkend, jedes wahrhafte Denken wird religiös.

Theologischer und philosophischer Briefwechsel,
Brief an Martin Werner, S. 811

63 Möge unser freies Christentum sich durch Geist und Tat fähig erweisen, seine Aufgabe in unserer Zeit zu erfüllen, mögen wir alle das Bedürfnis in uns wach erhalten, an uns zu arbeiten, dass unsere Frömmigkeit immer tiefer und lebendiger werde, auf dass Kraft des Geistes Jesu von uns ausgehe – nicht nur freies, sondern tiefstes Christentum sei unser Ideal.

Theologischer und philosophischer Briefwechsel,
Brief an Martin Werner, S. 811

64 Das eschatologische Problem: Mit dem wird die Orthodoxie nicht fertig. Sie kann es nicht aus der Welt schaffen. Hier wird die Rechtsurkunde für das freie Christentum gegeben. Keine Orthodoxie kann sich mehr irgendwie darauf berufen, das ursprüngliche Christentum festzuhalten. Wir Freisinnige gestehen uns die durch das Ereignis des Nichteintreffens der eschatologischen Erwartung notwendig gewordene Wandlung ein und suchen im Geiste Jesu und Pauli den innersten, von allem Zeitlichen freien Kern des Evangeliums zu erfassen. Wir bekennen uns zu dem Evangelium, wie es bei Aufgabe der eschatologischen Hoffnung werden muss, um der Welt ein Segen zu werden.

Theologischer und philosophischer Briefwechsel,
Brief an Martin Werner, S. 815

38. Christentum

Dass Jesus, Paulus und das Urchristentum eschatologisch dachten, konnte als erwiesen gelten.
*Theologischer und philosophischer Briefwechsel,
Brief an Martin Werner, S. 864*

65

Das Christentum ist also Christusmystik, das heißt gedanklich begriffene und im Erleben verwirklichte Zusammengehörigkeit mit Christo als unserem Herrn. Indem Paulus Jesum kurzweg als unseren Herrn bezeichnet, erhebt er ihn über alle zeitlich gegebenen Vorstellungen hinaus, in denen das Geheimnis seiner Persönlichkeit begriffen werden kann, und stellt ihn als das alles menschliche Definieren überragende geistige Wesen hin, an das wir uns hinzugeben haben, um in ihm die wahre Bestimmtheit unseres Daseins und unseres Wesens zu erleben.
Die Mystik des Apostels Paulus, S. 367

66

Was nottut, ist, dass wir alle an dem Entstehen eines Christentums arbeiten, das denen, die ihr Leben durch Christum bestimmt sein lassen, nicht erlaubt, für die Zukunft der Welt kleingläubig zu sein, wie es uns die Verhältnisse eingeben, sondern sie zwingt, das Christsein als Ergriffensein von einem sich der Wirklichkeit entgegenwerfenden Hoffen auf das Reich Gottes und Wollen desselben zu betätigen.
Die Mystik des Apostels Paulus, S. 373

67

Empfänglich für das Unvergängliche seiner [Jesu] Gedanken ist nur eine Zeit, in der aus dem Denken kommende elementare Frömmigkeit vorhanden ist.
Aus meinem Leben und Denken, S. 204

68

Miteinander gemein haben du [Martin Werner] und ich, dass wir es für wertvoll erachten, dass das heutige Christentum mit der Art seiner Entstehung in der rechten Weise bekannt wird und so in der Lage ist, sich davon Rechenschaft zu geben, was zu seinem ursprünglichen und eigentlichen Wesen gehört und was im Laufe der Zeit als spätere Anschauung zur Ausbildung kam.
*Theologischer und philosophischer Briefwechsel,
Brief an Martin Werner, S. 758*

69

70 Die Vereinigung geistiger und weltlicher Macht barg aber schon damals dieselbe Gefahr wie im Mittelalter, dass nämlich die weltliche Macht zuletzt die Hauptsache wurde.

Gespräche über das NT, S. 61

71 Glauben wir wirklich im Evangelium etwas Kostbares, etwas, das dem Menschen als solchem gilt, zu besitzen, so müssen wir es denen mitteilen, die es noch nicht kennen. Eine Wahrheit, die es wirklich ist, trägt den Drang in sich, der ganzen Welt offenbar zu werden. Wir können uns nicht an reinem Wasser laben und zusehen, wie die andern aus der schlammigen Pfütze trinken oder verschmachten. *Vorträge, Vorlesungen, Aufsätze, S. 317*

72 Die Verbreitung des Christentums ist ihrem Wesen nach eine religiöse und menschliche, d. h. eine internationale Sache, und muss als solche betrieben werden. *Vorträge, Vorlesungen, Aufsätze, S. 331*

73 Mission treiben heißt, die Pflichten der Menschlichkeit an unseren Brüdern in der Ferne erfüllen.

Vorträge, Vorlesungen, Aufsätze, S. 340

74 Und wo einer fragt, warum man denn so viel Geld und Menschen in der Ferne vergeude, werde ihm die Antwort: «Wir treiben Mission, weil wir müssen, um zu sühnen, was in unserem Namen in der Ferne begangen wurde und noch begangen wird. Komm und hilf mit.» *Vorträge, Vorlesungen, Aufsätze, S. 359*

39. Kirche

1 Kirchen sind organisierte Genossenschaften, in denen die religiösen Überzeugungen in Gestalt einer geschichtlich gewordenen und ausgeprägten Konfession das Gemeinschaftsbildende sind. Ihre Entwicklung im Sinne der Kultur kann also nur darin bestehen,

39. Kirche

dass sie die Religion als solche immer mehr zur Herrschaft kommen lässt und in dieser zugleich das Gemeinsame der verschiedenen Kirchen zur Geltung bringt.
Wir Epigonen, S. 66

In Paulus lehnt sich der erste christliche Denker gegen die Autorität der Kirche auf und teilt das Los derjenigen, die nach ihm dasselbe unternehmen. Zugleich ereignet sich schon hier, dass die gegen die Kirchenlehre vertretene Wahrheit des Denkens nachher in der Kirchenlehre selber selbstverständlich wird.
Die Mystik des Apostels Paulus, S. 200

Wissen Sie, dass ich mich in die Kirchenpolitik einmische? Ich wollte es nicht, denn Intrigen sind nicht meine Sache, aber jetzt ist es soweit, dass der Liberalismus im Elsass schwer in Gefahr ist, und meine Freunde haben mich genötigt, mich mit Kirchenpolitik zu befassen.
Die Jahre vor Lambarene, Brief an Helene Bresslau, S. 71

Soll die Kirche ihre Aufgabe erfüllen, so muss sie die Menschen in elementarer, denkender, ethischer Religiosität einigen.
Kulturphilosophie I und II, S. 339

Die Kirche konnte verweltlichen, Menschensatzung konnte in die Lehre eindringen, aber im Neuen Testament blieb das Evangelium rein erhalten.
Gespräche über das NT, S. 28

Man darf gar nicht daran denken, was aus dem Christentum geworden wäre, wenn die Kirche nicht zur rechten Zeit die alten heiligen Schriften gesammelt und ihnen dieses Ansehen gegeben hätte.
Gespräche über das NT, S. 28

Um Jesus zu kennen und zu erfassen, braucht es keiner gelehrten Bevormundung. ... Sein Wesen und das, was er ist und will, drängt sich ihm schon aus einigen lapidaren Aussprüchen auf.
Geschichte der Leben-Jesu-Forschung, S. 623

Vierter Teil: Religion und Theologie

8   Die Gesinnung der Ehrfurcht vor dem Leben vermag an der Umgestaltung der Kirche zum Ideal religiöser Gemeinschaft zu arbeiten, weil sie selber tief religiös ist. In allem historisch formulierten Glauben sucht sie die ethische Mystik des Einssein mit dem unendlichen Willen, der sich in uns als Wille der Liebe erlebt, als das Elementare und Wesentliche der Frömmigkeit zur Geltung zu bringen.
Kulturphilosophie I und II, S. 339

9   Wir sind im Denken bei der Scholastik angelangt und können daher dem katholischen Geiste, der sich hier in seinem Elemente bewegt, nicht richtig widerstehen. Die allgemeine Gedankenlosigkeit kommt ihm entgegen und empfiehlt Verträglichkeit mit Vorurteilen, ohne zu erwägen, dass Weitherzigkeit gegenüber Engherzigkeit eine Form des geistigen Selbstmordes ist.
Wir Epigonen, S. 69

10   Zum Wesen des Protestantismus gehört, dass er eine Kirche ist, die nicht kirchgläubig, sondern christgläubig ist.
Geschichte der Leben-Jesu-Forschung, S. 42

11   Unser Neues Testament bestand in der Kirche nicht von Anfang an. Sie besaß es nicht, sondern sie hat es geschaffen.
Gespräche über das NT, S. 21

12   Der Protestantismus ist die Religion der Gewissensfreiheit und des innerlichen, persönlichen Herzensglaubens, wie ihn Jesu gelehrt.
Predigten, S. 340

13   Ich selber fühle mich immer als dem Gesamtprotestantismus zugehörig. Wenn man mir es aber aberkennen will, lasse ich das nicht zu, sondern betone meine Haltung. Für den Protestantismus gilt: In meines Vaters Haus sind viele Wohnungen.
Theologischer und philosophischer Briefwechsel,
Brief an Martin Werner, S. 816

39. Kirche

Der freisinnige Protestantismus ist ein kostbares Gut für die Welt. Er muss erhalten bleiben und wieder zum Ansehen kommen.
Theologischer und philosophischer Briefwechsel, Brief an Martin Werner, S. 826

14

Der Protestantismus protestiert. Gegen was? Gegen die römische Lehre. Er behauptet, dass Jesu, die Apostel und die alte Kirche vor Zeiten anders und einfacher gelehrt hätten.
Vorträge, Vorlesungen, Aufsätze, S. 239

15

Den modernen Menschen innerlich religiös zu erhalten, das ist die Aufgabe des Protestantismus.
Vorträge, Vorlesungen, Aufsätze, S. 252

16

Und nun ist die große Frage: Sind die Kirchen reformierbar? Man kann darauf «ja» sagen, weil sie eine Tendenz zur Reform haben; für die protestantische versteht sich das ihrem Wesen nach von selbst; für die katholische kann man das freilich nicht recht bejahen in dem Augenblick, wo sie sich so konstituiert, dass sie alle modernen Kräfte ausscheidet. Der Historiker wird aber die Möglichkeit der Reform darin erkennen, dass sie undemokratisch ist, so dass die großen Geister in ihr noch manches umschaffen können.
Straßburger Vorlesungen, S. 720

17

Damit habe ich meine persönliche Stellung ausgedrückt; ich stand vor der Frage: willst Du im Dienst der Kirche bleiben oder allein gehen? Es waren merkwürdige Gedanken, die mich immer bewogen, mich in den Dienst der Kirche zu stellen, und ich habe es nie bereut. Zuletzt muss das Verhältnis auf Freiheit beruhen, wie alle ethischen Verhältnisse; nur wer als Gast in der Kirche steht, kann etwas in ihr finden und ihr geben. *Straßburger Vorlesungen, S. 722*

18

Die katholische Kirche aber fordert als übergeordnete Größe. Sie erhebt den von Augustin, dem Vater des Mittelalters, schon formulierten Anspruch, die Verkörperung des Reiches Gottes zu sein und als solche als die universelle geistige Genossenschaft alle an-

19

Vierter Teil: Religion und Theologie

dern Einheiten in und unter sich zu begreifen und die Entwicklung der Menschheit zu bestimmen. *Wir Epigonen, S. 71*

20 Im letzten Grunde ist der Katholizismus allen modernen Größen darum überlegen, weil er die Massen mobilisiert, ohne je in Abhängigkeit von ihnen zu kommen. *Wir Epigonen, S. 73*

21 Aber auch im Protestantismus ist der geistige Rückgang ein ungeheurer. Die Beziehungen zum philosophischen Denken sind fast durchwegs aufgegeben worden. Was davon noch besteht, geht mehr auf das Äußerliche als auf die Sache. Der Trieb nach letzter Wahrheit macht sich nur noch schwach bemerkbar. Die geschichtliche Forschung über die Ursprünge des Christentums will nichts anderes mehr sein als eine gelehrte Registrierung von Tatsachen.
Wir Epigonen, S. 67 f.

22 Auch die Kirche, die ein Mittel zum Zweck sein soll, ist Selbstzweck geworden, ein Organismus, der im Laufe zum Höheren versagt ... *Straßburger Vorlesungen, S. 717*

23 Wo freier Geist ist, werden meine Erkenntnisse anerkannt. Die Kirchen können es nur schwer. Es ist eine große Zumutung für sie, auf historische, wenn auch evidente Wahrheit einzugehen. Der Protestantismus, wenn er auf das Evangelium zurückgehen will, wie es seinem Wesen entspricht, wird einmal dazu kommen. Aber es braucht Zeit. *Theologischer und philosophischer Briefwechsel, Brief an Günter Haufe, S. 301*

24 Wer das [dass in den Zeiten des Stoizismus und Epikureismus die Einheit von Religion und Ethik gefördert wurde] sieht, kann darauf, dass die Kirche Selbstzweck geworden ist, nur mit Hass blicken. ... Hassend muss man wissen, dass nur der religiöse Geist hassen darf, weil er nicht das Religiöse an sich hasst, sondern nur die Gebundenheit, in der es dort hemmend wirkt.
Straßburger Vorlesungen, S. 718

39. Kirche

... Also nur wer wissend und innerlich ruhig hasst, nur wer religiös hasst, nur wer mit Ehrfurcht hasst – mit Ehrfurcht für die historische Erscheinung – der hasst recht und wohltuend für den Fortschritt ... Ehrfurcht muss auch deshalb jeder vor der Kirche haben, weil sie Gemeinschaft stiftet. *Straßburger Vorlesungen, S. 719* 25

Ebenso wenig wie zu eigenem Handeln ist die Kirche dazu berufen, das Handeln der Gesellschaft und der Kollektivitäten zu leiten. Religion ist Weltanschauung in der allerindividuellsten Form.
Wir Epigonen, S. 247 26

Wo alles andere in das Nationale hineingezogen wurde, blieb sie [die Kirche] das einzig[e] Universelle. In ihr war der Begriff der Menschheit elementar und unvertilgbar gegeben. Durch sie schlangen sich lebendige geistige Bande von Volk zu Volk. Sie war dazu angetan, die Gedanken aus dem Tumult der Leidenschaften zur Besinnung zu führen und ihnen das höhere geistige Ziel der Nationen vorzuhalten. Sie konnte sie dazu bringen, wahrhaftig gegen sich selbst zu werden. Sie vermochte Gedanken, die sonst nicht ausgesprochen werden konnten, eine Freistatt zu gewähren und ihnen eine weihevolle Autorität zu verleihen, die sie vor Missdeutung und Unterdrückung sicher stellte. Als die von allen nationalen Institutionen unabhängige Erzieherin hätte sie uns zur Sammlung zwingen und inmitten der Kämpfe das Friedensamt üben und die neue Zukunft bereiten sollen. Von alledem erfüllte sie nichts.
Wir Epigonen, S. 104 27

Was Kirchenregenten an Kundgebungen für den Frieden ausgehen ließen, waren tote Pflichtleistungen. Sie bezogen sich nicht auf den Seelenzustand der gegenwärtigen Menschheit und sprachen nicht aus, was ihr im Geiste der Religion gesagt werden musste, sondern redeten sich in frommen Gemeinplätzen aus.
Wir Epigonen, S. 104 28

Gewiss vertritt die Kirche die ethischen und religiösen Ideen und Ideale. Aber sie hat in unserer Zeit (1934) keine Macht über die 29

Menge. Sie hatte geistige Macht im 18. Jahrhundert, wo sie sich nicht nur auf die Offenbarung berief, sondern auch an das Denken appellieren konnte. Heute aber fehlt ihr die Bundesgenossenschaft des Denkens. *Vorträge, Vorlesungen, Aufsätze, S. 120*

30 Ich weiß, man kann viel gegen die Kirchen sagen, warum sie in der Welt ihre Aufgabe nicht erfüllen können, und auf manches hätten sie nichts zu erwidern. Ich weiß aber auch, an wie viel Menschheits- und Menschlichkeitsaufgaben sie arbeiten, [zu welchen] nur kirchlich christliche Gemeinschaften den Idealismus und die Energie besitzen. *Vorträge, Vorlesungen, Aufsätze, S. 257*

31 Womit soll ich die Kirchen vergleichen? Sie sind gestrandete Schiffe[;sie] sitzen auf und müssen warten, bis die religiöse Flut kommt und sie wieder flott macht. Sie selber aber – und das ist das Verhängnis – können diese Flut nicht heraufführen.
Vorträge, Vorlesungen, Aufsätze, S. 257 f.

40. Das Reich Gottes

1 Das Dasein Gottes und die Annahme der Seele ist weder zu beweisen noch zu widerlegen, aber unser moralisches Gefühl versichert uns, dass es einen moralischen Weltbeherrscher, eine unsterbliche Seele und eine sittliche Freiheit gibt.
Vorträge, Vorlesungen, Aufsätze, S. 24

2 Was heißt, das Dasein Gottes beweisen oder verneinen? Verstehe ich unter Gott den Urgrund des Seins, so habe ich sein Dasein weder zu erweisen noch zu bezweifeln, sondern einfach festzustellen, dass er ist (er ist als seiend erwiesen, mit dem Sein gegeben. Eine einfache Tautologie). Die ganze Verirrung kommt daher, dass man unsachlich redet und den undefinierten Ausdruck Gott gebraucht statt des sachlichen «Urgrund des Seins». Die Existenz des

40. Das Reich Gottes

Urgrundes und des Inbegriffs des Seins zu bezweifeln oder zu erweisen [ist] gleich töricht. Die Frage ist nicht, inwieweit Gott existiert oder nicht existiert, sondern inwiefern der Urgrund und Inbegriff des Seins für mich etwas ist, zu dem ich ein geistiges Verhältnis habe (oder in ein geistiges Verhältnis komme). In dem Augenblick, wo ich zu ihm in ein geistiges Verhältnis trete und mich ihm hingebe, wird aus dem Urgrund und Inbegriff des Seins für mich Gott, d. h. ich verhalte mich zu ihm als geistiges Wesen zu einem geistigen Wesen. Die ganzen Gottesbeweise wollen nichts anderes, im Grund, als die Persönlichkeit Gottes erweisen; und die ganze Bezweiflung oder Leugnung Gottes leugnet nur, dass ich zum Urgrund und Inbegriff des Seins ein persönliches innerliches Verhältnis habe, denn die Existenz des Urgrundes und Inbegriffs des Seins zu leugnen, kann niemandem einfallen. Sie ist mit dem Sein und in dem Sein gegeben.
Kulturphilosophie III, 1. und 2. Teil, S. 411 f.

3 Das Absolute – das Zeitlose ist ja nur die endlose Zeitlichkeit und die Unendlichkeit nur die endlose Endlichkeit und die Unvergänglichkeit nur die endlose Vergänglichkeit.
Aber auch durch dieses Undenkbare muss [man] sich hindurchdenken. *Kulturphilosophie III, 1. und 2. Teil, S. 414*

4 Die Welt ist der Leib Gottes. Und ich will mit seiner Seele in Verbindung treten, eins werden. – Alles ist so groß und alles ist so klein. *Kulturphilosophie III, 1. und 2. Teil, S. 414*

5 Dem Geist, wenn er in Reinheit und Kraft auftritt, kann nichts widerstehen. *Straßburger Predigten, S. 112*

6 Der Friede Gottes ist nicht Ruhe, sondern treibende Kraft.
Straßburger Predigten, S. 110

7 Alle lebendige Erkenntnis Gottes geht darauf zurück, dass wir ihn als Wille der Liebe in unseren Herzen erleben.
Aus meinem Leben und Denken, S. 204

Vierter Teil: Religion und Theologie

8   Gottes Güte gegen uns ist ein so großes Geschenk, dass man sie nicht gleichgültig annehmen darf. *Straßburger Predigten, S. 35*

9   Gott ist nicht ein Gott der Toten, sondern der Lebendigen.
Die Jahre vor Lambarene, Brief an Helene Bresslau, S. 78

10 Für uns ist Gott der Gesamtwille zum höheren Leben, der aus dem Inbegriff der Energie herausstrebt, wie wir herausstreben aus der Reihe der Wesen, die diese Energie verkörpern. Und es gibt für uns keinen Gott, der nicht in Materie in Erscheinung tritt und wirkt. So kann man sagen, dass in jedem Gottesbewusstsein zugleich etwas Pantheistisches und zugleich etwas Ethisches ist; aber das Dominierende ist die ethische Mystik, das Bewusstsein: Wir sind ein Stück von diesem Gesamtwillen, und wir leben erst, wenn wir in diesem Streben des Gesamtwillens zum höheren Leben stehen. *Straßburger Vorlesungen, S. 714*

11 Gott ist nur soweit Macht, soweit er Wille ist, und nur ethische Kraft, soweit er es wird in uns. *Straßburger Vorlesungen, S. 714*

12 Wer nach dem Willen Gottes in seinem Leben sucht, dem wird er offenbar. *Predigten, S. 525*

13 Wer in seinem Leben Gottes Willen erkennt, dessen Glaube wird lebendig. *Predigten, S. 527*

14 Gottes Wege in der Geschichte der Menschheit sind geheimnisvoll. *Gespräche über das NT, S. 67*

15 Nichts Gutes, das in der Welt von Menschen gewirkt wird, geht verloren, sondern Gott lässt alles zu seiner Zeit in herrlicher Ernte überreichlich wiedererscheinen. *Gespräche über das NT, S. 125*

16 Was das Leben bringt, hat an sich keinen Wert: Es bekommt ihn erst durch den Dank zu Gott. *Straßburger Predigten, S. 41*

40. Das Reich Gottes

Es ist kein Dasein so traurig, dass darin nicht auch die Liebe und Güte Gottes zu lesen wäre.
Predigten, S. 211

17

Um an Gott glauben zu können, muss man wieder an die Menschen glauben.
Predigten, S. 564

18

Den Willen Gottes zu tun, der sich nicht in Gebote und Verbote fassen lässt, sondern als ein ins Grenzenlose gehender Wille zur Liebe den Menschen aus ihrem Herz heraus gebietet: dies ist die tiefe, vergeistigte und verinnerlichte Ethik, die zum Eingehen in das Reich erforderlich ist.
Reich Gottes und Christentum, S. 111

19

So nimmt Gott auch uns, wie die ersten Christen, in die furchtbare Schule des Wortes: «Meine Gedanken sind nicht eure Gedanken.» Er verlangt von uns das Schwere, dass wir dem Reiche Gottes treu sind als solche, die nicht sehen und doch glauben. Wir vermögen es, wenn wir von ihm ergriffen sind.
Das Christentum und die Weltreligionen, S. 62

20

Die Kernlehre des Christentums ist für uns die des Reiches Gottes. Nur Christentum, das von der Idee und von dem Wollen des Reiches Gottes belebt und beherrscht wird, steht dem ursprünglichen nahe; nur dieses kann der Menschheit geben, was ihr nottut.
Theologischer und philosophischer Briefwechsel, Brief an Martin Werner, S. 811

21

Für die Propheten ist die Ethik Gehorsam gegen den ethischen Gott, für Jesus kommt sie aus einem gewaltigen Einssein mit ihm, das sich in der ganzen Art des Menschen auswirkt. Diejenigen, die bestimmt sind, am Reiche Gottes teilzuhaben, gehören Gott an. Sie sind seine Kinder. Als solche erleben und bekunden sie sich in der irdischen Welt dadurch, dass sie anders sind als sie. Die Gesinnung der Welt besteht darin, dass der Mensch nur mit sich beschäftigt ist und sich mit allen Mitteln gegen andere durchzusetzen versucht. Das Anderssein als die Welt verlangt, dass er tiefer Einfalt statt kluger Berechnung folgt und in solcher Einfalt sanftmütig, barmher-

22

zig, reinen Herzens, friedfertig, voller Verzeihen und voller Liebe ist. In solcher Gesinnung und solchem Verhalten hört er auf, dieser natürlichen Welt anzugehören, und erweist sich als zum Teilhaben an der kommenden übernatürlichen bestimmt. Ethik ist also Bewährung der geistigen Zugehörigkeit zu Gott.
Kulturphilosophie III, 1. und 2. Teil, S. 119

23 Für die spätjüdische Eschatologie ist der Messias nur der übernatürliche Herrscher in dem übernatürlichen Reich Gottes. Sie weiß nichts davon, dass er zuerst in Menschengestalt als ein Dienender auf Erden auftreten werde. Erst in Jesu Bewusstsein ist er dies geworden. Als der geistige Herrscher des geistigen Reiches Gottes auf Erden ist er der Herr, der in unseren Herzen herrschen will.
Geschichte der Leben-Jesu-Forschung, S. 41

24 In einer Religion ist so viel Verstehen des historischen Jesus, als sie starken und leidenschaftlichen Glauben an das Reich Gottes besitzt. *Geschichte der Leben-Jesu-Forschung, S. 627*

25 Von Theologie haben wir niemals miteinander gesprochen. Dies rührte daher, dass Harnack in seiner Theologie nicht voraussetzte, dass Jesus das Kommen des Reiches Gottes für bald erwartete. Ich hingegen war der Meinung, dass man die Lehre Jesu und das Entstehen des Christentums nur unter dieser Voraussetzung verstehen könne. *Theologischer und philosophischer Briefwechsel,*
Brief an Werner Hartke, S. 295

26 Diese Ethik der Liebe ist von Jesus nicht als Ethik des Reiches Gottes gedacht und setzt sich nicht zum Ziel, die menschliche Gesellschaft nach und nach zum Reiche Gottes umzugestalten. Das Reich Gottes ist für ihn ja eine übersinnliche Größe. In ihm befinden sich die in die überirdische Daseinsweise eingegangenen Menschen von Natur aus in dem harmlosen Verhältnis der Liebe zueinander. Was Jesus verkündigt, ist die Ethik, die in der Erwartung dieses Reiches gelten soll. ... die Modulation vom Irdischen zum Überirdischen. *Kulturphilosophie III, 1. und 2. Teil, S. 120*

40. Das Reich Gottes

Denn dies ist das Charakteristische an Jesus, dass er über die Vollendung und Seligkeit des Einzelnen hinaus eine Vollendung und Seligkeit der Welt und einer erwählten Menschheit ausschaut. Er ist von dem Wollen und Hoffen auf das Reich Gottes hin erfüllt und bestimmt. *Geschichte der Leben-Jesu-Forschung, S. 623* 27

Alles Sinnen derer, die auf das Reich Gottes ausschauen, muss darauf gehen, den Willen Gottes zu tun. Nur dieses zählt. Solches Wollen schafft eine Zusammengehörigkeit unter den Menschen, die über allem anderen steht. *Reich Gottes und Christentum, S. 111* 28

Das Reich Gottes soll bei Jesus auf übernatürliche Weise eintreten. Es wird nicht durch Kulturarbeit der Menschheit vorbereitet. 29
    Weil sie im Grunde optimistisch ist, bejaht die Weltanschauung Jesu die Endziele der äußeren Kultur. Aber in der Erwartung des Weltendes befangen, ist sie gegen die noch in der zeitlichen und natürlichen Welt unternommenen Versuche einer sich in äußeren Fortschritten organisierenden Kultur indifferent und beschäftigt sich nur mit der innerlichen, ethischen Vollendung des Einzelnen.
Kulturphilosophie I und II, S. 113 f.

Als das Wesen des im Werden begriffenen Reiches Gottes hat der Denker Paulus erkannt, dass es in der Herrschaft des Geistes besteht. Aus dieser durch ihn aufgekommenen Erkenntnis heraus begreifen wir, dass das Kommen des Reiches dadurch herbeigeführt wird, dass Jesu Geist in unseren Herzen zur Macht kommt und durch uns in der Welt. Im Denken Pauli beginnt das übernatürliche Reich zum ethischen zu werden und sich damit aus etwas zu Erwartendem in etwas zu Verwirklichendes zu verwandeln. Den Weg, der sich damit auftut, haben wir zu begehen.
Reich Gottes und Christentum, S. 195 30

In dem welt- und lebensverneinenden Urchristentum war das Reich Gottes nur Gegenstand der Hoffnung. Der Gedanke, dem ethischen Tun der Menschen die Bedeutung einer Gründung des Reiches Gottes auf Erden zu geben, lag ihm fern. Die neuzeitliche 31 ethische Welt- und Lebensbejahung modernisiert also, ohne sich davon Rechenschaft zu geben, den Gedanken des Reiches Gottes.

Vorträge, Vorlesungen, Aufsätze, S. 150

32 Hoffen auf das Reich Gottes heißt glauben, dass der Wille Gottes in der Welt und an uns erfüllt wird und das Gute siegen wird.

Predigten, S. 1042

33 Reich Gottes ist für uns, was wir im Geiste Jesu für die Vollendung der Menschheit glauben, wollen und tun. *Predigten, S. 1089*

34 Reich Gottes ist überall, in deinem Haus, im Geschäft, in der Werkstatt, draußen … Es kommt nur darauf an, dass du ein bisschen davon an dir trägst und es mitbringst. *Predigten, S. 1092 f.*

35 Reich Gottes will heißen, dass der Geist Gottes und Jesu als heiliger Geist in unsern Herzen regiert und über die Menschheit Herr wird und alle Verhältnisse durchdringt. *Predigten, S. 1094*

36 Aber das Reich Gottes ist unzeitgemäße Arbeit an der Zukunft.

Predigten, S. 605

37 Miteinander gemeinsam haben wir auch die Überzeugung, dass die Idee des Reiches Gottes, die im Mittelpunkt des Glaubens des Urchristentums stand, wieder der Mittelpunkt des unsrigen werden müsse. *Theologischer und philosophischer Briefwechsel, Brief an Martin Werner, S. 865*

38 Und das Reich Gottes auf Erden, das Jesus gründete, entsteht und wächst es nicht durch das Zusammenwirken Gottes mit den Menschen? *Gespräche über das NT, S. 15*

39 Wir Menschen sollen und müssen daran arbeiten, indem wir unser Herz, die Dinge und Verhältnisse des irdischen Lebens im Geiste Jesu heiligen und umgestalten. *Gespräche über das NT, S. 15*

40. Das Reich Gottes

Wie in Jesu, wie im Reiche Gottes, so sind auch im Neuen Testament das Göttliche und das Menschliche beisammen.
Gespräche über das NT, S. 15

40

Diejenigen, die durch Christum aus dieser Welt erlöst sind, lässt Paulus nicht aus ihr heraustreten, sondern stellt sie in sie hinein, dass sie in ihr die Kräfte ihres Seins im Reiche Gottes bewähren.
Die Mystik des Apostels Paulus, S. 377

41

Miteinander gemein haben wir auch die Überzeugung, dass die Idee des Reiches Gottes, die im Mittelpunkt des Glaubens des Urchristentums stand, wieder der Mittelpunkt des unsrigen werden müsse. *Theologischer und philosophischer Briefwechsel, Brief an Martin Werner, S. 758*

42

Als moderne Menschen sind wir in Gefahr, mit unserem Glauben an das Reich Gottes in Reich-Gottes-Propaganda und äußerlicher Reich-Gottes-Arbeit stecken zu bleiben. Die neuzeitliche Reich-Gottes-Frömmigkeit ruft die Menschen zur Reich-Gottes-Arbeit auf, als könnte jemand etwas für das Reich Gottes tun, der nicht Reich Gottes in sich trägt. *Die Mystik des Apostels Paulus, S. 377*

43

Immer haben wir des unerbittlichen Gesetzes eingedenk zu bleiben, dass wir nur so viel Reich Gottes in die Welt bringen können, als wir in uns tragen. *Die Mystik des Apostels Paulus, S. 378*

44

Es kann ein Augenblick kommen, wo das Beste und Edelste uns zum «Ärgernis», d. h. ein Hindernis zum Reich Gottes wird.
Gespräche über das NT, S. 153

45

Aber es ist, als ob er [Jesus] mit Absicht den Satz obenan gestellt, dass eben alles, auch was an sich gut ist, sogar die Familie, verglichen mit der Pflicht zum Reich Gottes, Hemmnis werden kann und dann vom Übel ist. *Gespräche über das NT, S. 153*

46

Er [Jesus] sandte seine Jünger aus, Mission zu treiben. Nur darf

47

man sich diese Mission nicht etwa vorstellen als eine tiefgehende Unterweisung der Lehre.

... Ein einziges Wort gibt er ihnen mit, dass sie es über die Gassen und über die Dächer rufen sollen: «Das Reich Gottes ist nahe herbeigekommen.» Über ihn – nichts.

Gespräche über das NT, S. 164

48   Es gibt wirklich Weissagungen Jesu, die nicht in Erfüllung gegangen sind.

So sagt er (Mc. 9, V.1): Es stehen welche unter euch, die werden den Tod nicht schmecken, bis sie sehen das Reich Gottes kommend in Kraft. – Sie sind aber alle gestorben, und das Reich Gottes ist noch in Kampf und Unvollkommenheit hienieden.

Gespräche über das NT, S. 166

49   Wohnte in dem Evangelium Jesu nicht eine solche Kraft, so würde es über unerfüllte Weissagungen nicht hinweggekommen sein.

... Auch die unerfüllten Weissagungen Jesu sind Evangelium. War nicht er es, der gesagt hat: «Vater, nicht wie ich will, sondern wie du willst»? Darum gehören auch seine unerfüllten Weissagungen zu seinen Worten, die nicht vergehen, wenn auch Himmel und Erde vergehen.

Gespräche über das NT, S. 167

50   So liegt uns die Deutung der Gleichnisse am nächsten, welche darin den Gedanken findet, dass das Reich Gottes, wie alles Große, was in der Welt zur Entfaltung kommt, schon in den kleinsten Anfängen ganz angelegt ist und sich aus denselben langsam und stetig entwickelt.

Gespräche über das NT, S. 123 f.

51   Drei Dinge machen die Gewalt des Denkens Pauli aus. Es eignen ihm eine Tiefe und eine Sachlichkeit, die uns in ihren Bann zwingen. Das Feuer des urchristlichen Glaubens schlägt aus ihm in den unsrigen hinein. Ein Erleben mit Christo als dem Herrn des Reiches Gottes spricht aus ihm, das uns in die Bahn gleichen Erlebens reißt.

Paulus führt uns auf den sachlichen Weg der Erlösung. Er liefert uns Christo aus.

Die Mystik des Apostels Paulus, S. 385

41. Das Christentum und die Weltreligionen

Das indische Denken hat, seit ich in meiner Jugend durch Schopenhauers Werke zum ersten Mal mit ihm bekannt wurde, immer eine große Anziehungskraft auf mich ausgeübt.
Die Weltanschauung der indischen Denker, S. 20

1

Die Aufstellung des Gebotes des Nicht-Tötens und Nicht-Schädigens ist eines der größten Geschehnisse in der Geistesgeschichte der Menschheit. Von seinem in der Welt- und Lebensverneinung begründeten Grundsatz der Enthaltung vom Tun aus gelangt das altindische Denken – und dies zu einer Zeit, da es in der Ethik sonst noch nicht besonders weit voran ist – zu der ungeheuren Entdeckung der Grenzenlosigkeit der Ethik!
Die Weltanschauung der indischen Denker, S. 89

2

Nimmt man in das älteste uns bekannte Denken der indischen Arier Einblick, so zeigt sich, dass es nicht einheitlich ist. Es enthält zwei verschiedene Arten des Denkens in sich: eines, das sich in natürlicher Weise mit dem Menschen und der Welt beschäftigt und auf Lebens- und Weltbejahung eingestellt ist, und ein anderes, das seinem Wesen nach Mystik ist und Lebens- und Weltverneinung für geboten hält.
Geschichte des chinesischen Denkens, S. 24

3

Dem indischen Denken ist der Grundsatz der Zusammengehörigkeit aller Existenzen – der menschlichen, der tierischen und der pflanzlichen – etwas Selbstverständliches.
Ehrfurcht vor den Tieren, S. 84

4

Die indische Ethik ist in dem, was sie über Mensch und Kreatur sagt, unbefriedigend, weil sie nur das mitleidsvolle Nichttöten und Nichtschädigen, nicht aber auch das mitleidsvolle Helfen gebietet.
Ehrfurcht vor den Tieren, S. 86

5

Vierter Teil: Religion und Theologie

6   Die Mystik beruht auf dem Gedanken des Eins-Seins mit dem Brahman. Das Brahman wird als das reine, unveränderliche, ewige Sein vorgestellt, von dem das entstehende und vergehende Sein, wie es in der Sinnenwelt vorhanden ist, nur eine Erscheinung ist.
Geschichte des chinesischen Denkens, S. 24

7   Erstaunlich ist, dass diese so alte Mystik nicht etwas Unfertiges, sondern in ihrer Art Vollendetes ist.
Geschichte des chinesischen Denkens, S. 24

8   Buddha gibt die Mystik des Eins-Werdens mit dem Brahman preis. Er will nicht an ein ewiges Sein glauben, sondern ist der Ansicht, dass die wahre Erlösung nur in dem Aufhören des Seins, dem Nirwana, bestehen könne.
Geschichte des chinesischen Denkens, S. 40

9   So entsteht die mystische Lehre, dass alles Leben aus dem Brahman, der All-Seele, kommt und in es zurückkehrt und dass der Mensch in seinem Erdendasein allein danach zu trachten habe, dass sein eigentliches Ich, in der Erkenntnis der Nichtigkeit der Sinnenwelt, sich seiner Zugehörigkeit zur All-Seele bewusst werde und durch Loslösung von der Welt das Einssein mit ihr zu erreichen suche. *Kulturphilosophie III, 3. und 4. Teil, S. 85*

10 Der zur völligen Losgelöstheit von der Welt gelangte Brahmane darf stolz erklären, dass er sich wie von dem Tun so auch von den dafür gültigen Vorstellungen von Gut und Böse abgewandt hat und sich in seiner Tatenlosigkeit nicht um Pflichten, die er versäumt, kümmert.

… Der Mensch hingegen, der das gewöhnliche Dasein führt, kann nicht anders als Pflichten anzuerkennen und zwischen Gut und Böse zu wählen.
Geschichte des chinesischen Denkens, S. 40 f.

11 Die Vorstellung, dass der Mensch hintereinander eine ganze Reihe irdischer Existenzen zu durchlaufen hat, gehört nicht dem ältes-

41. Das Christentum und die Weltreligionen

ten indischen Denken an. Sie findet sich nicht in den vedischen Hymnen. *Geschichte des chinesischen Denkens, S. 41*

Die Lehre, dass die Menschen einen Kreislauf von irdischen Existenzen durchwandern, erlaubt eine Erklärung dafür, dass die Vielen noch in unbefangener Lebens- und Weltbejahung dahinleben. Sie sind noch nicht zur Wiedergeburt in diejenige Existenz gelangt, in der sie die Fähigkeit erlangen, die Lebens- und Weltverneinung als die Erkenntnis, die nottut, einzusehen.
Geschichte des chinesischen Denkens, S. 41

Dass Lebens- und Weltverneinung und Lebens- und Weltbejahung im indischen Denken miteinander vorhanden sind und miteinander in Spannung stehen, macht seine eigentümliche Kompliziertheit aus. *Geschichte des chinesischen Denkens, S. 41*

Der Hinduismus unterscheidet sich vom Brahmanismus und Buddhismus darin, dass er eine lebendige Religion ist.
Geschichte des chinesischen Denkens, S. 42

Der Hinduismus ist eine monotheistische Religion, die sich etwa um 700 v. Chr. aus dem volkstümlichen Polytheismus in Kreisen, in denen der Krishnakult heimisch ist, zu entwickeln beginnt.
Geschichte des chinesischen Denkens, S. 42

Der für den Allgott im Hinduismus gewöhnlich gebrauchte Ausdruck ist Bhagavad, der Erhabene. Der All-Gott wird nicht als ein neben und über der Welt existierender Weltschöpfer und Weltregierer, sondern als Urgrund des Seins, der die Welt aus sich hervorgehen ließ, aufgefasst. In dem älteren Hinduismus besitzt er auch noch kein ausgesprochen ethisches Wesen. Dieses erlangt er erst in späterer Zeit. *Geschichte des chinesischen Denkens, S. 42*

Es handelt sich also um einen Monotheismus, der anders geartet ist als der Zarathustras, der jüdischen Propheten und des Christentums. Von diesen anderen monotheistischen Religionen unter-

scheidet sich der Hinduismus auch darin, dass er von dem Menschen nicht nur Gehorsam gegen Gott und Liebe zu ihm, sondern Eins-Werden mit ihm in völliger Hingabe (Bhakti) an ihn verlangt.
Geschichte des chinesischen Denkens, S. 42

18   Diese sich ausbildende monotheistische Volksreligion findet die brahmanische Mystik als etwas Fertiges vor und erfährt ihren Einfluss. Auf diesen geht zurück, dass der Hinduismus eine Art Mystik ist und dass er die Lebens- und Weltverneinung als höchste Erkenntnis gelten lässt. *Geschichte des chinesischen Denkens, S. 42*

19   Sowohl durch das Aufgeben der Werke als auch durch die Ausübung der Werke, führt er [Krishna] aus, kann der Mensch die Vollkommenheit erlangen. *Geschichte des chinesischen Denkens, S. 43*

20   Zwischen Tätigkeit und Nicht-Tätigkeit ist nur ein relativer Unterschied, weil es einzig auf die Gesinnung bei dem einen wie dem anderen Verhalten ankommt.
Geschichte des chinesischen Denkens, S. 43

21   Wenn Gott selber Tätigkeit ausübt, indem er die Welt hervorbringt und erhält, kann der Mensch nicht gut für sich selber erwählen, ohne Werke zu bleiben. *Geschichte des chinesischen Denkens, S. 43*

22   Die Vorstellung des frommen Tuns erfährt in der Bhagavad-Gita eine merkwürdige Einschränkung. ... Die Idee der Liebe zu Gott, die sich in Liebe zu den Menschen auswirken will, ist nicht vorhanden. Für fromm wird das Tun einzig daraufhin erklärt, dass es ausschließlich in Hingabe zu Gott vollbracht wird.
Geschichte des chinesischen Denkens, S. 43

23   Der von der Bhagavad-Gita aufgestellte Begriff des frommen Tuns ist so leer und unnatürlich, dass unser unter dem Einfluss der christlichen Idee der Liebe stehendes Denken Mühe hat, über ihn überhaupt ins Klare zu kommen.
Geschichte des chinesischen Denkens, S. 43

41. Das Christentum und die Weltreligionen

Der All-Gott ist über das, was der Mensch als gut und böse ansieht, erhaben. Die einzige Frage, die dieser sich vorzulegen hat, ist die, ob er sich zu dem Werke als zu einem, das ihm von Gott zugewiesen wird, entschließt und ob er es rein in diesem Gedanken vollbringt. Steht ihm diese Überlegung fest, so bleibt er frei von Schuld, auch wenn er tötet. *Geschichte des chinesischen Denkens, S. 44*

24

Das in der Bhagavad-Gita zwischen dem Brahmanismus und dem Hinduismus auf Grund der Fiktion des ohne Absichten vollbrachten Tuns abgeschlossene Abkommen ist in einer Weise ausgeklügelt, wie dies nur dem in Verlegenheit befindlichen priesterlichen Scharfsinn möglich ist. *Geschichte des chinesischen Denkens, S. 44*

25

In der Bhagavad-Gita trägt die Lebens- und Weltbejahung also einen ersten Erfolg gegen die Lebens- und Weltverneinung davon.
Geschichte des chinesischen Denkens, S. 45

26

Und zuletzt muss es dann dahin kommen, dass die in der hinduistischen Frömmigkeit enthaltende Lebens- und Weltbejahung nicht nur die Anerkennung des Tuns verlangt, sondern mit offenem Visier gegen die brahmanische Lebens- und Weltverneinung auf den Plan tritt und ihr den Platz streitig macht.
Geschichte des chinesischen Denkens, S. 45

27

Die Energie, sich immer mehr gegen das brahmanische Ideal der Tatenlosigkeit durchzusetzen, erlangt die hinduistische Frömmigkeit dadurch, dass sie mehr und mehr durch ethische Gedanken bestimmt wird. *Geschichte des chinesischen Denkens, S. 45*

28

Die brahmanische Mystik ist etwas Einheitliches, weil sie ganz von dem Erlebnis der Ekstase eingegeben ist. Weil der Mensch in der Ekstase den Seligkeitszustand erlebt, in dem alle Unruhe und aller Tätigkeitsdrang von ihm abgefallen sind, stellt er sich das Brahman als reines, unbewegtes Sein vor und verneint die Sinnenwelt und das Dasein, das er in ihr führt.
Geschichte des chinesischen Denkens, S. 38

29

Vierter Teil: Religion und Theologie

30 Etwa von Beginn unserer Zeitrechnung an beginnt sich dann die Idee des ethischen Wirkens auszubilden. Die treibenden Kräfte dieser Entwicklung sind in der überlieferten Ethik der alteingesessenen Bevölkerung Indiens.
Geschichte des chinesischen Denkens, S. 45

31 Eine sich in tätiger Menschenliebe auswirkende Frömmigkeit wird im Kural, einer wohl im 2. Jahrhundert n. Chr. entstandenen Sammlung ethischer Sprüche, als zum wahren Menschentum gehörig gefordert.
Geschichte des chinesischen Denkens, S. 45

32 Von Bedeutung für die Fortschritte des Hinduismus in ethischer Hinsicht ist, dass in ihm, vom Mittelalter an, Rama, ein durch und durch ethischer Gott, die gleiche Verehrung wie Vishnu, Síva (sprich Schiva) und Krishna zu genießen beginnt.
Geschichte des chinesischen Denkens, S. 46

33 Aber erst in der Neuzeit, wo das indische Denken mit der sich im 18. und 19. Jahrhundert im Christentum und im europäischen Denken ausbildenden ethischen Lebens- und Weltbejahung bekannt und von ihr beeinflusst wird, erstarkt die ethische Lebens- und Weltbejahung im Hinduismus so weit, dass sie sich mit der Lebens- und Weltverneinung grundsätzlich auseinanderzusetzen beginnen kann.
Geschichte des chinesischen Denkens, S. 47

34 In den letzten hundert Jahren haben hervorragende Denker des Hinduismus seine an die Religion der Liebe anklingenden Gedanken unverkennbar viel entschiedener formuliert, als es vordem geschah. Ja, manche von ihnen haben geradezu eine Verschmelzung von Hinduismus und Christentum angestrebt. Ohne das Evangelium Jesu wäre der Hinduismus nicht, was er heute ist oder sein will.

Von ethischen Gedanken bewegt, hat der Hinduismus auch das Bestreben, Religion der Tat zu werden.
Das Christentum und die Weltreligionen, S. 50

41. Das Christentum und die Weltreligionen

Für Gandhi ist die tätige Liebe eine höchste Äußerung der Losgelöstheit von der Welt. *Geschichte des chinesischen Denkens, S. 47*

35

Auch die andern neu-indischen Denker legen in erster Linie Wert auf die Fortschritte auf dem Gebiet des Geistigen und Ethischen. Aber sie lehnen die Errungenschaften des Wissens und Könnens nicht ab, wie es Gandhi tut.

Geschichte des chinesischen Denkens, S. 48

36

In derselben Weise wie das neu-indische Denken verfährt das neuzeitliche Christentum. Es bemüht sich, die neutestamentlichen Schriften für die Lebens- und Weltbejahung, zu der es gelangt ist, zeugen zu lassen, obwohl das Ur-Christentum auf Lebens- und Weltverneinung eingestellt ist.

Geschichte des chinesischen Denkens, S. 49

37

Tagore verlangt, dass der Mensch sich bestrebe, im Sinne des Weltgeistes zu wirken und das Seine zur Vollendung der Welt beizutragen. Dass er sich auf Grund der Errungenschaften des Wissens und Könnens die geheimnisvollen Kräfte der Natur dienstbar machen und an einem ganz unabsehbaren Fortschritt mitarbeiten darf, soll ihn zur Schaffensfreude erfüllen.

Geschichte des chinesischen Denkens, S. 50

38

Tagore heißt also die höchste, erst dem modernen Menschen mögliche Lebens- und Weltbejahung gut.

Geschichte des chinesischen Denkens, S. 50

39

Der pessimistischen Betrachtungsweise spricht Tagore jegliche Berechtigung ab. Er ist überzeugt, dass Schönheit, Ordnung und Harmonie in der Welt walten. Was wir an Nicht-Schönheit, Nicht-Ordnung, Nicht-Harmonie und Leid in ihr wahrnehmen, ist bestimmt, sich in Schönheit, Ordnung, Harmonie und Freude aufzulösen. *Geschichte des chinesischen Denkens, S. 52*

40

Vierter Teil: Religion und Theologie

41 Die Einsicht, dass das ethische Wirken die ethische Lebens- und Weltbejahung zur Voraussetzung hat, ist bei Tagore erreicht.
Geschichte des chinesischen Denkens, S. 52

42 Das neu-indische Denken fühlt sich über das neuzeitlich europäische erhaben, weil dieses in Verwirrung geraten ist und das Schauspiel der Zerrissenheit bietet.
Geschichte des chinesischen Denkens, S. 53

43 Macht das indische Denken mit der Welt- und Lebensbejahung ernst, so sieht es sich … vor dieselben Probleme gestellt wie das europäische und kommt dazu, dieselben Lösungen zu versuchen wie dieses. *Die Weltanschauung der indischen Denker, S. 216*

44 Die indischen Denker finden, dass die Ethik Buddhas und meine Ethik der Ehrfurcht vor dem Leben denselben Geist haben und sind nun der Meinung, dass eine Weltphilosophie aufkommen wird, in der Europa und Indien dieselbe Ethik der Gütigkeit gegen alle Kreatur haben werden.
Theologischer und philosophischer Briefwechsel,
Brief an Rudolf Grabs, S. 268

45 Wie die brahmanische ist auch die taoistische Mystik etwas Fertiges. Ihrer Art nach ist sie so vollendet und so tief wie irgendeine spätere Mystik. Das Tao ist, wie das Brahman, als der Urgrund des Seins gedacht. Aber es wird nicht wie dieses als reines, unveränderliches, ewiges Sein, sondern als geheimnisvolle, in dem Weltgeschehen sich kundgebende Kraft vorgestellt.
Geschichte des chinesischen Denkens, S. 26

46 Gemeinsam haben das alt-indische und das alt-chinesische Denken auch dies, dass sich in ihnen noch ein früheres Denken in ununterbrochener Kontinuität fortsetzt. Sie haben sich nicht verändert, sondern sich nur den in ihnen vorhandenen Elementen gemäß entwickelt. *Geschichte des chinesischen Denkens, S. 26*

41. Das Christentum und die Weltreligionen

Während bei den Brahmanen der Mensch die Versenkung übt, um der Ekstase teilhaftig zu werden, tritt bei Lao-tse und seinen Nachfolgern die Versenkung an die Stelle der Ekstase. Das Eins-Sein mit dem Tao wird bei ihnen so völlig in dem auf das Tao gerichteten Denken erlebt, dass die Ekstase bedeutungslos wird.

Geschichte des chinesischen Denkens, S. 34 f.

47

Das Ur-Sein stellen sich die Brahmanen und die Taoisten aber nicht in derselben Weise vor. Das Brahman ist als ein unveränderliches, ewig in Ruhe befindliches immaterielles Sein gedacht, von dem die Sinnenwelt mit dem sich in ihr abspielenden Entstehen und Vergehen nur eine wirre, unbegreifliche, bedeutungslose Erscheinung ist.

Geschichte des chinesischen Denkens, S. 36

48

Wie dem modernen Christentum, so schwebt diesen Frommen Chinas der Gedanke des durch die Liebe auf Erden zu verwirklichenden Reiches Gottes vor.

Suchen wir, was wir so unter fernem Himmel in der Vergangenheit bei Nichtchristen von christlichen Idealen finden, nicht zu verkleinern. Dies wäre nicht im Geiste Jesu. Freuen wir uns der Wahrheit überall, wo sie emporlodert.

Das Christentum und die Weltreligionen, S. 43

49

In China aber finden die Taoisten eine einer alten geistigen Kultur zugehörige Lebens- und Weltbejahung vor, die sich in eingehendem Denken über die Welt entwickelt hat und einen ausgesprochen ethischen Charakter besitzt.

Geschichte des chinesischen Denkens, S. 37

50

Das Große an der chinesischen Ethik ist, dass sie ein natürliches und tätiges Mitleid mit der Kreatur vertritt. Aber sie ist weit davon entfernt, die Frage Mensch und Kreatur in ihrem ganzen Umfange aufzurollen. Auch hat sie nicht vermocht, das Volk zu wirklicher Gütigkeit gegen die Geschöpfe zu erziehen.

Ehrfurcht vor den Tieren, S. 86

51

Vierter Teil: Religion und Theologie

52 Lao-Tse und Kung-Tse haben vieles miteinander gemeinsam. Beide stehen unter dem Eindruck des Geheimnisvollen des Weltgeschehens. Beide ermessen sie die Tiefe des Unterschiedes zwischen Geschehen und Tun. Beide sehen davon ab, das Weltgeschehen ethisch deuten zu wollen. Das Gute, das sich in dem Weltgeschehen verwirklicht, ist für sie nicht das ethisch Gute, sondern das naturhaft Gute. ‹Nicht Güte nach Menschenart hat die Natur: Ihr sind die Geschöpfe wie stroherne Hunde› stellte Lao-Tse fest (Tao-te-king). *Kulturphilosophie III, 3. und 4. Teil, S. 171*

53 Aber heute ebenso wenig wie damals vermag das chinesische Denken sich dazu entschließen, mit Kung-tse bis dahin zu gehen, dass es sich das Schicksalhafte und Unbegreifliche des Weltgeschehens eingesteht und so der ethischen Weltanschauung zumutet, ihre Fähigkeit, aus eigener Kraft zu bestehen, tatsächlich zu bewähren. Nur diejenigen, die vollständig in den Geist der Lehre von Konfuzius eingedrungen sind, wagen mit ihm diese Tat.
Kulturphilosophie III, 3. und 4. Teil, S. 175

54 Unter dem Einfluss dieser Lebens- und Weltbejahung kann sich die Tao-Mystik das Wesen des Seins nicht mehr als ewige Unbewegtheit und Unveränderlichkeit vorstellen, wie es das aus dem Erlebnis (der Ekstase) kommende Denken verlangt, sondern muss es als schöpferisches Sein, das sich in der Welt sinnvoll auswirkt, auffassen. *Geschichte des chinesischen Denkens, S. 37*

55 Für Lao-tse und seine Nachfolger ist das Tao aber das Ur-Sein, das die Sinnenwelt in der ihm entsprechenden Weise aus sich hervorgehen lässt und sich in ihr auswirkt.
Geschichte des chinesischen Denkens, S. 36 f.

56 Auch gelangt die taoistische Mystik nicht zu einer wirklichen Lebens- und Weltverneinung wie die brahmanische. Sie lehnt die Welt insofern ab, als sie die Forderung aufstellt, dass der Mensch sich kein Wirken in der Welt vornehmen soll.
Geschichte des chinesischen Denkens, S. 26

41. Das Christentum und die Weltreligionen

Ein wahrhaft ethischer Geist waltet also in der taoistischen Mystik, wenn auch ihrer auf das Tun verzichtenden Ethik die Ursprünglichkeit und Natürlichkeit abgehen.

Kulturphilosophie III, 3. und 4. Teil, S. 83

57

Die taoistische Mystik ergibt sich [nicht] in dieser Weise aus dem Erlebnis der Ekstase. Sie ist etwas Uneinheitliches. In ihr sehen sich die auf das Erlebnis der Ekstase zurückgehende, der Lebens- und Weltverneinung verfallende Mystik und eine tiefe Lebens- und Weltbejahung [gezwungen,] aufeinander einzugehen und sich miteinander zu versöhnen.

Geschichte des chinesischen Denkens, S. 38

58

Weil sie unter dem Einfluss der Lebens- und Weltbejahung steht, kommt in der taoistischen Mystik auch keine Askese auf. Die brahmanische Mystik hingegen kennt Weltentsagung, die in Fasten und Selbstkasteiung geübt wird.

Geschichte des chinesischen Denkens, S. 38

59

Die Einheitlichkeit macht die Stärke der brahmanischen, die Uneinheitlichkeit den Reichtum der taoistischen Mystik aus. Die eine ist wie eine rein gotische Kathedrale, die andere wie eine, in [der] Romanisches und Gotisches sich nebeneinander finden.

Geschichte des chinesischen Denkens, S. 38

60

Miteinander vertreten die brahmanische und die taoistische Mystik also den Grundsatz der Nicht-Tätigkeit.

Die Geschichte des chinesischen Denkens, S. 26

61

Obwohl Buddhismus und Christentum in der Welt- und Lebensverneinung wurzeln, sind sie dank dem in ihrer Ethik der innerlichen Vollendung enthaltenen Grundsatz der Liebe und dank dem in diesem Prinzip liegenden Drang zum Handeln mit der Welt- und Lebensbejahung verwandt.

Die Weltanschauung der indischen Denker, S. 142

62

Vierter Teil: Religion und Theologie

63 Was mich umgeschmissen hat, ist, dass indische und chinesische Denker schreiben, dass ich den Weg, den ihre Denker beschritten haben, zu Ende gegangen bin.

Theologischer und philosophischer Briefwechsel,
Brief an Hans Walter Bähr, S. 38

42. Sammlung und Gebet

1 Obwohl ich an den Feiertagen nicht zu predigen habe, bleibe ich hier, um die Einsamkeit zu genießen, ich habe ein solches Bedürfnis, allein zu sein und mich zu sammeln.

Die Jahre vor Lambarene, Brief an Helene Bresslau, S. 52

2 Selbstbesinnung und Sammlung sind uns schwer gemacht. Das Familienleben und die Erziehung der Kinder leiden Not. Alle sind wir mehr oder weniger in Gefahr, Menschendinge statt Persönlichkeiten zu werden. Vielfache materielle und geistige Schädigung der Menschenexistenz ist also die Schattenseite der Errungenschaften des Wissens und Könnens. *Kulturphilosophie I und II, S. 332*

3 Sie [die Seele] leidet Schaden, wenn ihr ungesammelt dahinlebt. Der Mensch braucht Stunden, wo er sich sammelt und in sich hineinlebt. *Straßburger Predigten, S. 89*

4 Sie haben die gleiche Empfindung wie ich bei den Zerstreuungen der Großstadt: Sie spüren, wie nichtig all das ist und wie wenig Tiefe es hat. Aber erschrecken Sie nicht darüber, es ist so natürlich. Wir wandern auf den stillen Pfaden im Hochgebirge, und wir könnten nicht anders leben. Wir lechzen nicht nach «interessanten Menschen».

Die Jahre vor Lambarene, Brief an Helene Bresslau, S. 162

5 Durch die Umwälzung, die die Maschine hervorgerufen hat, sind

42. Sammlung und Gebet

wir fast alle einem allzu geregelten, allzu eingeengten und allzu anstrengenden Arbeitsdasein unterworfen.

Kulturphilosophie I und II, S. 332

Je konsequenter die Organisation sich ausbaut, desto stärker äußert sich ihre hemmende Wirkung auf das Produktive und Geistige. Unser ganzes geistiges Leben verläuft innerhalb von Organisationen. Von Jugend auf wird der moderne Mensch so mit dem Gedanken der Disziplin erfüllt, dass er sein Eigendasein verliert und nur noch im Geiste einer Kollektivität zu denken vermag.

Kulturphilosophie I und II, S. 28

Viel kommt zusammen, um ihn von sich selber abzulenken. Die Sorge um die Existenz nimmt ihn gefangen. Als ein Überbeschäftigter hat er in den Augenblicken, in denen die Arbeit ruht, das Bedürfnis, sich zu zerstreuen und zu vergessen. Zerstreuung aber wird von allen Seiten an ihn herangetragen. Von Gedrucktem, das ihm gedankenlos Unterhaltung bereitet, macht er einen solchen Gebrauch, dass er schon fast mehr ein Lesewesen als ein Lebewesen ist. In Bildern, die sich stetig wiederholen, bekommt er alles, was sich irgendwo ereignet, auch das Bedeutungslose, zerrissen und zerhackt als «Weltgeschichte» vorgesetzt. Stellen Lesen und Schauen noch eine zu große Anforderung an ihn, so ergibt er sich dem Hören der aus aller Welt kommenden Stimmen, die er sich wie auf einer vorgesetzten Speisekarte auswählen kann.

Kulturphilosophie III, 1. und 2. Teil, S. 43

Diejenigen, die in gesicherten Verhältnissen leben, sind selten geworden. Mit verschwindenden Ausnahmen haben alle den stetigen Kampf ums Dasein zu führen und mit der Unsicherheit ihrer Stellung zu rechnen. Mit verschwindenden Ausnahmen sind sie alle in irgendeiner Weise Abhängige und leiden darunter, in übermäßiger Weise Arbeit leisten zu müssen. Sie besitzen kaum mehr Zeit und bringen nicht mehr die Sammlung auf, mit sich selber und den Fragen des geistigen Lebens beschäftigt zu sein. Das Bedürfnis nach Zerstreuung und Betäubung, das sich aus der ständigen, allzu star-

Vierter Teil: Religion und Theologie

ken Beanspruchung ihrer Aufmerksamkeit und ihrer Energie ergibt, bedeutet ein schweres Hemmnis für die Entwicklung des Innerlichsten und Besten ihres Wesens

Kulturphilosophie III, 3. und 4. Teil, S. 188

9   So hat er stets die gleitende und schäumende Oberfläche des Wasserfalls des Weltgeschehens vor Augen und sein Tosen im Ohr. Von der anstrengenden Arbeit und dem sie ablösenden Registrieren eines unaufhörlichen Tumultes von Geschehnissen und Eindrücken ist er so in Anspruch genommen, dass er nicht mehr die Fähigkeit besitzt, zu sich selbst zu kommen. Er hat kein seelisches Daheim mehr. *Kulturphilosophie III, 1. und 2. Teil, S. 43 f.*

10 Wie der Baum für sein Wachstum nicht nur der ihm durch seine Wurzeln aus der Erde zugeführten, sondern auch der aus der Luft zu entnehmenden Stoffe bedarf, also erfordert die geistige Entwicklung des Menschen, dass sich mit den naturhaft in ihm aufsteigenden Gedanken solche verbinden, die in einem mit der Welt und sich selbst beschäftigten Denken entstehen.

Kulturphilosophie III, 1. und 2. Teil, S. 50

11 Das einzige Gebet, das ich beim letzten Glockenschlag um Mitternacht an Gott, den großen Geist, gerichtet habe, war die Bitte, mich edel und rein zu erhalten für das, was ich auf Erden leisten muss. Im Übrigen komme, was wolle.

Die Jahre vor Lambarene, Brief an Helene Bresslau, S. 80

12 Beten: das Wehen des höchsten Wesens in uns fühlen, uns selber an das Göttliche in uns hingeben und so Frieden finden.

Die Jahre vor Lambarene, Brief an Helene Bresslau, S. 155 f.

13 Wer weiß, was wahrhaft beten heißt, der hat erfahren, dass wir alle vom gelernten Gebet zum eigenen, vom äußerlichen zum innerlichen Gebet uns hindurchringen müssen. *Predigten, S. 550*

Habt ihr schon in eurem Gebet gefragt: Lieber Gott, wozu brauchst du mich? Wer ihn so fragt, dem wird sein Wille offenbart.
Predigten, S. 526 14

Durch das Gebet allein senken sich unsere Vorsätze tief in unsere Seele, durch das Gebet allein bekommen wir Kraft, sie auszuführen.
Predigten, S. 213 15

Das Gebet der Freude ist das höchste und das reinste. 16
Predigten, S. 552

Wer je an sich erfahren hat, was das Gebet ist, der muss es sagen, dass solche Stärkung darin ist, dass das Schwerste leicht wird.
Predigten, S. 315 17

Darum heißt beten: Sein tägliches Leben in Gott betrachten und seinen Willen suchen. *Predigten, S. 551* 18

43. Mystik

Was ist nun eigentlich Mystik? 1
Mystik liegt überall da vor, wo das Denken sich nicht dabei aufhält, eine Lehre über die Welt aufzustellen und aus ihr Folgerungen für das Verhalten der Menschen zu ziehen, sondern in unmittelbarer Weise mit den großen, alle anderen in sich enthaltenden Fragen unseres geistigen Einsseins mit dem unendlichen Sein beschäftigt ist und sie zu lösen unternimmt. Mystik [ist] also Naturphilosophie, auf die zentrale Frage der Weltanschauung konzentriert. *Kulturphilosophie III, 1. und 2. Teil, S. 154*

Mystik liegt überall da vor, wo das Denken sich in unmittelbarer Weise mit der großen Frage des Einswerdens des Menschen mit dem unendlichen Sein beschäftigt. 2
Kulturphilosophie III, 3. und 4. Teil, S. 72

Vierter Teil: Religion und Theologie

3 Mystik besteht darin, dass der Mensch zum geistigen Einssein mit dem Absoluten zu gelangen sucht. Er kann dies durch vernunftgemäß verfahrendes Denken versuchen. Solche denkende Mystik (die sich also von aller Behauptung einer zwiefachen Wahrheit fernhält) ist die stoische. ... Daneben aber gibt es eine europäische Mystik, die behauptet, dass die höchste Erkenntnis dem Denken unerschwinglich sei. Sie müsse in der Ekstase, in der der Mensch in vorübergehender Weise die höchste, gewissermaßen unmittelbare Fähigkeit des Schauens der Wahrheit erlange, erworben werden.

Vorträge, Vorlesungen, Aufsätze, S. 133

4 Philosophie und Religion sind doktrinär. Sie vertreten Lehren über die Welt, aus denen sich das geistige Verhältnis des Menschen zum Universum ergeben soll. Die Mystik ist undoktrinär. Sie will den Menschen anleiten, durch eine Denktat mit dem unendlichen Sein geistig eins zu werden.

Kulturphilosophie III, 1. und 2. Teil, S. 280

5 In den Weltanschauungen der Philosophie, der Weltreligionen und der Mystik liegt das Denken der Menschheit in Vollständigkeit vor.

Das tiefe Denken ist religiös, insoweit als es mystisch, und mystisch, insoweit als es religiös ist.

Kulturphilosophie III, 1. und 2. Teil, S. 269

6 Alle tiefe Philosophie, alle tiefe Religion ist zuletzt nichts anderes als ein Ringen um ethische Mystik und mystische Ethik.

Kulturphilosophie I und II, S. 302

7 Alle Welt- und Lebensanschauung, die dem Denken genügen will, ist Mystik. *Kulturphilosophie I und II, S. 300*

8 Die Ethik der Selbstvervollkommnung gehört mit der Mystik innig zusammen. In dem Schicksal der Mystik entscheidet sich das ihre. Die Ethik der Selbstvervollkommnung denken heißt nichts anderes, als Ethik aus Mystik zu begründen suchen. Ihrerseits ist

43. Mystik

Mystik wertvolle Welt-und Lebensanschauung nur in dem Maße, als sie ethisch ist. *Kulturphilosophie I und II, S. 300 f.*

Das Erleben des Einswerdens mit dem Absoluten des Seins im Weltgeiste, des Aufgehens in Gott oder wie man es sonst noch bezeichnen mag, ist von sich aus nicht ethisch, sondern geistig.
Kulturphilosophie I und II, S. 301

Die Tendenz der Mystik, überethisch zu werden, ist ganz natürlich. Tatsächlich hat die Beziehung auf ein qualitätsloses und bedürfnisloses Absolutes nichts mehr mit Selbstvervollkommnung zu tun. Sie wird zum reinen Bewusstseinsakt und führt zu einer Geistigkeit, die ebenso inhaltslos ist wie das vorausgesetzte Absolute. *Kulturphilosophie I und II, S. 301*

Wir Europäer sind in Sachen der Mystik naiv geblieben. Was unter uns als Mystik auftritt, ist gewöhnlich mehr oder weniger christlich, das heißt ethisch gefärbte Mystik. Darum sind wir geneigt, uns über den ethischen Gehalt der Mystik zu täuschen.
Kulturphilosophie I und II, S. 301

Von dem Streben nach tätiger ethischer Welt- und Lebensanschauung beherrscht, lassen wir Abendländer Mystik gar nicht richtig aufkommen. Sie führt unter uns ein heimliches, sporadisches Dasein. Instinktiv spüren wir, dass sie in Antagonismus zur tätigen Ethik steht. Darum haben wir kein innerliches Verhältnis zu ihr.

Unser großer Irrtum aber ist, dass wir meinen, ohne Mystik zu einer ethischen, das Denken befriedigenden Welt- und Lebensanschauung gelangen zu können. Bis jetzt tun wir nichts anderes, als Welt- und Lebensanschauungen zu erdichten. Sie sind gut, weil sie die Menschen zu tätiger Ethik anhalten. Aber sie sind nicht wahr. Darum brechen sie immer wieder in sich zusammen. Auch sind sie nicht tief. Darum macht das europäische Denken die Menschen zwar ethisch, aber oberflächlich. *Kulturphilosophie I und II, S. 302*

Vierter Teil: Religion und Theologie

13 Dieses Vernunftdenken muss die Macht werden, die unter uns waltet. Alle wertvollen Ideen, deren wir bedürfen, entwickeln sich aus ihm. In anderem Feuer als dem der Mystik der Ehrfurcht vor dem Leben kann das zerbrochene Schwert des Idealismus nicht neu geschmiedet werden.
Kulturphilosophie I und II, S. 85

14 Mystik ist die vollendete Art der Weltanschauung. In der Weltanschauung sucht der Mensch zu dem unendlichen Sein, dem er in natürlicher Weise angehört, auch in ein geistiges Verhältnis zu gelangen. Er setzt sich mit der Welt auseinander, ob er den geheimnisvollen Willen, der in ihr waltet, erfassen und mit ihm eins werden könne. Nur im geistigen Eins-Werden mit dem unendlichen Sein kann er seinem Leben einen Sinn geben und Kraft zum Erleiden und zum Wirken finden.
Die Weltanschauung der indischen Denker, S. 36

15 Zum Wesen der Mystik gehört, dass sie sich auf keine andere Autorität als die der Wahrheit, die sie in sich trägt, beruft.
Die Weltanschauung der indischen Denker, S. 223

16 Die wahre Mystik ist dem Denken nicht entgegen oder ihm fremd, sondern geht aus ihm hervor. Sie setzt es fort auf der letzten Strecke des Weges, wo der denkende Wille das denkende Erkennen ablösen muss, und ist also für das Reflektieren, das nicht auf halbem Wege Halt machen will, denknotwendig.
Wir Epigonen, S. 144

17 Das voraussetzungslose Vernunftdenken endet also in Mystik. Sich zu den vielgestaltigen Erscheinungen des Willens zum Leben, die miteinander die Welt ausmachen, in der Gesinnung der Ehrfurcht vor dem Leben zu verhalten, ist ethische Mystik. Alle tiefe Weltanschauung ist Mystik. Das Wesen der Mystik ist es ja, dass aus meinem unbefangenen, naiven Sein in der Welt durch das Denken über das Ich und über die Welt geistige Hingebung an den geheimnisvollen unendlichen Willen wird, der im Universum in die Erscheinung tritt.
Kulturphilosophie I und II, S. 83

43. Mystik

Von meiner Jugend an war es mir gewiss, dass alles Denken, wenn es sich zu Ende denkt, in Mystik ende.
Kulturphilosophie I und II, S. 83

Mit Zuversicht trete ich daher als Erneuerer des voraussetzungslosen Vernunftdenkens auf. *Kulturphilosophie I und II, S. 83*

Wir müssen es wieder wagen, «Denkende» zu werden, um zur Mystik zu gelangen, die die einzig unmittelbare und einzig tiefe Weltanschauung ist. Alle müssen wir in dem Erkennen bis dahin wandeln, wo es in Erleben der Welt übergeht. Alle müssen wir durch Denken religiös werden. *Kulturphilosophie I und II, S. 83*

Das letzte Wissen, in dem der Mensch das eigene Sein in dem universellen Sein begreift, ist, sagt man, mystischer Art. Damit meint man, dass es nicht mehr in dem gewöhnlichen Überlegen zustande kommt, sondern irgendwie erlebt wird.
Kulturphilosophie I und II, S. 64

Welche Schwierigkeiten bereitet es doch der Mystik, die ethische Welt- und Lebensbejahung statt der Lebens- und Weltverneinung zu vertreten. *Kulturphilosophie III, 3. und 4. Teil, S. 64*

Zur Religion, auch der primitiven, gehört, dass die Gesinnung und das Verhalten des Menschen durch die Beziehung, in die es zum Übersinnlichen tritt, bestimmt werden. Dies ist in der primitiven Mystik nicht der Fall. In ihr ist der Mensch noch so naiv, dass er für das Übersinnliche keine Ehrfurcht empfindet, sondern es sich durch Zauber dienstbar machen will. Wenn die primitive Mystik auch unter dem Namen primitive Religion geht, so ist sie dies doch nicht. Sie steht tiefer als Religion. *Kulturphilosophie III, 3. und 4. Teil, S. 67*

Die Philosophie glaubt eine Welterkenntnis zu besitzen, in der der Mensch sein Dasein als sinnvoll begreifen könne. Die Mystik hingegen sieht ein, dass Welt und Weltgeschehen unergründbar sind.
Kulturphilosophie III, 3. und 4. Teil, S. 73 f.

Vierter Teil: Religion und Theologie

25 Darin, dass sie sich des Geheimnisvollen des Seins bewusst ist, ist die Mystik der Philosophie und den Weltreligionen voraus. Sie befindet sich von Anfang an da, wohin diese, wenn sie sich fort und fort mit Erklärungen der Welt abgemüht haben, zuletzt auch hingelangen müssen. *Kulturphilosophie III, 3. und 4. Teil, S. 74*

26 Die Mystik lässt die höchste Tat des Menschen darin bestehen, dass er sein individuelles Sein aufgibt. Das vollendete geistige Einswerden mit dem unendlichen Sein hingegen ist nur als Harmonie mit ihm denkbar, in der der Mensch seine Individualität nicht nur behält, sondern sie tiefer und völliger erlangt. Der Wert seiner Weltanschauung hat sich darin zu erweisen, dass er durch sie innerlicher und zugleich tätiger wird.

Kulturphilosophie III, 1. und 2. Teil, S. 215

27 Jede Weltanschauung, insoweit sie das Verhältnis des Menschen durch sein geistiges Verhältnis zum unendlichen Sein bestimmt sein lässt, hat mystischen Charakter.

Kulturphilosophie III, 1. und 2. Teil, S. 154

28 Das Große an der Mystik ist, dass sie immer bei der Grundfrage der Weltanschauung verbleibt. In der Philosophie kann es vorkommen, dass das Denken nicht bis zur Frage des geistigen Einsseins des Menschen mit dem unendlichen Sein vordringt. In der Religion nimmt diese Frage gewöhnlich die Form und Fassung der Frage nach der Erlösung an, wodurch sie ihre ursprüngliche Weite verliert und in ihrer eigentlichen Bedeutung nicht mehr voll zur Geltung kommt. In der Mystik aber steht sie immer so, wie sie an sich ist, im Mittelpunkt des Denkens.

Kulturphilosophie III, 1. und 2. Teil, S. 280

29 Mystik ist innerliche Naturphilosophie und hat es mit denselben Problemen wie diese zu tun. Sie muss, wenn sie sich welt- und lebensbejahend verhalten will, das Wirken des Menschen als vollendetes Naturgeschehen begreiflich machen. Wertet sie das ethische Wirken als das Höchste, so muss sie überdies noch das Ethi-

43. Mystik

sche als Wirken im Sinne des Naturgeschehens begründen. Nun ist aber dies die fundamentale Schwierigkeit, mit der alle Naturphilosophie, seitdem die Menschen zum Denken gelangt sind, zu ringen hat. In welcher Weise kann der Mensch seinem Wirken in dem Naturgeschehen einen Sinn geben?
Kulturphilosophie III, 1. und 2. Teil, S. 155

Die Probleme ethischer Welt- und Lebensbejahung sind in der Mystik, als der innerlichen Naturphilosophie, in so elementarer Weise gegeben, dass sie in ihr nicht verschleiert werden können wie in irgendeiner doktrinären Weltanschauung.
Kulturphilosophie III, 1. und 2. Teil, S. 155

30

In wahrer Mystik soll der Mensch zum Wesen werden, aus dessen Innerlichkeit sich Wirken ergibt und das in dieser Vereinigung beider vollendetes Menschentum besitzt.
Kulturphilosophie III, 1. und 2. Teil, S. 156

31

Und nun ereignet sich das Unbegreifliche, dass diese Renaissance-Mystik ein Vorspiel bleibt, auf das nichts folgt. Statt bei der Naturphilosophie zu beharren, wendet sich das neuzeitliche Denken von ihr ab. *Kulturphilosophie III, 1. und 2. Teil, S. 161*

32

In dem Erlebnis der Ekstase nimmt alle Mystik ihren Anfang. Sie geht von einer Erkenntnis der Welt aus, die in innerer Schau, mit geschlossenen Augen gewonnen wird.
Die Geschichte des chinesischen Denkens, S. 33

33

In der primitiven Mystik ist die Idee der Mystik, dass der Mensch mit einem höheren Sein in Beziehung tritt, gegeben. Unter der Einwirkung des Denkens, das durch die Ekstase angeregt wurde, sich mit dem Problem des Wesens des Seins zu beschäftigen, und dabei zur Vorstellung der Totalität des Seins gelangte, erhält die Idee einen neuen Inhalt.
Die Geschichte des chinesischen Denkens, S. 39

34

Vierter Teil: Religion und Theologie

35 So erklärt sich, dass die Mystik die Denkart ist, die in dem großen Frühling des Denkens der Menschheit als erste zu voller Entfaltung kommt. Es gibt eine tiefe Mystik, bevor die Weltreligionen entstehen.
Die Geschichte des chinesischen Denkens, S. 39

36 Weil sie die primitive Mystik als den Wildling vorfindet, aus dem sie sich durch Veredelung entwickelt, erreicht die höhere Mystik in Indien und in China eine so frühe Vollendung.
Die Geschichte des chinesischen Denkens, S. 39

37 Primitive Mystik, ganz allgemein ausgedrückt, ist da vorhanden, wo der Mensch dem Übernatürlichen nicht eine den Abstand wahrende Verehrung entgegenbringt, wie in der Religion, sondern mit ihm als etwas, das ihm nicht fremd ist, in Verbindung tritt.
Die Geschichte des chinesischen Denkens, S. 29

38 Mit Religion hat diese primitive Mystik noch nichts zu tun. Vorstellungen vom Übernatürlichen als solche machen noch keine Religion aus. Zur Religion, auch der primitiven, gehört, dass die Gesinnung und das Verhalten des Menschen durch die Beziehung, in die er zum Übernatürlichen tritt, bestimmt werden.
Die Geschichte des chinesischen Denkens, S. 29

39 In dem Erlebnis der Ekstase nimmt alle Mystik ihren Anfang. Sie geht von einer Erkenntnis der Welt aus, die in innerer Schau, mit geschlossenen Augen gewonnen wird.
Die Geschichte des chinesischen Denkens, S. 33

40 Der Weg von der unvollkommenen zur vollkommener erkannten Wahrheit führt durch das Tal der Sachlichkeit. ... So stehen das abendländische und das indische Denken miteinander vor der Aufgabe, die Mystik der ethischen Welt- und Lebensbejahung auf sachliche Weise zu begründen.
Die Weltanschauung der indischen Denker, S. 223

41 ... dass der Weg des Rationalismus aufs Neue begangen werden

43. Mystik

muss, damit wir zur Mystik, das heißt zur zeitlosen, tieferen Frömmigkeit, gelangen. Dass in den fundamentalen Erwägungen Barth und ich uns so berühren, ist mir etwas ganz Neues. Aber es ist so und macht mir den Kerl fast lieb. Aber diese infame geheimnistuerische «neudeutsche» Schreibweise verzeih ich ihm darum doch nicht. Dieses infame geistreiche Spielen mit den Problemen.
Theologischer und philosophischer Briefwechsel,
Brief an Martin Werner, S. 761

Auch ich betrachte Mystik nicht als Wissenschaft. Aber damit ist sie mir doch nicht eine Dekadenzerscheinung der Philosophie, sondern nur der Ausdruck dessen, dass unsere Weltanschauung in ihren letzten bestimmenden Gedanken eine «That des Denkens», nicht eine logische Operation ist. Das Denken selbst führt bis an den Rand dieser That. 42

… Dieser Rationalismus und die rationalistische Mystik (d. h. die durch den Rationalismus hindurchgegangene Mystik) sind absolut eins in der Ablehnung alles Romantischen, d. h. der auf Stimmungen sich begründenden Weltanschauungen und ebenso der Weltanschauung, die ein Gemisch von Meinungen ist.
Theologischer und philosophischer Briefwechsel,
Brief an Oskar Kraus, S. 435

Was ich erstrebe, ist die geläuterte, durch das Denken und «Wissen-Wollen» hindurchgegangene Mystik. 43
Theologischer und philosophischer Briefwechsel,
Brief an Oskar Kraus, S. 436

Obwohl sie so vieles gemeinsam haben, tun das Denken und die Mystik fremd gegeneinander. Mit Unrecht. 44

Gibt das philosophische Denken sich Rechenschaft von sich selber, so kommt es notwendig dazu, sich einzugestehen, dass es folgerichtig in Mystik enden muss. Alle Erkenntnis von dem geistigen Einssein des menschlichen Seins mit dem unendlichen Sein ist ihrem Inhalt und Wesen nach Mystik. Mystik liegt überall da vor, wo der Mensch sein naturhaftes Sein in dem unendlichen Sein

zur geistigen Hingabe an es gelangen lässt. Mystik ist tiefste Denkweise.
Kulturphilosophie III, 1. und 2. Teil, S. 192

45 Weil in der Mystik die geistige Tat unmittelbar und ausschließlich auf das Einswerden mit dem unendlichen Sein gerichtet ist, ist sie die tiefste Art von Religion und die höchste Philosophie.

Das große Problem ist die Mystik der ethischen Lebens- und Weltbejahung, in der der Mensch das geistige Einswerden mit dem unendlichen Sein nicht nur als Unterwerfung unter es, sondern auch als Hingebung an es in ethischem Wirken erlebt.
Kulturphilosophie III, 1. und 2. Teil, S. 378

46 Ganz Ihrer [Bultmann] Meinung bin ich, dass man das, was ich Paulinische Mystik nenne, auch als Gnosis bezeichnen könnte, ich wählte aber Mystik, weil damit die Idee der Gemeinschaft mit Christus ausgedrückt wird.
Theologischer und philosophischer Briefwechsel,
Brief an Rudolf Bultmann, S. 183

47 Jesusmystik, das heißt innerliches Verhältnis zur geistigen Persönlichkeit Jesu.
Vorträge, Vorlesungen, Aufsätze, S. 369

48 Die Lösung aller Probleme der Ethik und Weltanschauung ist das Erreichen der Mystik, wo geistiges Wesen unmittelbar mit geistigem Wesen in Verbindung tritt und das Verstehen sich im Erleben vollendet.
Vorträge, Vorlesungen, Aufsätze, S. 370

49 Paulus hat die Tatsache, dass die messianische Welt mit dem Tode und der Auferstehung Jesu eigentlich schon angebrochen ist, in die Mystik von dem Sein in Christo gesteigert.
Vorträge, Vorlesungen, Aufsätze, S. 373 f.

50 Nun aber, wo durch die neueste Naturwissenschaft die Erkenntnis der Welt immer rätselhafter wird, geht ihr auf, dass sie ganz auf sich selber gestellt sein kann und in sich begründet, dass ihre wahre Begründetheit völlig in dem Wesen des Menschen gegeben ist. Die

ergibt sich aus der Meditation des Menschen über sich selbst, aus dem tiefsten, immer wiederholten Erlebnis des Wesens – wenn er es wagt, sich selber erleben zu wollen.
Vorträge, Vorlesungen, Aufsätze, S. 207

In der Meditation konstituiert sich unsere Persönlichkeit stets aufs Neue. *Vorträge, Vorlesungen, Aufsätze, S. 144*

44. Theologie und religiöses Leben

Mir ist der reine Theologe immer etwas Unbegreifliches geblieben, weil ich es nicht vermag, die religiösen Fragen von den Fragen des rationalen Denkens losgelöst für sich [zu] betrachten.
Theologischer und philosophischer Briefwechsel,
Brief an Werner Jaeger, S. 403

Und glaube mir, es kommt die Zeit, wo die Leute doch wieder zu denken anfangen. ... Ach diese theologische Verdrehungskunst. Haben du [Martin Werner] und ich es gut, dass wir einfach und wahrhaftig bleiben dürfen! ...

Bei meiner Lizenziaten-Prüfung frug mich der Dogmatiker Paul Lobstein: «Herr Candidat, wie beweisen Sie, dass das Christentum die absolute Religion ist?» «Gar nicht, Herr Professor», antwortete ich. «Das ist nicht zu beweisen. Es gibt keine absolute Religion. Der Bedeutung des Christentums wird auch gar nicht dadurch gedient, dass man es als absolute Religion deuten will.»
Theologischer und philosophischer Briefwechsel,
Brief an Martin Werner, S. 798

Vom Kerytmatischen (welch ein abscheuliches Wort!) habe ich nie etwas gehalten, Matthäus und Markus wollen doch geschichtlich über Jesus berichten und nicht über den christlichen Glauben an Jesus. Ich verstehe Bultmann nicht, dass er von einer solchen un-

Vierter Teil: Religion und Theologie

bewiesenen Behauptung über die Quellen unserer Kenntnis Jesu ausgeht, sie seien nur Glaubenszeugnisse und wollten nicht historische Zeugnisse sein. Diese ganze Theologie konnte ja nur in Skepsis enden.
Theologischer und philosophischer Briefwechsel,
Brief an Martin Werner, S. 798

4 Ja, im Metaphysischen kommt man nicht weit. Schon das Wort Metaphysik ist ja etwas Unbestimmbares, Rätselhaftes. Herrliche Metaphysik ist für mich die Bergpredigt. Wir wandeln in unlösbaren Geheimnissen dahin. Auf dem rechten Weg sind und bleiben wir durch die ethische Erkenntnis. Sie ist das Licht auf unserem Wege. Und es leuchtet klar und lässt uns das Unvermögen der ersehnten Erkenntnis verschmerzen. Ich habe auch immer undogmatisch gepredigt und durfte erfahren, dass es die Leute als die rechte Frömmigkeit empfanden.
Theologischer und philosophischer Briefwechsel,
Brief an Eduard Spranger, S. 728

5 Um Werner zu beurteilen, muss man sich vergegenwärtigen, dass er einer der Wenigen ist, der es (wohl mit Preisgabe seiner Universitätskarriere) wagt, die moderne protestantische Theologie zum Denken zu zwingen.
Theologischer und philosophischer Briefwechsel,
Brief an Oskar Kraus, S. 434

6 Und wie die Propheten, so ist auch Jesus erst durch die theologische Wissenschaft als historische Erscheinung lebendige Persönlichkeit für uns geworden. Erst durch die theologische Wissenschaft sind die drei ersten Evangelien, die wirklichen Geschichtsevangelien, zu ihrem Rechte gekommen.
Vorträge, Vorlesungen, Aufsätze, S. 246

7 Geschenkt hat uns die theologische Wissenschaft ferner die wahre Freiheit den Dogmen gegenüber.
Vorträge, Vorlesungen, Aufsätze, S. 246

44. Theologie und religiöses Leben

Was bedeutet es nicht allein, dass seit Jahrhunderten und heute noch unsere religiösen Gedanken unter der angestammten Fremdherrschaft jüdischer Transzendenz und griechischer Metaphysik stehen! Statt sich so, wie sie sind, aussprechen zu können, erleiden sie Qualen und Entstellungen.

Kulturphilosophie I und II, S. 52 f.

8

In der Religion suchen wir Antworten auf die elementare Frage, vor der jeder von uns jeden Morgen aufs Neue steht, welchen Sinn und welchen Wert wir unserem Leben geben sollen.

Das Christentum und die Weltreligionen, S. 27

9

Die Religion ... ist das Suchen nach Antwort auf die Frage, wie der Mensch zugleich in der Welt und zugleich in Gott sein könne.

Das Christentum und die Weltreligionen, S. 53

10

Aber die Religion hat nicht nur die Welt zu erklären. Sie hat auch darauf zu antworten, was ich mit meinem Leben will. Das letzte Maß, das an sie gelegt werden muss, ist, ob sie wahrhaft und in lebendiger Weise ethisch ist oder nicht. In dieser entscheidenden Probe versagen die logischen Religionen des Ostens.

Das Christentum und die Weltreligionen, S. 53

11

Ist unsere Zeit religiös oder irreligiös?
  Ich will sie nicht irreligiös nennen, weil unsere Kirchen leer stehen, denn vielleicht ist sie religiös und findet bei uns nicht, was sie sucht.
  Ich will sie nicht religiös nennen, weil kirchliche und konfessionelle Fragen in unserem politischen, öffentlichen und kirchlichen Leben eine immer größere Rolle spielen.

Vorträge, Vorlesungen, Aufsätze, S. 255

12

Ich will unsere Zeit nicht religiös nennen, weil sie gegen alles, was nicht Christennamen trägt, bis zur Grausamkeit immer härter und

13

Vierter Teil: Religion und Theologie

ungerechter wird. Das auch ist ein Mangel an Religiosität und ein Symptom zunehmender Unvornehmheit unserer Kultur.

Vorträge, Vorlesungen, Aufsätze, S. 255

14   Ich mache mir keine Illusionen über die Gründe der Irreligiosität unserer Zeit. Es gibt nur einen: Die Menschen unserer Zeit haben nicht mehr die auf die übersinnliche Weise gerichtete Furcht und Hoffnung, die den Nerv der überlieferten Religionen ausmachen.

Vorträge, Vorlesungen, Aufsätze, S. 266

15   Der Irreligiösen sind viele unter uns. Sie sind es geworden zum Teil durch Gedankenlosigkeit und Weltanschauungslosigkeit, zum Teil dadurch, dass sie aus Wahrhaftigkeitsbedenken nicht in einer überlieferten religiösen Weltanschauung bleiben konnten. Diese Irreligiösen lässt die Welt- und Lebensanschauung der Ehrfurcht vor dem Leben erfahren, dass alle wahrhaft denkend werdende Welt- und Lebensanschauung mit Notwendigkeit religiös wird. Die ethische Mystik eröffnet ihnen das Denknotwendige der Religion der Liebe und führt sie damit auf Pfade zurück, denen sie sich immer entfremdet glaubten.   *Kulturphilosophie I und II, S. 339 f.*

16   Religion ist nicht eine Erkenntnis des Göttlichen, die uns in der Betrachtung der Natur aufgeht. Gott ist für uns noch etwas anderes als das Geistige, das dieser Welt zugrunde liegt.

Das Christentum und die Weltreligionen, S. 45

17   Das Rätsel der Religion ist, dass wir Gott in uns anders erleben, als er uns in der Natur entgegentritt. In der Natur erfassen wir ihn nur als unpersönliche Schöpferkraft, in uns aber als ethische Persönlichkeit.   *Das Christentum und die Weltreligionen, S. 46*

18   Alle Probleme der Religion gehen zuletzt auf eines zurück: dass ich Gott in mir anders erlebe, als ich ihn in der Welt erkenne. ... Unsere Erkenntnis Gottes aus der Natur ist immer unvollkommen und inadäquat, weil wir die Dinge in der Welt nur von außen erschauen.   *Das Christentum und die Weltreligionen, S. 58*

44. Theologie und religiöses Leben

Alle tiefe Religion ist Mystik. 19
Das Christentum und die Weltreligionen, S. 61

Die Religionen des Ostens sind logische Mystik, das Christentum 20
allein ethische Mystik.
Das Christentum und die Weltreligionen, S. 61

Als die tiefste Religion ist mir das Christentum zugleich die tiefste 21
Philosophie. *Das Christentum und die Weltreligionen, S. 63*

Was du wirklich selber denkst und empfindest, ist deine Religion. 22
Predigten, S. 926

Schlagworte sind überall von Übel, besonders in der Religion. 23
Predigten, S. 926

Die vollendete Religiosität kann nur durch eine Art niedrigerer, 24
elementarer, aber lebendiger Religiosität angeeignet werden.
Vorträge, Vorlesungen, Aufsätze, S. 258

Auch die tiefste religiöse Erkenntnis liegt nicht außerhalb des 25
Denkens, sondern muss aus ihm hervorgebracht werden können,
wenn es nur tief in sich selbst geht.
Kulturphilosophie I und II, S. 71

Es ist nichts im Alltag, was nicht zur Religion gehörte und im 26
Geiste Christi bedacht werden müsste. *Predigten, S. 1061*

Alles Wahre und Tiefe, was je ein Mensch über Religion gesagt hat, 27
womit er andere erleuchtet und ihnen geholfen hat, das hat der
Geist Jesu durch ihn geredet. *Predigten, S. 840*

So fehlt unserer Zeit das religiöse Bodengras, d. h. eine elementare, 28
aus der Zeit, ihrem Denken und Erleben entsprungene Religiosität, welche sie für eine höhere Religion aufnahmefähig macht.
Vorträge, Vorlesungen, Aufsätze, S. 258

Vierter Teil: Religion und Theologie

29 Und Religion ist das Persönlichste. Warum geschieht es fast nie, dass ein Mensch, soweit man's kann, den andern sagt: Das und das ist meine persönliche Religion? *Vorträge, Vorlesungen, Aufsätze, S. 261*

30 Ein Mensch, der seine persönlichen religiösen Ideen ausdrückt, ist immer ungerecht gegen das, was er vorfindet ... auch Jesus machte davon keine Ausnahme. *Vorträge, Vorlesungen, Aufsätze, S. 262*

31 Es kommt fast für jeden Menschen der Augenblick, wo die überkommene angelernte Religion von ihm abfällt wie der Mörtel von der Wand. Erziehung, Haus und Familie, Religion, Milieu, alles kann nichts helfen, denn es muss so kommen, zugleich mit jenem Augenblick, wo ihm das Leben wertlos, unsinnig wird ... Es muß so kommen, damit der Mensch er selbst wird.
Vorträge, Vorlesungen, Aufsätze, S. 265

32 So haben wir den zuversichtlichen Glauben zu der theologischen Wissenschaft, dass sie, weil sie im Geiste der Wahrhaftigkeit in der Vergangenheit des Christentums forscht, nichts anderes kann, als, wenn auch unter stetem Kämpfen und Irren, die Unvergänglichkeit der geistigen Wahrheit ans Licht zu bringen.
Vorträge, Vorlesungen, Aufsätze, S. 248 f.

33 Die Kinder glauben, ein Pfarrer müsse alles in der Bibel erklären können, und es gibt auch viele Erwachsene, die meinen, alle Widersprüche und alle Anstößigkeiten in der Schrift heben sich von selbst [auf] für den, der die Schrift studiert hat.
Gespräche über das NT, S. 186

34 Aber diejenigen, die tiefer in die Dinge eingedrungen sind, haben dieses Zutrauen, alles erklären zu können, nicht mehr, sondern sie müssen sich gestehen, dass es vieles gibt, worauf sie keine befriedigende Antwort wüssten. *Gespräche über das NT, S. 186*

44. Theologie und religiöses Leben

Nicht das Erkennen und Vorstellen, sondern die Frömmigkeit ist das Wesentliche der wahren Religion.
Vorträge, Vorlesungen, Aufsätze, S. 172

35

... lassen Sie die Möglichkeit offen, dass das Wort Jesu «ich bin der Weg, die Wahrheit und das Leben» wirklich historisch ist. Dies ist aber der Logos-Christus des Johannes-Evangeliums. Der historische Jesus der beiden ältesten Evangelien Markus und Matthäus hat nicht dieses Selbstbewusstsein.
Theologischer und philosophischer Briefwechsel,
Brief an Karl Jaspers, S. 409

36

Wer von uns hat denn nicht auch schon selber Anstoß empfunden?
Gespräche über das NT, S. 187

37

Ich gehöre der höchsten Orthodoxie an, weil ich den Glauben an die Geschichtlichkeit des Matthäus wiederhergestellt habe.
Theologischer und philosophischer Briefwechsel,
Brief an Rudolf Grabs, S. 257

38

Sie [Fritz Buri] und Ihre Freunde wagen historische Theologie zu treiben, die man heutzutage mit solch unglaublicher Leichtfertigkeit vernachlässigt. Und die Zukunft gehört Ihnen. Die ungediegene geistreiche Theologie von heute ist dazu bestimmt zu verschwinden.
Existenzphilosophie und Christentum, Brief an Fritz Buri, S. 90

39

Die Erforschung der geschichtlichen Wahrheit als solcher gilt mir als ein Ideal, dem die wissenschaftliche Theologie nachzustreben hat. *Die Mystik des Apostels Paulus, S. IX*

40

So ist auch der Glaube ein Acker, den man von Zeit zu Zeit pflügen muss, damit das Unkraut des Aberglaubens, der Vorurteile und der Engherzigkeit umgefahren wird.
Gespräche über das NT, S. 9 f.

41

Vierter Teil: Religion und Theologie

42 Als nun fromme Männer zur Zeit der Reformation den Acker betrachteten, da erschraken sie nicht wenig, statt eines Kornfeldes eine Wildnis zu haben, und es hat Schweiß und harte Kämpfe gekostet, bis sie ihn wieder einigermaßen ordentlich bestellt hatten.
Gespräche über das NT, S. 10

43 Darum geben wir etwas auf Gelehrsamkeit in Glaubenssachen, so lang wir Protestanten sind. *Gespräche über das NT, S. 10*

44 So förderlich nun die recht angewandte Gelehrsamkeit dem Glauben ist, so verderblich ist die falsch angewandte.
Gespräche über das NT, S. 10

45 Das Ahnen und das Sehnen aller tiefen Religiosität ist in der Ethik der Ehrfurcht vor dem Leben enthalten.
Kulturphilosophie I und II, S. 312

46 Die Religion in unserer Zeit macht mir den Eindruck eines großen afrikanischen Flusses in der trockenen Jahreszeit. Zwischen mächtigen Sandbänken sucht sich ein Wasser seinen Weg. Der Fluss besteht noch. Aber er füllt sein Bett nicht aus. Man kann nicht verstehen, dass er es einmal ausgefüllt hat, und nicht glauben, dass er es einmal wieder ausfüllen wird.
Kultur und Ethik in den Weltreligionen, S. 229

47 Jede tiefe Religion ist Religion der Liebe. Und jede tiefe Ethik der Liebe ist Religion. *Kultur und Ethik in den Weltreligionen, S. 273*

48 Ja, die Verengung des religiösen Horizonts ist wirklich etwas Beängstigendes. Ich finde mich in dem Geiste, der unter der theologischen Jugend herrscht, gar nicht mehr zurecht. Sie retten sich alle ins Liturgische hinein, als ob dies es wäre, das nottut, und nicht das wahrhaft Evangelische.
Theologischer und philosophischer Briefwechsel,
Brief an Rudolf Grabs, S. 232

45. Unterweisung und Predigt

Es ist für den Augenblick nicht nötig, dass die Leute sich mit den Ergebnissen meiner theologischen Forschung, die so viele Probleme in sich bergen (für die Gestaltung des Glaubens), beschäftigen. Vorläufig handelt es sich nur um die Idee eines gestalteten Christentums.   *Theologischer und philosophischer Briefwechsel,*
Brief an Rudolf Grabs, S. 239

45. Unterweisung und Predigt

Auch im Konfirmandenunterricht kann die tiefergehende Belehrung noch nicht recht einsetzen, weil die Kinder das nötige Nachdenken und die erforderliche Urteilskraft nicht haben.
Vorträge, Vorlesungen, Aufsätze, S. 252

Auch suchte ich in meinem Unterricht dafür Sorge zu tragen, dass die Knaben mit dem, was sie bewegte, an mich herankommen konnten. Zweimal im Monat war ein Teil der Stunden [des Konfirmandenunterrichts] den Fragen gewidmet, die sie mir vorlegten.
Aus meiner Kindheit und Jugendzeit, S. 50

Nun war mir das Predigen aber ein innerliches Bedürfnis. Ich empfand es als etwas Wunderbares, allsonntäglich zu gesammelten Menschen von den letzten Fragen des Daseins reden zu dürfen.
Aus meinem Leben und Denken, S. 29

Es waren «unvollkommene» Predigten insofern, als ich nicht bis ans Äußerste meines Denkens gegangen bin, denn man hätte mich nicht verstanden.   *Die Jahre vor Lambarene, Brief an Helene Bresslau, S. 52*

Nehmen Sie all die kindischen Predigten, die man in diesen Tagen über «das Jesuskind» halten wird – er hat sie bestimmt nicht gewollt, aber er hat sie dennoch bewirkt.
Die Jahre vor Lambarene, Brief an Helene Bresslau, S. 52

Vierter Teil: Religion und Theologie

6   Wir predigen über Texte und über vorgeschriebene Texte, um nicht unsere eigenen Gedanken zu sagen, und zuletzt sind wir unseren eigenen Gedanken so entlaufen, dass wir gar nicht mehr wissen, dass man nur mit eigenen Gedanken predigen kann. Dass man uns dies in Predigtübungen nicht gesagt hat, werfe ich den Professoren zeitlebens innerlich vor. Sie haben uns zu geschickten Handwerkern machen wollen, aber sie wollten nicht höher mit uns hinaus.
Die Jahre vor Lambarene, Brief an Helene Bresslau, S. 63

7   Die Predigt ist nur das Begleitwort zu den Gedanken eures Herzens, nur der Ton, der die Harmonie in euren Herzen erweckt.
Predigten, S. 309

8   Ich fand die Form für meine Predigt nicht ... Und die Angst, Dinge zu sagen, die ich nicht genügend vertieft habe ... eine Predigt zu halten, die «nicht gelebt» ist!
Die Jahre vor Lambarene, Brief an Helene Bresslau, S. 197

9   Die Predigt ging gut. Aber ich habe bemerkt, dass ich es satt hatte, alte Predigten zu halten.
Die Jahre vor Lambarene, Brief an Helene Bresslau, S. 218

10 Gerade denke ich an das, was ich dieses Jahr als Prediger gewesen, ob ich immer treu war und innerlich groß und lauter und rein genug, um das zu sagen, was ich musste und wollte?
Die Jahre vor Lambarene, Brief an Helene Bresslau, S. 165

11 Ich bin so glücklich, aus dem theologischen Lärm mich mit mir allein zu finden und die Gedanken zu denken nicht wie ich sie dozieren will, sondern wie ich sie still und schlicht leben will ...
Die Jahre vor Lambarene, Brief an Helene Bresslau S 156

Fünfter Teil:
Musik

46. Orgelmusik und Orgelbau

Ich will Ihnen sagen, weshalb ich heute Morgen so blass war: eine Leidenschaft zehrt an mir. Ich habe wieder angefangen, regelmäßig Orgel zu üben. Gestern habe ich zwei Stunden gespielt, von 5–7 Uhr. Es ist eine Leidenschaft, die mich auffrisst. ... Noch einmal möchte ich ein perfekter Organist sein! Ach, wie liebe ich dieses Instrument, mein Instrument in St. Nicolai ... jede Orgel! Ich glaube, ich würde um der Orgel willen meine Frau vergessen! Es ist ein Feuer, das in mir glimmt – ein schreckliches Feuer. Denn hier empfinde ich ohne jede Anstrengung eine elementare Überlegenheit über die anderen.

Die Jahre vor Lambarene, Brief an Helene Bresslau, S. 141 f.

Man bewundert meine Klarheit und Einfachheit und stellt mich hoch über den «Orgelvirtuosen» Sittard aus Dresden, der sich vor einem Jahr hier produzierte.

Die Jahre vor Lambarene, Brief an Helene Bresslau, S. 223

Gestern war [in Straßburg] das Weihnachtsoratorium. Alles ist gut gegangen, und meine liebe Orgel war wunderbar ... Aber es ist nicht mehr das Alte wie im Wilhelmerchor ... Glänzend, aber nicht schlicht und tief.

Die Jahre vor Lambarene, Brief an Helene Bresslau, S. 261

Die vollendetsten Orgeln wurden etwa zwischen 1860 und 1880 gebaut. In jener Zeit schufen Orgelbaumeister Werke, die die klanglichen Vorzüge der Bachschen Zeit in Vollendung bieten, ohne mehr ihre technischen Mängel aufzuweisen.

Aufsätze zur Musik, S. 219

Fünfter Teil: Musik

5   Eine gute mechanische Übertragung ist viel dauerhafter als eine pneumatische oder elektrische. Vor allem aber ist es auf einer mechanischen Orgel viel leichter, präzis zu spielen, richtig zu binden und gut zu phrasieren, als auf den andern.

Aufsätze zur Musik, S. 220

6   Das Programm der Zukunft ist einfach. Es besteht darin, dass wir wieder nach künstlerischen Grundsätzen bauen und wieder bei den künstlerischen Überlieferungen der früheren Orgelbauer einsetzen.

Aufsätze zur Musik, S. 222

7   Vollendete Schönheit und Tragfähigkeit des Tones erreicht man nur durch die Schleiflade.   *Aufsätze zur Musik, S. 223*

8   Bei allem Zurückgreifen auf die bewährten künstlerischen Überlieferungen des früheren Orgelbaus werden wir aber doch moderne Orgeln bauen, insofern, als wir sie mit starken Schwellwerken ausstatten. Der Jalousieschwellkasten in der Entwicklung, die er bei Cavaillé-Coll in den sechziger Jahren des vorigen [19.] Jahrhunderts erfahren hat, ist die einzige umgestaltende Errungenschaft über die Älteren Meister hinaus.   *Aufsätze zur Musik, S. 224*

9   Die Orgel der Zukunft ist also die Orgel mit dem Gediegensten und Wertvollsten, was die Orgeln früherer Generationen an Klangmaterial besaßen, unter möglichster Beibehaltung des Rückpositivs und unter Bereicherung durch die Ausdrucksmöglichkeiten eines stark besetzten Schwellkastenklaviers.

Aufsätze zur Musik, S. 225

10   Tritt der künstlerische Wettbewerb an die Stelle der kaufmännischen Konkurrenz, dann kommt der Orgelbau von selbst wieder auf den richtigen Weg, weil dann wieder Orgelbauer möglich werden, die in der gediegenen und künstlerischen Weise der Alten Meister bauen und uns Orgeln erstellen, auf denen sowohl Bach als die Modernen so erklingen, wie sie erklingen sollen.

Aufsätze zur Musik, S. 225 f.

47. Johann Sebastian Bach

Einzig die Orgel zu St. Jacobi in Hamburg, nach der seine [Bachs] Sehnsucht stand, ist uns so überkommen, wie sie war, als ihre Schönheit den größten Orgelmeister aller Zeiten bezauberte. Auf ihr können sich die Künstler der Jetztzeit vergegenwärtigen, auf welche Weise Bach seine Werke ausführte und welche Klangmöglichkeiten er voraussetzte.
Aufsätze zur Musik, S. 230

11

Leider ist die Intonation unserer Orgeln einem richtigen Begleiten sehr im Wege; der durch den zu hohen Winddruck erzeugte Ton ist dumpf und vermischt sich weder mit den Singstimmen noch mit den Instrumenten.
J. S. Bach, S. 763

12

Wenn man einmal in die Lage gekommen ist, eine Passion oder eine Kantate auf einer guten Silbermannschen Orgel zu begleiten, so merkt man erst, wie ungeeignet die moderne für diese Aufgabe ist.
J. S. Bach, S. 763

13

47. Johann Sebastian Bach

Der Bach wird ein schönes Buch: aber es ist nur ein Drittel meiner Seele darin. Dieses Philosophieren über Kunst würde mir nie genügen, und ich werde froh sein, wenn ich meine Kräfte und meine Gedanken nicht mehr für ein Unternehmen einsetzen muss, das «nur interessant», aber nicht mein Leben ist.
Die Jahre vor Lambarene, Brief an Helene Bresslau, S. 64

1

Mit der Verehrung Bachs ging bei mir die Richard Wagners zusammen. *Aus meinem Leben und Denken, S. 19*

2

Ein großes Erlebnis war es für mich, dass ich im Jahre 1896 in Bayreuth der denkwürdigen ersten Wiederaufführung der Tetralogie nach der Uraufführung von 1876 beiwohnen konnte.
Aus meinem Leben und Denken, S. 19

3

Fünfter Teil: Musik

4   Wenn ich heute eine Wagneraufführung erlebe, bei der alle möglichen Bühneneffekte sich neben der Musik geltend machen, als handele es sich um einen Film, muss ich mit Wehmut an die in ihrer Einfachheit so ungeheuer wirkungsvolle damalige Bayreuther Inszenierung der Tetralogie denken.
Aus meinem Leben und Denken, S. 19

5   Dem Bach der Gralswächter der reinen Musik setzte ich in meinem Buche denjenigen entgegen, der Dichter und Maler in Musik ist. Alles was in den Worten des Textes liegt, das Gefühlsmäßige wie das Bildliche, will er mit größtmöglicher Lebendigkeit und Deutlichkeit in dem Material der Töne wiedergeben. Vor allem geht er darauf aus, das Bildliche in Tonlinien zu zeichnen. Er ist noch mehr Tonmaler als Tondichter ... Bach verfügt geradezu über eine Tonsprache ... Der Drang, dichterische und bildliche Gedanken auszudrücken, gehört zum Wesen der Musik.
Aus meinem Leben und Denken, S. 63

6   Bei Bach wirken Bild und dichterischer Gedanke auf die Bildung des Themas ein. Musik erwächst dann daraus nach den inneren Gesetzen der musikalischen Entwicklung und des Geschehens in Tönen. Darin liegt die malerische und dichterische Eigenart seiner Kunst.
Aufsätze zur Musik, S. 78

7   In der engen Verbindung von Wort und Ton hat ihn kein Komponist jemals übertroffen.
Aufsätze zur Musik, S. 93

8   Beethoven und Wagner dichten in Musik, Bach malt. Auch Bach ist ein Dramatiker, aber so wie es der Maler ist. Er schildert nicht das aufeinanderfolgende Geschehen, sondern greift den prägnanten Moment heraus, in dem für ihn das ganze Geschehen liegt, und stellt ihn musikalisch dar.
J. S. Bach, S. 412

9   Beethoven und Wagner gehören mehr zu den Dichtern, Bach, Schubert und Berlioz mehr zu den Malern.
J. S. Bach, S. 394

10 Was er [Bach] beim Texte in erster Linie sucht, ist das Bild oder der

47. Johann Sebastian Bach

Gedanke, der eine bestimmte Plastik des musikalischen Ausdrucks nahe legt. *J. S. Bach, S. 413*

Niemals wird seine Tonmalerei aufdringlich. Sie hält an, solange der Zusammenhang, in dem der betreffende Ausdruck vorkam, in Geltung ist, keinen Augenblick länger. *J. S. Bach, S. 414 f.* 11

Um seinen wirklichen Gedanken zu begegnen, muss man ihm gar manches Mal auf den Umwegen folgen, die seine in erster Linie auf lebendige Plastik gerichtete Vorstellung einschlägt. Seine Musik ist sehr oft Situationsschilderung. *J. S. Bach, S. 418* 12

Bachs Musik ist also malerisch, insofern als seine Themen und Motive, wo irgend angängig, immer durch eine malerische Ideenassoziation mitbedingt sind, ob diese im Texte mittelbar oder unmittelbar enthalten ist, ob sie sich auffällig oder unauffällig geltend macht. *J. S. Bach, S. 419* 13

Bach, der sich, fast im Leichtsinn des unermesslichen Kraftbewusstseins, die italienischen Formen und Formeln auflud, hielt die deutsche Musik auf dem Wege auf, der sie auf religiösem Gebiete schon damals zu einer Kunst geführt hätte, wie sie Wagner dann auf dramatischem verwirklichen sollte. *J. S. Bach, S. 84* 14

Bach gehört zu den objektiven Künstlern. Diese stehen ganz in ihrer Zeit und schaffen nur mit den Formen und Gedanken, die sie ihnen darbietet. *J. S. Bach, S. 1* 15

Bachs Werke wären dieselben, auch wenn sein Dasein ganz anders verlaufen wäre. *J. S. Bach, S. 1* 16

So hat Bach kein Bewusstsein von seinem einzigartigen schöpferischen Vermögen. Er beansprucht keine andere Anerkennung als die, es in der Beherrschung der Regeln des Tonsatzes zu etwas gebracht zu haben. Das Kunstideal hat sich bei ihm noch nicht vom Handwerksideal losgelöst. Die Kunst der Fuge schreibt er als sein letztes 17

Fünfter Teil: Musik

handwerkliches Meisterstück, mit dem er sich bei seinesgleichen Ansehen verschaffen will. *Kulturphilosophie III, 1. und 2. Teil, S. 49*

18 Der Altmeister [Bach] kann sich, wie weiland St. Paulus wider die alles besser wissenden Korinther, gegen die Eiferer um die rhythmischen Melodien darauf berufen, dass auch er dafür halte, den Geist zu besitzen. *J. S. Bach, S. 20*

19 Bach steht uns nahe, weil wir an ihm erkennen, dass er nicht ein Spiel in Themen und Formen aufführt, sondern in Tönen etwas aussprechen will. *Aufsätze zur Musik, S. 14.*

20 Es kommt vor allem darauf an, in welchem Geiste Bach wiedergegeben wird. *Aufsätze zur Musik, S. 32*

21 Man darf ja nicht vergessen, … dass Bach nicht nur einer der größten Tonkünstler ist, sondern auch einer der größten Mystiker, die die Welt hervorgebracht hat. *Aufsätze zur Musik, S. 32*

22 Bei Bach wird das Lebensideal getroffen.

Aufsätze zur Musik, S. 37

23 Erst wer in Ehrfurcht vor der Seelengröße Bachs hineingezwungen wird, kennt ihn wirklich. *Aufsätze zur Musik, S. 38*

24 Die Seelenruhe, die uns bei Bachs Musik überkommt, lässt sich nur mit der vergleichen, die wir beim Anschauen der Gotik empfinden. *Aufsätze zur Musik, S. 42*

25 Bach redet zur Phantasie seines Hörers. *Aufsätze zur Musik, S. 44*

26 So liegt etwas wie eine Erlösung von der Welt und dem Leben in seiner [Bachs] Musik. *Aufsätze zur Musik, S. 46*

27 So vermag Bach allen Jubel und allen Schmerz, der ein Menschenherz bewegt, in uns erklingen zu lassen. *Aufsätze zur Musik, S. 78*

47. Johann Sebastian Bach

Bach ist ein Mystiker, eine Erscheinung der großen deutschen Mystik. *Aufsätze zur Musik, S. 79* — 28

Prediger der Verinnerlichung ist Bach der Menschheit unserer Zeit. *Aufsätze zur Musik, S. 79* — 29

Wohin Bach auch kommt, dorthin kommt auch ein Strom geistigen Reichtums. *Aufsätze zur Musik, S. 81* — 30

In der vollendeten Bewegung der Stimmen eines Bachschen Stückes kommt eine Unruhe in uns zur Ruhe.
Aufsätze zur Musik, S. 90 — 36

Bach lebt in der Form und steht doch über ihr. Die Regel ist kein Zwang für ihn. Er schafft als ein Freier, was mit ihren Anforderungen zusammenstimmt, und schaltet als einer, der Vollmacht hat.
Aufsätze zur Musik, S. 90 f. — 31

Seinem innersten Wesen nach ist Bach eine Erscheinung in der Geschichte der deutschen Mystik. *J. S. Bach, S. 147* — 32

Darüber hinaus verlangt sie [die Bachsche Musik] von uns, dass wir gesammelte und innerliche Menschen werden, um fähig zu sein, etwas von dem tiefen Geiste, der in ihr ist, lebendig werden zu lassen. *Aus meinem Leben und Denken, S. 65* — 33

Weil Bach keine Ahnung von der überragenden Größe seiner Werke hat, liegt eine solche Stille und Weihe über seinem Schaffen.
Aufsätze zur Musik, S. 101 — 34

Ein Bachsches Stück ist ein Triumphlied auf jene höchste Freiheit, die aus der inneren Überwindung beengender Notwendigkeiten geboren wird und sich in jedem Augenblick und jedem Ereignis erneuert. *Aufsätze zur Musik, S. 105* — 35

Bach ist einer der größten Mystiker, die je unter Menschen aufge- — 36 standen sind. Er hat den inneren Frieden gefunden. Seine Seele ist Stille geworden in dem unendlichen Geiste Gottes.

Aufsätze zur Musik, S. 106

37 Musik ist für ihn Gottesdienst. Bachs Künstlertum und Persönlichkeit ruhen auf seiner Frömmigkeit. Soweit er überhaupt begriffen werden kann, wird er es von hier aus. Kunst war für ihn Religion. *J. S. Bach, S. 145*

38 Aber erfahren wird es jeder, der sie nicht nur mit dem Ohr, sondern auch mit der Seele hört, dass er hier auf heiligem Boden wandelt und in Bach einen Freund und Tröster besitzt, der ihm hilft, den Weg der Stille und des Friedens zu finden.

Aufsätze zur Musik, S. 106

39 Diese Atmosphäre der Reinheit und Einfachheit, dieses Fehlen jeglicher Eitelkeit und menschlichen Wetteifers macht den unaussprechlichen Zauber des Schaffens Bachs aus.

Aufsätze zur Musik, S. 110

40 Die Kunst Bachs ist nichts anderes als die Vollendung der gotischen Kunst in der Musik. Die Musik, diese Architektur in Klanglinien, musste wie die Architektur aus stofflichen Linien zur Gotik gelangen. *Aufsätze zur Musik, S. 122*

41 Eine Fuge Bachs ist ein Bauwerk vergleichbar einer Kathedrale. Diese wunderbare Bewegung der Linien wird von Gesetzen bestimmt, wonach das Detail dazu dient, den Gesamtplan zur Geltung zu bringen. *Aufsätze zur Musik, S. 122*

42 Festzuhalten ist, dass Bach, wie alles ganz Erhabene in der Religion, nicht der Kirche, sondern der religiösen Menschheit gehört, und dass jeder Raum Kirche wird, in welchem seine geistlichen Werke mit Sammlung und Andacht aufgeführt und angehört werden. *J. S. Bach, S. 230*

47. Johann Sebastian Bach

Den Geist können Sie nur sprechen lassen, wenn Sie vom Geist erfüllt worden sind, durch die Seele, die in der Musik ist, durch den inneren Frieden. Andernfalls geben Sie nur die Noten mit mehr oder weniger Geschick wieder. *Aufsätze zur Musik, S. 131* 43

Aber nicht nur die gebende Kunst ist komplex: die empfangende ist es nicht minder. In jedem wahrhaften künstlerischen Erfassen treten alle Empfindungen und Vorstellungen, deren ein Mensch fähig ist, in Aktion. *J. S. Bach, S. 388* 44

Die dichterische Musik hat es mehr mit Ideen, die malerische mehr mit Bildern zu tun; die eine appelliert mehr an das Gefühl, die andere mehr an die Vorstellung. *J. S. Bach, S. 394* 45

Wer einmal einen Bibelvers in Bachscher Musik in sich aufgenommen hat, kann ihn sich in keinem anderen Rhythmus mehr vorstellen. *J. S. Bach, S. 399* 46

Die großen Meister des Choralsatzes, die Eccard, Prätorius und wie sie noch heißen mochten, harmonisierten die Melodie; Bach die Worte. *J. S. Bach, S. 402* 47

Es besteht ein tiefer Unterschied in der Art, wie Bach und Mozart sich zum schlechten Text verhalten. Bei beiden vergisst man ihn über der Musik; aber aus ganz verschiedenen Gründen. Mozart ist sich bewusst, durch eine an sich schöne Musik den Sinn ganz davon abzulenken. Bach vertieft und formt ihn, bis er in den Tönen neue Gestalt gewinnt. *J. S. Bach, S. 409* 48

Bach gibt sich erst zufrieden, wenn er die Überzeugung hat, dass der Hörer nun nicht anders kann, als die Staubwirbel, in denen der Wind einherfährt, die am Himmel sich dahinschiebenden Wolken, die fallenden Blätter und die rasenden Wellen auch wirklich zu sehen. *J. S. Bach, S. 414* 49

Die Ergründung der musikalischen Sprache Bachs ist nicht etwa 50

Fünfter Teil: Musik

ein Zeitvertreib für den Ästhetiker, sondern eine Notwendigkeit für den praktischen Musiker. *J. S. Bach, S. 421*

51 [I]n einer Art vergeistigter Tonmalerei, in welcher die Bilder Gleichnisse für Worte und Ideen sind, offenbart sich die wahre Größe Bachs. *J. S. Bach, S. 428*

52 Die Choräle des Orgelbüchleins waren Dürersche Stiche in Musik; die großen Choralvorspiele aus der «Klavierübung» nehmen sich aus wie in den Maßstäben großer Wandgemälde ausgeführte Radierungen. *J. S. Bach, S. 430*

53 Der Teufel ist dem Musiker Bach eine liebe Gestalt. Da er in der Urgeschichte der Bibel als Schlange vorgestellt wird, bildet er ihn immer durch ein sich in Verschlingungen und Windungen auf- und abwärts bewegendes Motiv ab. *J. S. Bach, S. 444*

54 Alles, was also irgendwie einer Bewegung entspricht, die man durch eine Tonlinie wiedergeben kann, wird von Bach in Musik dargestellt. Worte wie «auferstehen» und «erhöhen» lässt der Meister sich niemals entgehen. *J. S. Bach, S. 446*

55 Je mehr man die Kantaten studiert, desto mehr wird man sich darüber klar, dass man nur das Allergröbste an der Bachschen Tonsprache in Sätzen und Behauptungen formulieren kann. Zugleich aber wird man gewahr, wie wenig von dem, was sich beobachten lässt, auch wirklich schon ausgesprochen worden ist …
J. S. Bach, S. 479

56 Erst die Bachsche Phrasierung bringt Leben und Bewegung in seine Themen und Tonperioden. Sie hat ihre besondere Eigenart.
J. S. Bach, S. 699

57 Musikalische Herdentiermoral ist der Wiedergabe Bachscher Werke nicht zuträglich. *J. S. Bach, S. 717*

47. Johann Sebastian Bach

Welches Zeitmaß das Stück verlangt, ist gewöhnlich nicht allzu schwer herauszufinden, wenn man den Text und das Wesen der Musik in Betracht zieht. *J. S. Bach, S. 717*

58

Im Übrigen ist alles engherzige Wesen bei Bachscher Musik unangebracht. *J. S. Bach, S. 731*

59

Dass Bachs Musik mit ihrer komplizierten Stimmführung nicht auf Massenwirkung berechnet ist wie die Händelsche, leuchtet ohne Weiteres ein. *J. S. Bach, S. 731 f.*

60

Er instrumentiert nicht modern, sondern wie er auf der Orgel registriert: er gibt die Hauptklangfarbe an. *J. S. Bach, S. 741*

61

Erst in der Originalbesetzung kommen die in Bachs Partituren so zahlreichen herrlichen Partien für dieses Instrument wirklich zur Geltung. *J. S. Bach, S. 746*

62

Jede Stimme in Bachs Partitur hat den gleichen Wert wie die andere. Das gilt aber nicht nur von den Orchesterstimmen untereinander, sondern bezieht sich auch auf ihr Verhältnis zu den Singstimmen. *J. S. Bach, S. 754*

63

Aber alles Erwägen und Anerkennen in dieser Angelegenheit kann an dem Schlussresultat nichts ändern, dass es uns nicht ansteht, Bachsche Musik anders aufzuführen, als sie gedacht ist.
J. S. Bach, S. 760

64

Man leistet dem Hörer einen größeren Dienst, wenn man ihn zum Verstehen und Genießen dieser schlichten Schönheit erzieht, als wenn man ihm Bachs Kompositionen in der Art nahe bringt, dass sie eigentlich weder alt noch modern sind.
J. S. Bach, S. 760

65

Wer es einmal ernstlich versucht, die Generalbassstimme nach diesen Normen zu gestalten, wird bald sehen, dass hierdurch eine

66

Fünfter Teil: Musik

«Phantasie» entsteht, die schöner ist als jede, die man sich hinzudenken könnte.

J. S. Bach, S. 761 f.

67 Temperament gehört zum Begleiten an der Orgel. Das ungestüme, unberechnende Temperament ist aber oft vom Übel; nur das vertiefte und geläuterte schafft das Richtige.

J. S. Bach, S. 769

68 Eine Übereinstimmung in den vielfachen Fragen der Wiedergabe Bachscher Werke lässt sich allerdings nicht erwarten. Wir leben noch in der Zeit der Versuche.

J. S. Bach, S. 775

69 Ohne Auseinandersetzungen gibt es keinen Fortschritt. Die Frage der richtigen Bachwiedergabe kann nur auf dem Wege des zielbewussten künstlerischen Experiments gelöst werden.

J. S. Bach, S. 775

70 So ist es auch mit Bachs Werken; es kommt nur darauf an, dass man darin Bach und nicht sich selber sucht und ein ehrfürchtiges Bewusstsein davon hat, den Menschen damit etwas Kostbares zu bieten, nicht nur für den künstlerischen Sinn, sondern auch für Seele und Geist: Dann ist es allemal der wahre Bach, so verschieden er auch klingen mag.

J. S. Bach, S. 776

71 Nicht die Vollkommenheit, sondern der Geist der Aufführung bedingt die Wirkung Bachscher Musik.

J. S. Bach, S. 776

72 Nur wer sich in die Gefühlswelt Bachs versenkt, wer mit ihm lebt und denkt, wer mit ihm schlicht und bescheiden wird, ist in der Lage, ihn richtig zu Gehör zu bringen.

J. S. Bach, S. 776

Sechster Teil:
Autobiographisches

48. Jugend und Alter

Von jenem Tage an [an dem er sich entschloss, nicht auf Vögel zu schießen] habe ich gewagt, mich von der Menschenfurcht zu befreien. *Aus meiner Kindheit und Jugendzeit, S. 36*

Die Predigten meines Vaters machten einen großen Eindruck auf mich, weil ich bemerkte, wie vieles von dem, was er auf der Kanzel sagte, mit seinem Erleben zusammenhing. Es ging mir auf, welche Anstrengung, ja welchen Kampf es für ihn bedeutete, den Leuten allsonntäglich sein Herz preiszugeben.
Aus meiner Kindheit und Jugendzeit, S. 50

Aus den Gottesdiensten, an denen ich als Kind teilnahm, habe ich den Sinn für das Feierliche und das Bedürfnis nach Stille und Sammlung mit ins Leben genommen, ohne die ich mir mein Dasein nicht denken kann. Darum vermag ich der Meinung derer nicht beizutreten, die die Jugend am Gottesdienst der Erwachsenen nicht teilnehmen lassen wollen, ehe sie etwas davon versteht. Es kommt gar nicht auf ein Verstehen an, sondern auf das Erleben des Feierlichen. Dass das Kind die Erwachsenen andächtig sieht und von ihrer Andacht mit ergriffen wird: Dies ist es, was für es bedeutungsvoll ist. *Aus meiner Kindheit und Jugendzeit, S. 52*

Noch eins habe ich aus der zugleich protestantischen und katholischen Kirche mit ins Leben hinausgenommen: religiöse Versöhnlichkeit. Die aus einer Herrscherlaune Ludwigs XIV. entstandene protestantisch-katholische Kirche ist mir mehr als eine merkwürdige geschichtliche Erscheinung. Sie gilt mir als Symbol dafür, dass die konfessionellen Unterschiede etwas sind, das bestimmt ist, einmal zu verschwinden. *Aus meiner Kindheit und Jugendzeit, S. 55 f.*

Sechster Teil: Autobiographisches

5   Ich möchte wünschen, dass alle noch beiden Konfessionen gemeinschaftlichen Kirchen des Elsass als solche erhalten blieben, als eine Prophezeiung und eine Mahnung auf eine Zukunft der religiösen Eintracht, auf die wir den Sinn gerichtet halten müssen, wenn wir wahrhaft Christen sind. *Aus meiner Kindheit und Jugendzeit, S. 56*

6   Der naturwissenschaftliche Unterricht hatte für mich etwas eigentümlich Aufregendes. Ich wurde das Empfinden nicht los, dass man uns nicht genug sagte, wie wenig man von dem, was in der Natur vorgeht, auch wirklich versteht.
Aus meiner Kindheit und Jugendzeit, S. 59

7   Schon damals [als Schüler] wurde mir klar, dass uns das, was uns, was wir als Kraft und als Leben bezeichnen, seinem eigentlichen Wesen nach immer unerklärlich bleibt.
Aus meiner Kindheit und Jugendzeit, S. 60

8   Nach und nach erkannte ich, dass auch das geschichtliche Geschehen voller Rätsel ist und dass wir es für immer aufgeben müssen, die Vergangenheit wirklich zu verstehen. Auch hier ist uns nur ein mehr oder weniger eindringendes Beschreiben beschieden.
Aus meiner Kindheit und Jugendzeit, S. 60

9   Unausstehlich waren mir vom ersten bis zum letzten Schuljahr die Stunden, in denen Gedichte «durchgenommen» wurden. Dass mir ein Gedicht nahegebracht werden sollte, indem man es erklärte, empfand ich als etwas Hässliches und Unsinniges. Mit dem, was man dazu redete, zerstörte man mir ja nur die Ergriffenheit, in die mich das Werk des Dichters versetzt hatte. An einem Gedicht, so meine ich auch heute noch, ist nichts zu erklären. Man muss es erleben. *Aus meiner Kindheit und Jugendzeit, S. 61*

10 Die Freude an dem Suchen nach dem Wahren und Zweckmäßigen war wie ein Rausch über mich gekommen.
Aus meiner Kindheit und Jugendzeit, S. 61

48. Jugend und Alter

Die Überzeugung, dass der Fortschritt der Menschheit nur dadurch möglich wird, dass das Vernunftgemäße an die Stelle der Meinungen und der Gedankenlosigkeit tritt, hatte von mir Besitz ergriffen. *Aus meiner Kindheit und Jugendzeit, S. 62*

Was leide ich darunter, dass wir Menschen so viele Zeit des Zusammenseins unnütz miteinander zubringen, statt uns in ernster Weise über ernste Dinge zu besprechen und uns einander als strebende, leidende, hoffende und glaubende Menschen zu erkennen zu geben! *Aus meiner Kindheit und Jugendzeit, S. 63*

So wurde die Frage nach dem Recht auf Glück das zweite große Erlebnis für mich. Als solches trat sie neben das andere, das mich schon von meiner Kindheit her begleitete, das Ergriffensein von dem Weh, das um uns herum in der Welt herrscht.
Aus meiner Kindheit und Jugendzeit, S. 67

Immer klarer wurde mir, dass ich nicht das innerliche Recht habe, meine glückliche Jugend, meine Gesundheit und meine Arbeitskraft als etwas Selbstverständliches hinzunehmen.
Aus meiner Kindheit und Jugendzeit, S. 67

Alle müssen wir an der Last von Weh, die auf der Welt liegt, mittragen. *Aus meiner Kindheit und Jugendzeit, S. 67*

Die Entscheidung fiel, als ich einundzwanzig Jahre alt war. Damals, als Student in den Pfingstferien, beschloss ich, bis zum dreißigsten Jahre dem Predigeramt, der Wissenschaft und der Musik zu leben. Dann, wenn ich in Wissenschaft und Kunst geleistet hätte, was ich darin vorhatte, wollte ich einen Weg des unmittelbaren Dienens als Mensch betreten. Welches dieser Weg sein sollte, gedachte ich in der Zwischenzeit aus den Umständen zu erfahren. *Aus meiner Kindheit und Jugendzeit, S. 67 f.*

Blicke ich auf meine Jugend zurück, so bin ich vom Gedanken bewegt, wie vielen Menschen ich für das, was sie mir gaben und was

Sechster Teil: Autobiographisches

sie mir waren, zu danken habe. Zugleich aber stellt sich das niederdrückende Bewusstsein ein, wie wenig ich jenen Menschen in meiner Jugend von diesem Dank wirklich erstattet habe.

Aus meiner Kindheit und Jugendzeit, S. 70

18 Ich glaube nicht, dass man in einen Menschen Gedanken hineinbringen kann, die nicht in ihm sind. Gewöhnlich sind in den Menschen alle guten Gedanken als Brennstoff vorhanden. Aber vieles von diesem Brennstoff entzündet sich erst oder erst recht, wenn eine Flamme oder ein Flämmchen von draußen, von einem anderen Menschen her, in ihn hineinschlägt.

… So hat jeder von uns in tiefem Danke derer zu gedenken, die Flammen in ihm entzündet haben.

Aus meiner Kindheit und Jugendzeit, S. 73

19 War mir die Ehrfurcht vor dem geistigen Wesen des andern von Jugend auf etwas Selbstverständliches, so hat mir dagegen die Frage viel zu schaffen gemacht, inwieweit wir in dem sonstigen Verkehr mit Menschen zurückhaltend sein sollen oder inwieweit wir uns unmittelbar geben dürfen.

Aus meiner Kindheit und Jugendzeit, S. 75

20 Es darf nicht sein, dass wir uns dem Unbekannten gegenüber in absolute Fremdheit bannen lassen. Kein Mensch ist jemals einem Menschen ein vollständiger und andauernder Fremder. Mensch gehört zu Mensch. Mensch hat Recht auf Mensch.

Aus meiner Kindheit und Jugendzeit, S. 76

21 Das Gesetz der Zurückhaltung ist bestimmt, durch das Recht der Herzlichkeit durchbrochen zu werden. So kommen wir alle in die Lage, aus der Fremdheit herauszutreten und für einen Menschen Mensch zu werden. *Aus meiner Kindheit und Jugendzeit, S. 77*

22 Soviel aber habe ich erfahren dürfen, dass das Hinwegsetzen über die geltenden Regeln, das wirklich durch das Herz diktiert wird

48. Jugend und Alter

und aus Überlegung kommt, von den anderen selten für gedankenlose Aufdringlichkeit genommen wird.
Aus meiner Kindheit und Jugendzeit, S. 77

Der Ausdruck «reif» auf den Menschen angewandt, war mir und ist mir noch immer etwas Unheimliches. Ich höre dabei die Worte Verarmung, Verkümmerung, Abstumpfung als Dissonanzen miterklingen. Was wir gewöhnlich als Reife an einem Menschen zu sehen bekommen, ist eine resignierte Vernünftigkeit. Einer erwirbt sie sich nach dem Vorbild anderer, indem er Stück um Stück die Gedanken und Überzeugungen preisgibt, die ihm in seiner Jugend teuer waren. Er glaubte an den Sieg der Wahrheit, jetzt nicht mehr. Er glaubte an die Menschen, jetzt nicht mehr. Er glaubte an das Gute, jetzt nicht mehr. Er eiferte für Gerechtigkeit, jetzt nicht mehr. Er vertraute in die Macht der Gütigkeit und der Friedfertigkeit, jetzt nicht mehr. Er konnte sich begeistern, jetzt nicht mehr.
Aus meiner Kindheit und Jugendzeit, S. 78

23

Ich beschloss, mich diesem tragischen Vernünftigwerden nicht zu unterwerfen. *Aus meiner Kindheit und Jugendzeit, S. 79*

24

Dass tiefes und bis ins kleinste gehendes Pflichtbewusstsein die große erzieherische Kraft ist und vollbringt, was keine Reden und keine Strafen ausrichten können, ist mir durch ihn [Lehrer Wehmann in Mülhausen] eine Lehre geworden, die ich in meinem Wirken als Erzieher zu betätigen versuchte.
Aus meiner Kindheit und Jugendzeit, S. 46

25

Auch auf das Rauchen verzichtete ich als Student, am 1. Januar 1899, für immer, weil es mir zur Leidenschaft geworden war.
Aus meiner Kindheit und Jugendzeit, S. 46

26

Sechster Teil: Autobiographisches

49. Der eigene Weg

1 Wie aber ein jeder seinen Lebensweg durch Lebensernst und Lebensfreude findet und welchen Weg er gehen muss, das ist sein innerstes, unberechenbares, schmerzlichstes und freudigstes Erleben.
Gespräche über das NT, S. 155 f.

2 Die Art, wie das Gebot, dass wir nicht töten und quälen sollen, an mir arbeitete, ist das große Erlebnis meiner Kindheit und Jugend. Neben ihm verblassen alle anderen.
Aus meiner Kindheit und Jugendzeit, S. 37

3 Zweimal habe ich mit anderen Knaben mit der Angel gefischt. Dann verbot mir das Grauen vor der Misshandlung der aufgespießten Würmer und vor dem Zerreißen der Mäuler der gefangenen Fische, weiter mitzumachen. Ja, ich fand sogar den Mut, andere vom Fischen abzuhalten.

Aus solchen mir das Herz bewegenden und mich oft beschämenden Erlebnissen entstand in mir langsam die unerschütterliche Überzeugung, dass wir Tod und Leid über ein anderes Wesen nur bringen dürfen, wenn eine unentrinnbare Notwendigkeit dafür vorliegt, und dass wir alle das Grausige empfinden müssen, das darin liegt, dass wir aus Gedankenlosigkeit leiden machen und töten.
Ehrfurcht vor den Tieren, S. 19

4 «Lieber Gott. Schütze und segne alles, was Odem hat, bewahre es vor allem Übel, und lass es ruhig schlafen!» [Zusatzgebet von Albert Schweitzer nach dem Gebet mit der Mutter]
Aus meiner Kindheit und Jugendzeit, S. 35

5 Wo meine innerste Überzeugung mit im Spiele war, gab ich jetzt auf die Meinung anderer weniger als vorher.
Aus meiner Kindheit und Jugendzeit, S. 24

49. Der eigene Weg

Schau, es ist wahr, ohne ihn [Jesus] hätte ich nicht gewusst, was ich aus meinem Leben machen soll. Ich hätte es mit Nichtigkeiten vergeudet, hätte mich selbst für groß gehalten, hätte Ehre und Ruhm erstrebt, aber ich wäre nicht wieder der einfache Mensch geworden und hätte nicht verstanden, was das bedeutet: es sei denn dass ihr werdet wie die Kindlein. Ich hatte keinerlei Sorge um die Zukunft. Aber ich habe ihm für alles gedankt, wie ein Mensch einem Menschen dankt, dass er wahrhaftig und groß und aufrichtig war bis zum Äußersten, dass er die einzige Größe und den einzigen Wert des Lebens gefunden hat, woran wir uns aufrichten und wovon wir leben.

Biefwechsel mit Helene Bresslau, S. 124

Was dies Kind in unserem Leben angerichtet hat – nein, nicht das Kind, der Mann (Christus)!!

Es wird mir jetzt so viel klar, was mir früher, als ich noch Theologe war, nicht klar wurde.

Biefwechsel mit Helene Bresslau, S. 124

Wie oft habe ich mir gesagt: Wenn du willst, kannst du umkehren, du wirst glücklich sein wie die anderen und doch viel Gutes tun können – aber die innere Stimme hat mir jedesmal geantwortet: Du siehst den Weg vor dir; folge ihm; nur so wirst du wahrhaftig, aufrichtig und stark bleiben. Es gab nicht den geringsten Kampf, so stark war das Gefühl, dass ich, wenn ich anders handeln würde, vernichtet wäre, ein zerstörter Mensch. Ich wehre mich nicht gegen meine Bestimmung, ich folge ihr ruhig und glücklich, wie selten ein Mensch seiner Bestimmung gefolgt ist. Nur das ist mein Leben. Bald werde ich 30 Jahre alt sein –. Ich weiß sehr wohl, dass alles, was ich predige, mit den Worten, wie sie meinen Mund verlassen, zu Boden fiele, wenn ich nicht meinem Weg folgen würde.

Die Jahre vor Lambarene, Brief an Helene Bresslau, S. 68

Ich möchte wissen, was das ist, dieser Gott, den ich anrufe – gibt es ihn? – Was ist das für ein Geist, der mich zwingt, meinen Weg zu

gehen – mich, der ich nicht naiv, sondern kritisch bin, nicht ein
«Demütiger», sondern ein «Hochmütiger» – was weiß ich?
Die Jahre vor Lambarene, Brief an Helene Bresslau, S. 44

10   Was ist denn Gott?
Etwas Unendliches, in dem wir ruhen! Aber es ist keine Persönlichkeit, sondern es wird Persönlichkeit erst in uns. Der Weltgeist, der in dem Menschen zum Bewusstsein seiner selbst kommt. Beten: das Wehen des höchsten Wesens in uns fühlen, uns selber an das Göttliche in uns hingeben und so Frieden finden.
Die Jahre vor Lambarene, Brief an Helene Bresslau, S. 155 f.

11   Warten wir ab, wie jener Geist der Dinge, jenes geheimnisvolle Wesen, das man Gott nennt, mich, den ketzerischsten seiner Priester, leiten und führen wird.
Die Jahre vor Lambarene, Brief an Helene Bresslau, S. 78

12   Und dann das Recht haben, ein Ketzer zu sein! Nur Jesus von Nazareth kennen; die Fortführung seines Werkes als einzige Religion haben, nicht mehr ertragen müssen, was das Christentum an Plebejischem, an Vulgärem an sich hat. Nicht mehr die Angst vor der Hölle kennen, nicht mehr nach den Freuden des Himmels trachten, nicht mehr diese falsche Furcht haben, nicht diese falsche Unterwürfigkeit, die ein wesentlicher Bestandteil der Religion ist – und doch wissen, dass man Ihn, den einen Großen, versteht und dass man sein Jünger ist.
Die Jahre vor Lambarene, Brief an Helene Bresslau, S. 68

13   … denn wir sind beide Ketzer und könnten einen ehrbaren Diener Gottes wohl einschüchtern. Doch auch wir kennen Ihn, unseren Herrn, und dienen ihm und haben beide zu leiden und zu kämpfen in seinem Dienst.
Die Jahre vor Lambarene, Brief an Helene Bresslau, S. 58

14   Käme ich morgen zu dem Schluss, dass es keinen Gott gibt und keine Unsterblichkeit und dass die Moral nur eine Erfindung der

49. Der eigene Weg

Gesellschaft ist – dann würde mich das überhaupt nicht berühren. Das Gleichgewicht meines inneren Lebens und das Bewusstsein meiner Pflicht wären nicht im Geringsten erschüttert. Ich würde lachen, von Herzen lachen und sagen: na und? «La séance continue.»
Die Jahre vor Lambarene, Brief an Helene Bresslau, S. 42

Auch der Atheismus, wäre er nicht auch eine Religion? Die schönste und die schwierigste – die, die auf die Religion Christi folgen wird. Hat er nicht im Augenblick seines Todes gesagt «Mein Gott, mein Gott, warum hast Du mich verlassen»? Er ist also als Atheist gestorben?
Wer hat den Mut, diesen Gedanken zu Ende zu denken?
Die Jahre vor Lambarene, Brief an Helene Bresslau, S. 64

15

Der Geist, der zu mir spricht, ist eine Realität, die einzige übernatürliche Realität, die für mich wirklich existiert – der Rest ist nur ein Symbol.
Die Jahre vor Lambarene, Brief an Helene Bresslau, S. 44

16

Im Grunde bin ich Philosoph – aber ich habe mich von ihm [Jesus], dem größten, dem göttlichsten aller Philosophen, bei dem das sublime Denken zum Naiven zurückgekehrt ist, gefangennehmen lassen. Wegen dieses Gehorsams wird er mir meine Ketzerei verzeihen.
Die Jahre vor Lambarene, Brief an Helene Bresslau, S. 70

17

Ich habe nicht mehr den Ehrgeiz, ein großer Gelehrter zu werden, sondern mehr – einfach ein Mensch. – Wir alle sind nicht Menschen, sondern Wesen, die in einer von der Vergangenheit überkommenen Zivilisation geistig gefangengehalten und eingeengt sind.
Die Jahre vor Lambarene, Brief an Helene Bresslau, S. 83

18

Als ob das mein Ziel wäre, die Karriere eines Professors! – Nein, ich will leben, mein Leben leben.
Die Jahre vor Lambarene, Brief an Helene Bresslau, S. 51

19

Ich muss den Schein der Weihnachtslichter hinaustragen in die

20

Sechster Teil: Autobiographisches

Welt … einfach Mensch werden … um dem zu dienen, der Mensch war und mein Herr ist, trotzdem ich ihm innerlich frei gegenüberstehe in Ideen und Ansichten … aber mein Herr durch den großen reinen Willen, in dem mein Wille seinen Weg findet und schlicht wird. … Die Wogen des Stromes rauschten als ich es wagte, dir zum ersten Mal darzulegen, was dieses «einfach Mensch» werden für mich im Leben bedeuten sollte. Ich sehe noch den wundervollen Frühsommer, der uns umgab.

Die Jahre vor Lambarene, Brief an Helene Bresslau, S. 300

21 Weil ich dem Christentum in tiefer Liebe ergeben bin, suche ich ihm in Treue und Wahrhaftigkeit zu dienen.

Aus meinem Leben und Denken, S. 206

22 Heidnische Vorstellungen existieren bei mir neben den christlichen, und es gelingt mir nicht, sie auseinanderzuhalten. In uns allen ist etwas Heidnisches, etwas gewaltig Stolzes und Edles, das nicht mit dem Christentum und den Ideen Christi zusammenpasst, weil er es nicht kannte.

Die Jahre vor Lambarene, Brief an Helene Bresslau, S. 59

23 Auf die Frage, ob ich pessimistisch oder optimistisch sei, antworte ich, dass mein Erkennen pessimistisch und mein Wollen und Hoffen optimistisch ist. *Aus meinem Leben und Denken, S. 206*

24 Als unverlierbaren Kinderglauben habe ich mir den an die Wahrheit bewahrt. *Aus meinem Leben und Denken, S. 207*

25 Als Wirkende und als Leidende haben wir ja die Kräfte von Menschen zu bewähren, die zum Frieden hindurchgedrungen sind, der höher ist als alle Vernunft *Aus meinem Leben und Denken, S. 208*

26 Ich lebe, ich kümmere mich nicht um die Existenz, das ist der Anfang der Weisheit, nämlich einen Wert für diese Existenz zu suchen, den die anderen überhaupt nicht kennen und auch nicht zulassen. *Die Jahre vor Lambarene, Brief an Helene Bresslau, S. 83*

49. Der eigene Weg

Weißt Du, manchmal macht mir die «Universalität» meines Geistes Angst. Ich trage sie wie eine Last und sage mir: Wie glücklich müssen die Leute sein, die nur einen Beruf und ein Fach beherrschen, aber dann, wenn ich wieder die Kraft habe, meinen Kopf fest auf meinen Schultern (zwischen meinen Schultern) zu tragen, bin ich stolz darauf, vielseitiger zu sein als die anderen, und traue mir die Kraft zu, in allem den Ansprüchen gewachsen zu sein.
Die Jahre vor Lambarene, Brief an Helene Bresslau, S. 148

27

Wenn der Geist eine Realität ist, wenn unser Leben sich in dem Geist vollzieht, dann wird er uns tragen. Ich glaube, wenn der Geist nicht wäre, wäre ich schon längst in der Erschöpfung zugrunde gegangen.
Die Jahre vor Lambarene, Brief an Helene Bresslau, S. 159

28

In dem Schmerz, [in der] Trauer um so viel Geistiges, das ungeweckt und unvollständig bleibt, finde ich den Mut, die große Melodie von der wahren, vollständigen Geistigkeit, so gut ich sie zu erlauschen vermochte und wiedergeben kann, in Menschenseelen hineinzusingen. Es ist die Melodie vom Menschen und der Welt. Um sie zu verstehen, Bruder, sei mit dir selber und der Welt allein.
Kulturphilosophie III, 1. und 2. Teil, S. 43

29

Mit sich selbst allein sein! Von dem Volke, der Konfession und überhaupt von jeder Zugehörigkeit zu einer Genossenschaft abzusehen und sich darauf zu besinnen, dass er vor allem er selber ist und sich selbst angehört, fällt dem heutigen Menschen nicht leicht.
Kulturphilosophie III, 1. und 2. Teil, S. 43

30

Aber ich bin stolz auf meine Hartnäckigkeit: Je mehr Schwierigkeiten es gibt, desto entschlossener bin ich. Ich sehe klarer denn je, dass dies mein Weg ist.
Die Jahre vor Lambarene, Brief an Helene Bresslau, S. 74

31

... aber gelernt habe ich dabei, dass das Bitten mit Takt und Zurückhaltung von den Menschen besser verstanden wird als das

32

Sechster Teil: Autobiographisches

forsch auftretende, und dass zum rechten Betteln auch das freundliche Ertragen des Zurückgewiesenwerdens gehört.

Aus meinem Leben und Denken, S. 80

33 Nur derjenige, der jeder Tätigkeit einen Wert abgewinnen kann und der sich jeder mit vollem Pflichtbewusstsein hingibt, hat das innerliche Recht dazu, sich ein außerordentliches Tun statt des ihm natürlich zufallenden zum Ziel zu setzen.

Aus meinem Leben und Denken, S. 83 f.

34 Was ich will, das kann kein Hirngespinst sein. Dafür bin ich zu realistisch. Aber ich will mich aus diesem bürgerlichen Leben befreien, das alles in mir töten würde, ich will leben, als Jünger Jesu etwas tun. Das ist das Einzige, woran ich glaube.

Die Jahre vor Lambarene, Brief an Helene Bresslau, S. 82

35 Viel eher glaube ich, durch elementares Denken über das Sein zu mir selber gekommen zu sein.

*Theologischer und philosophischer Briefwechsel,
Brief an Oskar Kraus, S. 438*

36 Nur so viel weiß ich, dass für mein Christwerden und Christsein Sokrates, Plato, Kant und Hegel und die, die mich in ihre Welt als ernste Menschen einführten, auch etwas, viel sind, und ich weiß nicht, ob ich ohne jene von unten nachwachsende Religiosität heute christlicher Prediger wäre und ob ich ohne jenes elementare religiöse Denken die Gedanken Jesu lebendig erkannt und mir wahrhaftig und doch frei hätte aneignen können.

Vorträge, Vorlesungen, Aufsätze, S. 259

37 Ich habe eine Vorstellung von der Unsterblichkeit: Das, was an uns unvergänglich, immateriell ist, das sind unsere Gedanken. Wir leben, wenn unsere Gedanken in anderen wiedergeboren werden. Deshalb leben Sokrates und Christus. Das ist die lebendige Unsterblichkeit! Wozu noch eine andere?

Die Jahre vor Lambarene, Brief an Helene Bresslau, S. 70

49. Der eigene Weg

Nicht eine Professur, ein bequemes Leben – sondern etwas anderes. Ich habe ihn gefunden, ich glaube ihn zu besitzen, diesen Wert: Jesus dienen.
Die Jahre vor Lambarene, Brief an Helene Bresslau, S. 83

38

Das Verhältnis zur Persönlichkeit Jesu erfassen Sie [Oskar Kraus], meines Erachtens, so wie es ist. Trotz der Verschiedenheit der äußeren Form der Weltanschauung fühle ich mich in Jesu Weltanschauung drin stehend durch das, was ich die Schlichtheit, die Endlosigkeit und das Heroische der Ethik nennen möchte.
*Theologischer und philosophischer Briefwechsel,
Brief an Oskar Kraus, S. 438*

39

Vor einigen Wochen sagte mir der Pfarrer Knittel: Ich bleibe noch ein Jahr. Man wird Sie einstimmig zu meinem Nachfolger ernennen, und dann werden Sie in ein paar Jahren Kanonikus des Thomaskapitels sein – Er hat es so gut gemeint. O ja, das wäre genau das Richtige, um mich zugrunde zu richten! Sehen Sie mich als Kanonikus von St. Thomas, Mitglied der Stiftskommission … Ich ersticke.
Die Jahre vor Lambarene, Brief an Helene Bresslau, S. 93

40

Dank sei Dir, Bestimmung. Die anderen werden dich Gott, Vorsehung, Zufall nennen – Ich nenne dich «Bestimmung», das ist dein schönster Name: Du enthüllst uns, was du uns vorbestimmt hast. Das ganze Leben ist nur «vorbestimmt».
Die Jahre vor Lambarene, Brief an Helene Bresslau, S. 94

41

Das große Geheimnis ist, als unverbrauchter Mensch durchs Leben zu gehen. Solches vermag, wer nicht mit den Menschen und Tatsachen rechnet, sondern in allen Erlebnissen auf sich selbst zurückgeworfen wird und den letzten Grund der Dinge in sich sucht. *Aus meiner Kindheit und Jugendzeit, S. 82*

42

Ich bin ganz beschämt, wenn ich sehe, welche großartige Vorstel-

43

lung sich die Leute von mir machen. Und dann sage ich mir, ich will versuchen, diesem Bild ähnlich zu werden.
Die Jahre vor Lambarene,
Brief an Helene Bresslau, S. 188

44 In der Theologie bin ich bestrebt gewesen, auf das Wesen des Evangelischen, der ursprünglichen (lieben), von der Idee des Reiches Gottes beherrschten und von Jesus verlangten Frömmigkeit zurückzugehen und diese den Menschen wieder zugänglich zu machen, weil sie das Große Einfache ist, das uns Licht auf unserem Erdenwege ist. *Existenzphilosophie und Christentum,*
Brief an Fritz Buri, S. 153

45 In der wissenschaftlichen Theologie bin ich heute eine Erscheinung aus vergangener Zeit, bei der man das unangenehme Gefühl hat, dass man nicht ganz mit ihr fertig geworden ist.
Theologischer und philosophischer Briefwechsel,
Brief an Theodor Heuss, S. 322

46 Die christliche Theologie hat es schwer gefunden, meine Gedanken gelten zu lassen – obwohl es den Christen nicht schwer fiel.
Norman Cousins, Albert Schweitzer und sein Lambarene, S. 66

47 Ich habe keine Probleme für die Christenheit schaffen wollen. Ich habe sehr darunter gelitten, dass einige meiner Ideen zu solchen Problemen geworden sind. *Norman Cousins, Albert Schweitzer*
und sein Lambarene, S. 120

48 … und war bewegt, als er [der Sohn des Straßburger Anatomieprofessors Recklinghausen] mir sagte, wieviel Gutes er durch meine Predigten empfangen habe. Aber dann erschrecke ich, wenn die Leute mich idealisieren …

In Badenweiler hat man mich ganz allgemein sehr beweihräuchert. *Die Jahre vor Lambarene,*
Brief an Helene Bresslau, S. 191

49. Der eigene Weg

Es ist etwas Merkwürdiges, sich analysiert zu sehen. Der dominierende Eindruck für mich ist der, dass ich beschämt bin ob des Interesses, das liebe und kluge Menschen an mir nehmen. Ihr macht alle viel zu viel aus mir. Aber dafür kann ich nichts. An Warnungen habe ich es nicht fehlen lassen.
*Theologischer und philosophischer Briefwechsel,
Brief an Oskar Kraus, S. 437*

In einer Arbeit von Ihnen [Rudolf Grabs] lese ich beim Titel den Zusatz «Vorbild einer ganzen Welt». 420 Seiten. Das ist etwas, das Sie nicht einmal denken, geschweige denn einem Titel beifügen dürfen! Da bin ich sehr empfindlich.
*Theologischer und philosophischer Briefwechsel,
Brief an Rudolf Grabs, S. 240f.*

Sie [Rudolf Grabs] sagen, was gesagt werden muss, ohne ins Polemisieren zu verfallen. Das ist ganz in meinem Sinne. Einfach die Wahrheit hinstellen, ohne die Widerlegung zu betreiben. Ich halte mich an das Wort «Irrtümer muss man nicht widerlegen». Sie werden wie Wolken durch die Sonne der Wahrheit aufgezehrt. Das ist, was diese engherzige Neoorthodoxie am meisten fürchtet.
*Theologischer und philosophischer Briefwechsel,
Brief an Rudolf Grabs, S. 240f.*

Ich habe, was ich für Wahrheit habe, einfach hingestellt. Was davon unhaltbar ist, wird dahinwelken, was wahr ist, dem wird auf die Dauer keine Kritik etwas anhaben können.
*Theologischer und philosophischer Briefwechsel,
Brief an Rudolf Grabs, S. 257*

Dass du [Rudolf Grabs] dich auch kritisch äußerst, ist dein Recht und deine Pflicht. *Theologischer und philosophischer Briefwechsel,
Brief an Rudolf Grabs, S. 256*

Und jetzt gehe ich ruhig, nachdenklich und lächelnd ... hinaus ins Leben, wie es mir bestimmt ist. Ich fühle und weiß, dass ich hier

Sechster Teil: Autobiographisches

(im Stift) nicht der geworden wäre, der ich werden muss, ein Mensch, der sich ins Leben stürzt und dort alles gibt, was er in sich hat, welches auch sein Los sei.

*Theologischer und philosophischer Briefwechsel,
Brief an Rudolf Grabs, S. 240 f.*

55 Jetzt fühle und verstehe ich, was das bedeutet: «Ist jemand in Christo, so ist er eine neue Kreatur.» Wie doch die Werte sich wandeln. *Die Jahre vor Lambarene, Brief an Helene Bresslau, S. 130*

56 Neben meiner «Pflicht» ist unsere Freundschaft das einzige wahre Glück meines Lebens: das, wofür das Leben mit allem, was es bringt zum Tragen, wert ist, gelebt zu werden, lächelnd und heiter gelebt zu werden, wie die ernsten Menschen heiter sein können.

Die Jahre vor Lambarene, Brief an Helene Bresslau, S. 200

57 Langsam stieg in mir die Sehnsucht auf, schon in den Studentenjahren, einmal für das Evangelium nur mehr schweigend handeln zu dürfen, nicht mehr darüber zu reden und zu schreiben.

*Theologischer und philosophischer Briefwechsel,
Brief an Adolf Deissmann, S. 206*

58 Statt des Versuchs, meine Ideen [als Hochschullehrer] durchzusetzen, was heiße und schmerzliche Diskussionen kosten würde, beschloss ich, mein Leben zu einer Probe aufs Exempel zu machen. Ich wollte die Dinge, die ich glaubte, durch das Leben vertreten, das ich lebte, und durch die Dinge, die ich tat. Statt meines Glaubens an Gottes Dasein in jedem von uns Worte zu leihen, wollte ich versuchen, mein Leben und Werk für sich sprechen zu lassen, was ich glaubte.

Norman Cousins, Albert Schweitzer und sein Lambarene, S. 117

59 Und wenn dann ein armer Neger nach dem andern bei mir eintritt und ich dieses Elend sehe, so weiß ich, dass ich Recht tat. Ein Einzelner kann hier viel helfen. Wenn ich an den Blick denke, der mir aus manchen Augen entgegenschien, dann meine ich das Wort,

49. Der eigene Weg

dass wir für alles, was wir um Jesus aufgeben, das Hundertfache wiederempfangen, erst recht zu verstehen.
Theologischer und philosophischer Briefwechsel,
Brief an Adolf Deissmann, S. 207

Alle Mission ist nur ein großes Sühnewerk für das, was die Christenheit an den Negern begeht. 60
Theologischer und philosophischer Briefwechsel,
Brief an Adolf Deissmann, S. 207

Wenn ich ganz verzweifelt war, da dachte ich daran, dass auch 61
Goethe für seinen Faust als Letztes erdacht hatte, dass er dem Meere Land abgewönne, wo Menschen darauf wohnen und Nahrung finden könnten. Und so stand Goethe im dumpfen Urwald als lächelnder Tröster, als großer Verstehender neben mir.
Goethe, Vier Reden, S. 14 f.

Mein eigenes Schicksal hat es mit sich gebracht, dass ich in einer 62
bis auf den Nerv meiner Existenz gehenden Lebhaftigkeit die Schicksale unserer Zeit und die Sorge um unsere Menschheit erlebe.

Das Sorgen und das Arbeiten für die Zeit hat uns Goethe vorgelebt.
Goethe, Vier Reden, S. 16

Nur den Mut nicht verlieren. Gesammelt schaffen – das war für 63
mich immer der Trost. Dann wird Bleibendes geleistet. Und die Tagesgestirne werden langsam verblassen!
Theologischer und philosophischer Briefwechsel,
Brief an Martin Werner, S. 771

Dieses Verzichten auf jegliches Für-sich-sein ist das Schwerste für 64
mich. *Theologischer und philosophischer Briefwechsel,*
Brief an Georg Wehrung, S. 734

Sechster Teil: Autobiographisches

65   Die Ferien gehören zum Professor wie zum Hund die Flöhe. Ach, seitdem ich aus der Professoren-Kutte sprang, habe ich keine Ferien mehr. *Theologischer und philosophischer Briefwechsel, Brief an Martin Werner, S. 798*

66   Niemals verantworte ich mich vor der Menge. Ich habe es nicht getan, als mich die Menge im Elsass und in Frankreich verurteilte, weil ich, auch auf der Kanzel zu St. Nicolai, kein Wort fand, um der Freude, dass das Elsass wieder französisch geworden, Ausdruck zu geben, und mir die Ausweisung aus dem Elsass drohte. Ich tue es nicht, wenn man in Deutschland, weil ich mich für den Frieden und gegen die Atomwaffen ausspreche, gegen mich agiert. Das Beste ist immer, solche Sachen im Sande verlaufen zu lassen.
Theologischer und philosophischer Briefwechsel, Brief an Theodor Heuss, S. 379

67   Dass du [Theodor Heuss] mir den Orden Pour le Mérite überreichtest, hat mich tief bewegt. Es bedeutete sehr viel für mich, als Bezeugung der geistigen Verbundenheit zwischen Deutschland und mir. *Theologischer und philosophischer Briefwechsel, Brief an Theodor Heuss, S. 328*

68   Die Stunde zwischen dem Mittagessen und der Wiederaufnahme der Arbeit im Spital ist der Musik gewidmet, der auch die Sonntagnachmittage gehören. Auch hier merke ich den Segen des weltfernen Arbeitens. Viele Bachsche Orgelstücke lerne ich einfacher und innerlicher auffassen als früher.

Zwischen Wasser und Urwald, S. 129

69   Ja, ich habe alles gekannt: ... die Freuden der Wissenschaft, die Freuden der Kunst, ich kenne das erhebende Gefühl des Erfolges, und mit wahrem Stolz habe ich meine Antrittsvorlesung gehalten. Aber das alles hat meinen Durst nicht gestillt; ich fühle, dass das nicht alles ist, dass es nichts ist. Ich bin immer einfacher, immer mehr Kind geworden, und ich habe immer deutlicher erkannt, dass

die einzige Wahrheit und das einzige Glück darin besteht, unserem Herrn Jesus Christus dort zu dienen, wo er uns braucht.
Brief an Pfarrer Alfred Boegner vom 9. 7. 1905. In:
Hans Walter Bähr, Albert Schweitzer, S. 12 f.

50. Lambarene

Ich gehe dorthin [nach Lambarene], um bei Jesus zu sein; er verfahre mit mir, wie er will. Ich werde ihn finden, das weiß ich. Und beten können: Dein Reich komme! Ich will verstehen, was das Wort bedeutet, das er gesagt hat: «Wer sein Leben verliert um meinetwillen und des Evangeliums willen, der wird es behalten.» – Wenn er mich nur als würdig erkennt, ihm zu dienen.
Die Jahre vor Lambarene, Brief an Helene Bresslau, S. 100

1

Wenn ich es als meine Lebensaufgabe betrachte, die Sache der Kranken unter fernen Sternen zu verfechten, berufe ich mich auf die Barmherzigkeit, die Jesus und die Religion befehlen. Zugleich aber wende ich mich an das elementare Denken und Vorstellen. Nicht als ein «gutes Werk», sondern als unabweisliche Pflicht soll uns das, was unter den Farbigen zu tun ist, erscheinen.
Zwischen Wasser und Urwald, S. 14

2

Ich bin nach Lambarene gekommen, um mein Leben zu meinem Argument zu machen. Ich wollte nicht, dass meine Ideen Selbstzweck würden. Die Ideen ergriffen mich und wandelten mein Leben. Diesen Ideen Widerstand zu leisten, wäre unmöglich gewesen.
Norman Cousins, Albert Schweitzer und sein Lambarene, S. 121

3

Verstehen Sie jetzt, dass es [nach Afrika zu gehen] eher ein Werk der Menschlichkeit als ein religiöses ist, dass in diesen großen Urwäldern Menschen gebraucht werden, um die armen Neger vor

4

Sechster Teil: Autobiographisches

den weißen Raubtieren zu schützen? Was kümmert mich da das Fieber! Das werde ich überwinden. *Die Jahre vor Lambarene, Brief an Helene Bresslau, S. 110*

5   Mein Werk [in Lambarene] lebte also – wie der naturwissenschaftliche Ausdruck lautet – in Symbiose mit der Pariser evangelischen Missionsgesellschaft. An sich aber war es überkonfessionell und international. Es war meine Überzeugung und ist es noch heute, dass die humanitären Aufgaben in der Welt dem Menschen als solchem, nicht als dem Angehörigen einer bestimmten Nation oder Konfession, nähergebracht werden müssen.
Zwischen Wasser und Urwald, S. 10

6   Und es war mir gewisser als je, dass dieses Land helfende Menschen braucht, die sich nicht entmutigen lassen.
Zwischen Wasser und Urwald, S. 29

7   Mein Name bei den Eingeborenen in der Galoasprache ist «Oganga», das heißt Fetischmann. Sie haben keine andere Bezeichnung für Arzt, weil die schwarzen Heilkünstler alle zugleich Fetischmänner sind. *Zwischen Wasser und Urwald, S. 37*

8   Dass die Krankheiten ihre natürliche Ursache haben, setzen meine Patienten nicht voraus. Sie führen sie auf böse Geister, auf Zauberei der Menschen und auf den «Wurm» zurück. Der Wurm ist für sie die Verkörperung des Schmerzes.
Zwischen Wasser und Urwald, S. 37

9   Ehe ich als Arzt nach Afrika ging, hörte ich oft Reden wie diese: «Die Eingeborenen, als echte Naturkinder, sind viel gesünder als wir und sie empfinden den Schmerz sicherlich auch nicht so wie wir.» Das Gegenteil ist wahr. Krankheiten und Leiden aller Art sind unter ihnen viel verbreiteter als unter uns. Wer nicht unter ihnen gelebt hat, macht sich von dem Elend keine Vorstellung.
Vorträge, Vorlesungen, Aufsätze, S. 347

50. Lambarene

Draußen herrschen die meisten Krankheiten, die wir in Europa haben, und manche, die hässlichen, die wir dorthin getragen haben, schaffen dort womöglich noch mehr Elend als bei uns. Den Schmerz aber fühlt das Naturkind wie wir, denn Mensch sein heißt, der Gewalt des furchtbaren Herrn, dessen Name Weh ist, unterworfen zu sein. *Zwischen Wasser und Urwald, S. 146 f.*

Das körperliche Elend ist draußen überall groß. Haben wir ein Recht, die Augen davor zu schließen und es zu ignorieren, weil die europäischen Zeitungen nicht davon sprechen? Wir sind verwöhnt. Wenn bei uns jemand krank ist, ist der Arzt zur Hand.
Zwischen Wasser und Urwald, S. 147

Zu sehen bekomme ich hauptsächlich: Hautgeschwüre verschiedener Art, Malaria, Schlafkrankheit, Lepra, Elephantiasis, Herzkrankheiten, Knocheneiterungen und tropische Dysenterie.
Zwischen Wasser und Urwald, S. 38

Meine Krätzsalbe (aus Schwefelpulver, rohem Palmöl, Ölresten aus Sardinenbüchsen und Schmierseife bereitet) hat mich in wenigen Wochen weithin berühmt gemacht.
Zwischen Wasser und Urwald, S. 38

Die Eingeborenen haben sehr viel Vertrauen in die Medizin der Weißen. Dies rührt zum großen Teil daher, dass unsere Missionare am Ogowe sie seit einem Menschenalter mit Aufopferung und zum Teil mit guten Kenntnissen behandelt haben.
Zwischen Wasser und Urwald, S. 38

In manchen Gegenden Äquatorialafrikas lassen sich die Neger nur schwer oder gar nicht dazu bewegen, sich operieren zu lassen. Wie es kommt, dass sie sich am Ogowe geradezu dazu drängen, weiß ich nicht. Es hängt wohl damit zusammen, dass vor einigen Jahren ein Militärarzt namens Jorryguibert, der sich einige Zeit beim Bezirkshauptmann in Lambarene aufhielt, eine Reihe von gelungenen Operationen machte. Ich ernte, was er gesät hat …

Sechster Teil: Autobiographisches

Bisher verliefen alle Operationen glücklich. Dies steigert das Zutrauen der Eingeborenen in einer für mich erschreckenden Weise. *Zwischen Wasser und Urwald, S. 62*

16 Am meisten imponiert ihnen die Narkose. Sie unterhalten sich viel darüber. Die Mädchen der Schule stehen mit einer europäischen Sonntagsschule in Korrespondenz. In einem der Briefe war zu lesen: «Seit der Doktor hier ist, erleben wir merkwürdige Sachen. Zuerst tötet er die Kranken, dann heilt er sie; nachher weckt er sie wieder auf.» *Zwischen Wasser und Urwald, S. 62*

17 Du [Elly Heuss-Knapp] ahnst ja nicht, was hier dazu gehört, dass ein Arzt den Betrieb des Spitals selbständig leitet. Dazu gehört, dass er sein Handwerk gründlich versteht, universell ist (Innere Medizin, Chirurgie, Urologie, Gynäkologie), dass er organisieren kann, dass er mit den Primitiven umzugehen weiß, natürliche Autorität besitzt. *Theologischer und philosophischer Briefwechsel, Brief an Elly Heuss-Knapp, S. 395*

18 Mein Spital kann mich nicht entbehren. Ich bin der Unfreieste der Unfreien und muss mich mit diesem Schicksal abfinden.
Theologischer und philosophischer Briefwechsel, Brief an Carl Jacob Burckhardt, S. 190

19 Ich gebe jetzt dem Betrieb den Geist, die Tradition und die Gestalt, dass es weitergehen kann, wenn ich einmal nicht mehr auf dieser Welt bin. *Theologischer und philosophischer Briefwechsel, Brief an Rudolf Grabs, S. 240*

20 Aber das Spital ist es wert, dass ich durch es zum Sklaven werde.
Theologischer und philosophischer Briefwechsel, Brief an Albert Einstein, S. 217

21 Aber was bedeuten alle diese vorübergehenden Widerwärtigkeiten im Vergleich zu der Freude, hier wirken und helfen zu dürfen!

50. Lambarene

Mögen die Mittel noch so beschränkt sein: was man damit ausrichten kann, ist viel. *Zwischen Wasser und Urwald, S. 39*

Überschaue ich die zweieinhalb Monate meines bisherigen Wirkens, so kann ich nur sagen, dass ein Arzt sehr, sehr notwendig ist, dass die Eingeborenen weithin im Umkreis seine Hilfe in Anspruch nehmen und dass er mit verhältnismäßig kleinen Mitteln unverhältnismäßig viel auszurichten vermag.
Zwischen Wasser und Urwald, S. 40

Der Eingeborene, der sich also von Ferne her aufmacht, um zu mir zu kommen, und die Mühe und die Kosten der Fahrt aufwendet, ist sicher, mich auch wirklich anzutreffen. Das ist der große Vorteil, den der freie Arzt dem von der Regierung angestellten gegenüber voraus hat. Der letztere wird von der Behörde öfters hierhin und dorthin beordert oder muss sich auf längere Zeit mit Militärkolonnen auf den Weg machen. «Und dass Sie nicht so viel Zeit mit Schreibereien, Berichten und Statistiken verlieren müssen, wie die anderen, das ist ein Vorteil, den Sie noch gar nicht ermessen», sagte mir letzthin ein Militärarzt, der mich bei der Durchreise begrüßte. *Zwischen Wasser und Urwald, S. 72*

Joseph [Schweitzers erster Heilgehilfe] bekommt siebzig Franken monatlich; als Koch in Kap Lopez hatte er hundertundzwanzig.
Zwischen Wasser und Urwald, S. 45

Mit Joseph bin ich immer zufrieden. Zwar kann er weder lesen noch schreiben. Trotzdem irrt er sich nicht, wenn er eine Arznei vom Schafte der Apotheke herunterlangen soll. Er erinnert sich des Wortbildes der Inschrift und liest diese, ohne die Buchstaben zu kennen. Sein Gedächtnis ist großartig, seine Begabung für Sprachen hervorragend. Er beherrscht acht Negerdialekte und spricht nicht übel Französisch und Englisch.
Zwischen Wasser und Urwald, S. 70

Was ist Fetischismus? Der Fetischismus ist aus dem Angstgefühle des primitiven Menschen geboren. Dieser will einen Zauber besitzen, der ihn gegen den bösen Geist der Natur, die bösen Geister der Gestorbenen und die böse Macht der Menschen beschützt. Diese schützende Macht legt er bestimmten Gegenständen bei, die er mit sich führt. Eigentliche Anbetung erweist er dem Fetisch nicht, sondern sieht in ihm eher ein Stück Besitz, das ihm mit seinen übernatürlichen Kräften dienstbar sein muss.

Zwischen Wasser und Urwald, S. 49

27 Zu der Angst vor dem Gift kommt also noch die vor der übernatürlichen bösen Macht, die ein Mensch gegen einen anderen ausüben kann. Die Eingeborenen glauben, dass es Mittel gibt, in den Besitz von Zauberkräften zu gelangen. Wer den richtigen Fetisch hat, vermag alles. Er hat Glück bei der Jagd, er wird reich und er kann dem, dem er schaden will, Unglück, Krankheit und Tod bringen. *Zwischen Wasser und Urwald, S. 49*

28 Der Europäer wird nie begreifen können, wie grausig das Leben der armen Menschen ist, die ihre Tage in Furcht vor Fetischen, die gegen sie benutzt werden können, hinbringen. Nur wer dieses Elend aus der Nähe angesehen hat, wird verstehen, dass es Menschenpflicht ist, den primitiven Völkern eine neue Weltanschauung zu bringen, um sie von dem quälenden Wahne zu befreien. In dieser Hinsicht würden auch die größten Skeptiker, einmal an Ort und Stelle, Freunde der Mission werden.

Zwischen Wasser und Urwald, S. 49

29 Wer nicht mit Eingeborenen zusammengelebt hat, wird das Elend, das in dem Geister- und Fetischglauben für ihn gegeben ist und in tausend Gestalten in sein Leben hineinragt, niemals begreifen können. *Vorträge, Vorlesungen, Aufsätze, S. 319*

30 Die Naturmenschen, auch die wenig entwickelten, sind im Allgemeinen viel intelligenter, als wir Europäer es annehmen.

Vorträge, Vorlesungen, Aufsätze, S. 319

50. Lambarene

In mancher Hinsicht ist ihr [der Eingeborenen] Denken lebhafter und ungebrochener als das des Durchschnittseuropäers, weil sie durch kein Zeitunglesen gedankenlos und unpersönlich geworden sind. Haben sie weniger Anerlerntes als wir, so besitzen sie in vielem Eigenes, das uns beschämen könnte. *Vorträge, Vorlesungen, Aufsätze, S. 320* 31

Für kosmische und historische Fragen freilich haben die Eingeborenen nur ein begrenztes Interesse. 32
Vorträge, Vorlesungen, Aufsätze, S. 320

Weil der Mohammedanismus seinen Traditionen nach nicht in Versuchung kommt, etwas an den gesellschaftlichen Zuständen der afrikanischen Völker zu ändern, ist er dem Christentum gegenüber also im Vorteil. *Vorträge, Vorlesungen, Aufsätze, S. 337* 33

Alle Angestellten, auch die besten, sind so unzuverlässig, dass sie auch nicht der geringsten Versuchung ausgesetzt werden dürfen. Dies will heißen, dass sie niemals allein im Hause sein sollen. Solange sie darin arbeiten, muss meine Frau dabei sein. Ferner muss alles, was ihre Unehrlichkeit reizen könnte, immer abgeschlossen sein. ... Auf meinem Bücherschaft verschwanden der Klavierauszug der Meistersinger von Wagner und das Exemplar der Matthäuspassion von Bach, in das ich die von mir sorgfältig ausgearbeitete Orgelbegleitung eingetragen hatte! Dieses Gefühl, niemals gegen den stupidesten Diebstahl gesichert zu sein, bringt einen manchmal zur Verzweiflung. *Zwischen Wasser und Urwald, S. 60 f.* 34

Denn Bauen mit den schwarzen Brüdern ist keine einfache Sache. Steht man nicht neben ihnen auf dem Bauplatz, geht die Sache nicht voran. *Theologischer und philosophischer Briefwechsel,* 35
Brief an Werner Hartke, S. 295

Es kommt vor, dass ich den ganzen Tag in der Sonne verbringe, und in welcher Sonne! Aber das macht mir nicht viel aus. 36
Theologischer und philosophischer Briefwechsel,
Brief an Herbert Spiegelberg, S. 671

Sechster Teil: Autobiographisches

37 Die geistige Frische habe ich trotz aller Müdigkeit und aller Anämie merkwürdigerweise fast ganz bewahrt. War der Tag nicht zu anstrengend, so vermag ich nach dem Abendessen zwei Stunden an meiner Arbeit über Ethik und Kultur in der Geschichte des Denkens der Menschheit zu schaffen.
Zwischen Wasser und Urwald, S. 129

38 In dieser Einsamkeit versuche ich, Gedanken, die mich seit 1900 bewegen, zu gestalten und am Wiederaufbau der Kultur mitzuhelfen. Urwaldeinsamkeit, wie kann ich dir jemals danken für das, was du mir warst!
Zwischen Wasser und Urwald, S. 129

39 So verwandte ich nun alle Abende darauf, mich in Goethes Werke zu versenken und sie auf mich wirken zu lassen. Diese Stunden mit Goethe waren die herrlichsten Feierstunden, die ich je in Afrika gehabt habe. ...
Ich habe versucht, als ein im Wirken stehender Mensch ihn in seinem Sein und Schaffen zu begreifen und bin erschüttert worden nicht nur durch den Reichtum seines Geistes, sondern auch durch die Tiefe, die Vornehmheit, die Innerlichkeit und nicht zuletzt die wunderbare Schlichtheit seines Wesens.
Vorträge, Vorlesungen, Aufsätze, S. 202

40 Hier lebt man wirklich in der ethischen Eschatologie. Das körperliche Elend ist so groß wie das sittliche. Und das letztere ist ungeheuer. Ich habe den Eindruck, dass die Weißen eine primitive, aber doch in ihrer Art moralische Cultur zerstört haben und nicht im Stande sind, etwas anderes an die Stelle zu setzen, sondern diese Menschheit dem Verderben weihen.
Theologischer und philosophischer Briefwechsel,
Brief an Adolf von Harnack, S. 274

41 Ach so allein mit der unendlichen Natur ist etwas Reinigendes.
Theologischer und philosophischer Briefwechsel,
Brief an Friedrich Curtius, S. 192

Dank

Albert Schweitzer hat uns gemahnt, den Dank nicht zu vergessen, und ich habe vielen zu danken, ohne die dieses Buch nicht hätte erscheinen können.

Zunächst sei dem 2001 verstorbenen Richard Brüllmann gedankt. Seine umfassende Zitaten-Sammlung aus dem von ihm und Erich Gräßer 2001 herausgegebenen Nachlassband «Predigten 1898–1948» erleichterte die Arbeit ganz wesentlich. Richard Frey hat bis wenige Wochen vor seinem Tod mit Hingabe ein umfangreiches Buch von Albert Schweitzer im Hinblick auf Zitate gelesen und mich in seinem letzten Brief gebeten, Jeannette Winkler zu danken, die für ihn die Schreibarbeit übernommen hat, was ich mit Freuden tue. Claus Günzler hat mich mit seiner konstruktiven Kritik des ersten Entwurfs dazu veranlasst, vieles anders zu gestalten. Herzlichen Dank!

Vielen Kolleginnen und Kollegen aus verschiedenen Albert-Schweitzer-Vereinigungen bin ich verpflichtet, denn sie haben einen großen Teil von Schweitzers Werken gelesen und treffende Zitate und Kernsätze herausgesucht: in England Percy Mark, in der Schweiz Hans-Peter Müller, Walter Schriber und Christoph Wyss, in Deutschland Wolf Kalipp, Julia Klein, Ernst Luther, Daniel Neuhoff, Werner Pauli, Konstanze Schiedeck, Gottfried Schüz, Klaus Widerström, Eberhart Wissel und Roland Wolf.

Friedgard Seiter hat mich sehr entlastet, indem sie mit großem Engagement umfangreiche Schreibarbeiten übernommen hat, und Dirk Herr war mir eine große Hilfe beim Ordnen der Zitate. Die Mitarbeiterinnen im Deutschen Albert-Schweitzer-Zentrum in Frankfurt am Main waren immer zur Hilfe bereit. Dafür danke ich allen ganz herzlich. Auch meinem Freund und Nachbarn Niels

Dank

Müller bin ich sehr verpflichtet, weil er mir zu jeder Tages- und Nachtzeit bei Computerproblemen geholfen hat.

Ganz besonders danken möchte ich meiner Frau Renate. Sie hatte nicht nur volles Verständnis für diese Arbeit, sondern hat auch selbst intensiv mitgearbeitet und meine Arbeit kritisch begleitet. Meine Tochter Ute übernahm, trotz erheblicher eigener Belastungen, viele Stunden der Schreibarbeit.

Catherine Eckert, Enkelin von Albert Schweitzer, hat diesem Projekt sofort zugestimmt. Ohne ihre Einwilligung wäre das Buch nicht zustande gekommen. Auch ihr sei ganz herzlich gedankt.

Schließlich danke ich dem Verlag C. H. Beck und seinem Verleger Wolfgang Beck, der sich bereit erklärt hat, den verschiedenen Ausgaben von Schweitzers Werken ein weiteres Buch hinzuzufügen. Für die Begleitung des Projekts bin ich meinem Lektor Ulrich Nolte für seine verständnisvolle Unterstützung und konstruktiven Anmerkungen von Herzen dankbar und nicht zuletzt auch seiner Mitarbeiterin Gisela Muhn-Sorge, die das Manuskript mit großer Sorgfalt kritisch gelesen hat.

Creußen, im Oktober 2012 *Einhard Weber*

Zeittafel zum Leben Albert Schweitzers

1875	14. Januar: Geburt in Kaysersberg/Elsass als zweites von fünf Kindern des Pfarrers Ludwig Schweitzer und seiner Frau Adele, geb. Schillinger. Nach einem halben Jahr Umzug nach Günsbach, wo sein Vater bis 1925 Pfarrer ist.
1880–1884	Grundschule in Günsbach. Frühe Zeichen der musikalischen Begabung an Harmonium und Orgel.
1884–1885	Realschule in Münster.
1885–1893	Gymnasium in Mülhausen. Klavier- und Orgelunterricht bei Eugen Münch. Abitur am 18. Juni 1893.
1893	Ab Oktober Studium der Theologie und Philosophie an der Universität Straßburg. Orgelunterricht bei Charles Marie Widor in Paris.
1896	Pfingsten: Entschluss zu einem «unmittelbaren menschlichen Dienen» nach dem dreißigsten Lebensjahr.
1898	Erstes theologisches Examen.
1898–1899	Studium in Berlin.
1899	2. August: Promotion zum Dr. phil. in Straßburg.
1900	15. Juli: Zweite theologische Prüfung und Lizentiat (Dr. theol.) Ab dem 14. November Vikar an St. Nicolai in Straßburg.
1901	Publikation der Dissertation *Kritische Darstellung unterschiedlicher neuerer historischer Abendmahlsauffassungen*.
1902	Habilitation für Neues Testament an der Universität Straßburg mit der Schrift *Das Messianitäts- und Leidensgeheimnis*.
1903	1. Oktober bis Oktober 1906: Direktor des Seminars St. Thomas in Straßburg.
1905	*J. S. Bach, le musicien-poète (französisch)*.
1905	Oktober: Mitteilung an Verwandte und Freunde, dass er sich entschlossen hat, Arzt in Äquatorialafrika zu werden, und daher Medizin studieren wird. Beginn des Medizinstudiums.

Zeittafel zum Leben Albert Schweitzers

1911   Oktober: Medizinisches Staatsexamen, anschließend ärztliches Praktikum.
1906   *Von Reimarus zu Wrede. Eine Geschichte der Leben-Jesu-Forschung.*
1908   *Johann Sebastian Bach.*
1912   Ärztliche Approbation und Aufgabe des Predigtamtes.
18. Juni: Heirat mit Helene Bresslau (geb. 25. Januar 1879 in Berlin).
14. Dezember: Professorentitel wegen der «anerkennenswerten wissenschaftlichen Leistungen».
1913   *Geschichte der Leben-Jesu-Forschung* (zweite erweiterte Fassung). Promotion zum Dr. med. mit der Dissertation *Die psychiatrische Beurteilung Jesu*. Ausscheiden aus dem Lehrkörper der Universität Straßburg durch schriftlichen Verzicht auf die Venia Legendi.
21. März: Abreise nach Afrika mit seiner Frau Helene.
16. April: Ankunft in Lambarene.
1914   5. August bis Ende November: Wegen des Ersten Weltkriegs wird das Ehepaar Schweitzer in Lambarene als deutsche Staatsbürger von Soldaten bewacht. Danach kann Schweitzer seine Tätigkeit als Arzt wieder aufnehmen. Daneben arbeitet er an seiner Kulturphilosophie.
1915   Reise auf dem Ogowe, der Schweitzer später die Eingebung des Begriffs «Ehrfurcht vor dem Leben» zuschreibt.
1917–1918   Wegen deutscher Staatsbürgerschaft Rücktransport nach Europa und Internierung in Bordeaux, Garaison und St. Rémy.
8. August 1918: Rückkehr ins Elsass.
Assistent im Bürgerspital und Vikar in St. Nicolai.
1919   14. Januar: Geburt der Tochter Rhena.
1920   Januar: Französische Staatsbürgerschaft kraft Versailler Vertrag. Schwedenreise auf Einladung des Erzbischofs Nathan Söderblom.
Ostern: Vorträge zur eigenen Kulturphilosophie in Uppsala.
Dr. h. c. der Universität Zürich und kurze Zeit später Angebot einer Professur.
1921–1922   Konzert- und Vortragsreisen nach Spanien, in die Schweiz, nach Schweden, England und Dänemark. Schriftliche Ausarbeitung der Uppsala-Vorträge zur Kulturphilosophie.

Zeittafel zum Leben Albert Schweitzers

1923	*Verfall und Wiederaufbau der Kultur* (Kulturphilosophie I) und *Kultur und Ethik* (Kulturphilosophie II). Helene Schweitzer zieht mit der Tochter Rhena nach Königsfeld.
1924	*Das Christentum und die Weltreligionen.* 21. Februar: Abfahrt nach Lambarene zusammen mit Noël Gillespie.
1924–1927	Zweiter Aufenthalt in Afrika, diesmal ohne Helene. Rekonstruktion des ersten und ab 1925 Bau des dritten Spitals drei Kilometer flussaufwärts vom alten Platz.
1927–1929	Konzerte und Vorträge in Schweden, Dänemark, Holland, England, der Schweiz, Deutschland und der Tschechoslowakei. 28. August 1928: Goethepreis der Stadt Frankfurt am Main. Bau seines Hauses in Günsbach (heute Archiv und Museum).
1930–1931	Dritter Aufenthalt in Afrika, bis Ostern 1930 mit Helene.
1930	*Die Mystik des Apostels Paulus.*
1931	*Aus meinem Leben und Denken.* April 1931 bis Mai 1945: Arbeit an der Kulturphilosophie III
1932	22. März: Gedenkrede zu Goethes hundertstem Todestag in Frankfurt am Main.
1933–1934	Vierter Aufenthalt in Afrika.
1934	Hibbert-Lectures an der Universität Oxford (Oktober) und Gifford-Lectures an der Universität Edinburgh (November). In Oxford Begegnung mit Ernst Cassirer und Frau (18. Oktober 1934).
1935	Fünfter Aufenthalt in Afrika. *Die Weltanschauung der indischen Denker.*
1937–1939	Sechster Aufenthalt in Afrika.
1938	*Afrikanische Geschichten.*
1939	Februar: Nach nur zwölftägigem Aufenthalt in Europa Rückkehr nach Lambarene wegen der Kriegsgefahr.
1939–1948	Siebenter Aufenthalt in Afrika. Helene Schweitzer ist 1941–1946 an seiner Seite in Lambarene.
1949	8. Juli: Festrede zum 200. Geburtstag Goethes in Aspen/Colorado (USA). Mit dem Geld für die Goetherede beginnt Schweitzer den Bau eines «Lepradorfes».
1949–1950	Achter Aufenthalt in Afrika, bis Juni 1950 zusammen mit seiner Frau Helene.

Zeittafel zum Leben Albert Schweitzers

1951	16. September: Friedenspreis des deutschen Buchhandels in der Paulskirche Frankfurt am Main. Abschluss des Manuskripts *Reich Gottes und Christentum*, 1967 aus dem Nachlass ediert von Ulrich Neuenschwander. Mitglied der Académie Française.
1951–1952	Neunter Aufenthalt in Afrika. August bis Dezember 1952: Aufenthalt in Europa.
1952–1954	Zehnter Aufenthalt in Afrika.
1954	4. November: Entgegennahme des Friedensnobelpreises für 1952, rückwirkend verliehen 1953.
1954–1955	Elfter Aufenthalt in Afrika, zusammen mit Ehefrau Helene.
1955	Eröffnung des «Lepradorfes» sowie Besuche in England, Frankreich, Deutschland und der Schweiz.
1956–1957	Zwölfter Aufenthalt in Afrika zusammen mit Helene Schweitzer.
1957–1959	Dreizehnter Aufenthalt in Afrika.
1957	23. April: Aufruf über Radio Oslo über «Das Problem der Atombombe». 1. Juni: Tod von Helene Schweitzer in Zürich. (Urnenbeisetzung in Lambarene am 25. Januar 1958). August bis Dezember: Aufenthalt in Europa.
1958	April: Drei Appelle gegen die Atomwaffengefahr über Radio Oslo, gedruckt unter dem Titel *Friede oder Atomkrieg*.
1959	Letzte Reise nach Europa, Ehrenbürgerschaft der Stadt Frankfurt am Main.
1959–1965	Vierzehnter Aufenthalt in Afrika. 4. September 1965: Tod Albert Schweitzers in Lambarene, wo er neben seiner Frau beigesetzt wird.

Zitierte Werke von Albert Schweitzer

Bei Monographien, die zu Lebzeiten Schweitzers publiziert wurden, wird in Klammern hinter dem Werk das Jahr der ersten Veröffentlichung angegeben.

Afrikanische Geschichten (1937), Verlag Paul Haupt, Bern/Stuttgart 1985.
Albert Schweitzer – Helene Bresslau, Die Jahre vor Lambarene. Briefe 1902–1912. Herausgegeben von Rhena Schweitzer-Miller und Gustav Woytt, Verlag C. H. Beck, München 1992.
Albert Schweitzer – Fritz Buri, Existenzphilosophie und Christentum, Briefe 1935–1964. Eingeleitet, kommentiert und herausgegeben von Andreas Urs Sommer, Verlag C. H. Beck, München 2000.
Aufsätze zur Musik. Herausgegeben von Stefan Hanheide, Bärenreiter-Verlag, Kassel/Basel 1988.
Aus meiner Kindheit und Jugendzeit (1924), Verlag C. H. Beck, München 2006.
Aus meinem Leben und Denken (1931), Fischer Verlag, Frankfurt a. M. 2008.
Das Christentum und die Weltreligionen. Zwei Aufsätze zur Religionsphilosophie (1923), Verlag C. H. Beck, München 2002.
Die Mystik des Apostels Paulus (1930), Verlag J. C. B. Mohr, Tübingen 1981.
Die psychiatrische Beurteilung Jesu (1913), Verlag J. C. B. Mohr, Tübingen 1933.
Die Weltanschauung der indischen Denker. Mystik und Ethik (1935), Verlag C. H. Beck, München 2010.
Ehrfurcht vor den Tieren. Herausgegeben von Erich Gräßer, Verlag C. H. Beck, München 2011.
Friede oder Atomkrieg. Vier Schriften (1958), Verlag C. H. Beck, München 1984.
Geschichte der Leben-Jesu-Forschung. Von Reimarus zu Wrede (1916/1903), Mohr Siebeck, Tübingen 1966.
Geschichte des chinesischen Denkens (Werke aus dem Nachlaß). Heraus-

Zitierte Werke von Albert Schweitzer

gegeben von Bernard Kaempf und Johann Zürcher, Verlag C. H. Beck, München 2002.

Gespräche über das Neue Testament. Herausgegeben von Winfried Döbertin, Verlag C. H. Beck, München 1994.

Goethe. Vier Reden (1950), Verlag C. H. Beck, München 1970.

Johann Sebastian Bach (1908/1905), Breitkopf & Härtel, Wiesbaden 2005.

Kulturphilosophie: Band I: Verfall und Wiederaufbau der Kultur (1923); Band II: Kultur und Ethik (1923), Verlag C. H. Beck, München 2007.

Die Weltanschauung der Ehrfurcht vor dem Leben. Kulturphilosophie. Band III. 2 Bände (Werke aus dem Nachlaß). Herausgegeben von Claus Günzler und Johann Zürcher, Verlag C. H. Beck, München 1999, 2000.

Kultur und Ethik in den Weltreligionen (Werke aus dem Nachlaß). Herausgegeben von Ulrich Körtner und Johann Zürcher, Verlag C. H. Beck, München 2001.

Predigten 1898– 1948 (Werke aus dem Nachlaß). Herausgegeben von Richard Brüllmann und Erich Gräßer, Verlag C. H. Beck, München 2001.

Reich Gottes und Christentum (Werke aus dem Nachlaß). Herausgegeben von Ulrich Luz, Ulrich Neuenschwander und Johann Zürcher, Verlag C. H. Beck, München 1995.

Straßburger Predigten. Herausgegeben von Ulrich Neuenschwander, Verlag C. H. Beck, München 1993.

Straßburger Vorlesungen (Werke aus dem Nachlaß). Herausgegeben von Erich Gräßer und Johann Zürcher, Verlag C. H. Beck, München 1998.

Theologischer und Philosophischer Briefwechsel 1900–1965 (Werke aus dem Nachlaß). Herausgegeben von Werner Zager, Verlag C. H. Beck, München 2006.

Vorträge, Vorlesungen, Aufsätze (Werke aus dem Nachlaß). Herausgegeben von Claus Günzler, Ulrich Luz und Johann Zürcher, Verlag C. H. Beck, München 2003.

Wir Epigonen. Kultur und Kulturstaat (Werke aus dem Nachlaß). Herausgegeben von Ulrich Körtner und Johann Zürcher, Verlag C. H. Beck, München 2005.

Zwischen Wasser und Urwald. Erlebnisse eines Arztes im Urwalde Äquatorialafrikas (1921), Verlag C. H. Beck, München 2008.

Textnachweis

Bücher mit Texten von Albert Schweitzer

Abeln, Reinhard (Hg.): Albert Schweitzer – Mit Ehrfurcht vor dem Leben. Worte geistlichen Lebens, Kevelaer 2008.

Cousins, Norman: Albert Schweitzer und sein Lambarene, Stuttgart 1961.

Gräßer, Erich (Hg.): Albert Schweitzer. Ehrfurcht vor den Tieren, München 2006.

Schützeichel, Harald (Hg.): Albert Schweitzer. Damit das Leben Zukunft hat, Gütersloh 2009.

Steffahn, Harald (Hg.): Das Albert Schweitzer Lesebuch, München 2011.

Zweig, Stefan: Ein unvergessliches Erlebnis. Ein Tag bei Albert Schweitzer, Nachdruck Broschüre. Herausgegeben von H. Kegler, Aschersleben 2008.

Zager, Werner (Hg.): Albert Schweitzer und das freie Christentum. Impulse für heutiges Christsein, Neukirchen-Vluyn 2005.

Textnachweis

Zitate aus «Aus meinem Leben und Denken»: © Felix Meiner Verlag, Hamburg

Zitate aus «Geschichte der Leben-Jesu-Forschung»: © Mohr Siebeck, Tübingen

Zitate aus «Johann Sebastian Bach»: © by Breitkopf & Härtel, Wiesbaden

Weiterführende Literatur

Für eine wissenschaftliche Beschäftigung mit Albert Schweitzer sei insbesondere auf die Reihen «Albert-Schweitzer-Studien» (herausgegeben von Richard Brüllmann, Bern u. a., Haupt Verlag) sowie «Beiträge zur Albert-Schweitzer-Forschung» (herausgegeben von der Wissenschaftlichen Albert-Schweitzer-Gesellschaft e. V. in Mainz, Frankfurt u. a., Verlag Peter Lang) verwiesen. Im Folgenden werden vor allem einführende Werke aufgeführt.

Albert Schweitzer: Grenzenlose Menschlichkeit im Denken und Handeln. Katalog zur Dauerausstellung im Deutschen Albert-Schweitzer-Zentrum von Gottfried Schüz. Hg. von der Stiftung Deutsches-Albert-Schweitzer-Zentrum, Frankfurt a. M. 2011.

–: Von Günsbach nach Lambarene. Bildband Edition AISL, Maison Albert Schweitzer, Günsbach 2008.

Altner, Günter u. a. (Hg.): Leben inmitten von Leben. Die Aktualität der Ethik Albert Schweitzers, Stuttgart 2005.

Bähr, Hans Walter: Albert Schweitzer – Leben, Werk und Denken 1905–1965, mitgeteilt in seinen Briefen, Heidelberg 1987.

–: Begegnungen mit Albert Schweitzer, München 1965.

Bechtle, Ferdinand: Wo Albert Schweitzer war. Gabun-Tagebuch, Stuttgart 1997.

Dieckmann, Guido: Albert Schweitzer. Ein Leben für Lambarene, Berlin 2009.

Franck, Frederick: Tage mit Albert Schweitzer, Berlin/Darmstadt/Wien 1963.

Grabs, Rudolf: Albert Schweitzer – Dienst am Menschen, Halle (Saale) 1965.

Gräßer, Erich: Albert Schweitzer als Theologe, Tübingen 1979.

Günzler, Claus: Albert Schweitzer. Einführung in sein Denken, München 1996.

–: Vom «Park» in die Wildnis. Albert Schweitzers Modell einer elementaren Alltagsethik, Bonn 2008.

Weiterführende Literatur

Kaempf, Bernard: Albert Schweitzer in Wort und Bild 1875–1965, Stuttgart 2009.

Luther, Ernst: Albert Schweitzer. Ethik und Politik, Berlin 2010.

Mai, Hermann: Das Albert-Schweitzer-Spital Lambarene, Kelkheim 1984.

–: Albert Schweitzer und seine Kranken. Zur Geschichte der Tropenmedizin, Tübingen 1992.

Milstein, Werner: Ehrfurcht vor dem Leben. Albert Schweitzer – ein Porträt, Neukirchen-Vluyn 2005.

Mühlstein, Verena: Helene Schweitzer-Bresslau, München 1998.

Münster, Peter: Albert Schweitzer. Der Mensch. Sein Leben. Seine Botschaft, München 2010.

Munz, Walter: Albert Schweitzer im Gedächtnis der Afrikaner und in meiner Erinnerung, Bern/Stuttgart 1991.

–: Mit dem Herzen einer Gazelle und der Haut eines Nilpferdes, Frauenfeld-Stuttgart-Wien 2005.

Niederstein, Peter: Schnittpunkte. Albert Schweitzer mit der Seele suchend. Biographische Notizen, Baden (Schweiz) 1997.

Oermann, Nils Ole: Albert Schweitzer 1875–1965, München 2010.

Otto, Bernd: Albert Schweitzers Beitrag zur Friedenspolitik, Hamburg 1974.

Rehm, Max: Das Vermächtnis des Elsässers Albert Schweitzer, mit Abriss seines Lebens und Denkens, Hanau 1990.

Schorlemmer, Friedrich: Albert Schweitzer. Genie der Menschlichkeit, Berlin 2009.

Schüz, Gottfried (Hg.): Leben nach Maß – Zwischen Machbarkeit und Unantastbarkeit. Biotechnologie im Licht des Denkens von Albert Schweitzer. Jubiläumsband 130. Geb./40. Todestag, Beiträge zur Albert-Schweitzer-Forschung 10, Frankfurt a. M. 2005.

Simmank, Lothar: Der Arzt. Wie Albert Schweitzer Not linderte, Berlin 2008.

Steffahn, Harald: Albert Schweitzer in Selbstzeugnissen und Bilddokumenten, Reinbek bei Hamburg 2009.

–: Du aber folge mir nach. Albert Schweitzer – Werk und Wirkung, Bern/Stuttgart 1974.

–: «Mein Leben ist mir ein Rätsel», Neukirchen-Vluyn 2005.

Steiner, Andreas: Das Leben, unser höchstes Gut – Albert Schweitzers Ethik im 21. Jahrhundert, Freiburg im Breisgau 2006.

Suermann, Thomas: Albert Schweitzer als «homo politicus». Eine biographische Studie zum politischen Denken und Handeln des Friedensnobelpreisträgers, Berlin 2012.

Weiterführende Literatur

Weckelmann, Thomas: Albert Schweitzers «Ehrfurcht vor dem Leben». Eine theologische Analyse, Neukirchen-Vluyn 2011.

Zager, Dorothea u. Werner: Albert Schweitzer – Impulse für ein wahrhaftiges Christentum, Neukirchen-Vluyn 1997.

Zager, Werner: Albert Schweitzer als liberaler Theologe. Studien zu einem theologischen und philosophischen Denker, Beiträge zur Albert-Schweitzer-Forschung 11, Münster 2009.

– (Hg.): Bergpredigt und Reich Gottes, Neukirchen-Vluyn 2002.

Register

Es handelt sich um ein Schlagwortregister, bei dem das Registerstichwort nicht unbedingt wörtlich an der angegebenen Stelle zu finden ist. Die Ziffer vor dem Schrägstrich verweist auf die Kapitelnummer, hinter dem Strich steht die Nummer des Zitats.

Abendmahl 34/64–66
Aberglaube 37/19, 44/41
absolut, absolute Religion 40/3, 43/9–10, 44/2
Abstraktion 21/20–21
Abstumpfung 48/23
Ästhetik 21/27–28
Afrika 18/1–47, 20/29, 50/6
Aktivität 31/6
Alkohol 18/24, 18/30, 18/46
Allerheiligstes 34/62–63
Almosen 28/10, 28/13, 28/17–18
Anderssein 1/34, 7/7, 8/14, 40/22
Angeln 49/3
Angestellte 50/34
Angst 17/23, 18/41, 20/16, 21/18, 21/87, 23/5, 32/13, 33/25, 37/7, 45/8, 49/27, 50/27
Anstößigkeit 44/33
Anteilnahme 21/23
Arbeit 25/3–4, 26/33, 27/9, 29/7, 42/5, 42/7–9
Armut 28/7, 28/15, 29/1, 30/12
Arzt 29/18–20, 50/9, 50/11, 50/17, 50/22–23
Askese 34/10–11, 41/59

Atheismus 27/21, 49/15
Atomkriegsgefahr 20/9–19
Atomwaffen 19/56, 20/2–5, 20/7–8, 20/12–18, 49/66
– Kampf gegen Atomwaffen 20/1–30
Auferstehung, leibliche 36/12, 37/7, 43/49
Aufklärung 17/19
Aufrüstung 20/28
Autorität 18/38, 34/18, 34/75, 35/31, 39/2, 39/27, 43/15, 50/17

Bach, Johann Sebastian 17/56, 31/5, 47/1–72
– Erlösung von der Welt 47/26
– Freiheit 47/35
– gotische Kunst 47/40
– Kantaten 47/55
– Kathedrale 47/41
– Kraftbewusstsein 47/14
– Kunst der Fuge 47/17
– Menschheit 47/42
– Mystiker 47/21, 47/28
– Phrasierung 47/56

Register

- Reinheit und Einfachheit 47/39
- Teufel 47/53
- Tonmalerei 47/11, 47/51
- Tröster 47/38
- Verehrung 47/2
- Wiedergabe Bachscher Werke 47/57–72

Barmherzigkeit 3/19, 27/6, 31/7, 31/11, 33/8, 33/10, 33/25, 33/43–48, 40/22, 50/2
Bauen 50/35
Bayreuth 47/3
Beethoven, Ludwig van 17/56, 47/8–9
Befreiung 34/3
Begeisterung 24/11
Begreifen 18/3
Bekenntnis 34/20
Belustigung 33/23
Bergpredigt 38/6, 44/4
Berufung 35/2–3, 35/9
Besinnung 7/1, 17/55
Besitz, Besitzlosigkeit 28/1–21
Bestimmung 33/25, 49/8, 49/41
Betriebskapital 30/2
Betteln 49/32
Beweihräucherung 49/48
Bibel 34/48, 38/18, 38/25, 39/41–43, 39/48, 44/33
Bildung, Unbildung 13/1, 13/3, 17/64, 27/9
Bitten 49/32
Böses 3/7, 23/8
Bruder (der Geschöpfe) 33/11
Bruder (Mensch) 18/36, 22/36, 30/8, 33/2, 38/73, 49/29
Brüderschaft der vom Schmerz Gezeichneten 18/41–42, 26/87

Buddha, Buddhismus 30/5, 34/11, 41/8, 41/44, 41/62

Charakterlosigkeit 20/4, 30/11
China 43/36
chinesisches Denken 41/45–61, 41/63
Christentum, Urchristentum 3/70, 5/6–7, 8/14, 17/84, 18/11, 20/5, 21/11, 22/89–90, 33/1–2, 33/18–19, 37/17, 37/22, 38/1–74, 39/21, 40/21, 40/51, 41/33, 41/37, 41/49, 41/62, 44/2–3, 44/21, 44/32, 44/49, 49/12, 49/21, 50/33
christliche Ethik 19/41
christlicher Staat 19/6
Christ sein 19/51, 33/46, 34/39, 34/52, 39/48, 40/20, 49/36, 49/60
Christus als Logos 44/36, 49/7, 49/37
Christusmystik 23/33, 26/77, 37/20, 38/66–67, 43/46

Dank, Dankbarkeit 26/75, 32/1–15, 40/16, 48/17–18
Dasein Gottes 40/1–2, 43/12, 49/58
Dekadenz 17/50, 27/16, 43/42
Demütigung 23/7, 29/5, 49/9
Demut 17/58, 22/45
Denken, Denker 1/4, 3/8, 3/49, 3/58, 3/61, 4/2, 4/16, 4/22–23, 4/28, 4/31, 7/4, 7/23, 8/2, 8/11, 8/16, 8/29–30, 8/33, 8/44, 9/10, 10/14–15, 13/4, 14/2, 15/3, 16/42, 16/62, 17/80, 19/39, 20/30, 21/11–12,

Register

21/28–29, 21/66, 23/34, 23/39, 24/15, 26/71, 38/49, 38/55, 39/9, 39/29, 43/12, 43/28, 43/35, 43/43–44, 44/25
Denken und Ethik 22/1–96
Denknotwendiges 44/15
Descartes, René 33/40–41
Deutschland 19/52–53, 49/66–67
Diebstahl 50/34
Dienen 21/68, 33/9, 48/16, 49/13, 49/20, 50/1
Disziplin 42/6
Dogma 44/7
Dualismus 3/68, 4/1, 8/12–14, 14/2, 14/7
Dulden 33/13

edel 14/7, 16/7, 19/18, 24/3, 25/15, 42/11, 49/22
Egoismus 21/15
Ehrfurcht 4/19, 15/3, 23/5, 23/39, 26/5, 30/4, 39/24, 43/23, 48/19
– vor dem Leben 3/1–80, 4/2, 4/21, 13/23, 16/15, 16/17, 16/22, 19/7, 20/1, 20/30, 21/16, 21/38–39, 21/44, 21/76, 21/83–84, 21/88, 21/106, 21/117, 21/120, 22/11, 22/85, 23/7, 24/4, 24/25, 26/94, 28/21, 33/10, 33/21, 33/25, 33/28, 39/8, 41/44, 43/13, 43/17, 44/15, 44/45
Ehrlichkeit 11/1
eigener Weg 49/1–68
Einfachheit 34/21, 38/12
Einfalt 16/6
Eingeborene 18/19, 18/22–26, 18/45, 50/7, 50/14–15, 50/22–23, 50/27–32

Einheit 22/7
Einsamkeit 42/1, 50/38
Einssein, Einswerden 22/26, 22/72, 23/2, 29/10, 37/5, 39/8, 40/22, 41/8, 41/17, 41/47, 43/1–3, 43/9, 43/14, 43/26, 43/44
Einstein, Albert 24/24–26
Ekstase 18/5–8, 22/38, 41/29, 41/54, 41/58, 43/33–34, 43/39
elementares Denken 21/3, 22/85, 31/7, 31/11, 44/9, 44/24, 44/28, 49/35–36, 50/2
Elend 4/17, 8/36, 16/1, 26/87, 33/24, 50/9–11, 50/28–29
Empfinden 22/49
Engherzigkeit 44/41, 49/51
Entfremdung 17/40
Enthusiasmus 3/22, 6/8, 12/19, 15/5, 16/40, 22/88, 24/5, 25/23
Entmythologisierung 38/16
Entscheidung 48/16
Entzweiung 8/26, 17/69
Epigonentum 16/43
Erasmus von Rotterdam 38/44, 38/53
Erbarmen 37/21
Erde 1/6, 8/40–41
Ereignisse 1/37
Ergriffenheit 34/37, 38/67, 48/9
Erhaltung 5/2, 21/6, 26/1, 26/73
Erkenntnis 6/1, 8/6, 8/16–17, 21/121, 22/16, 22/21, 22/38, 22/49, 22/70, 22/84, 22/94, 22/96, 24/22, 25/7, 26/42, 38/62, 40/7, 40/30, 41/18, 43/20, 43/33, 43/44, 44/4, 44/25, 44/35
Erleben, Erlebnis 1/17, 8/16,

15/3, 22/49, 25/30, 26/42,
35/5-6, 38/61, 41/58, 43/9,
43/20, 43/33, 43/48, 43/50,
44/28, 48/9, 49/1, 49/3,
49/42
Erleiden 34/72
Erlösung 2/6, 33/16, 33/27,
37/14, 40/51, 43/28
Erneuerung 16/45, 17/3, 38/62
Erschöpfung 49/28
Erzieher 16/57, 17/29, 48/25
Erziehung 17/27, 17/30-31,
19/18, 22/61, 42/2, 44/31
Eschatologie 36/4, 38/64-65,
40/23, 50/40
Ethik 1/35, 3/1, 3/17, 3/28-29,
3/48, 3/52, 3/57, 3/64, 3/70,
4/1, 4/3, 4/12, 4/21, 4/26-27,
4/30-31, 5/7, 6/7-8, 8/4, 8/17,
8/19-20, 8/32, 8/45, 9/10,
13/20-21, 13/23, 14/8, 16/4,
16/26, 16/46, 17/3, 22/71,
22/88, 32/5, 33/3, 33/8, 33/38,
33/49, 33/51, 33/54-56, 34/7,
34/9, 34/35-36, 37/10-11,
38/16, 40/10, 40/22, 41/2,
41/30, 43/12, 43/48, 44/11
ethisch-religiöser Begriff 19/46
Europäer 4/15, 7/21, 22/22
evangelisch 38/28, 38/30, 38/38,
38/71, 39/5, 40/49, 44/6, 44/48,
49/44, 49/57, 50/1
Evangelium, Evangelisten 18/40,
21/32, 22/89, 34/14, 34/16,
37/21, 38/8-9, 38/11,
38/13-15, 38/23
ewiges Leben 36/13
Existentialismus 8/3, 13/17-20
Existenz 42/7, 49/26

Familie 40/46, 42/2, 44/31
Fasten 34/12, 34/24
Faulheit 18/23-24
Feierlichkeit 48/3
Ferien 49/65
Fetischismus 50/7, 50/26-29
Fichte 26/85
Förderung 21/31, 21/85,
26/1
Fortschritt, Fortschrittsglaube
7/21-22, 8/31, 10/7, 12/10,
16/2, 16/7, 16/12, 16/14, 16/16,
16/64, 16/67, 17/4, 17/10,
17/25, 17/32, 19/5, 19/9,
21/104, 22/41
Fortschrittswille 4/12, 22/57,
24/7, 26/46, 34/71, 41/36,
48/11
Freies Christentum 38/62-63
Freiheit 3/67, 6/2, 6/7, 7/9, 12/9,
16/31, 16/42, 17/50, 18/23,
18/25, 22/54, 22/59, 24/4,
25/25, 26/74, 27/1-21, 28/3,
33/10, 37/5, 39/18, 39/23, 44/7,
49/20, 49/36
Freimaurer 17/46
Freiwerden von der Welt 9/5,
19/11, 21/36, 37/14
Fremdheit 22/11, 22/22, 26/58,
33/20, 38/61, 48/20-21
Fresser 34/12
Freude 19/31, 34/26, 38/22,
42/16, 50/21
Freundschaft 39/40, 49/56
Frieden 11/2, 18/3, 19/5,
19/29-31, 20/17, 20/20, 21/77,
23/44, 26/46, 30/10, 37/13,
39/28, 40/6, 42/12, 49/25,
49/66

Register

Friedfertigkeit 17/81, 21/80, 26/15, 27/6, 40/22, 48/23
Frische, geistige 50/37
Frömmigkeit 3/15, 3/69, 12/14, 12/17, 12/22, 23/38, 28/12, 33/18–19, 34/41, 37/12, 38/36, 38/63, 38/68, 39/8, 41/22, 41/28, 43/41, 44/35, 44/42, 49/44
Für-sich-Sein 29/10–11, 49/64
Furcht 44/14

Gandhi, Mahatma 41/35–36
Geben 21/111
Gebet 42/11–18
Gebot 13/11, 21/62, 21/66, 34/40, 40/19, 41/2, 49/2
Geburtserzählung 34/51–60
Gedanken, Gedankenlosigkeit 3/5, 3/41, 3/67, 12/8, 17/12, 17/16, 21/15, 21/89, 22/51, 22/58–59, 22/62–63, 22/86, 23/27, 32/14, 33/31, 33/33, 37/19, 39/9, 44/15, 45/6, 48/18, 49/3
Gedicht 48/9
Geduld 25/21
Gefallener 34/32
Gefühl, Gefühllosigkeit 18/17, 22/49, 22/95
Geheimnis des Lebens 1/9, 1/10, 1/12–13, 1/16, 4/2, 12/15, 14/5, 21/116, 21/121, 22/31, 22/37, 22/86, 23/37, 25/10, 33/6, 33/61, 38/66, 43/25, 44/4, 49/42
Geist, Geistigkeit 4/28, 7/15, 7/21, 8/1, 9/12, 12/2–3, 12/6–7, 15/4, 16/1, 16/3, 16/23, 16/48, 17/2, 17/16, 19/52, 21/76, 22/1, 22/12–13, 22/42, 22/51, 22/54, 22/73, 22/94, 23/28, 24/6, 26/3, 26/14, 26/41, 27/9, 29/17, 34/33, 36/9, 38/14, 38/37, 38/63, 39/28, 40/5, 42/6, 44/16, 49/9, 49/16, 49/27–29, 50/39
Geister 34/42–43
geistig-ethisch 7/22
Geistigwerden 3/46
geistreich 23/4
Gelehrsamkeit 22/65, 22/77–78, 44/43–44
Gemeinschaft 43/46
Generäle 20/23
Genossenschaft 49/30
Gerechtigkeit, Ungerechtigkeit 11/1, 18/19, 18/46, 23/49, 24/3, 26/95, 34/40, 36/11, 48/23
Geschichte, Weltgeschichte 19/2, 19/4, 19/32–34
Geselligkeit 17/62, 22/63
Gesellschaft 3/19, 4/9, 4/14, 4/28, 8/1, 11/1, 13/26, 15/2, 16/33, 16/56, 17/3, 17/75, 19/7, 19/54, 21/4, 21/15–17, 21/48–49, 21/81, 21/83, 21/95, 21/104, 26/67, 28/4, 28/21
Gesetz 34/44–45
Gesinnung 3/4, 3/11, 3/61, 4/3, 4/6, 4/28, 7/6, 7/17, 8/1, 8/15, 10/6, 12/5, 12/11, 16/8, 16/13, 16/33, 16/36, 16/54, 16/62, 17/19, 18/36, 19/54, 21/41, 21/74–77, 21/79, 21/96–97, 21/104, 26/51, 26/60, 32/14, 33/62, 38/58, 39/8, 40/22, 43/23, 43/38

Register

gesunder Menschenverstand 22/3, 22/67–69, 24/16
Gesundheit 21/19
Gewalt, Gewaltlosigkeit 17/81–82, 19/44–45
Gewissen, Gewissensfreiheit 3/56, 17/21, 21/112, 39/12
Gift 50/27
Glaube 19/12, 22/56, 25/15, 25/20, 26/18, 26/22, 34/21, 36/3–4, 37/8, 37/18, 38/15, 39/8, 40/13, 40/51, 44/32, 49/58
Glaubenssatz 34/55–56
Gleichgewicht 49/14
Gleichgültigkeit 5/5, 34/32
Gleichnis 34/33, 34/49–50, 34/66–67, 34/69–70, 40/50
Glück 3/36, 7/19, 10/1–15, 21/18, 22/1, 23/50, 25/18, 25/28, 26/64, 27/22, 29/3, 29/12, 29/14, 31/2, 31/4, 48/13, 49/56, 50/27
Gnade 25/19
Goethe, Johann Wolfgang von 49/61–62, 50/39
göttlich 19/19, 26/3, 34/22, 44/16
Gott 5/6, 7/11, 8/14, 8/39, 12/9, 13/4, 21/113–114, 23/2, 23/30, 23/32, 26/2, 26/77, 27/21, 32/3, 34/60, 36/8, 44/10, 49/9–11, 49/14
Gottesdienst 48/3
Gotteswort 38/26
Gottmenschlichkeit 26/39
Gottvertrauen 23/18
Grauen 18/2, 32/13, 49/3
Grausamkeit 1/28, 18/46, 44/13
Güte, Gütigkeit 17/81–82, 21/109, 23/15, 26/3, 26/72, 30/9, 32/5, 33/51, 40/8, 40/17, 41/52, 48/23
gut und böse 3/7, 3/9, 3/51, 7/19, 8/15, 8/19, 10/9, 17/57, 21/16, 21/79, 21/90, 21/116, 24/19, 25/30, 26/6, 26/9, 26/53, 27/3, 29/1–4, 29/6, 29/16–17, 30/3, 31/8, 32/14, 33/50, 34/4–5, 40/15, 41/10, 41/24, 41/52, 48/23

Handeln 13/3, 16/44, 17/53, 19/7, 19/13, 27/5, 34/72, 39/26
Handwerk 18/12, 18/27–29, 45/6
Harnack, Adolf von 40/25
Hartnäckigkeit 49/31
Hass 7/26, 28/8
Hausfrau 33/5
Heiden 34/46, 49/22
Heiland 34/61
Heiligkeit, Heiliger Geist 3/12, 3/68, 21/23, 21/88, 21/108, 38/18, 40/35, 40/39
Helfen 21/30, 33/27, 33/39, 49/59, 50/6, 50/21
Herz 12/13, 32/2, 32/4, 33/43–44, 38/60, 40/19, 40/22–23, 40/30, 40/39, 45/7, 48/22, 49/3, 49/14
Hilfsbereitschaft 26/73, 33/36
Himmel 8/42
Hinduismus 41/14–18, 41/25, 41/33–34
Hingabe 3/35, 3/57, 4/3, 7/20, 11/2, 21/19, 21/54–56, 21/84–85, 22/47, 22/69, 23/6–7, 23/9, 23/16, 29/10,

Register

29/13, 37/12, 38/51, 41/22,
 43/17, 43/44
Hochmut 49/9
Höflichkeit 26/56
Höherentwicklung 7/3, 7/20,
 7/22, 16/32
Hölle 49/12
Hoffnung 7/11, 26/55, 30/6, 31/9,
 36/10, 38/67, 40/27, 40/31–32,
 44/14, 49/23
Humanität 13/24, 15/9, 16/62,
 17/21, 20/1, 21/32, 21/97,
 23/27, 24/26, 26/63–64, 26/66,
 26/68–72, 26/74, 26/80, 26/82,
 26/98, 33/39
Humanitätsgesinnung 18/3,
 26/92–93, 26/95–97
Humanitätskultur 24/24, 50/5
Humanitätslosigkeit 19/38,
 27/10
Hund 33/53

Ideal 4/12, 4/14, 5/5, 8/32, 15/9,
 16/18, 16/36, 16/41, 16/50,
 16/55, 16/68–69, 17/8, 17/20,
 17/51, 21/76, 22/86, 24/2–6,
 24/8–9, 24/11–13, 24/26,
 26/63, 38/56, 38/63, 39/29,
 41/49
Idealismus 8/29, 24/1, 24/15–18,
 24/21, 39/30, 43/13
Idee 4/12, 7/23–25, 8/1–2, 8/6,
 8/9, 8/39, 14/1, 14/5, 16/41,
 16/50, 21/42, 22/81, 22/95,
 24/7, 24/19–20, 26/39, 26/47,
 33/8, 39/29, 43/13, 43/34,
 43/46, 44/30, 44/49, 49/20,
 49/58, 50/3
Indien 43/36

indische Denker 33/51, 41/1–44,
 41/63
Individuum 8/6
Inhumanität 20/26, 26/50, 26/59
Innerlichkeit 21/3, 21/6, 25/22,
 50/39
Intellektualismus 8/29
irrational 21/87
irreligiös 44/12, 44/15
Irrtum, Irrungen 8/36, 20/10,
 22/93, 23/32, 34/16, 38/36,
 43/12, 44/32, 49/51
Islam (Mohammedanismus) 50/33
Israel 38/4–5

Jesus 15/1, 18/40, 19/42, 19/49,
 22/78, 22/89, 23/25, 26/2,
 26/13, 26/78–80, 26/90, 27/19,
 28/1, 28/8–11, 28/14–16, 28/
 19–20, 30/12, 31/7, 31/11,
 33/36, 38/65, 39/7, 40/22, 40/
 26–27, 40/39–41, 43/47, 44/6,
 44/30, 44/36, 49/6, 49/17,
 49/38–39, 49/44, 49/59,
 50/1–52
– Ethik 19/41, 38/51–52
– Geist 20/27, 23/21, 23/35,
 38/59, 38/64, 41/49, 44/26–27
–, historischer 37/1–24
– Leiden, Tod 36/1–13
– Mensch und Lehrer 34/1–75
– Taufe 35/1–11
Johannes der Täufer 34/24,
 35/1–2, 35/7, 35/10–11
Joseph (Schweitzers erster Heilgehilfe) 50/24–25
Jugend 22/60, 48/1–19
Jugendidealismus 24/1
Jünger 34/12, 34/52, 36/5

Register

Kälte zwischen den Menschen 32/11
Kampf ums Dasein 42/8, 49/13
Kanon 38/32
Kant, Immanuel 33/51, 49/36
Karriere 49/19
Katastrophe 16/4, 17/43, 19/53
Katholizismus 39/19–20, 39/32, 39/44
Ketzer 49/11–13, 49/17
Kinder, Kinderglaube 3/44, 3/48, 17/26, 44/33, 45/1–2, 49/24
Kindheit 48/13
Kirche 17/69, 19/14, 20/5–6, 20/27, 39/1–31, 44/12, 48/4
– und Staat 19/50, 21/76
Kirchenpolitik 39/3
Kollektiv 42/6
Kolonisation 18/27, 18/44
Konfessionen 48/4–5, 49/30
Konfirmandenunterricht 45/1–2
Kraft 7/19, 21/45, 22/1, 23/18, 23/30, 23/33, 23/47, 23/50, 25/14, 25/25, 25/30, 26/9, 26/28, 26/33, 26/49, 26/54, 29/6, 34/5, 34/47, 40/5–6, 40/11, 42/15, 43/14
Krankenhaus *siehe* «Spital»
Krankheit 26/75, 29/18, 33/30, 50/8–10, 50/27
Krieg 16/34, 17/33–34, 17/36, 18/44, 18/47, 19/26–28, 38/58
Krise 16/34
Kritik 49/52–53
Kultur, Kulturarbeit 4/25, 4/28, 7/15, 8/1, 8/26, 8/31, 9/8, 13/5, 16/1–70, 21/4, 21/76, 21/96, 22/53, 24/6, 24/13, 26/70, 27/7, 33/3, 40/29
Kulturkritik 17/1–84
Kulturmenschheit 19/47
Kulturstaat 19/8, 19/10, 19/15, 19/17–18, 19/40, 26/85
Kung-tse 41/52–53
Kunst 23/38

Lachen 34/24–25
Lambarene 50/1–41
Lao-tse 41/47, 41/52, 41/55
Lauterkeit 11/1
Leben 1/1–38, 3/9, 4/2, 4/8, 9/2, 21/107, 21/118, 21/122, 25/11, 26/45, 29/9, 32/3, 33/17, 33/27, 40/16, 44/11, 45/11, 49/19, 49/54, 49/58
– Jesu 37/4, 38/12
Lebensanschauung 7/7–9, 7/20–21, 7/24–25, 8/3, 8/13, 14/5, 15/3, 22/17, 22/29, 22/46
Lebensbejahung 4/3, 4/19–20, 21/47, 21/52, 21/91, 43/67
Lebensernst 34/30, 49/1
Lebensfreude 34/23, 49/1
Lebens- und Weltbejahung 4/1, 4/5–16, 4/18, 4/21–32, 5/4, 5/7, 14/6, 22/18, 24/12–13, 41/3, 41/12–13, 41/26–27, 41/33, 41/37, 41/39, 41/50, 41/54, 41/58–59, 41/62
Lebens- und Weltverneinung 4/9, 4/30, 5/1–7, 24/12, 41/3, 41/13, 41/18, 41/26–27, 41/37, 41/56, 41/58
Lebensverneinung 21/47
Lehrer 17/79, 22/61, 27/11
Leichtfertigkeit 44/39

Register

Leid 3/67, 5/1–2, 21/37, 25/24, 30/7, 31/8, 33/6, 33/10, 33/36, 36/11, 49/13, 49/25
Liberalismus 39/3
Licht 22/15, 24/5, 24/23, 26/6
Liebe 26/1–14, 26/43–44, 26/61, 26/77–79
– Ethik der Liebe 3/10, 3/22, 3/41, 3/57, 3/64, 3/70–71, 4/26, 7/18, 13/11, 17/81, 21/7, 21/50, 23/10, 23/49, 26/77–78, 27/6, 30/1, 31/10, 37/21, 38/58, 40/17, 41/22, 44/47
Lieblosigkeit 23/7
Lüge 23/7, 23/16, 23/26, 23/51
Luther, Martin 39/44, 39/46–47

Macht, geistige Macht 22/8, 24/11, 38/57, 38/70, 40/11, 43/13
Maßnahme 21/41
Materialismus, materiell 16/51, 19/11, 21/75, 21/120, 22/42, 27/8, 27/15, 30/4
Materie 1/2, 36/9
Meditation 43/50–51
Meinung 22/55, 27/12
Mensch 1/26, 3/17, 3/40, 4/18, 6/3, 9/9, 16/15, 19/38, 23/49, 23/51, 24/21, 26/28–38, 26/84, 26/91, 40/18, 49/18, 49/20
–, moderner 19/38
Mensch für Menschen 26/48, 26/58–59
Menschendinge 42/2
Menschenfurcht 48/1
Menschenrechte 16/24
Menschensohn 26/38

Menschentum 22/62, 26/40, 27/19, 43/31
Menschenwürde 16/24, 18/36
Menschheit 1/4, 1/25, 3/27, 4/8, 4/14, 4/17, 15/2, 17/23, 17/44, 21/4, 21/63, 22/19, 22/39–40, 22/45, 23/51, 24/10, 24/20, 26/47, 29/15, 33/7, 34/61, 39/19, 40/14, 43/35, 50/40
Menschlichkeit 16/10, 20/29, 21/83, 21/86, 26/57, 26/83, 26/86, 26/89, 33/4, 34/31, 50/4
Messias 35/3–4, 35/7, 36/1–4, 40/23
Metaphysik 8/36, 44/4, 44/8
Mildtätigkeit 28/10
Militärarzt 50/15, 50/23
Misshandlung 49/3
Mission 18/9–11, 18/33, 38/73–74, 40/47, 49/60, 50/5, 50/14, 50/28
Misstrauen 17/82
Mitgefühl 33/4
Mitleid, Mitleiden 3/22, 3/57, 21/26, 23/7, 30/5, 30/7, 30/12, 33/14, 33/20, 33/24, 33/37, 33/49, 33/56, 37/21, 41/51
Mitleidslosigkeit 33/40
Mitmensch 30/8, 32/4
Mittelalter 22/14
Mittel zum Zweck 21/103, 26/82
Moral 34/1–2, 49/14, *siehe auch* «Ethik»
Moskauabkommen 20/23
Müdigkeit 50/37
Müssen 33/42
Musik 8/3, 49/68
Muße 3/16, 29/7
Mut 49/63

Register

Mystik 3/45, 3/62, 8/32, 8/35, 14/1, 15/10, 18/5, 18/8, 21/8, 21/20–21, 21/39, 22/12, 22/24–25, 22/27, 22/35, 22/38, 22/87, 25/20, 39/8, 40/10, 41/3, 41/6–9, 41/54, 41/56–61, 43/1–51, 44/15, 44/19–20
– Renaissance der Mystik 17/19, 21/2, 43/32

Nachsicht 3/19
Nächstenliebe 26/19
Namenloser 37/13
Narkose 50/16
Nation 17/39, 19/35, 39/27
Nationalismus 17/43, 17/46, 17/71, 18/3, 19/21–25
Natürlichkeit 21/70
Natur 1/20, 1/26, 1/29–30, 3/26, 3/43, 3/79, 4/17, 4/29, 7/2, 7/21, 14/4–5, 16/51, 18/16, 21/47, 26/27, 27/20, 33/25, 44/16–18, 48/6, 50/41
Naturkind, Naturmenschen 18/22, 18/39, 50/30
Naturkräfte 17/11
Naturnotwendigkeit 7/1, 7/5, 7/10
Naturphilosophie 14/1–8, 43/1, 43/29–30, 43/32
Naturreligion 2/3
Naturvölker 18/1
Naturwissenschaft 13/9–10, 43/50
Nebenamt 3/17, 29/16
Nebenmensch 26/50, 26/58, 26/78, 38/52
Neid 7/26
Neues 22/91, 38/28, 38/30, 38/32, 38/34, 38/37–38

Neues Testament 38/18, 38/39–40, 39/5, 39/11, 39/44–45, 40/40
Neuzeit 4/5
Niedergang 7/22, 16/28, 17/1, 17/5, 17/19, 17/54, 17/68
Nietzsche, Friedrich 17/21–22, 26/89
Nötigung 7/6
Not 6/4, 26/75
Notwendigkeit 3/53, 3/67, 8/36, 11/4–5, 21/10, 49/3
Nützlichkeit 4/30, 19/13, 21/85

Oberflächlichkeit 17/61, 43/12
öffentliche Meinung 13/5–6, 17/43, 19/12, 19/37, 20/24, 22/57, 33/12, 44/12
Ohnmacht 33/14
Operation 50/15
Opfer 2/4, 3/18, 26/75, 32/5, 33/15, 33/60
Optimismus 9/1–2, 15/8, 16/4, 16/13, 16/38, 16/65, 18/46, 23/40, 24/17, 34/28, 38/51–52, 40/29, 49/23
Organisation 17/16, 17/75, 19/37, 21/102, 25/9, 42/6, 50/17
Orgel 46/1–13
Orthodoxie 44/38

Pantheismus 13/12, 40/10
Patriotismus 19/20
Paulus, Apostel 22/78, 22/89–90, 38/31, 38/64–66, 39/2, 39/17, 40/30, 40/51, 43/49
Pazifismus 17/45
Persönlichkeit 8/5, 8/28, 16/56,

Register

17/17, 18/39, 19/38, 21/36, 21/48, 22/9, 22/14, 24/2, 24/7, 26/24, 34/34, 34/36, 37/3, 37/6, 38/66, 42/2, 43/51, 44/6, 44/17, 44/29–30
Pessimismus 9/3–7, 9/12, 16/65, 34/27–28, 38/51–52, 41/40, 49/23
Pferd 33/52
Pflicht, Pflichtbewusstsein 12/9, 13/8, 13/11, 18/17, 21/34, 21/42, 21/62, 21/66, 22/88, 25/23, 26/81, 31/1–11, 41/10, 48/25, 49/14, 49/33, 49/53, 49/56, 50/2
Pharisäer 34/41
Philosophie 13/1–27, 15/6, 22/25, 22/27, 38/35, 43/4–6, 43/24–25, 43/28, 43/42, 43/45, 49/17
Politiker 20/30
politische Frage 20/25
Polygamie 18/31–33
Pour le Mérite (Orden) 49/67
Predigt 45/1–11, 48/2, 49/48
Presse 17/39, 19/37, 20/19
Propaganda 19/37, 20/30, 22/55, 40/43
Protestantismus 38/29, 38/44, 39/10, 39/12–16, 39/21, 39/23, 44/5, 44/43

Qual (des Tieres) 18/18

Rätsel 3/23–24, 8/34, 15/10, 21/118–120, 22/30, 48/8
Rasse, Rassenprobleme 17/19
Rationalismus 3/62, 13/24, 15/1–14, 26/43, 43/41–42
Rauchen 48/26

Realismus, Realität 25/12, 49/16, 49/28, 49/34
Recht, Rechttun 3/37–38, 10/1–3, 10/6, 11/1–5, 26/69, 27/22
Rechtsbegriff 17/47
Reform 39/17
Reformation 12/26
Regeneration 8/46, 16/48, 17/19, 17/48, 21/82, 22/57
reich 28/8
Reich Gottes 5/6, 28/6, 28/15, 36/1, 37/5, 37/8, 38/3, 38/67, 40/1–51, 41/49, 49/44
Reife 24/18, 48/23
Reinheit 22/6, 25/15, 34/53, 38/25, 40/5, 40/22, 42/11, 45/10, 50/41
religiöse Eintracht 48/5
Religion 2/3, 8/23–26, 12/3–4, 12/14, 13/13, 17/70, 17/74, 19/17, 19/45, 19/49, 21/11, 22/23–24, 22/27, 23/23, 23/39, 24/20, 26/36, 26/38, 26/71, 27/21, 31/7, 34/29, 34/73, 38/49, 38/51, 39/1, 39/12, 39/26, 40/24, 43/4, 43/6, 43/23, 43/28, 43/37–38, 43/45, 49/15
Religiosität 22/64, 34/75, 37/9, 38/1, 38/62, 39/4
Repressalien 17/47
Resignation 6/1–8, 16/43, 21/61, 48/23
Revolution 34/3
Romantik 15/11, 43/42

Sachlichkeit 19/1, 22/50, 40/51, 43/40
Sakrament, sakramentale Handlung 35/7

Register

Sammlung und Gebet 42/1-18, 48/3, 49/63
Sanftmut 17/81, 27/6
Schamane 18/5
Schande 33/3
Schicksal 6/3, 20/11
Schlachthäuser 33/32
Schlagwort 44/23
Schmerz 21/18, 33/31, 50/9-10
Schönheit 4/17, 24/3, 41/40
Schöpferkraft 44/17
Schuld 21/77, 26/64-65, 30/9, 31/8, 33/3, 33/32, 41/24
Schulden 20/22, 20/28, 37/19
Seele 7/16, 25/16, 40/1, 42/3, 42/15
Sehnsucht 36/13, 44/45, 49/57
Sein 1/3, 3/14, 3/73, 4/10, 4/18, 4/23, 4/31, 5/1-2, 7/1, 8/4, 8/15, 8/35, 8/43, 9/2, 22/19, 22/31, 22/33, 22/35, 22/37, 22/45, 22/96, 26/44, 29/9, 36/9, 40/41, 41/29, 41/47-48, 43/1-2, 43/14, 43/21, 43/25-28, 43/34, 43/44-45
Selbstachtung 31/4
Selbständigkeit 8/27, 21/82, 26/74
Selbstaufopferung 21/47, 21/67
Selbstbesinnung 17/49
Selbstbestimmung 27/19
Selbstbewusstsein 37/3, 44/36
Selbstentzweiung 3/68
Selbsterhaltung 3/68, 11/2, 21/67
Selbstvervollkommnung 21/4, 21/54, 21/57, 21/72, 22/47, 22/69, 23/11, 26/78, 43/8, 43/10
Selbstzucht 34/41
Sinn, Sinnlosigkeit 1/31-33, 3/27, 4/9, 5/1, 6/3, 7/14-15, 7/20, 8/9, 8/15, 8/35, 8/37, 12/10, 21/63, 22/4, 22/32, 25/10, 43/14, 44/9
Sittlichkeit 3/4, 3/6, 3/11, 3/27, 3/31, 3/74, 3/76, 6/5, 8/31, 12/18, 16/11, 16/30, 17/67, 21/29, 21/32, 21/35, 23/12, 27/5, 33/28, 38/57, 38/60-61, 40/1, 50/40
Skeptizismus 6/1, 13/26, 22/80, 22/86
Sklaven 18/14, 34/17
Sokrates 31/1, 49/36-37
Solidarität 8/20, 8/38
Sozialismus 28/20
Soziologie 21/105, 22/69
Spital 50/17-20
Staat 19/14, 19/19
Staat und Gesellschaft 17/69, 19/1-56, 26/85
Steigerung 4/20
Stimme, innere 49/8
Stoa 4/26, 21/32
Stolz 17/58, 49/22
Strafe 18/20
subjektiv 3/55
Suchende 34/32
Sühne 19/54, 31/8, 33/3, 38/74, 49/60
Sühnetod 36/11
Sünde, Sündenvergebung 23/10, 23/32, 35/7, 36/11, 39/48

Tabak 18/24
Tagore, Rabindranath 41/38-41
Taoismus 41/45, 41/47-48, 41/50, 41/55
Tat, Tätigkeit 4/19, 5/7, 8/1, 16/44, 17/53, 22/43, 22/90,

Register

25/1–32, 26/61, 27/3, 28/5, 29/15, 38/21, 38/57, 38/63, 41/20–21, 41/53, 43/26, 43/45, 49/33; *siehe auch* «Tun»
Tatenlosigkeit 41/28
Taufe Jesu 35/1–11
Teilnahme 24/4
Teilnahmslosigkeit 34/32
Teufel 21/112
Theismus 8/14, 13/12
Theologie 23/45, 40/25, 44/1–49, 49/7, 49/44–46
Tiefe 16/40, 17/55, 22/10, 22/50, 22/52, 22/83, 38/55, 40/51, 42/4, 43/12, 44/25, 44/34, 50/39
Tiere 33/1–33
Tod 2/1–9, 33/10, 43/49, 50/27
Torheit 21/24
Transzendenz 44/8
Treue 26/52–54, 45/10, 49/21
Trieb 33/6
Tugend 21/62, 21/66
Tun 5/4–5, 34/6, 37/23–24, 40/31, 41/2, 41/22–23, 41/52, 41/57, 49/33–34; *siehe auch* «Tat, Tätigkeit»

Überanstrengung 17/59
Überbeschäftigung 42/7
über der Welt stehen 31/1
überkonfessionell 50/5
Überlegenheit 22/53
Übernatürlichkeit 37/1, 43/37–38
Überorganisation 17/17
Übersinnlichkeit 40/26, 43/23, 44/14
Überzeugung 22/70, 23/5, 24/11, 40/42, 49/3, 49/5

Unbarmherzigkeit 33/32
unbegreiflich 44/1
Unbekannter 37/13
Unendlichkeit 8/4
unerklärlich 48/7
unfrei 19/38, 50/18
ungesammelt 19/38
Universalität 49/27
Universum 3/42, 3/72, 3/75, 7/12, 8/21, 13/2, 14/8, 22/2, 33/35
Unmenschlichkeit 33/34, 49/14
Unselbständigkeit 17/65
Unsinnigkeit 19/16
Unsterblichkeit 7/16, 12/9, 27/21, 49/37
Unterhaltung 17/60, 27/9, 42/7
Unterricht (naturwissenschaftlicher) 48/6
unverbraucht 49/42
Unwissenheit 20/19
unzeitgemäß 17/83, 40/36
Urgrund des Seins 40/2, 41/16, 41/45
Urteil 3/18, 27/12

Vaterunser 36/7–8
Vegetarismus 33/57–59
Verantwortung 3/34–35, 3/55, 3/68, 3/78–79, 13/11, 16/54, 16/61, 21/5, 21/22, 21/25, 21/34, 21/42, 21/73, 21/89, 21/94–95, 22/88, 23/49, 26/1, 26/57, 26/65, 28/21, 49/66
Verarmung 48/23
Verbot 40/19
Verbundenheit 8/4, 21/65, 33/9
Verdammung 34/41
Verderben 50/40
Verdrehungskunst 44/2

Register

Veredelung 7/20, 8/30, 16/32, 43/36
Verehrung 43/37
Vereinigung 38/19
Vergeistigung 22/13
Vergeltung 7/26
Verinnerlichung 3/46, 4/20
Verirrung 23/32, 34/32, 40/2
Verkümmerung 48/23
Vernichtung 3/67–68, 20/25, 21/93, 33/26, 33/29
Vernunft 7/6, 19/40, 20/29, 21/21, 26/92, 27/5, 27/18, 38/60, 43/13, 43/17, 43/19, 48/11, 49/25
– und Glaube 12/1–27
Vernünftigkeit, resignierte 48/23
Vernünftigwerden 48/24
Verpflichtung 33/55
Versagen 25/31
Versöhnung 23/25, 48/4
Verstehen 43/48
Versuchung 25/31, 30/3
Vertiefung 4/23, 7/15
Vertrauen 17/16, 24/9, 30/1–4
Verurteilen 23/49
Vervollkommnung 16/9, 16/36, 17/67, 21/26, 21/84
Verwirrung 41/42
Verzeihen 23/7, 23/49, 26/16–17, 40/22
Verzicht 25/24
Verzweiflung 18/43
Vision 34/2
Völkerrecht 17/47, 20/5
Volk 24/9, 27/15, 39/27, 39/30
Vollendung, sittliche 16/5, 16/14, 16/16, 16/29, 16/66, 19/8, 24/17, 37/5, 40/33

Vollkommenheit 4/3, 4/30, 5/5, 7/25–26, 9/5, 19/19, 19/40, 21/14, 21/50, 21/52–53, 21/55, 21/68–69, 26/61, 34/8, 41/19
Vorbild 49/50
Vorsehung 49/41
Vorstellung 49/22

Wagner, Richard 47/2, 47/8, 47/14
Wahres 24/19, 48/10
wahres Menschentum 16/18
Wahrhaftigkeit, Unwahrhaftigkeit 22/95, 23/1–2, 23/5–26, 44/11, 44/15, 44/32, 44/49, 49/8, 49/21, 49/36
Wahrheit 3/56, 7/16, 8/18, 8/29, 17/81, 19/37–38, 20/19, 21/24, 21/59, 21/78, 22/8, 22/29, 22/41, 22/66, 22/80, 22/82, 22/93, 22/95, 23/3–4, 23/15, 23/27–47, 23/50–51, 24/13, 29/8, 34/75, 38/29, 38/54–55, 38/71, 39/21, 39/23, 41/49, 43/15, 43/40, 44/32, 49/24, 49/51–52
Weh 48/13, 48/15, 50/10
Weihnachtslied 49/20
Weisheit 24/8, 25/7
Weissagung 40/48–49
Welt 1/7, 3/21, 3/23, 3/40, 3/59–61, 8/37, 14/4, 22/19, 23/38, 23/40, 42/10, 43/50, 44/10, 44/18
Weltanschauung 3/49, 3/59, 3/69, 4/24, 4/30, 6/1, 7/2, 7/4–6, 7/15, 8/1–47, 10/15, 12/20, 15/5–8, 15/14, 16/28, 16/38,

Register

16/69, 17/78, 21/8, 21/41, 21/62, 21/92, 22/23, 22/41, 22/46, 22/61, 24/2, 24/25, 25/20, 34/36, 34/73, 38/50–51, 39/26, 40/29, 43/1, 43/5, 43/7–8, 43/12, 43/14, 43/17, 43/26–28, 43/30, 43/42, 44/15, 49/39, 50/28

Weltanschauungslosigkeit 44/15

Weltbejahung 3/49–50, 3/58, 3/60, 4/26–28, 4/31, 6/6, 9/9, 16/13, 16/26, 16/28, 21/13, 21/22, 22/18, 22/23, 22/87, 26/65, 40/31, 41/39, 41/41, 41/43, 43/22, 43/30, 43/40

Weltenderwartung 34/73

Weltgeist 21/64

Weltreligionen 41/1–63, 43/35

Weltverneinung 4/31, 21/6, 21/104, 40/31, 41/2, 43/22

Werden 40/30

Werte 3/73, 4/10, 21/107–108, 22/95, 23/31, 25/26, 26/60, 40/16, 44/9

wertlos 33/63, 44/31

Widerspruch 44/33

Widerstand 50/3

Wiederaufbau 8/8, 50/38

Wille, Wollen 9/7, 19/3, 22/49, 24/17, 25/8, 25/26, 29/15, 37/5, 38/67, 40/10–11, 40/27–28, 40/32, 43/16, 49/23

Wille zum Leben 1/19, 1/21–24, 1/27–28, 1/34, 3/30, 3/32–33, 3/39–40, 3/58, 4/1, 4/7, 4/11, 4/13, 4/20–21, 5/1, 6/4, 6/7, 7/2, 7/6, 7/14, 13/4, 21/26, 21/40, 21/47, 21/116, 22/17, 22/31, 22/69, 23/5, 34/19, 37/12, 43/17

Wirken 4/3, 7/21, 21/14, 21/46, 22/47, 25/7, 25/17, 25/28, 25/32, 26/57, 26/65, 38/51, 43/31, 49/25

Wirklichkeit, Wirklichkeitssinn 1/11, 14/1–2, 21/2, 21/100, 22/44, 22/48, 24/8, 24/21

Wissen (und Können) 3/24, 3/54, 7/11, 8/21–22, 16/37, 16/51, 21/115, 22/18, 22/96, 23/15, 23/26, 25/8, 26/88, 42/2, 43/21

Wissenschaft 1/11, 12/24–25, 13/3, 13/14, 17/15, 21/98, 21/115, 22/79, 23/14, 24/22, 25/6, 30/12, 33/31, 38/17, 39/47, 43/42, 44/6–7, 44/32

Wunder 26/86, 34/59, 37/16–21

Zauberei 18/5, 50/8, 50/27

Zeit, Zeitgeschehen 20/19

Zeitung 50/31

Zeremonien 34/45

Zerrissenheit 41/42

Zerstreuung 17/59, 17/62, 42/4, 42/7–8

Zivilisation 3/48, 17/13, 19/48

Zugrunderichten 49/40

Zukunft (der Menschheit) 20/16, 20/21, 37/7

Zurückhaltung 49/32

Zusammenbruch 8/7, 17/3

Zusatzgebet 49/4

Zweck, Zweckmäßigkeit 19/14, 24/3, 27/20, 48/10

zwiespältig 34/46